主　　编　徐勇　李学通　罗存康
本册主编　郭鑫

卢沟桥事变史料全编

◇第三册◇

中华书局

日方史料

目录

壹　日军在华北扩张及其驻军增强（1933年1月—1936年6月）

壹　日军在华北扩张及其驻军增强（1933年1月—1936年6月）

一、九一八事变后日本向华北地区扩张

1931 年日本发动九一八事变，占领中国东北地区；1933 年初发动大规模攻势，先后占领山海关、古北口等长城要塞，兵锋直指平津。其后日军在华北地区兼施武力与谋略，建立冀东傀儡政权，挑动一系列突发事件，升格其中国驻屯军（又称华北驻屯军），旨在全面控制以北平为中心的华北地区。学术界对于该方面问题的史料整理包括有关的翻译出版工作，已经有了相当大的进展，但仍然缺乏对于日方史料特别是原始资料的深入系统的搜集与整理。本部分以揭示卢沟桥事变爆发背景为目标，选录日本军政当局和当地日军有关方针政策与战略方向的相关史料。

（一）关于满蒙经略之我见

资料名称：満蒙（経略）ニ関スル私見（七年八月二十三日）

资料出处：角田順編《石原莞爾資料·国防論策》，原書房 1978 年版，第 107—109 頁。

资料解说：在九一八事件约一年后，石原莞尔制定了该策案。日本发动九一八事变的目标，当然并非仅限于割取中国东北地区，而是要在侵占满蒙的基础上，控制「山西的煤，河北的铁，河南、山东以南的棉」。并且为完成同美国争霸的实力建设，需要制定「开发中国本部首先是实现开发华北的方策」。其后，日方继续推出一系列政策，急剧升级了侵略华北的行动。

二九　満蒙〔経略〕ニ関スル私見

（七年八月二十三日）

昭和七年八月参謀本部第二部ニ於テ所見ヲ述ヘタルニ〔第二部長〕永田少将ハ満洲ハ遂次領土トナス方針ナリト称シ予ノ独立論ニ反対ヲ表セリ

予カ七、四、二二小畑少将ニ示セルモノヲ提示セルニコレハ初メテ知ル意見ナリト少々驚ケル様子ナリキ　依テ稍詳シク私見ヲ纏メタルモノコレナリ

一　満蒙経略ノ方針

世界ノ大勢ハ世界文化統一ノ為日米間ノ最後的決勝戦ノ近迫シツツアルヲ示ス　我満蒙経略ハ此ノ決勝戦ノ第一歩ニ外ナラス　満蒙ノ確保ハ露国ノ極東攻勢ヲ断念セシムルニ足ル戦略上ノ大利益ヲ我国ニ与フルノ外其富源ノ開発ハ我国現下ノ行詰リヲ打開スル為相当ノ効果アルヘシト雖前記対米大決勝戦ノ為ニハ少クモ山西ノ石炭　河北ノ鉄　河南山東以南ノ棉ヲ利用スルヲ要スルノミナラス東亜諸民族ヲ率キテ此ノ大事業ニ参加セシムルノ抱負経綸ナカルヘカラス　故ニ我満蒙ノ経略ハ徒ニ眼前ノ少利ニノミ走ルコトナク日支親善ノ基礎タルヘキ日満協和ニ根本着眼ヲ置カサルヘカラス

二　日満協和ハ可能ナリヤ

張家ノ暴政ニヨリ圧迫セラレシハ独リ日本人ノミナラス三千万大衆亦同シク為ニ困窮ヲ極メタリ　満洲識者ノ言ニ依レハ満州事変ナカリセハ百姓一揆ノ勃発近カリシコト必セリト

漢民族ハ優秀ナル民族ナリト雖自ラ近代国家ヲ造ル能ハサル欠陥アルモノト断セサルヲ得ス

満蒙カ日本ノ為欠クヘカラサルト共ニ三千万大衆ハ日本ノ助力ナクシテハ遂ニ平和ナル生活ヲ営ム能ハス　即チ日満協和ハ単ナル道徳上ノ希望ニアラスシテ正シク日支両民族ノ生存ニ最モ重要ナル現実上ノ大問題ナリ

過去ノ経験ヨリ見テ将来ト雖日満協和、日支親善ヲ不可能トスル論者アリト雖是レ九月十八日ノ世界史的意義ヲ解セサルモノナリ

満洲ニ於ケル生存ノ為協力ヲ絶対的必要トスル日支両民族共同ノ敵タル軍閥ハ撃滅セラレタリ　今日以後日本カ政治的権力支持ノ下ニ満洲ニ漢民族ト争ハントスルカ如キハ自ラ支那軍閥ヲ模スルモノニシテ断シテ東亜ノ王者トシテ白人トノ決勝戦場

裡ニ立チ得ル気宇アリト称スル能ハス

日支親善ノ根本障碍ヲ打破セル吾人ハ公正ナル競争 豁達ナル協和ニヨリ人類ノ理想ヲ先ツ満蒙ノ天地ニ実現セシメ以テ日支親善世界統一ノ第一歩ヲ此処ニ築クヲ要ス

満州ニ於ケル漢民族トノ平等ナル立場ニ於ケル日本人ノ発展ヲ極度ニ悲観スル論者ハ両民族ノ特徴ヲ解セサルモノト云フヘク又彼等ハ南洋及北米ニ於ケル日支両民族ノ生存競争ヲ如何ニ観ントスルヤ

三 総督政治カ独立国家カ

漢民族ノ欠陥ヲ補フ為日本カ満蒙ヲ領土トシ其公正ナル政治ノ下ニ両民族ノ平等ナル発展ヲ期スルハ最モ簡明ナル日満協和ノ一方策ニシテ頗ル有利ナル一面ヲ有ス

然レ共反面漢民族ノ自尊心ヲ損スル不利アルヲ以テ近キ将来ニ於ケル支那本部ノ開発ノ為好マシカラサル所ナリ 故ニ若干ノ不利ヲ忍フモ満洲国ノ健全ナル発達ニ全力ヲ傾注シ日満協和ノ理想ヲ最モ完全ニ実顕スルコトニ努ムルヲ要ス 吾人ハ世界歴史ノ大勢ヨリ必スヤ吾理想ノ達成セラレンコトヲ確信スト雖万々一此ノ大事業ニシテ失敗センカ初メテ断乎トシテ次ノ手段ニ出ツヘキモノトス

1 若シ吾等カ民衆ノ支持ヲ得ル見込十分ナルニ拘ラス支那要人ノ利己的策動ニヨル時ハ満蒙ヲ併合シテ簡明ナル政治ヲ行ヒ各民族ノ公正平等ナル発展ヲ計ル

2 若シ我等カ民衆ノ支持ヲ得難キ時ハ日満協和乃至日支親善ハ到底望ミ難キ空論ニ過キス同時ニ日本カ東亜ノ王者タル資格ナキヲ示スモノナルヲ以テ満蒙ヨリ退却スルカ又ハ威力ニ依リ支那大衆ヲ搾取スル欧洲風ノ殖民政策ヲ強行シ物質的利益ヲ追及スルニ満足ス

四 満洲国ノ完成

満洲国ハ日満協同ノ国家ナリ 日本人ノ数ハ甚タ少シト雖此ノ国家内ニ於ル其重大ナル責務ヲ肝銘シ雄大ナル抱負ヲ以テ邁進スルヲ要ス 而シテ日本人ハ裸一貫トナリテ奮闘スヘキモノニシテ日本国家ノ政治的権力ノ掩護ニヨリ経済的社会的活動ヲナサントスルハ絶対ニ不可ナリ

現今満洲国ノ事実上ノ主権者ハ関東軍司令官ナリ 軍司令官ハ幕僚ノ補佐ニヨリ日満軍隊ヲ指揮シテ満洲国ノ治安恢復及其維持ニ任スルト共ニ経済参謀部タル特務部ヲシテ満洲国開発ノ計画ヲ立案セシメ満鉄会社及満洲国政府ヲシテ之ヲ実行セシム満洲国国務総理ハ軍司令官ノ政務総監ニ当ル 即チ満洲国内ニアル日満諸機関ハ渾然トシテ一有機体タルヘク満洲国ノ独立性ヲ大ナラシムル為日本ノ政治機関ハ速ニ必要ノ最小限度ニ縮少スルヲ要ス

満洲国ノ政治ヲ攪乱シ且日本人ノ独立心ヲ阻害スル満鉄附属地ノ行政権ハ之ヲ満洲国ニ返還スヘク更ニ新国家ノ成立ヲ祝福スル為我等愛着措ク能ハサル関東州ヲモ之ニ贈与スルヲ可トス

コレニヨリ関東長官ハ自然ニ消滅シ又治外法権ノ撤去ニヨリ所謂駐満全権亦其ノ必要ナキニ至ルヘシ

国防ヲ日本ニ委託スルハ満洲国人上下同一ノ熱望ナルヲ以テ我軍司令部ヲ必要トスルハ勿論ニシテ該司令部ハ我駐満政治機関ノ唯一ノモノタルヘシ　但別ニ外交機関ヲ必要トスル場合ニハ此ノ限リニアラス

現今ニ於ケル満洲国ノ構成前述ノ如シ　是レ固ヨリ同国未完成間ノ臨時的状態ニ過キス　其ノ完成ト共ニ軍司令官ハ主権ヲ新国家ニ交付スヘキモノトス

新国家カ如何ナル政治組織ヲ採ルヘキヤニ就キテハ根本ニ於テ未決定ナリ

世人稍モスレハ日本ノ輔佐スル溥儀ノ専制ニヨリ王道政治ヲ行ハントスルカ如キモ此ノ如キ漠然タル組織ハ人類文化史ヨリ見ルモ満洲国ノ実情ヨリ考フルモ断シテ不可ナリ

議会専制ニヨル自由主義政治ノ満洲ニ適セサルハ論ナシ　特ニ少数日本人カ政治ノ指導ニ重大ナル役割ヲ演スルヲ要スルニ於テ然リトス

結局満洲国内ニ堅実ナル唯一政治団体ヲ結成シテ民衆ノ支持ヲ獲得シ之ニ依リ国家ノ根本政策ヲ決定セシムルヲ尤モ適切ナリト信ス　所謂一党専制ノ国家ナリ

満洲国協和国ハ此ノ目的ノ為ニ創立セラレタルモノナルモ諸種ノ事情ニヨリ目下一ノ教化団体ノ如キ観ヲ呈スルニ至レリ　速カニ之ヲ改善シテ本来ノ目的ヲ明確ニシ其順潮堅実ナル発展ニ力ヲ尽シ該会カ三千万大衆ノ支持ヲ獲得シ得ルニ至ラハ軍司令官ハ之ニ主権ヲ交付スヘシ　満洲ノ実情ヨリ見テ指導宜敷ヲ得ハ之カ為長年月ヲ要セサルヘシト判断ス

志アル日本人ハ進ンテ満洲国協和会ノ事業ニ馳セ参スヘク吾人ハ日本人カ必スヤ該会ノ指導者タルヘキヲ確信スルモノナリ

斯ク満洲国ハ日本国家ノ政治的支配ニ依ラスシテ日本人ノ指導スル日満協和ノ独立国家トナリ日支親善ノ見本　聴テハ世界文化ノ向フ指針タルニ至ルヘシ

五　対外策ニ対スル意見

日本ハ速ニ満洲国ヲ日満協和ニヨル独立国家トシテ完成スヘキ方針ヲ確立シ之ヲ在満機関ニ明示シ其ノ実行ノ細部ハ出先機関ニ一任スルコト肝要ナリ　徒ラニ世評ニ動カサレテ出先ニ対スル信頼ヲ動揺シ又ハ自ラ細部ニ没頭シテ力ヲ空費セサルヲ要ス

稍モスレハ世人ハ長春政府ノ動揺ヲ見テ満蒙経略ノ失敗ヲ云々スルモ長春政府ハ我満蒙経略ノ重点ヲナスモノニアラス　満蒙経略ハ大局ニ於テ順当ニ進捗シ断シテ後退ヲ許サルニ至レリ　満洲ノ事ハ前衛司令官タル関東軍司令官ニ一任シテ可ナリ

本隊指揮官ハ今ヤ本隊ノ展開即チ満蒙経略ニ続イテ来ルヘキ情勢ニ対スル国策ノ決定及準備ニ全力ヲ傾注セサルヘカラス

即チ対外問題トシテハ

1　蘇国ノ極東攻勢ヲ断念セシムル為尤モ経済的ナル方策

2　支那本部特ニ先ツ北支那ノ開発ヲ実現スル方策

3　対米戦争計画

等目下速ニ解決ヲ要スル重要問題ナルヘシ

（二）华北方面应急处理方案

资料名称： 北支方面應急處理方案

资料出处： JACAR（アジア歴史資料センター）Ref.C14030503300《北支に於ける停戦交渉経過概要》（昭和 8 年 4 月 27 日—6 月 2 日）（防衛省防衛研究所），第 3—7 頁。

资料解说： 1933 年 5 月 6 日，日军参谋本部制定《华北方面应急处理方案》：「关东军要继续以武力强制为基调」，「使现有的华北军宪当局在实质上屈服」，并「日益助长华北、华中、华南等各方面的分裂倾向」。按上述方针而命令关东军「断然在沿长城地区对中国军队反复进行彻底的打击」。

五月六日

參謀次長ヨリ別紙北支方面應急處理方案ヲ上海武官及北平、天津兩機關ニ指示セル旨通報シアリ。[illegible]

右方案中ニ停戰ニ關シ指示セラレアルヲ以テ軍ハ停戰交涉ハ其必要アル場合ニ於テハ當軍自ラ實施スヘキモノニシテ他ノ諸機關カ橋渡シスルハ兎モ角モ直接交涉ニ干與スルカ如キハ有リ得ヘカラサルモノナル旨抗議的電報ヲ發ス

別紙

三四口

上海武官及北平、天津両機關ニ對シ別電ノ如ク指示セルニ付キ承知アリ度

三四口別電

北支方面ノ時局ニ對シテハ爾今左記方案ノ主旨ニ基キ善處セラレ度

北支方面應急處理方案

一、方針

關東軍ノ武力ニ依ル強壓ノ繼續ヲ基調トシ且之ニ策應スル北支施策トニ依リ現北支軍憲ノ實質

ヲ

ツワー 11

的屈伏若ハ其分解ヲ招来シ満支國境附近支那軍ヲ撤退セシメ該方面ノ安静ヲ確立ス

二、要領

(一)、北支若クハ中、南支ニ於ケル局面ノ波亂若クハ國論ノ動キニ眩惑セラルル事ナク斷乎長城線ニ沿フ地區ニ於テ尚支那軍ニ對シ徹底的打擊ヲ反覆ス

(二)、前項ニ關聯シ其補助手段トシテ北支施策ハ依然之ヲ繼續實施ス

(三)、支那側ノ停戰策動ニ對シテハ依然内外各方面一致シテ嚴然タル態度ヲ明示スルト共ニ北中、南

支那各方面ニ於テ夫々分立的傾向ヲ愈々助長スル
如ク施策ス
之カ為前項所述ノ如ク北支現施策ハ之ヲ繼續
スルト共ニ中支ニ於ケル現政權ノ動揺ニ乗シ巧ニ之
ヲ操縦シテ北南兩支地域ニ反映セシメ我ニ有利
ナル環境ノ打出ニ導ク

(四)、停戰ノ成文協定締結ハ避ケラレ度情勢見極
メ付キタル上ニテ先方ノ要望ニ基キテ行フ

イ、支那側カ自發的ニ其ノ軍隊ヲ大体ニ於テ
宣化、順義、三河、玉田、灤縣、樂亭ノ線以南及
以西ニ後退シ之ヨリ進出セサル事ヲ事實ニ於テ示

十二

97—12

ス事（本項ハ中央部ノ意圖トシテ支那側ニ示ス事ハ差シ控フルヲ要ス）

ロ、支那側ニ於テ事實上排日取締リヲ勵行シ又ハ之ニ關スル確實ナル保證ヲナシ得ル事

（五）、停戰ノ成文協定ヲ締結スルヲ有利ナリトスル情勢ニ立チ入リタル時ハ別ニ定ムル要領ニ依リ之ヲ具体化道程ニ入ルモノトス

（六）、本方案ハ努メテ六月中ニ之ヲ貫徹スルモノトス

（三）国防之本义及其强化提倡

资料名称：《國防の本義と其強化の提唱》（昭和九年十月十日）

资料出处： JACAR（アジア歴史資料センター）Ref.C14060863100、Ref.C14060863200、Ref.C14060863300、Ref.C14060863400、Ref.C14060863500、Ref.C14060863600、Ref.C14060863700《國防の本義と其強化の提唱》（昭和 9 年 10 月 10 日）（防衛省防衛研究所）。

资料解说： 1934 年日本军部以陆军省新闻班名义，发布《国防之本义及其提倡》，围绕对外战争问题，阐述了军部法西斯的战争观、政治观，提出了一整套对日本实行法西斯改革的方针和措施。主要内容有：1. 在体制方面要为将来的战争而整顿出优于对手的组织系统；2. 安定国民生活，使农村、山地、渔村获得新生，由此而稳定军队；3. 建立平时、战时通用的思想战体系，加强法西斯军国主义教育，培养「国家观念」，「要芟除极端的国际主义、利己主义和个人主义」；4. 积极发展先进武器特别是航空武器；5. 改变以个人主义为基础的经济体系，实行「统制经济」，抑制自由竞争，确立战争经济体制。核心为两个要点，即「战争」与「统制」。这一纲领出笼，说明军部已完全突破了明治宪政所规定的「军人不干政」等差别主义的束缚，由兵权机关彻底转变为政治、军事机关，成为推进国家体制全面法西斯化的统率中心。该小册子代表了陆军统制派的政见，其内容在 1936 年二二六事件之后得到补充强化，并在对华侵略扩张过程中被实际推行。

C

昭和九、一〇、一〇

国防の本義と其の強化の提唱

陸軍省新聞班

防衛研修所戦史部

國防の本義と其強化の提唱

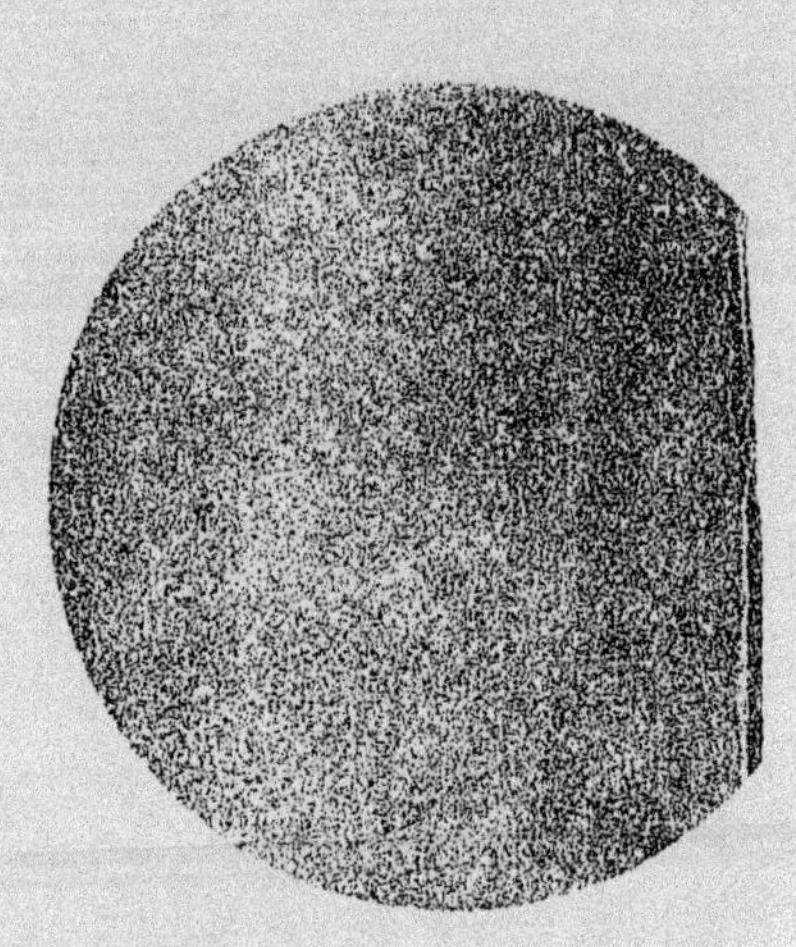

昭和九年拾月拾日
陸軍省新聞班

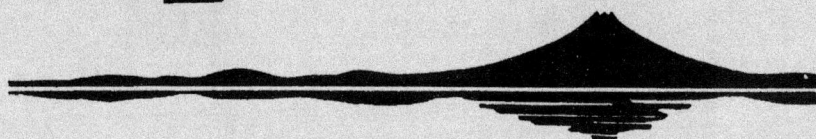

本篇は「躍進の日本と列强の重壓」の姉妹篇として、國防の本義を明かにし其强化を提唱し、以て非常時局に對する覺悟を促さんが爲め配布するものである。

國防の本義と其强化の提唱

目次

國防の本義と其强化の提唱

一、國防觀念の再檢討

たたかひと「國防」の意義、國防觀念の變遷——軍事的國防觀、總動員的國防觀、近代的國防觀——國防絕對性、相對性、國防力發動の形式——靜的發動、動的發動、國防の自主

たたかひの意義

たたかひは創造の父、文化の母である。試錬の個人に於ける、競爭の國家に於ける、齊しく夫々の生命の生成發展、文化創造の動機であり刺戟である。

玆に謂ふ**たたかひ**は人々相剋し、國々相食む、容赦なき兇兵乃至暴殄ではない。此の意味の**たたかひ**は覇道、野望に伴ふ必然の歸結であり、萬有に生命を認め、其の限りなき生成化育に參じ、發展向上に與ることを天與の使命と確信する我が民族、我が國家の斷じて取らぬ所である。

二

此の正義の追求、創造の努力を妨げんとする野望、覇道の障碍を駕御、馴致して遂に柔和忍辱の和魂に化成し、蕩々坦々の皇道に合體せしむることが、皇國に與へられた使命であり、皇軍の負擔すべき重責である。

たたかひをして此の域にまで導かしむるもの、これ即ち我が國防の使命である。

×　×　×　×　×

國防の意義

「國防」は國家生成發展の基本的活力の作用である。

従つて國家の全活力を最大限度に發揚せしむる如く、國家及社會を組織し、運營することが、國防國策の眼目でなければならぬ。

×　×　×　×　×

右は近代國防の觀點より觀たる國防の意義である。

國防觀念の變遷

抑、國防なる觀念は、往昔の國防觀念即ち軍備なる思想より、今日の新國防觀念に至る間に三種の段階を經て居る。即ち

軍事的國防觀

一、世界大戰以前に於ては、國防は專ら軍備を主體とし、武力戰を對象とする極めて狹義のものであつた。從つて戰爭は軍隊の專任する所であり、國民は之に對し所謂銃後の後援を與ふるといふ意味に於て、國防に參與するに過ぎなかつたのである。

國家總動員的國防觀

二、然るに學藝技術の異常なる發達と、國際關係の複雜化とは、必然的に戰爭の規模を擴大せしめ、武力戰は單獨に行はるゝことなく、外交、經濟、思想戰等の部門と同時に又は前後して併行的に展開されることゝなつた。從つて右の要素を戰爭目的の爲め統制し、平時より戰爭指導體系を準備することが、戰勝の爲め不可缺の問題たるに至つた。

大戰後盛に唱道せられた所謂武力戰を基調とする國家總動員なる思想がこれに屬する。これによつて國民と軍隊とは一體となつて武力戰爭に參與することゝなつたのである。

最近漸く皇國識者間に認められつゝある國防觀念は此種類に屬する。

近代的國防觀

三、然るに右の國防觀念は更に再検討を必要とするに至つた。

輓近、世界大戰の結果として生じた世界的經濟不況竝に國際關係の亂脈は遂に政治、經濟的に國家間のブロック的對立關係を生じ、今や國際生存競爭は白熱狀態を現出しつゝある。

深刻なる經濟戰、思想戰等は、平時狀態に於て、既に隨所に展開せられ、對外的には國家の全活力を綜合統制するにあらずんば、武力戰は愚か、遂に國際競爭其物の落伍者たるの外なき事態となりつゝある。從つて國防觀念にも大なる變革を來し、從來の武力戰爭本位の觀念から脱却して新なる思想に發足せねばならなくなつた。

× × × ×

國家生活の二面

凡そ國家生活は之を二個の觀點より考へることが出來る。即ち

一、國家の平和的生活

二、國家の競爭的生活

國家生活を斯く見る場合、國防との關係は如何に考察すればよいか。之を了解し易からしめんが爲め個人生活と比較して見よう。

個人生活に於ても國家の場合と同様に平和的一面と競爭的一面とがある。

而して近代國家内に於ける個人の平和的生活は、道德及法律の規範性と制裁力とによつて或程度には調和維持されて居る。

之に反し其競爭的生活は右の如く他力本願で保障することは出來ない。自らの運命は自ら開拓せねばならぬ。

即ち各個人の體力、氣力、智力の綜合的發顯によつて遂行し保障することになるのである。

右は個人生活の兩面に就て述べたのであるが、國家の場合は如何であるか。

國家の平和的生活に於ても、國際道德といふものが存在して居るが、然し個人の場合の如く嚴格でない。又國際法規はあるが、之を強制すべき超國家的勢力はない。即ち國家の平和的生活を保障すべき機關に至つては、遺憾ながら皆無であつて、自らの生存は自ら保障するの外ないのである。

世界大戰後、國際聯盟は右の目的を達成すべく創設せられたのであるが、漸次其の無力を暴露し、斯かる方法による國際平和の維持が、一の迷夢に過ぎない事が萬人に認めらるゝに至つた。

右の如く國家の平和的生活すら他力によつて保障せらるゝを得ない。況や、其の競爭的生活たる國際的生存競爭に於てをやである。

即ち個人の場合は體力、氣力、智力の綜合的實力を必要とした如く、國家の競爭的生活遂行の爲めには、綜合的國力の發動を必要とする。即ち國家生活の眞實、善美、的確、旺盛なる創造發展を庶幾する爲めには、之が推進力たり原動力たる基本的活力、即ち國防力の發現に待たねばならぬ。

右の如く國防は、單に國家競爭の結果發生することあるべき武力戰のみを對象とするものでなく、國家生活の活力たり原動力である。即ち劈頭に掲げた如く、國防とは國家の生成發展の基本的活力の作用であるといふ考へ方が、國際的生活に處する上に於て極めて必要である。就中最近に於ける國際競爭の白熱化、即ち國際的爭覇戰時代に處し、一方皇國の理想を紹述し、他方激甚なる競爭の優者たらんが爲め、國防の必要は絕對的第一義的である。

× × × ×

國防の絕對性、相對性

抑、國防には、絕對性と相對性とがあり、相對性に關する限りに於ては、國際的情勢に適合する必要を生ずべく、絕對性に至つては更改の餘地なきや勿論である。

言ふまでもなく皇國を繞る現下の一般情勢は、列强の重壓下に異常の躍進を必要とするものであり、國防組織强化の喫緊なること有史以來今日の如く大なるはない。

皇國の國防的に有する潛勢が、能く非常時局を克服するに足るべきは、列强が皇國將來の飛躍に對し、如何に大なる脅威を感じつゝあるかに徵するも明瞭である。問題は右の潜勢を組織の力によつて如何に現勢として發揮せしむるかに存する。

現在の如き機構を以て窮乏せる大衆を救濟し、國民生活の向上を庶幾しつゝ非常時局打開に必要なる各般の緊急施設を爲し、皇國の前途を保障せんことは至難事に屬するであらう。須らく國家全機構を、國際競爭の見地より再檢討し、財政に經濟に、外交に政略に、將た國民敎化に根本的の樹て直しを斷行し、皇國の有する偉大なる精神的、物質的潜勢を國防目的の爲め組織統制して、之を一元的に運營し、最大限の現勢たらしむる如く努力せねばならぬ。これが同時に皇國の直面せる非常時局克服の對策ともなるのである。

最近に至り現時の國際的對立を不可避的にあらずと爲し、外交手段のみに依つて好轉せしめ得べしと樂觀する向もある様であるが、凡そ國際事情に通曉せざる者の言と謂ふべく、國民は斯かる迷想に惑はされぬことが必要である。

國防力發動の形式

凡そ國防力には二個の發動形式がある。即ち

一、靜的發動（消極的發動）

二、動的發動（積極的發動）

×　×　×　×

靜的發動

一は國家其者の嚴然たる威容により、消極的に其の目的を達せんとするもの、即ち孫子の所謂「不戰而屈人之兵善之善者也」である。滿洲事變當初に於て皇國の綜合國防力の威容が遂に、五年計畫建設に忙殺せられありし蘇國をして、遂に爲すなからしめ、又我が國力就中我が海軍の嚴然たる存在により、スチムソンの恫喝をして龍頭蛇尾に終らしめたことを想起すれば、所謂靜的國防の何たるかは容易に理會されるだらう。

國防力の靜的發動は「**威力の睨み**」なるが故に、其の基礎たり實體たるものは、陸海空の軍備でなければならぬ。

斯くの如く觀じ來れば、何故に米が日本に優越せる海軍力の獲得保持を熱望し、蘇が

世界一の陸軍を完成せんと焦慮するかゞ首肯されるであらう。

即ち、米の大海軍保持の要望は、自身のモンロー主義竝に支那に於ける門戶開放、機會均等主義を支持主張せんが爲めである。就中極東問題の外交的發言權を獲得せんが爲めには、皇國海軍を壓迫するに足る海軍力が彼に取つて必要であり、我が立場よりすれば、東亞平和の招來維持の大任を全うせんが爲めには、之を阻止せんとする何者をも破摧するに足る海軍力を絕對に必要とする。

蘇國が尨大なる赤軍を有することは、彼の世界赤化政策遂行の支援の爲めである。而も最近に於て其國防對象が我が日本に在る以上、皇國としては、彼の極東政策と赤化政策とを抑壓破摧するに足る、國防力充實の必要なるは呶說を待たない所である。

動的發動

次に國防力の動的發動とは即ち實力行使の謂ひである。國防力が其靜的狀態に於て、目的を達成せざる場合、即ち國防力の嚴然たる存在其物により其目的を達せず、先方より挑戰し來る場合には、必然的に其動的狀態即ち戰爭を招來する。

戰爭とし謂へば直ちに武力戰を想起する。

勿論武力戰は戰爭の骨幹である。併しながら旣に述べた通り近代戰爭は、武力單獨戰を以て終始し得る如き單純なるものでなく、敵國を徹底的に壓伏粉碎せむが爲めには、之が全生活力を中斷するを要する。

是に於てか戰爭手段としての經濟戰、政略戰、思想戰は武力戰に匹敵すべき重大なる役割を演ずべきである。

獨逸國は何が故に敗北したか。勿論武力戰に於ても最後には敗れて居る。が然し觀方によつては武力戰に關する限り、彼は最後まで戰捷者の地位に在つたとも謂へる。五年の久しきに亙り、聯合國側をして一歩も國內に入らしめず、自力獨往、善戰健鬪を續け來つた點は眞に驚嘆に値するものがあつたではないか。

彼の沒落は畢竟列强の經濟封鎖に堪へ得ず、國民は榮養不良に陷り、抗爭力戰の氣力衰へ、加ふるに思想戰による國民の戰意喪失、革命思想の擡頭等となれることに由來し、かくて遂に內部的に自壞作用を起して、急遽和を乞ふの已むなきに至つたのである。

此の如く國防の動的威力の全幅的發揮の爲には、國防の全要素を不可分の一體として組織統制することが絕對に必要である。それは列國の夙に著眼し、之が準備完成に焦慮努力しつゝある所である。斯るが故に將來戰の勝敗は一に繫つて國防の爲めの組織如何に在ると謂ふべく、更に要約切言すれば、近代戰爭は組織能力の抗爭だといふことになる。

× × × ×

國防の自主

國防の目的、國防の本質は右の如くである。之を一言にして掩へば、國家生成發展の基本的活力である。從つて國の大小、貧富によつて、絕對的國防の規模、內容に差等を附することを強要し、又強要せらるゝことの不當なるは云ふまでもない。即ち國防權の自主獨立は動かすべからざる天下の公理である。而して從來國際條約等によつて軍備を制限乃至禁止せんとせしが如きは、平和主義に名を借りて、強國が自國の國防の優越を贏得せんが爲めの策謀に外ならざることは、史實の明證する所であつて、如何なる國際主義者と雖も、此の事實を否定することは出來まい。

前述の如く國防の靜的目的は戰爭を未然に防止するに在る。法の極致は法なき狀態を導くに在る如く、兵の極致は兵を用ゐざるに在る。即ち國防をして其靜的發動に止まらしむるを得れば、上の上なるものである。

世界に於ける最終の戰爭なりと思惟し、又庶幾せし世界大戰後、如何に多くの戰爭が勃發したか又最近の墺國動亂が一歩を過てば、直ちに第二の世界大戰となるの素因と可能性とを包藏する如き、歐洲新國境の不合理性、植民地領有の偏頗不當、人種的偏見、經濟財政的破綻、貿易乃至關稅戰等の事實を擧げ來れば、戰爭の可避、不可避の問題の如きは論議の餘地のない所である。

現下の世界の情勢と我が國際的立場とは、今や國防は觀念遊戯の域を脱し、國民の全關心全努力の傾注さるべき、焦眉喫緊の作業たることを要求して居る。

二、國防力構成の要素

人的要素——精神力と體力、正義の心と必勝の信念、精神力培養の方策、人口及民族問題
自然要素——領土、資源
混合要素——經濟、技術、武力、宣傳

國防の要素は、凡そ國家を構成する凡ての要素を包含する。而して便宜上之を分類し人的要素、自然要素及び混合要素の三者とする。

其一　人的要素

人的要素

人的要素は、國防力構成要素中第一義的重要性を有するものである。而して人的要素が精神力と體力との合成せるものなることは玆に説明するまでもないことである。而して、國際生存競爭場裡に於ては正義の維持遂行に對する熱烈なる意識と、必勝の信念とが人的要素の主體を爲すべきである。

「勝利は正しき者と、勝たんと意志する者とにのみ與へらる」とは凡そ兵を語るもの、信條とする所、國家間の競爭に於ても此の原則の適用せらるべきは勿論である。

人的要素の培養

一、然らば、右の要素は如何にして培養するか。

1 建國の理想、皇國の使命に對する確乎たる信念を保持すること。

誤まれる人生觀、國家觀乃至は哲學、宗教、藝術等に基く現時の世界苦を除き、更生の光を與ふべき、皇國現下の重責に目醒め、之が徹底的、把握實現を庶幾せんとするの心を養ふこと。

2 盡忠報國の精神に徹底し、國家の生成發展の爲め、自己滅却の精神を涵養すること。國家を無視する國際主義、個人主義、自由主義思想を芟除し、眞に擧國一致の精神に統一すること。

茲に一般の注意を喚起せんと欲するは、列强は今や宣傳工作の祕術を盡して、前述の如き非國家的思想を普及瀰漫せしめ、或は國體の改變を企圖し、軍民離間を策し、祖國敗戰を謀る等の方法により國際競爭を忌避し、戰意を抛棄せしめ、以て最後の勝利を求めんとする、思想戰的謀略を常用しつゝあることである。

從つて後に述べんとする、國防目的の爲めの國家組織の改善と共に、國民の精神統制即ち思想戰體系の整備は、國防上一刻も猶豫遲滯を許さぬ重要な政策なのである。

3　健全なる精神は健全なる身體に宿る。就中武力戰の主體を爲す兵員を補充すべき國民の體育を重視することは言を俟たぬ所である。深刻なる國際文化競爭の闘士として內外に活躍せんが爲めにも、戰時遭遇することあるべき長期の經濟封鎖に堪へ得んが爲めにも、國民保健政策に於て些の遺漏あることを許さぬのである。萬一物質文化の餘弊により、國民體格の低下を來すが如きことあらば、それは國防上看過し得ざる重大問題である。

4　次に國民が國際競爭の戰士として、自己を沒却して君國の爲め奮闘せんが爲めには、其生活の安定を必要とし、兵士をして後顧の憂なく戰場に立たしめんが爲めには、銃後に不安あらしめてはならぬ。そこに國防と一般國策との不可分の關係を見るのである。

既刊の「近代國防より見たる蘇聯邦」に述べた如く、蘇國の近代國防觀念に立脚する國防組織の規模の廣大なる、又其著々として實現する實行力に至つては、眞に驚嘆に値するものがあるが、惜しい哉、共產主義自體の有する缺陷と、國政の適正ならざる爲め生じた國民生活の不安定と、國民の窮乏とは、國民的氣力を殺ぎ、不平不滿は擧國一致的精神を喪失せしめ、延て必勝の信念涵養の上に、大なる禍となりつゝある。晩近、皇軍の軍紀、國民精神等を中傷し、或は大和魂恐るべからず等の宣傳によつて、志氣の振作に努力しつゝあるは、上述の消息を遺憾なく物語るものである。

是に於て結論し得ることは、國民の必勝信念と國家主義精神との培養の爲めには、國民生活の安定を圖るを要し、就中、**勤勞民の生活保障、農山漁村の疲弊の救濟**は最も重要なる政策であると云ふことである。

人口問題

二、人口及民族問題

精神要素に就ては既に述べた。次に考慮すべきは人的要素としての人口及民族の問題である。

人口は今や日本内地にのみで六千五百萬、全國で九千二百萬、滿洲國と共同防衛の場合を考ふれば一億二千萬に達し、米蘇に匹敵する堂々たる世界の大國である。人的要素に關する限りに於ては有利なる狀態に在りと謂ふべきである。

民族問題

次は民族の問題である。蘇國の如きは百八十有餘の種族より成り民族間の反目甚しく、殊に三千萬の人口を擁するウクライナ人の如きは機會だにあらば獨立せんとの希望に燃えて居る。

獨國が同化せざる獅子身中の虫たる猶太人に、如何に禍せられたるかはヒットラーの猶太人排斥の徹底せる政策に見るも明瞭である。米國亦各種の民族の混合國家であり、就中一千二百萬の黑奴を有することは彼の永久の惱みである。

國家內の民族を相反目せしめ、獨立運動を支援し、母國の崩壞を企圖するは、近代戰爭に於ける思想戰の重大戰略であることに想到すれば、民族問題は國防國策上輕視すべからざるものである。本件に關しては左記事項に留意を要する。

イ　民族心理を十分研究し、統治上錯誤なきを要す。

ロ　皇道精神を徹底せしめ、國家意識の鞏化を圖る。

ハ　敵側の民族的分壞策謀に乘せられざる思想的對策を講ずること。

其二　自然要素

一、領　土

領土の廣狹、地勢、可耕面積の廣狹、海岸線の延長、國境、隣邦との關係等は國防上重大なる關係を持つ。就中、領土の地理的位置は武力戰は勿論經濟的戰爭に於て極めて重要なる價値を持つものである。

皇國が東亞の外廓とも稱すべき位置に在ることが、戰略的には勿論、政治的に東亞平和の守護者たるの、天賦の使命を有するに至らしめた一の素因である。

世界全人口の半を越ゆる十一億の人口を抱擁する地方に位置し、世界の寶庫の稱ある支那、印度、南洋を指呼の間に見、之を連絡するに交通自在の海洋を以てせることが、如何に皇國將來の經濟發展を有利ならしめてゐるか。

皇國が海洋に圍繞せられゐることは、國防上極めて重要なる利點なると共に、他面一國の運命を制海權の得喪に託するの危險性をも包含するものである。

蘇滿國境を介して强大なる軍備を有する蘇國と對し、太平洋を隔てゝ世界最大を誇る米國海軍の存在することは、皇國軍備の上に重大なる關係を持つ。

殊に輓近航空の發達と共に行動半徑千五百粁以上に及ぶ優秀なる爆擊機出現するに及び、海洋よりは航空母艦に對し、又陸上よりは浦鹽、上海、フイリッピン、カムチヤツカ、アリユーシャン等の各方面に對し、國土上空を暴露するに至つた。强力なる航空兵力を速に整備するの必要もそこから生れて來る。

二、資　源

武力戰の場合の戰用資源の充實と補給の施設とを考慮すると共に、經濟戰對策としての資源の獲得、經濟封鎖に應ずる諸準備に於て遺憾なきを期するを要する。資源に就て考慮すべき件は

イ　資源の調査

ロ　戰用資源の蓄積

ハ　資源の培養

ニ　資源開發

等であらう。

其三　混　合　要　素

一、經　濟

戰爭の要素としての經濟、否戰爭方式としての經濟戰が、重要なる役割を演ずるに至つたのは、主として世界大戰以來のことに屬する。

況や本篇に說く所の國防は、平時の生存競爭たる戰爭をも包含せしめんとするものであり、其の主體は殆ど經濟戰であると見ることも出來る位である。從つて經濟が國防の極めて重要なる部門を占むるの點に就ては、論議の餘地はあるまい。

經濟戰略に就ては專門家に讓ることゝし玆に詳述を避ける。原則として對外的には自由貿易によるべきであるが、現下の如くブロック對立の時代であり、列國競うて保護貿易を採用し來れる場合には、之に應酬するの對策を講ずるは已むを得ない所である。之が爲め相互的に輸出入統制を行ひ、價格及數量に或種の制限を附し、對手國に於て無法なる關稅政策或は輸入割當制の如き方法を採るに於ては、我亦報復手段を採用するの已むなきに至るであらう。

全世界の大部分を占むる消費者階級たる大衆の利益の爲めには、優良品を廉價に提供するを善しとする。此見地に於て生活程度比較的低き我が國の如き新興國家は、大なる便宜を有するに反し、英國、和蘭の如き老成國は甚しく不利なる條件下に置かれる。彼等は英人、蘭人の如き小數支配民族の利益の爲め、世界大衆たる植民地の有色人種に、高價なる物品を購買せしめんとするもので、明かに道義に背馳して居る。之に反し皇國の立場は世界大衆の利益に一致するものであり、道義的見地から見ると最後の勝利を得べきことは疑を容れない。

萬一彼等が飽くまで不正競爭を繼續するに於ては、皇國としては、場合に依つては破邪顯正の手段として、武力に訴ふることあるも亦已むを得ない所であらう。

經濟を對內的見地に於て見る場合は、武力戰其他の國防力を維持培養するの任務を有して居る。

此見地よりして精神要素と共に頗る重要の役割を演ずべきものである。

國民生活を維持向上せしめつゝ、眞に必要なる國防力を充實せんが爲めには、尨大なる經費を要し、右の負擔に堪へ得る如き經濟機構の整備は、現在の如き非常時局に於ては當然第一に考慮せらるべき問題である。

日滿提携により、今や資源に於ては優に如何なる國際競爭にも堪へ得るの狀態に在る。人的要素に於ては、日本のみにて九千萬、日滿合すれば一億二千萬に達し、勤勉世界に比類なき活力を擁して居るのである。此の人力と資源とを組織運營し、最大限度の效果を發揮し、以て、來るべき經濟戰に備へんとするのが、經濟國防の主眼でなくてはならぬ。

二、技　術

科學の進步は、國家を近接せしめ、往時交戰不可能と考へられた國家間に於てすら戰爭を可能ならしむるに至つた。又戰場と內地との區別を撤廢せしめ、開戰劈頭より國民の頭上に爆彈が落下する世の中となつたのである。

将来戰は國民全部の戰爭であり、兩國民の智能の戰爭である。開戰當初の新式兵器は直ちに舊式兵器となる。創造力の大なる國民は、將來戰の勝者たり得る國民である。

歐洲戰當初、誰れか、タンクや毒瓦斯の出現を信じたらう。無線操縱、殺人光線等は今や夢想の時代を過ぎて、實用の時代に入りつゝあるではないか。

以上は武力戰に就て述べたが、經濟戰に於ても然り。日本商品の海外飛躍の原因は、圓價安にも因るが、技術の優秀も與つて力がある。武力戰に於ける如く、經濟方面に於ても一層の技術の發達、創意、工風の行はれんことを希望する。

此の見地よりして、科學的研究に於ても、無統制の現況より一歩を進め、合理的、能率的に研究の統制を企圖することが、國防の見地よりして望ましいことである。又、發明の國家的奬勵を强化し、資金の供給、研究機關の利用、特設許度の改善等緊急焦眉の問題は枚擧に遑なき程である。

三、武力

武力が國防の基幹を爲すことは言ふまでもない。

而して、本書劈頭に述べたる國防目的達成の爲めには、海軍に於ては、速に華府、倫敦條約の不利なる拘束より脱し、自主的國防權を獲得し、眞に國家の積極的發展を支援し得るに足る兵力を必要とする。

陸軍に於ては、蘇國の駸々乎たる軍備擴張に鑑み、皇國の生命線を確保するに足る兵力を更に充足すると共に、航空兵力の大擴張を即行し、諸方の脅威を除去する必要がある。

民間航空は軍事航空の第二線兵力たるの價値を有するものであり、其消長は直ちに國軍空中勢力の消長に影響を持つ。從つて、民間航空の發達は、武力戰の見地よりして極めて重要なる意義を持つものである。

最後に一言し度きは、國防の基幹たるべき我が武力は、皇道の大義を世界に宣布せ

して動く他國の小乘劍に比すべきものでないといふ點である。

優勝劣敗をのみ念とし、利己的覇道を基調とし、破邪顯正の大乘劍であり、んとする、

（以上文字右旁均有圈點）

四、通信、情報、宣傳

通信は武力戰たると文化戰たるとを問はず、極めて重要なる要素である。就中、宣傳戰に於ては、其國の全世界に有する通信、宣傳組織如何が、直ちに戰爭の勝敗に重大なる影響を持つ。

情報、宣傳勤務が戰爭に如何なる役割を演ずるかは、彼の世界大戰に於て、獨國の宣傳が英佛側の宣傳に壓倒せられ、遂に獨國は帝國主義的侵略國なりとの折紙を付けられ、全世界の反感と憎惡とを買ひ、敗戰の重大なる原因を爲したることを想起すれば分る。

近くは、滿洲事變に於て我が宣傳の拙劣なりし爲め、我が正義の主張を十分全世界に徹底せしむるを得ず、遂に聯盟脫退の餘儀なきに至つた苦き經驗がある。

思想宣傳戰は及に血塗らずして對手を壓倒し、國家を崩壞し、敵軍を潰滅せしむる戰爭方式である。識者にして今尙ほ茲に著眼する者少きことは眞に慨しい次第である。

宣傳の要素たる可きものは、新聞雜誌、通信、パンフレット、講演等の言論及報道機關、ラヂオ、映畫其他の娛樂機關、展覽會、博覽會等多々あるが、平時より是等機關の國家的統制を實行し、平時より展開せられゐる思想戰對策に遺憾なからしめる必要があるのではないか。

× × × ×

（附 言）

國防要素としては以上列擧した以外に尙ほ擧ぐべき事項が多々あるが、以下本書に述べんとする内容と直接關係なき要素に就ては、記述を省略することにする。

三、現下の國際情勢と我が國防

世界的不安と日本、一九三五—六年の危機、海軍會議と米國、支那の態度、聯盟脱退と委任統治、蘇聯邦と極東政策、非常時克服の對策

世界的不安と日本

世界大戰に於ける經濟的浪費の決濟難と、ヴエルサイユ條約の非合理的處理とに起因して、未曾有の政治、經濟的の不均衡、不安定を招來した。

大戰に參加せし國も然らざる國も、等しく直接間接此影響を蒙り、今や、世界を擧げて、不況不安に呻吟するに至つた。

此の世界的の苦難より免れんと焦慮する列國は、競うて理想主義的國際協調を棄て、現實に即する國家主義に趨り、爲めに大戰後暫く世界を支配せし平和機構の破綻となり、世界を擧げて政治及び經濟的の泥仕合を現出し、主要列強を中心として、利害を同じうする國々を以て結成するブロックの對立とはなつたのである。

此間皇國亦其の渦中に捲込まれたのであるが、却つて之によつて不良なる企業を清算し、産業の合理化を行ふ等、將來への飛躍を準備しつゝあつたのである。偶、極東の風雲急を告げ、滿洲事變突發し、支那の排日貨の爲め、新市場獲得の必要に迫られたのと、圓價暴落に起因し、皇國商品は支那を除く全世界の市場に怒濤の如く流出するに至り、皇國未曾有の貿易時代を現出した。一方滿洲國の出現と共に、皇國の東亞に於ける地歩確立し、日滿提携の結果は兩國の前途に洋々たる希望を輝かしむることゝなつたのである。

これが爲め經濟不況に呻吟し、國際政局不安に懊惱する列强は、等しく皇國貿易の進展を嫉視し、その政治的勢力の擡頭に不安を抱くに至り、各種の手段により我が政治的經濟的の躍進に對し壓迫を加へ來つたのである。

現在の情勢を以て推移せんか、經濟的には遂に皇國の商品は到る處の市場より驅逐せられ、皇國移民は到る處締め出しを喰ひ、政治的には遂に孤立無援となり、第二の獨國の運命に陥るの虞無しといひ得ない。

一九三五—六年の危機

皇國は更に上述の危機の前衞戰とも稱すべき所謂一九三五—六年の危機に直面してゐる。

海軍會議と米國

明年開催せらるべき海軍會議に於ては、皇國は如何なる犧牲を拂ふとも絶對に國防自主權を獲得するを要し、斷じて從來の如き比率主義の條約を甘受することは出來ない。

既に述べたる如く、國防は國家生成發展の基本的活力作用であり、從つて絶對的のものであつて、斷じて他國の干渉を許容するものでない。比率を强要せらるゝ如きは獨立國の面目上よりするも斷じて許容し得べからざるものである。更に我が海軍力の消長は、所謂太平洋問題の解決及對支政策の成敗を意味する。

其理由は玆に縷說するの遑を有しないが、約言すれば、米國が皇國に對し絶對優勢の海軍を保持せんとするは、皇國海軍を殲滅し得べき可能性ある實力を備へ、之によつて米國の對支政策を支援し强行せんが爲めである。右は臆説でも何でもない。エベリー提督は左の如く公言して居るのである。

「モンロー主義擁護の爲めには、防勢海軍で足りるが、支那の門戸開放主義遂行の爲めには攻勢的海軍を必要とす」と。

支那の態度

支那亦傳統的以夷制夷の策を棄てず、又皇國の極東平和に貢獻せんとする眞意を解せず、常に列强の力を借り皇國を排撃せんとするの政策を採り來つてゐる。其最なるものは聯盟に哀訴して滿洲事變を解決せんとしたことである。

今や聯盟の無力は全世界の定評であり、支那亦其賴むに足らぬことを自覺し、列强の利用は結局に於て支那分割又は國際管理への道程に外ならぬと云ふことが、漸く一部に了解せられ、眞に日支提携を希望するの識者も現はれつゝある。誠に極東平和の爲め慶賀すべきことである。が、然し、一方依然所謂歐米派なるものもあつて、皇國の所謂一九三五、六年の危機に乘じ、滿洲の奪囘を企圖し、或は皇國の東亞に於ける政治的地步の轉落を策謀すると傳へられて居る。

此の如き策動は、究局に於て、支那の前途を誤り、極東を混亂に導くものであつて、皇國の斷じて容認せざる所、而して右の如き策動は、皇國の海軍力が米海軍力に壓倒せらるゝか否かによつて、或は強く主張せられ、或は然らざることは、過去の海軍々縮會議に於て、皇國が英米の威壓を蒙れる都度、支那に排日運動が起り、其都度出兵を餘儀なくされたのに鑑みるも明瞭である。

從つて今回の海軍會議に於て皇國の主張が貫徹するか否かは、延て支那今後の對日動向決定の指針となるべく、極東平和の確立するか否かは、一に懸つて會議の成果如何に在りと謂ふべきである。

聯盟脱退と委任統治

明年三月を以て愈、皇國の聯盟脱退は效力を發生する。滿洲事變干與によつて鼎の輕重を問はれたる聯盟は、今や本問題に深入りすることを欲せず、從つて支那側が恒例によつて策動するとしても大なる反響なからんと觀察せられるが、本件に關聯して委任統治問題の上程を見ることがないとは保障されない。

抑、委任統治は平和會議の際舊聯合國側大國會議に於て決定したものであつて、聯盟から委任せられたものではない。從つて脱退するとも皇國は之を永久に保有すべき法理的根據があり、萬一之が奪還を企圖するものあるも、實力を以ても之を排擊すべきは當然のことである。從つて委任統治問題に關しては、皇國に決意ある限り何等懸念の要なきものと考へられる。

蘇聯邦と極東政策

次は蘇國との關係に就て一言する。蘇國の近情と皇國との關係に就ては既に「近代國防より見たる蘇聯邦」に詳述して置いたから玆には再説しない。

要するに一九三七年を以て其の第二次五年計畫が完成する。又、皇國及支那を除く近隣諸邦とは悉く不侵略又は侵略國定義條約を締結し、世界の視聽を集めた聯盟加入は遂に實現を見、又昨今東歐ロカルノ條約の締結を策しつゝある。斯くして愈ゝ西方に對する彼の不安は輕減し、今や全力を擧げて、極東政策遂行に向つて邁進し來らんとしつゝあるのである。

既に世人周知の如く、彼は一億六千萬の人口に對し、七十六個師團百三十萬の兵力と三千機の飛行機を裝備して居る。我は滿洲國を合し人口一億二千萬人なるに對して國防兵力は滿洲國軍を合するも僅か三十萬人、飛行機千機內外に過ぎない。而して赤軍は更に一九三七年迄には如何なる陣容を整ふるか逆睹し難いものがある。

又極東には既に二十數萬の兵員、六百機の飛行機、一千臺の戰車（裝甲自動車を含む）と二十隻內外の潛水艦とを集中し、國境には一連の近代的永久築城を設備し鋭意戰備の充實を圖りつゝある。（二十數萬と言へば日露戰役沙河會戰に於ける露軍總兵力に匹敵する兵力である）

最近頻々として蘇滿國境に不法事件發生し、更に我が特務機關襲擊、鐵道破壞の陰謀を企圖する等傍若無人の態度に出で、一方自國民に對しては、皇軍の無力を宣傳し、必勝信念の付與に努むる等、彼等の眞意の那邊に存するかを窺はしむに足るものがある。

皇國は今にして、此の强大なる赤軍に應酬するの兵力裝備、就中空軍の力を充實するにあらずんば、他日噬臍の悔を貽す虞なきを保し難い。就中在滿兵力の充實を必要とすることは論議の餘地なき所である。

皇國を繞る國際情勢は、一九三五年の海軍會議に於て、英米と正面衝突を惹起する可能性があり、或は會議の決裂となつて異常の緊張を示すかも知れないが、此の難關こそは、實に皇國將來の浮沈と極東平和の成否とを決定する分岐點なるを以て、國防安全感を滿足せしむ可き海軍側の自主的國防の要求に對しては、如何なる犧牲を拂つても之を充實し、以て、來らんとする國際危機に應ずべき決意を必要とする。

次に蘇國が全力を擧げ極東經營に邁進し來ることは、我が對滿政策に重大なる影響を及ぼすべく、事態によつては何時自衛上必要手段を取るを要する事態が發生するかも知れない。右は極力回避すべきであるが、彼にして挑戰し來るに於ては、斷乎之を排擊するの用意が必要である。之が爲め、陸軍裝備の充實竝に空軍の擴充は喫緊であり、海軍問題と共に國防上絕對不可缺の要求である。

次は英國其他に對する貿易戰である。ブロック經濟政策は今後愈〻深刻化すべく、歐米に於ける經濟上の行詰りを極東に於て解決せんとして、列强が支那市場に殺到し來ることも豫想せねばならぬ。是に於てか吾人は全く個人の利害を超越し、眞の擧國一致を以て經濟及貿易統制政策を斷行し、併せて新市場の獲得、支那に於ける舊市場の囘復を圖り、以て危機を突破すべき對策を講ぜねばならぬ。

之を要するに、現下の非常時局は、協調的外交工作のみによつて解消せしめ得る如き派生的の事態ではなく、大戰後世界各國の絕大なる努力にも拘らず、運命的に出現した世界的非常時であり、又滿洲事變と聯盟脫退とを契機として、皇國に向つて與へられた光榮ある試錬の非常時である。吾人は偷安姑息の囘避解消策により一時を糊塗するが如き態度は須らく之を嚴戒し、與へられた運命を甘受して此機會に於て國家百年の大計を樹立するの決意と勇氣とがなくてはならぬ。

四、國防國策强化の提唱

其一 國防の組織

將來戰は智能戰、組織戰、國防國策とは何か

輓近學藝の進步發達の結果、國際生存競爭としての戰爭の方式は、極めて科學的、組織的となりつゝある。就中、思想戰、經濟戰、武力戰に於て然りである。

之を端的に表現すれば、將來の國際的抗爭は智能と智能との競爭であり、組織と組織との爭鬪であると謂ひ得る。從つて、勝利の榮冠は對手方に優る創意と組織とを有する者に與へられるとも言ひ得るであらう。

是に於てか、國防國策とは國家の有する國防要素をば國防目的の爲めに組織運營する政策であると約言し得るのである。

而して國防要素に就ては既に述べた通りであるが、之が運營上よりすれば、政略、思想、武力、經濟の諸部門に分類することが出來る。

國防要素の組織運營に就ては、世上諸說紛々たるものがあるが、其最も妥當なりと考へらるゝものを左に掲げることにする。

其二　國防と國內問題

國民生活の安定、農山漁村の更生—農村疲弊の原因、對策—創意、發明の組織

國民生活の安定

一、國民生活の安定

人的要素を充實培養し、擧國一致の實を擧げんが爲めには、國民全部をして齊しく慶福を享有せしめねばならぬ。

國民の一部のみが經濟上の利益特に不勞所得を享有し、國民の大部が塗炭の苦しみを嘗め、延ては階級的對立を生ずる如き事實ありとせば、一般國策上は勿論國防上の見地よりして看過し得ざる問題である。

之が爲め國民が等しく利己的個人主義的經濟觀念より脫却し、道義に基く全體的經濟

觀念に覺醒し、速に皇國の理想實現に適合する如き經濟機構の樹立に邁進することが望ましい。從つて苟も志ある士は、其學者たると實業家たるとは將又朝に在ると野に在るとを問はず、擧國一致其對策を攻究し、之が實現を企圖せねばならぬ。國民生活に對し現下最大の問題は農山漁村の匡救である。

二、農山漁村の更生　農山漁村の更生

現在農村窮迫の原因は世上種々述べられて居るが、今其主なるものを列擧すれば

1　農產物價格の不當並に不安定
2　生產品配給制度の不備
3　農業經營法の欠陷と過剩勞力利用の不適切
4　小作問題
5　公租公課等の農村負擔の過重と負債の增加
6　肥料の不廉
7　農村金融の不備、（資本の都市集中）

8 繭、絹糸價格の暴落

9 旱、水、風、雪、蟲害等自然的災害

10 農村に於ける誤れる卑農思想と中堅人物の欠乏

11 限度ある耕地に對する人口の過剩等

以上の如き諸原因は、彼此交錯して、現時の如き農村の窮迫を來して居るのであるが、此等原因の大半は都市と農村との對立に歸納せられる。

斯るが故に、窮迫せる農村を救濟せんが爲めには、社會政策的對策は固より緊要であるが、都市と農村との相互依存と國民共存共榮の全體觀とに基き、經濟機構の改善、人口問題の解決等根本的の對策を講ずることが必要であり、農村自身の自律的なる勤勞心と、創造力の强化發展と相俟つて、農村が眞底より更生せんことを希望して已まない。

創意發明の組織

三、創意、發明の組織

本件は國策上重要なること勿論であるが、國防上の見地よりして、經濟的にも武力的にも極めて重要なる意義を有することは、既に述べた如く將來戰が創意と智能との爭鬪たることによつて明瞭であると思ふ。

之が爲め創意、發明に關する國家の全能力を動員し、之を科學的に組織し、其最大能率を發揮せしむることが望ましい。之が爲め

1　科學的研究機關を統制し、合理化し、其能率を向上し、經費を節約し、利用に便ならしむ。

2　發明を奬勵し、資金供給、研究機關の利用の道を拓き特許制度に改善を加ふ。

等の施設が必要であらう。

其三　國防と思想

思想戰と人的要素の充實、國民敎化振興要目、思想戰體系の整備

思想戰が國防上如何に重要なる役割を演ずべきかは既に述べた通りである。

而して之が基礎たるべきものは、人的要素即ち精神力體力の充實である。之が爲め學校及社會教育に於て、其の陶冶を行ふと共に、一方社會上の缺陷是正、經濟組織の整調と相俟つて、國民生活の安定、農村更生救濟等を圖り、民力の培養を策することが必要である。國防上の見地より思想戰對策として考慮すべき要件を掲げれば左の如くである。

國民敎化の振興

一、國民敎化の振興

1 發國の理想、皇國の使命に關する深き認識と確乎たる信念とを把持せしめ、皇國内外に瀰漫せる不穩、過激なる如何なる思想に對して、寸毫も動搖することなき、堅確なる國家觀念と道義觀念とを確立せしむること。

2 國家及全體の爲め、自己滅却の崇高なる犧牲的精神を涵養し、國家を無視し、國家の必要とする統制を忌避し、國家の利益に反する如き行動に出でんとする極端なる國際主義、利己主義、個人主義的思想を芟除すること。

3 質實剛健の氣風を養成し、頽廢的氣分を一掃すること。

4　世界の現狀、國際情勢に通曉し、日本の世界的地位を十分認識せしむること。

5　民族特有の文化を顯揚し、泰西文物の無批判的吸收を防止すること。

6　智育偏重の教育を改め訓育を重視し且つ實務的、實際的教育を主とすること。

7　國民體育の向上を圖ること。

思想戰體系の整備

二、思想戰體系の整備

思想、宣傳戰の中樞機關として、宣傳省又は情報局の如き國家機關が平時より必要なることは縷說するまでもない。

此種機關の實例を見るに世界大戰に於ては、相當大規模な工作を以て、所謂プロパガンダ(宣傳)の名に於て、近代的一戰爭手段たる思想戰が出現した。此のプロパガンダ戰線の勇將は、英國のノースクリッフ卿、獨逸ルーデンドルフ將軍、米國に於ては大統領ウイルソン自らであつた。

戰爭の中期より末期にかけて、恐るべきプロパガンダ戰の力は、敵國戰線の後方は固より、其國内の主要都市、國民の臺所にまで猛威を揮つて、遂に獨逸側は、この威力の前に崩壊するに至つた。それが武力戰及經濟封鎖戰と相關聯して行はれたことは、勿論であるが、プロパガンダ戰夫れ自體として、獨自の立場に立つて、活力を發揮したことは見遁すべからざることである。

英國 は世界大戰勃發直後、一九一四年八月、平時からあつた宣傳事業を擴張して新聞局を設置し、一九一七年一月には別に情報局が設けられ、宣傳事業を一括して活動を開始するに至つた。

次でノースクリッフ卿外三名を以て成る顧問委員が組織せられ、ノースクリッフは自ら宣傳及政略關係の使命を帶びて米國に渡り、大いに活動するところがあつたが、一九一八年の二月に至り、情報省が設置せられ、ヒーバーブルック氏が情報大臣の椅子を占め、ノースクリッフ卿は敵國宣傳部長の職に就いた。其後曲折を經て、ノースクリッフ卿が宣傳政策委員會の全指導を行ふことになつた。

米國 は一九一七年四月世界大戰に參加後、大統領ウイルソンにより公報委員會を組織した。この組織は、國務長官、陸軍大臣、海軍大臣竝にジョジージクリール氏を以て編成せられ、クリールが右公報委員會の議長となつて、對內、對外宣傳事業の一切を統括した。

佛國 では外務、陸軍、海軍の各省が夫々宣傳機關を持つて、互に協調しつゝ宣傳を實施した。

獨逸側 に在つては、大戰間の宣傳は、最初、不統制のまゝ一の宣傳用機關紙を利用するに過ぎなかつたが、軍事當局と、各省間に幾多の抗爭曲折が繰り返された後、ルーデンドルフの提唱に依り、一九一八年八月に至つて、漸く宣傳組織を設置することが出來たけれども、時既に遲く、聯合國側の猛烈なる宣傳に因り、遂に一敗地に塗るの已むなきに立ち至つた。

然るに我が國に於ける識者中思想戰觀念の認識十分ならざるもの多きは頗る遺憾とする所である。蘇聯邦の組織ある赤化宣傳工作の爲め、如何に我が國上下を擧げて苦惱せしか。又滿洲事變を通じて宣傳機關の不備の爲め如何に慘憺たる苦杯を嘗めたるか。又現下の貿易經濟戰に於て列國の宣傳戰の爲め皇國が如何に不利なる立場に置かれてゐるか。是等を考ふるとき、平戰兩時を通じての思想戰體系整備の急務なることは論議の餘地はない。要は速に之が實現を圖るに在る。

其四　國防と武力

消極的軍備、積極的軍備、蘇國軍備と我が軍備、航空兵力及民間航空擴張の急務

消極的軍備積極的軍備

武力戰の主體は軍備である。抑、軍備には消極的に國防目的を達成するに必要なる最少限度の武力と、積極的に目的を達成せんが爲め要すべき武力とに分れる。而して前者は國策、領土の廣狹、地理的位置等の關係より、自主的に決定し得べきものであり、後者は國際情勢に應じて變化すべきものである。

現在我が陸軍の保有する軍備は上述の消極的國防に必要なる最少限度のものであり、

大戰直後、蘇國の軍備薄弱なりし時代に於ては、之を以て東亞平和維持の靜的目的を達成し得たのであるが、滿洲事變に伴ふ國防第一線の擴大により皇國に三倍する領域の治安維持を負擔すること丶なり、消極的國防の見地に於てすら既に軍備の不十分を感ずるに至つた。

蘇國軍備と我が軍備

加ふるに蘇國の所謂五箇年計畫實施の結果、世界最大の軍備を保有するに至り、特に著々として極東に軍備を充實しつ丶あることと、蘇滿國境の絕えざる紛爭、更に兩者間に蟠れる幾多の案件は、最近募り來れる蘇國の挑戰的態度と常習的不信なる態度と相俟つて日蘇關係の今後の推移は逆睹し難き情勢に在る。

從つて如何なる情勢の變化に遭遇するも支障なからしむべき兵力、裝備の充實は、時局對策として最も重要なるもの丶一であらねばならぬ。

此の兵力裝備の具體的數字を揭ぐる自由を持たないが、主要列强の軍備と比較し、國際情勢の急迫せる狀態を考察せば、皇國兵力裝備の十分ならざることは十分了解し得る

と信ずる。（後掲の主要列強陸軍兵力一覧表竝附錄第二の獨國國防雜誌所載列國軍備ノ表參照）

近代軍備に於て航空機の有する價値の絶大なることは今更述べるまでもない。

而して、蘇の飛行機三千機、米の三千機、支の五百機を合計すれば、我を圍繞する列强の空中勢力は實に六千機を突破するの狀況である。

外交政略と相俟つて對手國を一ヶ國に制限する場合に於ても、最少限三千機の假想敵空中勢力を豫察せねばなるまい。然る場合僅か一千機内外の陸軍航空兵力を以て果して國防全しと稱し得べきか否か。

航空兵力及民間航空擴張の急務

航空兵力は勿論軍事航空が主體であるが、民間航空は直ちに戰爭に流用し得べきものであるが故に、之を度外視して空中國防を論ずるは無意味である。此見地に於て、我が民間航空の現狀如何を見るに、軍事航空の劣勢に劣ること更に〳〵數等、到底列强の夫れに比すべくもないのである。（附錄第一列國民間航空事業現勢比較の表參照）

思ふて玆に至れば慄然たらざるを得ない。最近民間航空大擴張の企圖あるかに仄聞する。誠に慶賀の至りに堪へない。冀はくば、一刻も速に空中國防の缺陷を充足し、國防上些の遺憾なからしめんことを。

又重要都市防空の爲め施設の必要があるが、飛行機に對する絶對の防禦は飛行機を以て、敵機を墜し或は其の根據地を覆滅するに在る。此意味よりしても空中勢力の充實を企圖することが急務である。

主要列强陸軍兵力一覽表

區分／國名	平時兵力	陸軍飛行機數	戰車數
蘇聯邦	約百三十萬	約三千機	約三千輛
中華民國	約二百萬	約五百機	
米國	約三十二萬	約二千機（三千機に擴張中）	約五百輛
佛國	約五十六萬	約三千機	約一千五百輛
獨國	約二十五萬	ナシ	ナシ
伊國	約三十五萬	約千五百機	約百二十輛

英國	約三十四萬	約二千五百機	約三百輛
日本	約二十三萬	約千機内外	

其五　國防と經濟

經濟の整調、現機構の不備・新經濟機構の要旨、戰時經濟確立の必要

經濟の整

一、經濟の整調

現經濟機構が、我が國の經濟的發展に、大なる貢獻を爲したることは認めねばならぬ。然し國家的全體觀特に國防の觀點より見て左の如き改善整調の餘地ありと言はれて居る。

現機構の不備

1　現機構は個人主義を基調として發達したものであるが、其反面に於て動もすれば、經濟活動が、個人の利益と恣意とに放任せられんとする傾があり、從つて必ずしも國家國民全般の利益と一致しないことがある。

2　自由競爭激化の結果、排他的思想を醸成し、階級對立觀念を醸成するの虞がある。

3　富の偏在、國民大衆の貧困、失業、中小産業者農民等の凋落等を來し、國民生活の安定を庶幾し得ない憾がある。

4　現機構は、國家的統制力小なる爲め、資源開發、産業振興、貿易促進等に全能力を動員して一元的運用を爲すに便ならず、又國家豫算に甚しき制限を受け、國防上絶對に必要とする施設すら之を實現し得ざる狀態に在る。

新經濟機構の具備すべき要件

現經濟機構の變改是正の方案に對しては種々の意見があるが、國防上の見地よりしては、左記の如き事項が擧げられて居る。

1　建國の理想に基き、道義的經濟觀念に立脚し、國家の發展と國民全部の慶福とを增進するものなること。

2　國民全部の活動を促進し、勤勞に應ずる所得を得しめ、國民大衆の生活安定を濟すものなること。

3 資源開發、產業振興、貿易の促進、國防施設の充備に遺憾なからしむる如く、金融の諸制度並に產業の運營を改善すること。

4 國家の要求に反せざる限り、個人の創意と企業慾とを滿足せしめ益、勤勞心を振興せしむること。

戰時經濟の確立

二、戰時經濟の確立

經濟戰は、既に平時狀態に於ても開始せられつゝあることは既に述べた通りである。戰時狀態に於て武力戰と併起する場合、其激甚性は最高度に達すること勿論である。其場合の經濟統制を如何に實施するかは、國防上重要なる問題である。

二十世紀初頭までの間に於ける各戰爭を觀察するに、國を擧げて交戰の事に從つた場合に於ても、比較的交戰兵力、軍需品の需要が寡少であつて、國民經濟の全般に亙り特別の變動を與ふることはなかつた。然るに、世界大戰は全く從來と其の趣を異にして居る。即ち軍需品の需要が未曾有の膨脹をなした。

一面交戰國と外部との通商交通は、著しく阻害せられ、甚しき場合には全く封鎖狀態に陷るを以て、軍需品は勿論國民生活必需品に至るまで、海外よりの資源の輸入は杜絶せらるのみでなく、自國輸出產業の販路も、全く閉塞され、平常時に於ける世界經濟の紐帶は全く切斷せらるゝことゝなつた。故に戰時不足すべき資源を適時充足する如く平時に於て準備を整ふると共に、一旦緩急の曉には、國家は莫大なる軍需品の需要を充すと共に、國民の經濟生活維持の爲、經濟の全般就中國防、產業、運輸、通信及國民經濟生活に對して、相當徹底して統制を行ふの必要がある。其結果經濟組織に對しても尠からざる臨時變更を生ずることゝなる。

之を世界大戰の實例に徵するに、列强より封鎖せられたる獨逸が、食糧軍需資源の輸入杜絶に依り、著しき困難を嘗めたるは勿論、過剩生產品の輸出販路を失ひ、爲に國家經濟が窮地に陷つた事は周知の事實である。

又獨逸の潜水艦封鎖の脅威を受け乍らも、兎も角世界經濟との關聯を保持せし英國に於てすら、砂糖、小麥、肉類等の不足を生じ、又棉花輸入困難の結果はランカシャ綿業廢止を餘儀なくせらるゝ等、國民經濟に致命的影響を蒙つたことは枚擧に遑がない。されば交戰諸國は資源、食糧の不足を補ふ爲め、其の生産及輸入に對して强度の保護獎勵策を取るは勿論、中には國家自ら其一部を經營するものすらあつた。極端なる自由主義を標榜せし英國に於てすら、農地の强制耕作、製粉工場の政府管理、小麥、砂糖及肉類の輸入及配給事業の政府直營等を實施し、又ランカシャ綿業の危機を救はんが爲め、政府は在荷棉花の公平なる分配、操業の調整、失業救濟等に對し積極的統制を實施してゐる。又交戰時は殆んど例外なく國民の消費にまで干渉し、或はパン、肉、砂糖等の食糧品を始めとし、各種燃料及衣服に對しても標準消費量又は日量を定め、切符制度に依り之が配給を實施してゐる。又一方國家は戰爭の爲打擊を蒙れる一般國民並に特殊産業の資本家及勞働者に對して救濟策を講じ、又戰禍の爲生業を失へる者に對する對策を必要とするに至つて居る。

此の如き世界大戰の經驗は、將來戰に於て戰時經濟を如何に準備すべきかを暗示するものである。而して此等の準備なき國家は、多大の困難を感ずるのみならず、往々之が爲め敗戰を招來するかも測り難い。故に平時より官民力を戮せ之が準備を完成するの必要がある。

而して其の準備すべき要點としては、戰時不足資源關係企業の奬勵、不足資源の貯藏、代用品の研究、戰時海外資源の取得計畫、平時之を利用する國防產業の實行促進、過剩生產品の輸出對策、戰時財政金融對策、貿易對策、勞働對策等、相當廣範圍に亙り、豫め研究準備を遂げ、開戰の曉に於て些の遲滯なく、統制ある戰時經濟の運用に移らなければならない。

五、國民の覺悟

以上は、國防國策として速に實現を要すと一般に考へられある事項の若干を掲げたに過ぎない。素より國防は、國家の生成發展に關する限り國策の全般に亙るが故に、本書に述べた以外に考慮すべき要件の多々ある事は勿論である。

皇國は今や駸々乎たる躍進を遂げつゝある、一方列强の重壓は刻々と加重しつゝある。此の有史以來の國難――併しそれは皇國が永遠に繁榮するか否かの光榮ある國家的試錬である――を突破し光輝ある三千年の歷史に、一段の光彩を添ふることは、昭和聖代に生を禀けた國民の責務であり、喜悅である。冀くは、全國民が國防の何物たるかを了解し、新なる國防本位の各種機構を創造運營し、美事に危局を克服し、日本精神の高調擴充と世界恒久平和の確立に向つて邁進せんことを。

最近陸軍省にて配布せし小冊子目錄（本年三月以降のもの）

書名	發行月日
空の國防	昭和九年三月三十日
不安なる歐洲の政情	同　年四月五日
近代國防より見たる蘇聯邦	同　年五月十日
近代國防の本質と經濟戰略其他	同　年五月十日
雲南に對する英佛の活躍	同　年五月十日
誤れる支那の對日政策と列國の對支活動	同　年五月二十日
南洋事情	同　年六月十五日
思想戰	同　年七月二十五日
躍進日本と列強の重壓	同　年七月二十八日
滿洲事變勃發滿三年	同　年九月十八日
備考	尙ほ通俗的に國防を說いたものでは、陸軍省**つはもの**編輯部編「**國の力**」叢書中の「**空の護り**」「**國家總動員**」「**思想戰・經濟戰**」等がある。

附錄第一

列國民間航空事業現勢比較

區分 \ 國名	英	佛	獨	米	伊	日
民間操縱者	2,766 (5)	1,100 (2)	2,500 (5)	18,594 (30)	708 (2)	496 (1)
民間飛行機	981 (6)	1,571 (10)	1,067 (6)	7,330 (45)	719 (4)	167 (1)
飛行場 公共用	35	68	98	2,045	53	10
飛行場 非公共用	362	34	133			6
飛行場 (倍率)	(25)	(5)	(15)	(150)	(4)	(1)
定期航空路延長距離	28,677(粁) (7)	26,382 (9)	30,685 (8)	87,160 (22)	15,235 (4)	4,086 (1)
飛行實施總延長距離	3,347,000(粁) (1.5)	8,500,712 (4.2)	9,267,120 (4.5)	77,350,973 (39)	4,650,118 (3)	1,986,840 (1)
旅客	56,683 (5)	40,491 (4)	98,489 (10)	504,575 (50)	43,300 (4)	10,443 (1)
國庫總豫算	110,2018(万円) (5)	95,9246 (4)	90,9228 (4)	186,8151 (8)		23,0941 (1)
民間航空豫算 總額	1,985(万円) (6)	11,444. (40)	6,989 (20)	4,078 (11)		339 (1)
民間航空豫算 國庫總豫算ニ對スル步合	0.002 (2)	0.013 (10)	0.008 (6)	0.0021 (2)		0.0013 (1)

摘要

一 米獨ニ於テ操縱者ノ倍率ニ比シ飛行場及旅客倍率ノ著シク高率ナルハ注意ヲ要ス即我航空路施設ノ不十分ト民間航空利用熱ノ低キヲ示スモノナリ

二 列國ニ於テ操縱者ノ倍率ニ比シ飛行機及定期航空路延長距離ノ倍率著シク高率ナルハ注意ヲ要ス即我國ニ於ケル飛行機ノ保有數劣弱ナルト航空路ノ擴張不十分ナルヲ示スモノナリ

三 列強國庫總豫算ノ倍數比率ニ比シ民間航空豫算倍率ノ著シク高率ナルハ注意ヲ要ス特ニ佛獨ニ於テ然リトス

備考

一 航空ニ關スル諸元ハ昭和八年十一月調遞信省航空局發刊ノ航空要覽（概ネ昭和八年十月現在數）ニ據ル

二 豫算ニ關スル數量ハ主計局調査ノ昭和八年度豫算ニ據ル

三 括弧內ノ數字ハ日本ノ當該諸元ニ對スル倍率ヲ示ス

分割撮影ターゲット

分割した部分の撮影順序	1 2 3 4
分割撮影した理由	Ａ３版以上のため
文書等名	列国陸軍軍備一覧表
上記のとおり分割撮影したことを証明する。	

軍備一覽表

一九三四年一月調
獨逸國防雜誌所載

數

機關銃		騎兵中隊	砲兵中隊			火砲		工兵中隊及鐵道中隊	通信中隊	a)戰車中隊 b)戰車數（豫備ヲ含ム）	瓦斯中隊	飛行中隊	飛
輕	重		輕	重	高射	輕	重						
12	13	14	15	16	17	18	19	20	21	22	23	24	
1,134	792	79	72	—	—	288	22（固定）	14	14	—	—	—	
2,630		30	65	41	10	335	199（要塞砲ヲ除ク）	33	2大隊	a) 2 b)300	—	20	
300		12	24	12（要塞）	—	153（[illegible]）	50	6	—	—	—	—	
1,200	288	12（自轉車中隊5ヲ含ム）	24	9	8	96	36	6	5	—	—	6	
10,000	4,200	39（外ニ装甲自動車中隊3） 48（外ニ装甲自動車中隊8）	83 219	30 81	6 23	1,900	500	31 88	39 71	a) 16 b)約600	1	18 52中隊	927（別ニ
670	350	5	11	8	?	70	60	4	3	a)1輕中隊及1重中隊 b)約20	1	3	
1200		8及2MG中隊	21	7（海岸砲兵ヲ除ク）	3	112	24（海岸砲ヲ除ク）	5	8	a)1 b)16戰車	—	3陸上 4水上	
約 14 000	約 15,000	190（植民地補助部隊ヲ除ク）及装甲自動車中隊ト23MG小隊89	315	3) 298	3) 52	3) 約26,000及204[illegible]	3) 約1,200	120	42 1/2	a)75 1/2 b)4,300	—	136	平時3,000(… 豫備機… 戰時 約5,0…
7,000	3,100	60	310	4) 244	4) 24	4) 1 240及96高射砲	4) 950	49大隊		a)14 b)150戰車	2中隊結成ノ大隊1	127	
6) 3 200	6) 750	49（MG中隊ヲ含ム）	148	45	16	6) 832	5) 180	46		a)2 b)約120	1大隊	36	
650	212	5（MG中隊1ヲ含ム）	21	6	1	114	13	4	4	a)1 b)6戰車	—	3	
553	292	10（MG中隊2ヲ含ム）	18及3步兵砲大隊	6	17	78	18	5工兵 1鐵道兵	3	a)1 b)12戰車	—	7（教育中隊1ヲ含ム）	
694		20	24	7	2	140	71	12		—	—	2	
不	明	12及3自轉車中隊	31	3（要塞ヲ除ク）	3	不	明	9	9	—	—	4	
252	108	6	32	—	—	90	—	18	6	—	—	—	
6,800	4 600	273 +70憲兵小隊	321 4自轉車牽引 325	101輓曳 11自動車牽引 112	8輓曳 19自動車牽引 25	1,500 325步兵砲	422	63	90	a)約24 b)約600戰車	1大隊	54	
926	233	84 其内植民地ニ 41	44 24	35 10	—	273	141	22	2聯隊	—	—	18	
4,000	1,000	88	311	42	9	1,402	175	93	26	a)1聯隊 b)90戰車	—	31	
2,920	368	17	20 要塞ヲ除ク	15	5	100	30（要塞ヲ除ク）	16	6	a)2 b)20戰車	—	11（[illegible]隊ヲ含ム）	
5,000	2,118	72	96	43 +15要塞中隊	—	370	172（要塞ヲ除ク）	62	25	—	—	15) 80	125+175（但戰用
約18) 13,000	約18) 10,000	482	833	207	?	2,409	約621	23大隊 11架橋大隊 +74工兵中隊	13聯隊 +73中隊 +39騎兵中隊	20) a) 36 b) 約600	各部隊ニ瓦斯小隊アル其數不明	18) 19) 20旅團52大隊75中隊	
2,088	1,602	42	137	39（[illegible]ヲ除ク）									

0065　0067
0066　0068

列國陸軍

	國名	兵役制度	人口（單位百萬人）	平時總兵力（空軍ヲ含ム）	兵數ノ人口ニ對スル百分比	推定戰時兵力	1933年度陸軍經費（單位百萬） a) 陸軍 b) 海軍	總豫算ニ對スル百分比	師團 步兵	師團 騎兵	步兵大隊
	1	2	3	4	5	6	7	8	9	10	11
1	獨逸	常備軍志願兵	63.3	100,000	0.15	100,000	482.6マルク	4.5	7	3	63
2	ベルギー	常備軍徵兵	8.16	72,000（憲兵ヲ除ク）	0,85	600,000	900.ベルギーフラン	1) 10.03	6	2	64 MG大隊6ヲ含ム
3	ブルガリー	常備軍志願兵	5.4	20,000 + 13,000 憲兵及國境警備隊	0.5	20,000	625.レヴア	10.	—	—	26
4	デンマーク	基幹軍徵兵	3.6	最大限 9) 26,000	0.8	150,000 既教育兵	1932/33 a) 36.4クローネ b) 1.3クローネ	11.	2	—	82（內8ハ豫備軍）
5	英本國	常備兵志願兵 竝 備兵	46,8	130,000現役 148,000豫備 128,000備兵 47,000空軍	1	2,000,000	a) 44.74ポンド b) 19.97ポンド	15.4	現役 5 備兵 14	2旅團 2旅團	70 168
6	エストニア	常備軍徵兵	1.1	14,000	1.2	200,000	11.9（陸海軍合計）	19.35	3	1聯隊	18
7	フインランド	常備軍徵兵	3.6	25,737	0.71	300,000	1931: 6.9（陸海別ニ合計）	15.28	3 1旅團	1旅團	26 自轉車大隊3ヲ含ム
8	佛	常備軍徵兵	41.8 屬領 58.7	633,221	1.5（白人）	4,500,000 別ニ有族ノ兵少クモ 1,000,000アリ	162.385フラン a)+b)+海軍	34.	35 2) 別ニ航空旅團 8	2) 5	452
9	伊	常備軍徵兵 竝 備兵	42.2	5) 417,150	1.	5,000,000	1933/34 a) 2,021リラ b) 606 〃	25.15	30 アルプス師團 3	2	254
10	ユーゴースラヴ	常備軍徵兵	13.9	148,000（憲兵及國境守備隊ヲ含ム）	1.	2,500,000	2,075デイナール	19.8	16	$2\frac{1}{2}$	158
11	ラトヴィア	常備軍徵兵	19.2	23,500	1.22	200,000	1932/33 30.2（陸海別ニ合計）	22.02	4 別ニ技術師團 1	1聯隊	28
12	リスアニア	常備軍徵兵	2.4	18,000	0.74	200,000	1933 49.5リタ	19.75	3	2聯隊	17
13	オランダ	基幹軍徵兵	8.18	33,000	0.48	300 000	91.5グルデン a)+b)海軍	16.50	4	2聯隊	24聯隊
14	ノルウエー	備兵 徵兵（現役幹部）	2.8	18,000 乃至9) 30,000	1.07	110,000	1931/32 a) 21.3クローネ b) 1.5 〃	6.3	6	—	31及2自轉車中隊 + 10豫備大隊
15	墺	常備軍志願兵	6.4	30,000	0.50	80,000	80.0シルリオグ	3.5	6旅團	—	42
16	ポーランド	常備軍徵兵	32.13	8) 206,015 + 33,803 教育部隊	0.83（教育部隊ヲ除ク）	3,200,000	1933 a)陸軍 b)海軍 9) 783.4 c)國境守備隊61.7 計 845.1ヅロート	34.38	30	1 +12旅團	273 + 51 國境大隊 324
17	ポルトガル	常備軍徵兵 竝 備兵	6.66 屬領ヲ除ク	61,225（植民地及國民軍ヲ含スレバ）71,893	0.92 植民地ヲ除ク	870,000	330エスクト	15.00	—	1	55（植民地ヲ除ク）
18	ルーマニヤ	常備軍徵兵	18	255,000（憲兵及國境守備隊ヲ除ク）	1.41	1,500,000	5,975レイ	23.	23	4	223
19	スウエーデン	基幹軍徵兵	6.2	約 34,000 7) 12,000乃至 57,000	0.93	400,000	a) 72.5クローネ b) 9.0 〃 11) 陸海軍	10.7	$4\frac{1}{2}$	—	44
20	スヰス	備兵	4.1	12) 26,000	0.6	400,000	96.1スヰーデンフラン	12.	6 +後備旅團 6	3旅團	149
21	蘇聯邦	常備軍徵兵 竝 備兵	165.	1,300,000	0.79	7,500,000	2,264ルーブル	6.5	16) 73	14 17) + 7獨立旅團	687
22	スペイン	常備軍徵兵	23.6 屬領 1.00	145,558（不正規土民軍ヲ除ク）	0.62	1,800,000	850ペスタ（海軍及植民地ヲ含ム）	18.00	10（內2ハ植民地ニアリ）	1	85

附錄第二（參考ノ爲メ貼付スルモノナリ）

覽　表

一九三四年一月調
獨逸國防雜誌所載

砲兵中隊 輕	砲兵中隊 重	砲兵中隊 高射	火砲 輕	火砲 重	工兵中隊及鐵道中隊	通信中隊	a)戰車中隊 b)戰車數（豫備ヲ含ム）	瓦斯中隊	飛行中隊	飛行機數
15	16	17	18	19	20	21	22	23	24	25
72	—	—	288	22（固定）	14	14	—	—	—	—
65	41	10	335	199（要塞砲ヲ除ク）	33	2大隊	a) 2 b)300	—	20	300
24	12（要塞）	—	153（[illegible]內ニ33）	56	6	—	—	—	—	—
24	9	8	96	36	6	5	—	—	6	100
83 219	30 81	6 23	1,900	500	31 88	89 71	a) 16 b)約600	1	18 52中隊	13）927（別ニ豫備，約1,600）
11	8	7	70	60	4	3	a)1輕中隊及1重中隊 b)約20	1	3	74
21	7（海岸砲兵ヲ除ク）	8	113	21（海岸砲ヲ除ク）	5	8	a)1 b)16戰車	—	3陸上 4水上	69
315	3) 208	3) 62	3) 約26,000及204高射砲	3) 約1,200	120	42 1/2	a)75 1/2 b)4,300	—	136	平時3,000（練習機試驗機及豫備機ヲ除ケハ1.581）戰時約5,000
310	4) 244	4) 24	4) 1.240及96高射砲	4) 950	49大隊		a)14 b)150戰車	2中隊編成ノ大隊1	127	1,015
148	45	16	6) 832	5) 180	46		a)2 b)約120	1大隊	36	300
24	6	1	114	18	4	4	a)1 b)6戰車	—	3	79
18及3步兵砲大隊	6	12	78	18	5工兵 1鐵道兵	3	a)1 b)12戰車	—	7（教育中隊1ヲ含ム）	80
24	7	2	140	71	12		—	—	2	206
31	3（要塞ヲ除ク）	3	不	明	9	9	—	—	4	83
32	—	—	90	—	18	6	—	—	—	—
321 4自轉車牽引 325	101輓曳 11自動車牽引 112	6輓曳 19自動車牽引 25	1,500 325步兵砲	422	63	90	a)約24 b)約600戰車	1大隊	54	約1,000
44 地ニ 24	35 10	—	273	141	22	2聯隊	—	—	18	130
311	42	9	1,402	175	93	26	a) 1聯隊 b)90戰車	—	34	350
20 要塞ヲ除ク	15	6	100	30（要塞ヲ除ク）	16	6	a) 2 b)20戰車	—	11（臨時隊ヲ含ム）	97
96	43 +15 要塞中隊	—	370	172（要塞ヲ除ク）	62	25	—	—	15) 30	125+175練習用飛行機（但戰用ニ供シ得ス）
833	207	7	2,499	約621	23大隊 11架橋大隊 +74工兵中隊	13聯隊 +73中隊 +39騎兵中隊	20) a) 36 b)約600	各部隊ニ瓦斯小隊アルモ其數不明	18) 19) 20旅團52大隊75中隊	8,000以上
137	39（[illegible]ヲ除ク）	4	548	156	62	17	a) 1 b)	—	16	500
180	108	24	720及90高射	432	29工兵中隊 +5鐵道中隊	20	a) b)			

7
8

列國陸軍軍備一

	人口（單位百萬人）	平時總兵力（空軍ヲ含ム）	兵數ノ人口ニ對スル百分比	推定戰時兵力	1933年度陸軍經費（單位百萬） a) 陸軍 b) 海軍	總豫算ニ對スル百分比	師團 步兵	師團 騎兵	步兵大隊	機關銃 輕	機關銃 重	騎兵中隊
	3	4	5	6	7	8	9	10	11	12	13	14
兵	63.3	100,000	0.15	100,000	482.6マルク	4.5	7	3	63	1,134	792	79
兵	8.16	72,000（憲兵ヲ除ク）	0.85	600,000	900.ベルギーフラン	1) 10.03	6	2	64 MG大隊6ヲ含ム	2,9	30	30
兵	5.4	20,000 + 13,000 憲兵及國境警備隊	0.5	20,000	625.レヴア	10.	—	—	20	8	00	12
兵	3.6	最大限 9) 26,000	0.8	150,000 既教育兵	1932/33 a) 30.4クローネ b) 1.3クローネ	11.	2	—	32（內8ハ豫備軍）	1,200	268	12（自轉車中隊5ヲ含ム）
兵 兵	46,3	130,000現役 148,000豫備 128,000備兵 47,000空軍	1	2,000,000	a) 44.74ポンド b) 19.97ポンド	15.4	現役 5 備兵 14	2旅團 2旅團	70 168	10,000	4,200	39（外ニ裝甲自動車中隊3） 48（外ニ裝甲自動車中隊8）
兵	1.1	14,000	1.2	200,000	11.9（陸海軍合計）	19.35	3	1聯隊	18	670	350	6
兵	3.6	25,737	0.71	300,000	1931: 6.9（陸海軍合計）	15.28	3 1旅團	1旅團	26 自轉車大隊3ヲ含ム	12	00	8及2MG中隊
兵	41.8 屬領 58.7	633,224	1.5（白人）	4,500,000 別ニ有族ノ兵少クモ1,000,000アリ	162.385フラン a)+b)+海軍	34.	35 2) 別ニ航空旅團 8	2) 5	452	約14 000	約15,000	190（植民地補助部隊ヲ除ク）及裝甲自動車中隊ト23MG小隊88
兵 兵	42.2	5) 417,150	1.	5,000,000	1933/34 a) 2,021リラ b) 696 〃	25.15	30 アルプス師團 3	2	254	7,000	3,100	60
兵	13.9	148,000（憲兵及國境守備隊ヲ含ム）	1.	2,500,000	2,075ディナール	19.8	16	2½	168	6) 3 200	6) 750	40（MG中隊ヲ含ム）
兵	19.2	23,500	1.22	200,000	1932/33 30.2（陸海軍合計）	22.62	4 別ニ技術師團 1	1聯隊	28	650	212	6（MG中隊1ヲ含ム）
兵	2.4	18,000	0.74	200,000	1933 49.5リタ	19.75	3	2聯隊	17	653	292	10（MG中隊2ヲ含ム）
兵	8.18	38,000	0.48	300 000	94.5グルデン a)+b)海軍	16.50	4	2聯隊	24聯隊	694		20
兵（本部）	2.8	18,000 乃至9) 30,000	1.07	110,000	1931/32 a) 21.3クローネ b) 1.5 〃	6.3	6	—	31及2自轉車中隊 + 16豫備大隊	不	明	12及3自轉車中隊
領兵	6.4	30,000	0.56	30,000	80.0シルリオグ	3.5	6旅團	—	42	252	168	6
兵	32.13	8) 266,015 + 33,803 教育部隊	0.83（教育部隊ヲ除ク）	3,200,000	1933 a)陸軍 b)海軍 9) 783.4 c)國境守備隊61.7 計 845.1ゾロート	34.38	30	1 +12旅團	273 + 51 國境大隊 324	6,800	4 000	273 +70憲兵小隊
兵 兵	6.65 屬領ヲ除ク	61,225（植民地及國民軍ヲ合スレバ 71,893）	0.92 植民地ヲ除ク	870,000	330エスクト	15.00	—	1	55（植民地ヲ除ク）	926	233	84 其內植民 44
兵	18	255,000（憲兵及國境守備隊ヲ除ク）	1.41	1,500,000	5,975レイ	23.	23	4	223	4,000	1,000	68
兵	6.2	約31,000 7) 12,000乃至57,000	0.93	400,000	a) 72.5クローネ b) 9.0 〃 11) 陸海軍	10.7	4½	—	44	2,920	368	17
兵	4.1	12) 26,000	0.6	400,000	95.1スヰーデンフラン	12.	6 +後備旅團 5	3旅團	140	5,000	2,118	72
兵 兵	165.	1,300,000	0.79	7,500,000	2,264ルーブル	6.5	16) 73	14 17) + 7獨立旅團	687	約 18) 13,000	約 18) 10,000	482
兵	23.6 屬領 1.00	145,558（不正規土民軍ヲ除ク）	0.62	1,800,000	850ペスタ（海軍及植民地ヲ含ム）	18.00	10（內2ハ植民地ニアリ）	1	85	2,088	1,002	42
		20)			21)	23	12 別ニ山地旅	4旅團	172	8,000	2,500	44 11MG中隊

歩兵大隊	輕	重	騎兵中隊	輕	重	高射	輕	重	鐵道中隊		（豫備ヲ含ム）	
11	12	13	14	15	16	17	18	19	20	21	22	23
63	1,134	792	79	72	—	—	289	22（固定）	14	14	—	—
64 MG大隊6ヲ含ム	2,630		30	65	41	10	335	190（要塞砲ヲ除ク）	33	2大隊	a) 2 b) 300	—
26	800		12	24	12（要塞）	—	153（其内[illegible]）	50	6	—	—	—
32（内8ハ豫備軍）	1,200	288	12（自轉車中隊6ヲ含ム）	21	9	8	96	30	6	6	—	—
70 108	10,000	4,200	39（外ニ裝甲自動車中隊3） 48（外ニ裝甲自動車中隊8）	83 219	30 81	6 23	1,900	500	31 88	39 71	a) 16 b) 約600	1
18	670	350	5	11	8	?	70	60	4	3	a) 1輕中隊及1重中隊 b) 約20	1
76 自轉車大隊3ヲ含ム	1200		8及2MG中隊	31	7（海岸砲兵ヲ除ク）	3	112	24（海岸砲ヲ除ク）	5	8	a) 1 b) 16戰車	—
402	約 14,000	約 15,000	190（植民地補助部隊ヲ除ク）及裝甲自動車中隊ト23MG小隊88	315	3) 298	3) 52	5) 約 26,000 及204高射砲	3) 約 1,200	120	42 1/2	a) 75 1/2 b) 4,800	—
254	7,000	3,100	60	310	4) 244	4) 24	4) 1,240及96高射砲	4) 950	49大隊		a) 14 b) 150戰車	2中隊結成ノ大隊1
158	6) 3,200	6) 756	40（MG中隊ヲ含ム）	148	45	16	6) 832	5) 180	46		a) 2 b) 約120	1大隊
28	650	212	5（MG中隊1ヲ含ム）	24	6	1	114	13	4	4	a) 1 b) 6戰車	—
17	653	292	10（MG中隊2ヲ含ム）	18及3歩兵砲大隊	6	17	78	18	5工兵 1鐵道兵	3	a) 1 b) 12戰車	—
24聯隊	694		20	24	7	2	140	71	12		—	—
31及2自轉車中隊 + 16豫備大隊	不	明	12及3自轉車中隊	31	3（要塞ヲ除ク）	3	不	明	9	9	—	—
42	252	103	6	32	—	—	90	—	18	6	—	—
273 + 51 = 324 國境大隊	6,800	4,600	273 +70憲兵小隊	321 4自轉車牽引 325	101輓曳 11自動車牽引 112	6輓曳 19自動車牽引 25	1,500 325歩兵砲	432	63	90	a) 約24 b) 約600戰車	1大隊
55（植民地ヲ除ク）	926	233	84 其内植民地ニ 44	44 21	35 10	—	273	141	22	2聯隊	—	—
223	4,000	1,000	88	311	42	9	1,402	175	93	26	a) 1聯隊 b) 90戰車	—
44	2,926	368	17	20 要塞ヲ除ク	15	5	100	30（要塞ヲ除ク）	16	6	a) 2 b) 20戰車	—
149	5,000	2,118	72	96	43 +15 要塞中隊	—	376	172（要塞ヲ除ク）	62	25	—	—
687	約 18) 13,000	約 18) 10,000	482	833	207	?	2,409	約 621	23大隊 11架橋大隊 +74工兵中隊	13聯隊 +73中隊 +39騎兵中隊	20) a) 36 b) 約600	各部隊ニ… 新小隊ア… 其數不明
85	2,088	1,602	42	187	39（[illegible]）	4	548	156	62	17	a) 1 b) 約90	—
172	8,000	2,500	44 11MG中隊 6裝甲自動車中隊	180	108	24	730及96高射砲	432	29工兵中隊 + 6鐵道中隊	20	a) 3 b) 約200	—
162	?	?	80	117	69	?	?	?	9大隊	9大隊	?	?
40	750	442	23	24	—	2	96及8	—	20（歩工兵中隊ヲ含ム）	7	—	—
102	22) 25,000	22) 10,000	23) 69	23) 84	23) 74	23) 35	8,300	500	23) 40	23) 8	23) a) 17 b) 約1,000	23

…違ナシ、詳細不明
…ヒラルル人員ニヨリ變更ア…

…,864）人及青年訓練（140,0…
…ス
…リ移管シアリ即チ國境守備…
…隊及警察隊ハ内務省及大藏…
…ノ輸送費ハ交通省ノ豫算ニ…
…ニ要スル經費ハ文部省叉ハ…
…負擔ス

11）豫算ニ就テ空軍ハ陸海軍共通其他尚300,000クローネハ陸海軍費ニ共通ス
12）新兵200,000人教育將校200人及軍屬、演習ニ方リテハ最大限400,000人ノ兵力ヲ有ス
13）戰用飛行機ノミニシテ海軍ニ配屬セル部隊ヲ除ク
14）此内約600,000人ハ屬領ニ於テ訓練スル者ナリ
15）1924年ノ航空計畫ノ實施ヲ基礎トス、現在ハ偵察中隊12驅逐中隊6アルノミ
16）此内47ハ屬領師團ナリ
17）此内5ハ屬領師團ナリ
18）此數字ハ疑ハシ恐ラクコレ以上ナルヘシ

19）海軍飛行隊ヲ含マス
20）開年次兵同時ニアル時ノ最大平時兵力ヲ示ス
21）此内約5億クローネハ軍部以外ノ官省ノ豫算ニ組入レアリ
22）正規軍、傭兵及豫備軍ニ對スル法定數
23）此數字ハ現役陸軍ニ就テノミ示ス

			百萬人	（空軍ヲ含ム）	百分比		a) 陸軍 b) 海軍	對スル 百分比	歩兵	騎兵
	1	2	3	4	5	6	7	8	9	10
1	獨逸	常備軍志願兵	63.3	100,000	0.15	100,000	482.6マルク	4.5	7	3
2	ベルギー	常備軍徵兵	8.16	72,000 （憲兵ヲ除ク）	0.85	600,000	900.ベルギーフラン	1) 10.03	6	2
3	ブルガリー	常備軍志願兵	5.4	20,000 + 13,000 憲兵及國境警備隊	0.5	20,000	625.レヴア	10.	—	—
4	デンマーク	基幹軍徵兵	3.6	最大限 9) 26,000	0.8	150,000 既教育兵	1932/33 a) 36.4クローネ b) 1.3クローネ	11.	2	—
5	英本國	常備兵志願兵 並　備兵	46.3	130,000現役 148,000豫備 128,000備兵 47,000空軍	1	2,000,000	a) 44.74ポンド b) 10.97ポンド	15.4	現役 5 備兵 14	2旅團 2旅團
6	エストニア	常備軍徵兵	1.1	14,000	1.2	200,000	11.9(陸海軍合計)	19.35	3	1聯隊
7	フインランド	常備軍徵兵	3.6	25,737	0.71	300,000	1931: 6.9(陸海軍合計)	15.28	3 1旅團	1旅團
8	佛	常備軍徵兵	41.8 屬領 58.7	633,224	1.5 （白人）	4,500,000 別ニ有族ノ兵少クモ 1,000,000アリ	162.385フラン a)+b)+海軍	34.	35 2) 別ニ航空旅團 8	2) 5
9	伊	常備軍徵兵 並　備兵	42.2	5) 417,150	1.	5,000,000	1933/34 a) 2,021リラ b) 696 〃	25.15	30 アルプス師團 3	2
10	ユーゴースラブ	常備軍徵兵	13.9	148,000 （憲兵及國境守備隊ヲ含ム）	1.	2,500,000	2,075ディナール	19.8	16	2½
11	リトヴイア	常備軍徵兵	19.2	23,500	1.22	200,000	1932/33 30.2(陸海軍合計)	22.02	4 別ニ技術師團 1	1聯隊
12	リスアニア	常備軍徵兵	2.4	18,000	0.74	200,000	1933 49.5リタ	19.75	3	2聯隊
13	オランダ	基幹軍徵兵	8.13	38,000	0.48	300 000	94.5グルデン a)+b)海軍	16.50	4	2聯隊
14	ノルウエー	備兵 徵兵(現役幹部)	2.8	18,000 乃至 9) 30,000	1.07	110,000	1931/32 a) 21.3クローネ b) 1.5 〃	6.3	6	—
15	墺	常備軍志願兵	6.4	30,000	0.50	30,000	80.0シルリオグ	3.5	6旅團	—
16	ポーランド	常備軍徵兵	32.13	8) 266,015 + 33,803 教育部隊	0.83 （教育部隊ヲ除ク）	3,900,000	1933 a)陸軍 b)海軍 783.4 9) c)國境守備隊61.7 計 845.1ヅロート	34.38	30	1 +12旅團
17	ポルトガル	常備軍徵兵 並　備兵	6.65 屬領ヲ除ク	61,225 （植民地及國民軍ヲ合スレバ） 71,893	0.92 植民地ヲ除ク	870,000	330エスクト	15.00	—	1
18	ルーマニヤ	常備軍徵兵	18	255,000 （憲兵及國境守備隊ヲ除ク）	1.41	1,500,000	5,975レイ	23.	23	4
19	スウエーデン	基幹軍徵兵	6.2	約 34,000 7) 12,000乃至 57,000	0.93	400,000	a) 72.5クローネ b) 9.0 〃 11) 陸海軍	10.7	4½	—
20	スイス	備兵	4.1	12) 26,000	0.6	400,000	96.1スイスフラン	12.	6 +後備旅團 6	3旅團
21	蘇聯邦	常備軍徵兵 並　備兵	165.	1,300,000	0.79	7,500,000	2,264ルーブル	6.5	16) 73	14 17) + 7國立旅團
22	スペイン	常備軍徵兵	23.6 屬領 1.00	145,558 （不正規土民軍ヲ除ク）	0.62	1,800,000	860ペスタ （海軍及植民地ヲ含ム）	18.00	10 （内2ハ植民地ニアリ）	1
23	チエツク	常備軍徵兵	15.	20) 176,000	1.17	1,300,000	21) a) 1,900クローネ b) 150 〃	23.	12 別ニ山地旅團 2	4旅團
24	トルコ	常備軍徵兵	17.?	140,000 + 40,000憲兵 + 10,000教育部隊	1.1	1,300,000	40トルコポンド	25.	18	5 （内2ハ豫備師團）
25	ハンガリー	志願兵	9	35,000	0.4	35,000	1932/33 93.8ペンゲ	9.	7旅團	2旅團
26	米	常備軍志願兵並備兵及豫備軍	139.	13,000志願 + 200,000備兵 + 200,000豫備軍	0.34	4,000,000	a) 340.9ドル b) 21. ドル	8.6	6	1

備考

1　豫算ノ數字ハ獨逸「ライヒスマルク」ニ換算シアラス蓋シ各國ノ貨幣購買力ガ外國爲替相場ニ據ラス一般ニ高キヲ以テナリ

2　兵器數ハ陸軍平時裝備ニ據ル、豫備資材ノ現在數ハ不詳ナリ

註

1）總豫算ニハ尚3,500,000,000「フラン」ノ償却資金ヲ加ヘアルヲ以テ百分比ハ斯クノ如ク小ナリ

2）海外及植民地ニ在ル兵力ハ一部ハ大單位ニ編合シアラス

3）要塞海岸築城ノモノヲ除キ常備軍ノ資材ノミ

4）要塞海岸築城及國土防空用ヲ除ク

5）騎銃兵5,100ノ稅關兵團24,000航空兵24,000常設特別備兵隊10,500ヲ含ミ植民地軍34,000ヲ除ク、之ニテ一年ノ平均兵士數ハ234,00ナリ

6）此數ノ過大ナルコトハ[illegible]

7）兵力ハ復習ノタメ召集セ[illegible]リ

8）軍隊化サレタ警察隊(2800人以上)ハ顧慮シアラ[illegible]

9）陸軍費ハ次ノ手段ニ依リ[illegible]隊軍隊化セル國境監視[illegible]會ノ豫算ニ、演習ノ際ノ[illegible]入レアリ。又青年訓練ニ[illegible]地方官廳並市町村之ヲ[illegible]

10）一部ハ基幹隊

聯	塞	高射	砲	塞	[illegible]		(…ノ含ム)			
15	16	17	18	19	20	21	22	23	24	25
72	—	—	288	22 (固定)	14	14	—	—	—	—
65	41	10	335	199 (要塞砲ヲ除ク)	33	2大隊	a) 2 b)300	—	20	300
24	12 (要塞)	—	153 ([illegible])	56	6	—	—	—	—	—
24	9	8	96	36	6	5	—	—	6	100
83 219	30 81	6 23	1,900	500	31 88	39 71	a) 16 b)約600	1	13 52中隊	18) 927(別ニ豫備 約1,600)
11	8	?	70	60	4	3	a)1輕中隊及1重中隊 b)約20	1	3	74
21	7 (海岸砲兵ヲ除ク)	8	112	24 (海岸砲ヲ除ク)	5	8	a)1 b)16戰車	—	3陸上 4水上	69
315	3) 298	3) 52	3) 約 26,000 及 204 [illegible]	3) 約 1,200	120	42 1/2	a)75 1/2 b)4,300	—	136	平時 3,000(練習機試驗機及豫備機ヲ除ケハ 1,581) 戰時 約5,000
310	4) 244	4) 24	4) 1.240及96高射砲	4) 950	49大隊		a)14 b)150戰車	2中隊編成ノ大隊1	127	1,015
148	45	10	6) 832	5) 180	46		a)2 b)約120	1大隊	86	880
24	6	1	114	13	4	4	a)1 b)6戰車	—	3	79
18及3歩兵砲大隊	6	17	78	18	5工兵 1鐵道兵	3	a)1 b)12戰車	—	7 (教育中隊1ヲ含ム)	80
24	7	2	140	71	12		—	—	2	205
31	3 (要塞ヲ除ク)	3	不	明	9	9	—	—	4	83
32	—	—	90	—	18	6	—	—	—	—
321 4自轉車牽引 523	101輓曳 11自動車牽引 112	6輓曳 19自動車牽引 25	1,500 325歩兵砲	422	63	90	a)約24 b)約600戰車	1大隊	54	約 1,000
44 地ニ 24	35 10	—	273	141	22	2聯隊	—	—	18	130
311	42	9	1,402	175	93	26	a) 1聯隊 b)90戰車	—	84	350
20 要塞ヲ除ク	15	5	100	30 (要塞ヲ除ク)	16	6	a) 2 b)20戰車	—	11 ([illegible]隊ヲ含ム)	97
96	43 +15 要塞中隊	—	370	172 (要塞ヲ除ク)	62	25	—	—	15) 80	125+175練習用飛行機(但戰用ニ供シ得ス)
833	207	?	2,499	約 621	23大隊 11架橋大隊 +74工兵中隊	13聯隊 +78中隊 +39騎兵中隊	20) a) 36 b)約600	各部隊ニ瓦斯小隊アルモ其數不明	18) 19) 20旅團52大隊75中隊	8,000以上
137	39 ([illegible])	4	548	156	62	17	a) 1 b)約90	—	16	500
180	108	24	72 及96高射砲	432	29工兵中隊 + 5鐵道中隊	20	a) 3 b)約200	—	89	約 850
117	69	?	?	?	9大隊	9大隊	?	?	?	870
24	—	2	96及8	—	20(歩工兵中隊ヲ含ム)	7	—	—	—	—
23) 84	23) 74	23) 35	3,300	500	23) 40	23) 8	23) a) 17 b)約1,000	23) 7	13) 94大隊	15) 2,050

ハ陸海軍共通其他尚 800,000 タロ
ニ共通ス
(育將校 200人及軍屬、演習ニ方リ
000 人ノ兵力ヲ有ス
ニシテ海軍ニ配屬セル部隊ヲ除ク
、ハ屬領ニ於テ訓練スル者ナリ
畫ノ實施ヲ基礎トス、現在ハ偵察
6アルノミ
圖ナリ
[illegible]ナリ
恐ラクコレ以上ナルヘシ

19) 海軍飛行隊ヲ含マス
20) 兩年次兵同時ニアル時ノ最大平時兵力ヲ示ス
21) 此内約5億タローネハ軍部以外ノ官省ノ豫算ニ組入レアリ
22) 正規軍、備兵及豫備軍ニ對スル法定數
23) 此數字ハ現役陸軍ニ就テノミ示ス

為メ貼付スルモノナリ)

百萬人	(空軍ヲ含ム)	百分比		b) 海 軍	對スル百分比	歩 兵	騎 兵		輕	重	
3	4	5	6	7	8	9	10	11	12	13	14
63.3	100,000	0.15	100,000	482.6マルク	4.5	7	3	63	1,134	792	79
8.16	72,000 (憲兵ヲ除ク)	0.85	600,000	900.ベルギーフラン	1) 10.03	6	2	64 MG大隊6ヲ含ム	2,630		30
5.4	20,000 + 13,000 憲兵及國境警備隊	0.5	20,000	625.レグア	10.	—	—	26	800		12
3.6	最大限 9) 26,000	0.8	150,000 既教育兵	1932/33 a) 36.4クローネ b) 1.3クローネ	11.	2	—	32 (内8ハ豫備軍)	1,200	288	12 (自轉車中隊5ヲ含ム)
46.3	180,000現役 148,000豫備 128,000傭兵 47,000空軍	1	2,000,000	a) 44.74ポンド b) 19.97ポンド	15.4	現役 5 傭兵 14	2旅團 2旅團	70 168	10,000	4,200	39(外ニ裝甲自動車中隊3) 48(外ニ裝甲自動車中隊8)
1.1	14,000	1.2	200,000	11.9(陸海軍合計)	19.35	3	1聯隊	18	670	350	5
3.0	25,787	0.71	300,000	1931: 6.9(陸海軍合計)	15.28	8 1旅團	1旅團	26 自轉車大隊3ヲ含ム	1200		8及2MG中隊
41.8 屬領 58.7	633,224	1.5 (白人)	4,500,000 別ニ有族ノ兵少クモ 1,000,000アリ	102.385フラン a)+b)+海軍	34.	35 2) 別ニ航空旅團 8	2) 5	452	約 14 000	約 15,000	190(植民地補助部隊ヲ除ク)及裝甲自動車中隊ト23MG小隊88
42.2	5) 417,150	1.	5,000,000	1933/34 a) 2,621リラ b) 696 〃	26.15	30 アルプス師團 3	2	254	7,000	3,100	60
13.9	148,000 (憲兵及國境守備隊ヲ含ム)	1.	2,500,000	2,075ディナール	19.8	16	2½	158	6) 3 200	6) 750	49(MG中隊ヲ含ム)
19.2	23,500	1.22	200,000	1932/33 30.2(陸海軍合計)	22.62	4 別ニ技術師團 1	1聯隊	28	650	212	5(MG中隊1ヲ含ム)
2.4	18,000	0.74	200,000	1933 49.5リタ	19.75	3	2聯隊	17	653	292	10(MG中隊2ヲ含ム)
8.18	38,000	0.48	300 000	94.5グルデン a)+b)海軍	16.50	4	2聯隊	24聯隊	694		20
2.8	18,000 乃至 9) 30,000	1.07	110,000	1931/32 a) 21.3クローネ b) 1.5 〃	6.8	6	—	31及2自轉車中隊 + 16豫備大隊	不	明	12及3自轉車中隊
6.4	30,000	0.56	80,000	80.0シルリオグ	3.5	6旅團	—	42	252	108	6
32.13	8) 266,015 + 33,803 教育部隊	0.98 (教育部隊ヲ除ク)	3,200,000	1933 a)陸軍 b)海軍 9) 783.4 c)國境守備隊61.7 計 845.1ズロート	34.38	30	1 +12旅團	273 + 51 國境大隊 324	6,800	4 600	273 +70憲兵小隊
6.65 屬領ヲ除ク	61,225 (植民地及國民軍ヲ含スレバ) 71,893	0.92 植民地ヲ除ク	870,000	330エスクト	15.00	—	1	55 (植民地ヲ除ク)	920	233	84 其内植民 44
18	255,000 (憲兵及國境守備隊ヲ除ク)	1.41	1,500,000	5,975レイ	23.	23	4	223	4,000	1,000	88
6.2	約 34,000 7) 12,000乃至 57,000	0.93	400,000	a)72.5クローネ b) 9.0 〃 11)陸海軍	10.7	4½	—	44	2,926	368	17
4.1	12) 26,000	0.6	400,000	96.1スエーデンフラン	12.	6 +後備旅團 6	3旅團	149	5,000	2,118	72
165.	1,300,000	0.79	7,500,000	2,204ルーブル	6.5	16) 73	14 17) + 7獨立旅團	687	約 18) 13,000	約 18) 10,000	482
23.6 屬領 1.00	115,558 (不正規土民軍ヲ除ク)	0.62	1,800,000	850ペスタ (海軍及植民地ヲ含ム)	18.00	10 (内2ハ植民地ニアリ)	1	85	2,088	1,602	42
15.	20) 176,000	1.17	1,300,000	21) a) 1,900クローネ b) 150 〃	23.	12 別ニ山地旅團 2	4旅團	172	8,000	2,500	44 11MG中隊 6裝甲自動車中隊
17.?	140,000 + 40,000憲兵 + 10,000教育部隊	1.1	1,300,000	40トルコポンド	25.	18	5 (内2ハ豫備師團)	162	?	?	80
8	35,000	0.4	35,000	1932/33 95.8ペンゴ	9.	7旅團	2旅團	40	750	442	23
138.	13,000志願 + 200,000傭兵 + 200,000豫備軍	0.34	4,000,000	a) 340.9ドル b) 24. ドル	8.6	6	1	102	22) 25,000	22) 10,000	23) 69

ク」ニ換算シアラ
爲替相場ニ據ラス

豫備資材ノ現在數

註

1) 總豫算ニハ尚3,500,000,000「フラン」ノ償却資金ヲ加ヘアルヲ以テ百分比ハ斯クノ如ク小ナリ
2) 海外及植民地ニ在ル兵力ハ一部ハ大單位ニ編合シアラス
3) 要塞海岸部城ノモノヲ除キ常備軍ノ資材ノミ
4) 要塞海岸築城及國土防空用ヲ除ク
5) 騎銃兵5,100ノ税關兵團24,000航空兵24,000常設特別備兵隊10,500ヲ含ミ植民地軍34,000ヲ除ク、之ニテ一年ノ平均兵士數ハ234,00ナリ
6) 此數ノ過大ナルコトハ疑ナシ、詳細不明
7) 兵力ハ復習ノタメ召集セラルル人員ニヨリ變更アリ
8) 軍隊化サレタ警察隊(28,864)人及青年訓練(140,000人以上)ハ顧慮シアラス
9) 陸軍費ハ夾ノ手段ニ依リ秘匿シアリ即チ國境守備隊軍隊化セル國境監視隊及警察隊ハ内務省及大藏省ノ豫算ニ、演習ノ際ノ輸送費ハ交通省ノ豫算ニ入レアリ、又青年訓練ニ要スル經費ハ文部省又ハ地方官廳並市町村之ヲ負擔ス
10) 一部ハ基幹隊
11) 豫算ニ就テ空軍……ーネハ陸海軍費
12) 新兵260,000人教……テハ最大限400,0
13) 軍用飛行機ノミ
14) 此内約600,000人
15) 1924年ノ航空計……中隊12驅逐中隊
16) 此内47ハ屬領師……
17) 此内5ハ屬領師團
18) 此數字ハ疑ハシ……

（四）关于对中国政策之件

资料名称： 对支那政策に関する件

资料出处： JACAR（アジア歴史資料センター）Ref.C01004226900 昭和十一年《密大日記》第 6 冊（防衛省防衛研究所）。

资料解说： 1934 年 12 月 7 日，陆、海、外三省官员经过协商，制定《关于对中国政策之件》，规定「对华北政权方针政策」的宗旨是「形成南京政权的政令不能达及的形势……不论华北政权主要班底由何人组成，均不能无视在华北的日满华特殊关系」，确立了分割华北并加以控制的基本方针。

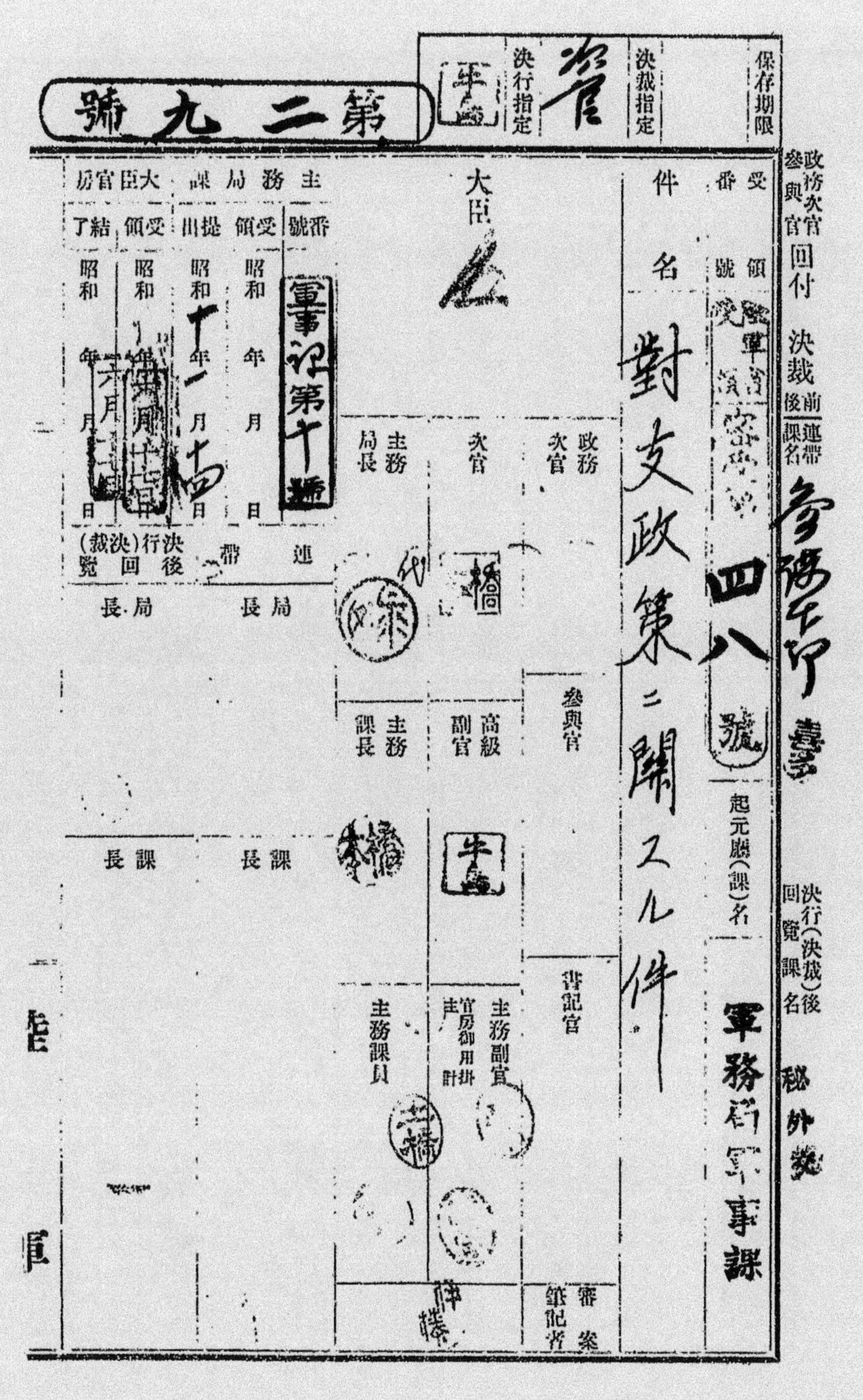

第二九號

保存期限
決裁指定
決行指定

受領番號　四八號
件名　對支政策ニ關スル件
起元廳（課）名　軍務局軍事課
政務次官　參與官　回付
決裁前　決裁後　連帶課名　參謀本部
決行（決裁）後　回覧課名　秘外務

大臣
政務次官
次官
主務局長
參與官
高級副官
主務課長
書記官
主務副官
官房御用掛
主務課員
審案
筆記者

主務局課
番號　軍事課第十號
受領　昭和年月日
提出　昭和十一年一月十四日
大臣官房
受領　昭和年月日
結了　昭和年月日
連帶
決行(決裁)後回覧
局長　局長
課長　課長

次官ヨリ関東軍、支那駐屯軍及
台湾軍参謀長宛電報（極秘暗號）
現下ノ情勢ニ處スヘキ對支政策ニ關シ外
務省及陸海軍側主管當局者ニ於テ上司
ノ指導ノ下ニ協議ノ結果意見ノ一致ヲ
見其要点ヲ別紙ノ通リ決定セリ依テ

貴軍ニ於テモ關係方面ト相互連絡ノ上右

案ノ趣旨ニヨリ可然措置スルコト、セラレ度

追テ別紙ハ長文ニ亘ルヲ以テ別ニ郵送スヘキモ

差當リ貴地外務側ニ就テ披見セラレ度

（關東軍
支那駐屯軍）

追テ別紙ハ長文ニ亘ルヲ以テ別ニ郵送ス（台湾軍）

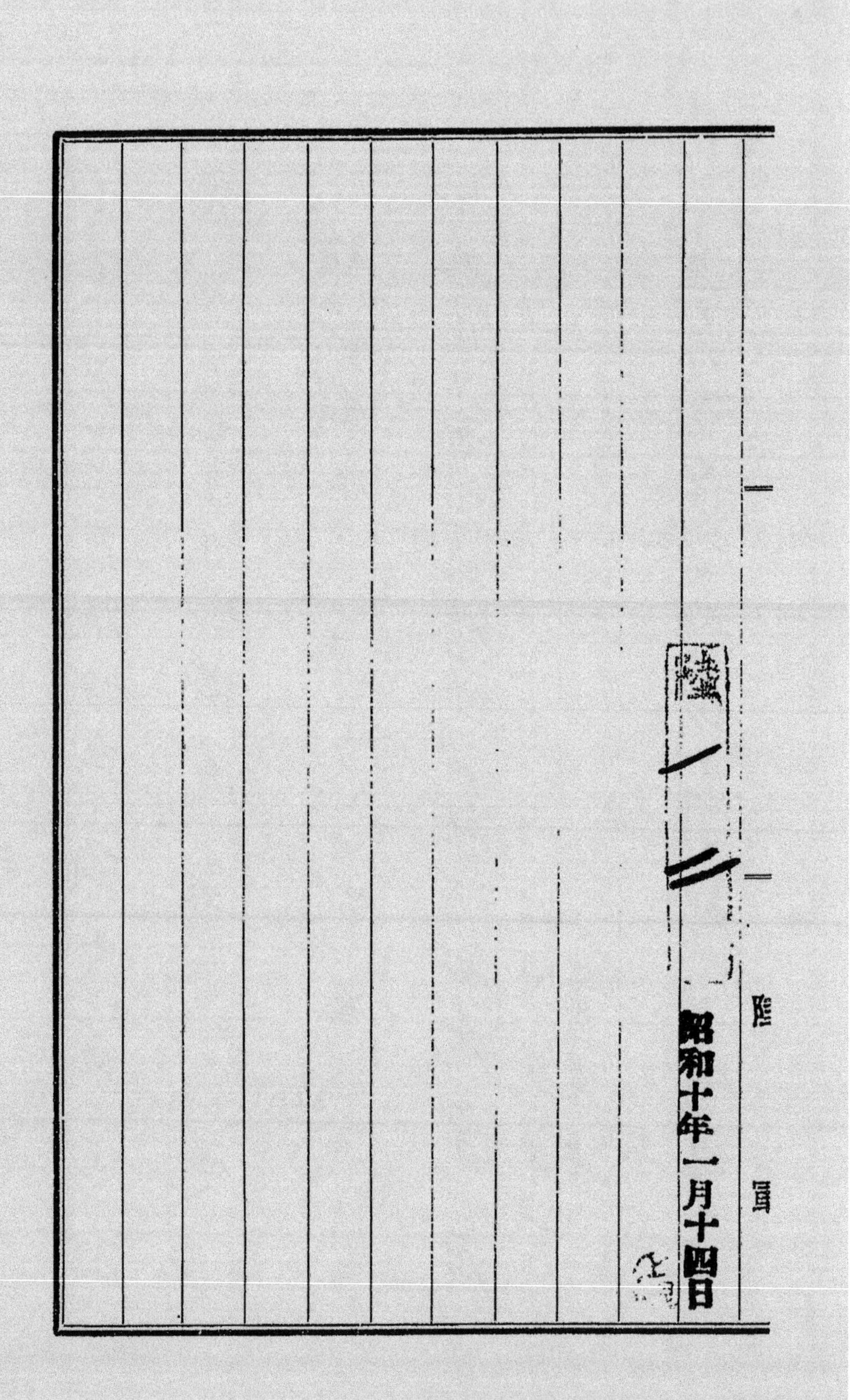

昭和十年一月十四日

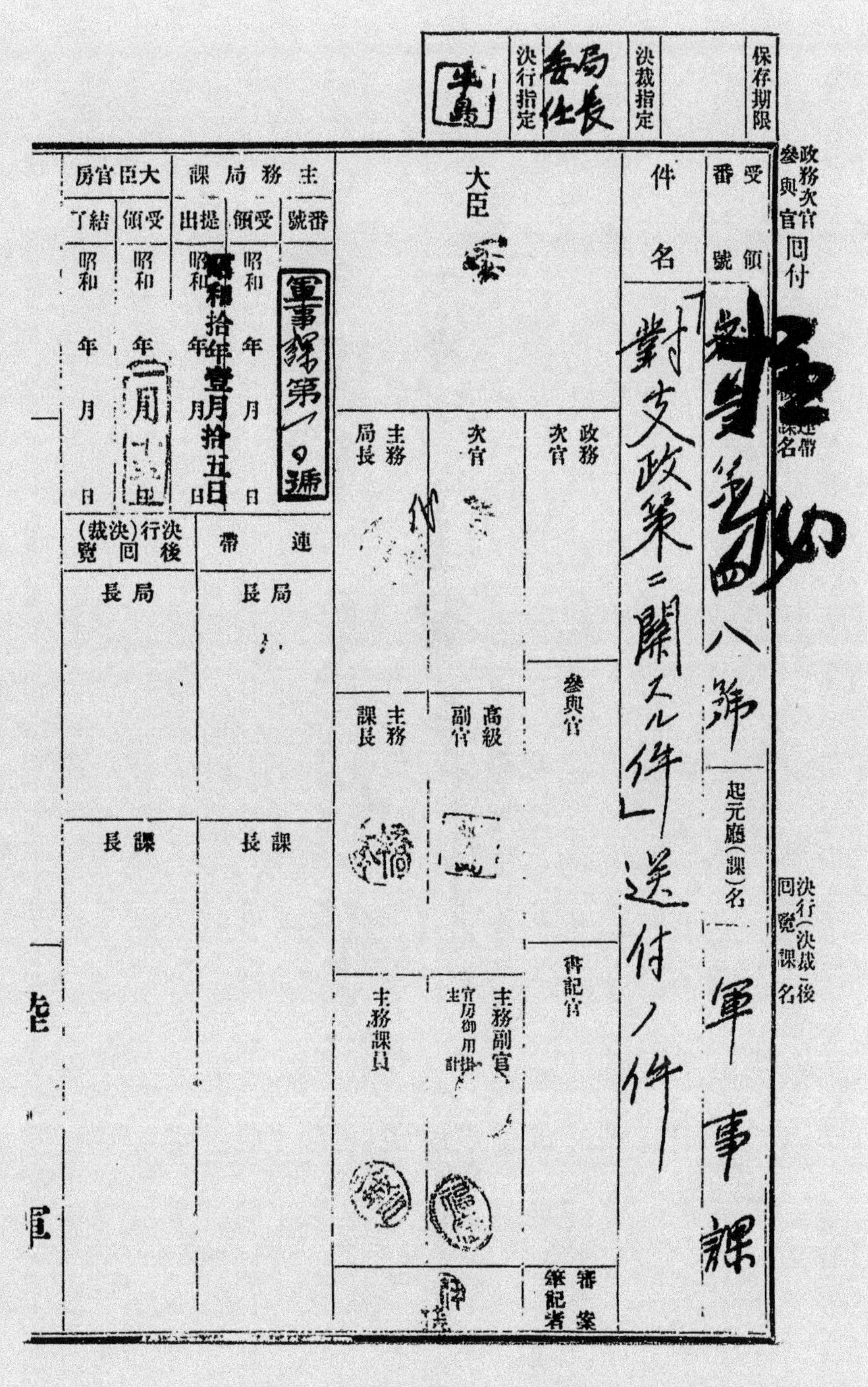
保存期限
決裁指定
局長委任
決行指定
政務次官 參與官 回付
受領番號
件名
對支政策ニ關スル件送付ノ件
大臣
政務次官
次官
主務局長
參與官
高級副官
主務課長
書記官
主務副官
主務課員
番案 起案者
起元廳（課）名 軍事課
決行（決裁）後回覽課名
主務局課
番號 軍事課第一九號
受領 昭和　年　月　日
提出 昭和拾年壹月拾五日
大臣官房
受領 昭和　年　月　日
結了 昭和　年　月　日
連帶 局長 課長
決行（決裁）後回覽 局長 課長

天津軍ヘ送付ノ分ハ發送ノ要無シ係官ニ電報ス

大城戸中佐ニ手交セシ處

次官ヨリ關東軍參謀長及台灣軍參
謀長宛（親展、極秘、書留、配達證明）
支那駐屯軍參謀長宛（該方面出張者ニ依托ス）

對支政策決定ニ關シ一月十四日陸支密第一二號電
ヲ以テ申進メタル別紙左記ノ通リ送付ス

左記

一　陸支密第二一號　昭和十年一月十五日

對支政策ニ關スル件　六部ノ内第二號（周軍達）

受領証

一、支那駐屯軍司令部ノ宛

二、（陸密第二一號ノ分）

右受領ス

昭和拾年壹月拾九日　陸軍省軍務局軍事課

同　六部ノ内第三號（台湾軍）

同　六部ノ内第四號（天津軍）

注意

同右官房控ハ六部ノ内第五號トス

説明ターゲット

次の原稿

不鮮明

[1459～1464

3年 12月 16日

主務者又は

撮影立会者 加部東保夫

極秘

官房

六部丙第五號

昭和九年十二月拾九日

對支政策ニ關スル件

第一、趣意

一、我對支政策ハ(イ)支那ヲシテ帝國ヲ中心トスル日滿支三國ノ提携共助ニ依リ東亞ニ於ケル平和ヲ確保セムトスル帝國ノ方針ニ追隨セシムルト共ニ(ロ)支那ニ對スル我商權ノ伸張ヲ期スルヲ以テ根本義トス

二、然レ共支那ノ現狀ニ顧ミ同國政局ニ對スル施策ニ依リ急速ニ第一項(イ)ノ目的ヲ達成スルコト至難ナルニ止ラス我方ニ於テ過急ニ斯種ノ施策ヲ行フコトハ却テ反對ノ結果ヲ招來スルノ虞モアリ漸ヲ追フテ右目的ノ達成ヲ期スルヲ要ス

三、一方支那ニ對スル我商權ノ伸張、換言スレハ我方カ支那ニ於テ強固ナル經濟上ノ地步ヲ築クコトハ其レ自體我對支政策ノ根本義ヲ成スノミナラス、他面我方ノ勢力ヲ以テ支那ヲ控御シ同國　シテ我方トノ接近ヲ求ムルノ餘儀ナキニ至ラシムヘキ有力ナル手段ナリ

而シテ右商權伸張ノ爲ニハ中央及各地政權ノ排日的態度ヲ闢ニ是正ス

陸軍

ルト共ニ支那各地就中經濟上我方トノ關係深キ地方ニ於ケル治安ノ維持ニ留意シ一般官民トノ間ニ對日依存ノ空氣ヲ釀成セシムルコト肝要ナリ

四、仍テ我方トシテハ此ノ際支那政局ノ自然ノ推移ニ逆行スル無理ナル措置ヲ避ケ寧ロ右自然ノ推移ヲ我方ニ有利ニ誘導スル如ク支那ノ實情ニ應シ我方ノ必要ト認ムル方策ヲ熱心且執拗ニ實施シ、以テ支那政局推移上當然ノ歸結ト認メラルル同國內政ノ極端ナル行詰ト相俟チ、結局支那ヲシテ大勢ノ赴ク所遂ニ我方ニ接近ヲ求ムルノ餘儀ナキカ如キ境地ニ立タシムルヲ期セサルヘカラス

第二、方策要綱

一、一般方策

(イ)支那側カ東亞ノ大局ニ覺醒セス依然東亞ノ平和ヲ破壞スヘキ政策ヲ繼續スルニ於テハ飽ク迄之カ是正ヲ要求シテ已マサル堅キ我方ノ決意ヲ支那官民ニ一層印象セシメ、支那側カ日支關係ノ打開ニ付現實ニ誠意ヲ示スニ於テハ我方亦好意ヲ以テ之ヲ迎フヘキモ、我方ヨリ

進ンテ和親ヲ求メス、且支那側ニ於テ我方ノ權益ヲ侵害スル場合ニハ我方獨自ノ立場ニ基キ必要ノ措置ヲ執ルヘシトノ嚴肅公正ナル態度ヲ以テ之ニ臨ムコト

尚彼等ノ內部抗爭ヲ利用シ其抗日政策ヲ更改セシムルコトニモ亦留意スルノ要アリ

(ロ)前記ノ如ク權益擁護上必要ナル我方措置ノ結果支那政局ニ動搖ヲ生スルコトアリトスルモ右ハ止ムヲ得サル所ナルカ然ラサル限リ我方ニ於テ殊更支那ノ事態ヲ紛亂セシムルカ如キ措置ニ出テサルコト。

又支那各地、就中經濟上我方ト關係深キ地方ニ於ケル治安ノ維持ニ留意シ一般官民ノ間ニ對日依存ノ空氣ヲ釀成セシムルト共ニ排日策動ニ對シテハ之ヲ阻止終熄セシムル樣嚴ニ要求シ以テ我商權ノ伸張ヲ期スルコト

(ハ)日支接近ノ最大ノ障碍タル支那ノ遠交近攻的心理、即チ同國カ外國ノ力ヲ藉リテ我方ヲ抑制セムコトヲ僥倖セムトスル心裡及右心裡ニ基ク各般ノ行動並ニ之ニ策應スル外國側ノ對支援助ヲ極力排擊スル

コト。是カ爲ニハ主トシテ外交上及經濟上ノ方策ヲ積極的ニ實施スルコト

ニ、對南京政權方策

國民政府ノ指導原理ハ帝國ノ對支政策ト根本ニ於テ相容レサルモノアルヲ以テ南京政權ニ對スル方策ノ基調ハ同政權ノ存亡ハ同政權ニ於テ日支關係ノ打開ニ誠意ヲ示スカ否カニ懸ルト云フカ如キ境地ニ窮局ニ於テ同政權ヲ追込ムコトニ存スル次第ニシテ右目的ノ爲ニハ前記一般方策(イ)及(ハ)ノ施策ヲ執拗ニ行ヒ殊ニ同政權ニ對シテ排日ノ停止就中黨部ノ策動ヲ控制セムコトヲ要求シ同時ニ懸案ノ解決及我方權益ノ伸張ニ付テハ從來ヨリモ一層積極的ノ勢力ヲナシ且同政權下ノ官職等ニ我政策遂行ニ便ナル人物ヲ任命セシムル様仕向ケ以テ同政權ノ態度ヲ我方ニ有利ニ誘導スルヲ期スルコト

三、對北支政權方策

我方トシテハ北支地方ニ對シ南京政權ノ政令ノ及ハサルカ如キ情勢トナラムコトヲ希望スルモ此ノ際急速ニ右ノ如キ情勢ヲ招來スルコトハ

我方ニ於テ巨大ナル實力ヲ用フルノ決意ナキ限リ困難ナルニ付、差當リ北支地方ニ於テ南京政權ノ政令カ北支ニ付テハ同地方ノ現實ノ事態ニ應シテ去勢セラルル情勢ヲ次第ニ濃厚ナラシムヘキコトヲ目標トシ漸ヲ追フテ之カ實現ヲ期スルコト。從テ我方トシテハ北支政權ニ對シテモ大體前記南京側ニ對スル方針ヲ準用シ且該政權カ有力ナルモノニシテ誠意ヲ示スニ於テハ我方亦好意ヲ以テ之ニ臨ミ以テ懸案ノ解決及及我方權益ノ維持伸張ニ努ムルト共ニ、尠クトモ黨部ノ活動ヲ事實上對セシメ且北支政權下ノ官職等ヲシテ我政策遂行上ニ利便ナル人物ニ置キ替ヘシムル樣仕向ケ以テ北支地方ノ官民カ同地方ニ於テハ排日ハ行ハヌモノナリトノ先入的ノ觀念ヲ持ツニ至ル樣ノ空氣ヲ釀成シ行キ結局我方權益ノ伸張ト排日ニ睨マサル一般空氣ノ釀成トニ依リ、北支政權ノ主班カ何人ナルモ北支ニ於ケル日滿支ノ特殊ノ關係ヲ無視スルコト不可能ナルカ如キ狀況ヲ招來スルニ努ムルコト。

四、西南派其ノ他ノ局地的政權ニ對スル方策

西南派其ノ他ノ局地的政權ニ對シテモ前記一般方策並之ニ基ク對南京

及北支政權方策ヲ準用スヘキコト勿論ナルカ西南派及韓復榘、閻錫山等カ南京政權ト對立シ又ハ不卽不離ノ態度ヲ執リ居ル狀態ヲ維持セシムルコトハ南京政權ノ對日態度ヲ牽制スル上ニ於テ望マシキニ付、我方トシテハ此等政權カ我方ニ對シ好意ヲ示スニ於テハ我方亦之ニ相應スル好意ヲ示シ適宜連絡ヲ維持スルコト

但シ斯種地方政權ノ新ナル發生ハ支那政局ノ自然ノ推移ニ委スヘク我方トシテハ南京政權擁護ニ偏スルカ如キ結果トナラサル樣留意スルト共ニ積極的ニ新ニ地方政權ノ發生ヲ助成スルカ如キ措置ハ之ヲ避クルコト

三、商權伸張ニ關スル方策

前記各方策ノ實施間之ニ適應シテ我對支商權ノ伸張ニ努ム、之カタメ各政權ヲ利導シテ其目的達成ヲ圖ルト共ニ廣ク對象ヲ實業界其ノ他一般民間ニ求メ國民經濟提携ヲ促進シ、倘排日ニ睨マサル一般的空氣ノ釀成ヲ計リ、以テ日滿支間ノ經濟的特殊關係ハ政治的等ノ理由ニ依リ如何トモシ難キカ如キ事態ノ招來ヲ期スルコト

（五）多田声明

资料名称： 北支五省聯合の自治體結成が必要：駐屯軍多田司令官談

资料出处：《大阪朝日新聞》1935 年 9 月 25 日。

资料解说： 1935 年 9 月 24 日，日本新任中国驻屯军司令官多田骏就华北问题对记者发表谈话，提出要「1. 把反满抗日分子彻底逐出华北；2. 华北经济圈独立（要救济华北民众，只有使华北财政脱离南京政府的管辖）；3. 通过华北五省的军事合作防止赤化」。还强调为达上述目的「必须改变和树立华北政治机构」。该声明强调了政治上的「分离」及日本的「指导」作用，在经济上提出「华北经济圈」，表明日本对「华北政策」已经正式形成。「多田声明」是日本对华北政策的代表性文件之一。

昭和 1
自 9 月 2
至　　月

大阪朝日新聞

北支五省聯合の自治體結成が必要

駐屯軍　多田司令官談

多田司令官

度は

（一）北支より反満抗日分子の徹底的一掃

（一）北支経済権の獨立

北支民衆の救済は北支財政を南京政府の隷属下より分離せしむるの外はない

（一）北支五省の共同的協力による赤化防止

【北平特電二十四日發】北支駐屯軍多田司令官は天津において二十四日午後二時談話の形式で左のごとくわが北支政策の要點を明らかにしたが北支事變後情勢一變、再び北支諸勢力對峙の形にある北支政局の動向を決するものとして非常に注目されてゐる

北支における支那民衆の經濟と福祉増進とを根本主張とする我軍の公明正大なる方針は終始一貫せるものであり、また不正不義を剿滅するため正當なる威力の行使も必要と認めてゐる、日滿支共存の素地をなす北支のいはゆる明朗化は北支民衆の力により徐々に達成さるべきものであるが、これを阻害する國民黨部および蔣介石政權の北支よりの除去には威力の行使もまたやむを得ないであらう、この根本主張に本づくわが軍の對北支態

これらのためには北支政治機構の改正確立を必要とするが、さし當り北支五省聯合自治體結成への指導を要する

になつてゐる

（六）对内蒙施策要领

资料名称： 对内蒙施策要领（昭和十年七月二十五日）

资料出处： JACAR（アジア歴史資料センター）Ref.C12120082900、Ref.C12120083000、Ref.C12120083100、Ref.C12120083200《対内蒙施策要領》（昭和十年七月二十五日）（防衛省防衛研究所）。

资料解说： 1935年7月25日关东军参谋部制定《对内蒙施策要领》，要点是决定「为了有利于对苏作战，以及为准备作战需要的各项平时工作，同时以巩固满洲国的国防以便于加强统治为目的，关东军首先设法扩大和加强内蒙的亲日满地区，内蒙应随同华北工作的进展脱离中央而独立」。

○

対内蒙施策要領

昭和十年七月二十五日

関東軍参謀部

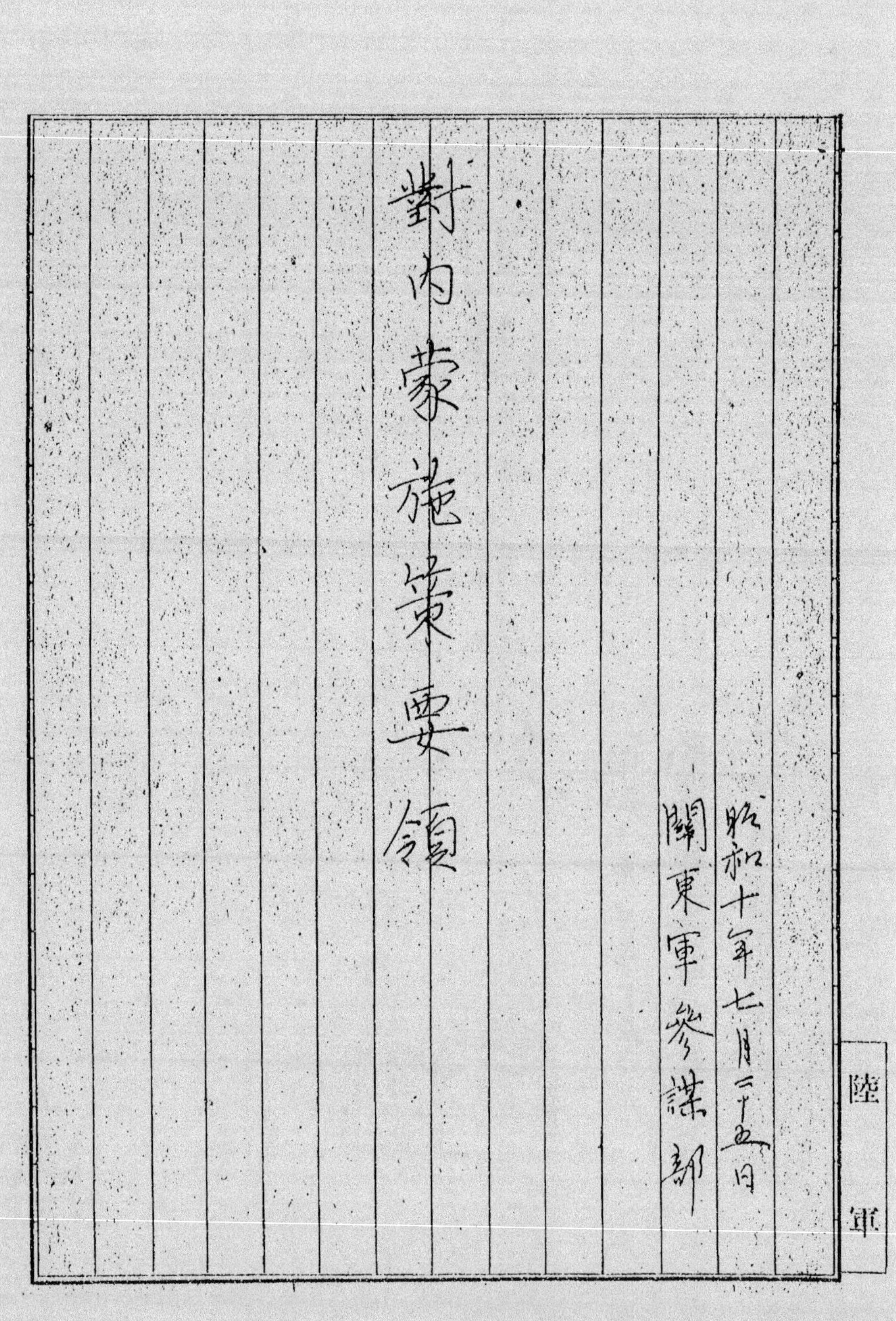
對内蒙施策要領
昭和十年七月二十五日
關東軍參謀部
陸軍

對内蒙施策要領

第一 方針

一、軍ハ對蘇作戰並之カ準備ノ爲必要トスル平時諸工作ノ有利ナラシメ且滿洲國ノ國防及統治ヲ安全容易ナラシムル目的ヲ以テ先ツ内蒙ニ於ケル親日滿区域ノ擴大強化ヲ圖リ北支工作進展ニ伴ヒ内蒙ヲシテ中央ヨリ自立スルニ至ラシム

施策ノ重點ハ多倫及西蘇尼特方面ニ指向ス

第二 實施要領

一、軍ハ前項方針ノ實現ヲ期シ軍事、政治工作及文化、經濟的施策ヲ強化ス

政治的竝軍事的施策ハ軍ニ於テ之ヲ行ヒ文化、經濟的施策ハ軍ノ統制指導ノ下ニ滿洲國機關、滿鐵其他ヲシテ組織セシムル機關等ヲシテ之ニ任セシム

政治的竝軍事的施策ハ極秘ト爲シ其他ノ施策モ亦一般

陸軍

國際情勢ニ鑑ミ徒ニ内外ノ視聽ヲ牽クカ如キ實施ハ之ヲ戒ムルモノトス

三、内蒙人心收攬ノ爲ニハ王侯、人民ノ把握ニ努メ特ニ有力喇嘛ヲ通シテ日滿兩國政策ノ本旨ヲ徹底セシムルコトヲ期シ各種工作ヲ施行シ以テ對日滿依存ノ必要ヲ自覺セシメ遂ニ進テ滿洲國ト協同動作セントスル氣運ヲ釀成セシム

又各種施策ノ實行ニ方リテハ蒙古人ノ一般文化ノ著シク低度ナルニ留意シ過早ニ先進民族トノ生存競爭ノ渦中ニ投セシメサルカ如ク嚴ニ注意スルト共ニ滿洲國周邊境蒙古人トノ振合ヲ適度ナラシムルカ如ク考慮スルモノトス

四、政治工作

察哈爾協定ニ基ク保安隊問題ノ履行ヲ嚴ニ要求シ又對傅作義工作ヲ進展セシメ漢人ノ蒙古壓迫ヲ除クト共ニ蒙古自治政府ヲ支援シ内部ノ改造ヲ斷行セシメ遂

次之ヲ對中央離反ニ導ク爲首腦者ニ對シ其實力ヲ培養セシムル如ク所要ノ施策ヲ行フ

工作進捗ノ豫定左ノ如シ

ハ

察哈爾協定ニ就中保安隊ノ編成、教育、配置通牒ニ關シテハ引續キ多倫、張家口、西蘇尼特各機關ニ於テ嚴ニ之カ實行ヲ監督強要ス

ロ、察哈爾方面ニ就テハ先ツ德王、卓長官及李守信ノ實力ヲ培養シ且三者密ニ連合シテ漢人種ノ勢力ヲ除去スル如ク指導ス、即チ

イ、李守信ニ對シテハ多倫ニ於ケル軍事及經濟諸施設ノ完實ニ依リ彼ノ地位ヲ向上セシメ又德王及卓長官ノ辨事處ヲ多倫ニ開設セシメ相互ノ連繫ヲ緊密ナラシム

ロ、蒙古自治政府ニ對シテハ同政府内ノ非系及親支的

陸軍

官吏ノ驅逐並將來自治政府内ニ所要ノ指導官
ヲ配屬シテ逐次ニ我方ノ希望スル如ク行政ヲ布カシムル
コトニ着意ヲ以テ物的援助ヲ與フ
ハ、徳王ニ對シテハ事實上自治政府代表者トシテ待遇スル
ノ外個人的勢力培養ノ目的ヲ以テ若干ノ援助ヲ與
フルモノトス 雲王及索王ニ對シテモ其態度良好ナルニ
於テハ個人的ニ若干ノ援助ヲ與フルモノトス
ニ、卓特巴札布ニ對シテハ益々徳王ト合作ヲ強化シ且
察哈爾盟長就任ヲ具体化セシメ治安維持及行
政ニ任セシム
(ホ)綏遠ニ對シテハ特務機關ノ新設ニ伴ヒ先ツ傅作義
ノ態度眞意ヲ明徵ニシ若シ彼ニシテ誠意ナキニ於テハ
之ヲ打倒ス 即チ
イ、機ヲ見テ綏遠其他ノ地方ニ在ル排日諸機關ノ

撤去、解散ヲ要求シ親日派ノ擡頭ヲ圖ル

口、航空路ヲ綏遠、包頭ニ延伸スルニ努メ日本ノ威力ヲ如実ニ感得セシム

ハ、傅作義ト共産系分子トノ連絡ヲ明ニシ或ハ偶発的事件ヲ捉ヘテ一挙ニ彼ノ打倒ヲ圖ル

(4)廸魯克呼圖克圖ニ對シテハ本時ヨリ密ニ徳王ト連繋ヲ保持シ且其ノ基本勢力ヲ確立スル如ク指導シ東部外蒙古方面ニ於ケル軍ノ工作ニ策應スル如ク行動セシメンコトヲ期ス

(5)内蒙自立ノ時期ハ状況有利ナル場合ニ在リテハ河北省自立ノ時期ニ之ヲ選ブモ原則トシテ河北、山東、山西自立ノ時期前後ニ於テ之ヲ実施スルモノトス

五、軍事工作

軍事工作ハ左記各軍ニ對シ其ノ特質ニ應スル指導援助ヲ

陸軍

與ヘ以テ軍ノ企圖ニ合スル如ク完成セシムルモノトス

各軍ニ對シテハ適時所要ノ指導官（李守信軍ニ對シテハ既ニ日本現役將校及所要軍官ヲ配屬セシメアリ）尚卓長官部隊ニ對シ努メテ速ニ日本將校ヲ配屬シ其他ノ軍ニ對シテモ差向蒙古軍官学校卒業者又ハ我方ノ訓練ヲ經タル蒙古人將校ヲ配屬セシムルト共ニ將校ニハ日本將校ヲ入ルル如ク努ムルモノトス）ヲ配屬シ又必要ニ際シ兵器、彈薬、被服及金錢ヲ以テスル援助ヲ與フ

別ニ錫ヤカサル附近ニ於テ純蒙古人部隊ヲ編成シ自治政府強化ニ資シ且漢人種ニ對スル威壓ニ任セシム

ハ李守信軍ハ滿洲國軍政部顧問ノ指導ヲ受ケシメ概ネ現在ノ編成、装備ニ在ラシムルモ經費之ヲ許ス限リ其内容ヲ充實セシム

本軍ノ平時兵力ハ二千五百トシ騎兵旅（若干ノ機關銃

野戦砲及装甲自動車ヲ附ス）ニ編成セシム

(ロ)卓特巴札布軍ハ其遊撃部隊ヲシテ軍ノ謀略ニ適応セシメ得ル為所要ノ物的援助ヲ與ヘ且内容ニ改善ヲ加ヘ察哈爾盟ノ治安維持ニ任セシム

遊撃軍ノ兵力ハ二千ヲ標準トシ其編成、訓練、装備等ニ関シテハ多倫特務機関長ヲシテ之ヲ指導セシム

尚同軍保安隊、馬巡隊ニ対シテモ要スレハ若干ノ援助ヲ与ヘ以テ察哈爾盟内部ノ治安ヲ維持シ且辺境防衛力ヲ増大セシメ為シ得レハ遊撃軍ヲ増援セシム

(ハ)自治政府軍ハ西部錫林郭勒盟及烏蘭察布盟附近ニ於ケル各旗ノ自衛ヲ安全ナラシムルト共ニ努メテ大ナル兵力ヲ以テ遊動部隊ト為シ之ヲ以テ軍ノ謀略ニ適応セシムルモノトス各旗部隊ニ対スル兵器弾薬等ヲ以テスル援助ハ自治政府ヲ通シテ行フヲ本則トス

陸軍

從來ノ自治政府軍遊動兵力ハ五百ヲ標準トシ其編成
等ハ細部ハ西蘇尼特機關長ヲシテ滿洲國騎兵ニ
準シ之ヲ指導セシメ特ニ指揮官及特種兵器操縱者
ノ技能ヲ向上スル爲適時所要ノ教育ヲ施スモノトス
「チヤブサル」附近ニ編成シ自治政府支持ニ任スル純蒙古
軍ハ五百ヲ目途トシ之ヲ騎兵ト爲シ西蘇尼特機
關長ノ指導ヲ以テ遊擊隊タラシム、初期部隊ノ編成
ハ約二百トシ之カ爲多倫機關長及李守信軍顧問ヲシ
テ協力セシム、本部隊ニ要スル經費ハ當分軍ノ負擔トス
(4) 廸魯瓦呼圖克圖ヲシテ西蘇尼特附近ニ部隊ヲ集結セ
團セシメ之ヲ殘部ヲシテ烏蘭察布盟、寧夏省方面等
ニ於ケル地盤ヲ強化シ所要ニ應シ全力ヲ擧ケテ外蒙方面
ニ行動セシム
遊動軍ノ兵力ハ當初先ツ三百トシ其編成、裝備及訓

書練ニ關シテハ西蘇尼特機關長ヲシテ滿洲國軍騎兵隊ニ準シ之カ指導セシムルモノトス初度ノ裝備ニ要スル經費ハ軍ニ於テ負擔ス

(5)東部錫林郭勒盟軍ハ主トシテ東、西烏珠穆沁附近ニ於テ各旗ヨリ徴集編成セシメ主トシテ外蒙方面ニ對スル辺境防衛ニ任セシム

本部隊ノ兵力ハ當初三百トシ之ヲ漢人種部隊ト合同セシムルヲ避ケ興安省警備軍ト密接ナル連繫ヲ維持セシム

之カ一般指導ハ西烏珠穆沁機關長ヲシテ之ニ任セシム

(6)綏遠省ニ於ケル傅作義軍ハ北支工作ノ進展ニ伴ヒ或ハ之ニ先チテ爲シ得レハ之ヲ買収シ以テ軍ノ企圖ニ合スル如ク行動セシムルコトニ努ムルモ到底其ノ實現ヲ期シ難キヲ認ムルハ好機ヲ捉ヘ之ヲ打倒シテ山西省内ニ驅逐ス

陸軍

六、文化工作

文化工作ハ差向キ宗教、教育及衛生ニ關スル工作ヲ實施スルヲ主トシ其ノ範囲ハ主トシテ錫林郭勒及察哈爾部トスルモ所要ニ應シ之ヲ綏遠ニ擴張ス

い　宗教工作

喇嘛教尊重ノ習慣ヲ重視シ之ニ依リテ人心ノ收攬ニ努ム之カ為所要ノ喇嘛廟ヲ改修シ或ハ有力喇嘛ノ生活ヲ安定セシムル等ノ工作ヲ實施ス

喇嘛教及喇嘛ニ對スル改良ハ逐次ニ之ヲ行ヒ以テ人心ニ急激ナル衝動ヲ與フルコトナク而モ逐次喇嘛ヲ減少セシメ多数壯年者ヲシテ産業ニ従事セシムルコトヲ圖リ以テ民利ヲ完ウセシムルヲ旨トス、

回教徒懐柔ノ為其習俗ヲ害セス先ツ彼等ノ好感ヲ求メ又更ニ所要ノ援助ヲ與ヘ逐次ニ満蒙回教徒ノ團結ヲ促

進シ以テ其団体的勢力ヲ利用シ得ル如ク努ムルモノトス
内蒙ニ於テ施策ニ任スル各機関ハ總テ前記方針ノ実現ニ任スルモノニシテ特殊ノ喇嘛廟改修、頭目喇嘛ノ待遇等特ニ経費ヲ要スルカ如キ工作ニ関シテハ軍ニ於テ其実施要領ヲ定ム

(ニ)教育工作

蒙民教育ハ差向キ小學校教育ノ程度ニ止メ且職業教育ニ重點ヲ置クモノトシ將來満洲國ニ於ケル教育制度ノ確立ニ伴ヒ之ニ順應セシムルモ特ニ優秀ナル所要人員ニ對スル外妄ニ高等ナル教育ハ之ヲ施サザルヲ本旨トス
而シテ對蒙古人教育ハ之ヲ満蒙境界線附近ニ於テ行フヲ本則トシ満洲國内地特ニ日本内地ニ於テ教育スルハ特殊ノ者ニ限ルモノトス
以上教育工作ハ差向キ善隣協會ヲシテ之ニ擔任セシム

陸軍

(ハ)衛生工作

衛生工作ハ思想ヲ根本的ニ改革セシムルノ要アルモ差向キ無料診療ニ依リ人心ノ收攬ヲ図リ行政施設、教育ノ進歩ニ伴ヒ逐次之ヲ改善セシムルモノトス

診療ハ主トシテ善隣協會ヲシテ之ニ當ラシメ交通網其他ニ就キ有利ナル條件ヲ具備スル地点ニ駐留シテ実施セシムルモノトス

七、交通政策

(イ)航空

航空ハ對内蒙工作ノ基礎タル為ニ各方面ヲ適時ニ連絡シテ我軍趣旨ノ徹底、各部有力者ノ団結、在蒙支那軍隊威圧、蒙古部隊威服ニ利用セラルヘク且ツ又當該地域ニ對スル帝國制空権確立ノ基礎タラシムルモノトス

軍ハ主トシテ満州航空會社ヲ指導シ西蘇尼特飛行場及張家口飛行場ヲ基礎トシ外蒙方面ハ百霊廟綏遠、包頭爲シ得レハ新疆及青海方面ニ到ル航空路ヲ開拓シ外国經營歐亜連絡航空ヲ排撃シ之ニ代リ對外蒙工作ニ資セシコトヲ期ス

ハ、鐵道及港灣

常時確實ナル連絡ヲ保持シ且軍事輸送竝平時ニ於ケル經濟開發ニ資スル爲速ニ滿蒙ヲ連絡スル鐵道及之ニ有利ニ作用シ得ル港灣ノ迅速ナル完成ヲ要ス

熱河ニ於ケル鐵道ハ先ツ赤峰ヨリ多倫ニ延長セシメ更ニ平地泉ニ於テ平綏線ニ連絡シ平綏線ニ對スル工作ト相待チ中央亜細亜方面トノ連絡ヲ保持シ得ルニ至ルヲ要シ尚將來多倫ヨリ滂江方面ニ延長シテ對外蒙工作ニ資セシムルヲ必要ト認ム

陸軍

將來北支工作進展ノ狀況ニ依リ承德、北平鐵道ノ敷設ヲ企圖ス

對蒙貿易ノ根據地トシテ胡蘆島ヲ速ニ完成シ熱河鐵道ト完全ニ連絡セシム

(ロ)道路及自動車

鐵道未完成ノ期間又ハ鐵道敷設ヲ企圖セル地方ニ對シテハ其幹線ノ多クニ就キ速ニ難路ノ改修ヲ完成シ之ニ自動車ヲ活動セシメ以テ地上連絡ヲ確保ス航空ヲ實施セントスル地方ニ對シ特ニ然リトス

前目的達成ノ爲先ツ多倫、阿巴嘎、東西烏珠穆沁ニ到ル主要道ヲ速ニ完成スルノ外多倫ー西蘇尼特ー百靈廟道、多倫ー平地泉道ノ建設、綏遠ー百靈廟道及更ニ新綏自動車線路ニ於ケル自動車營業權ヲ接收シ又張庫街道上ニ於ケル德華洋

行ノ交通営業ヲ排撃シ以テ軍將來ノ工作ニ有利
ナラシムルヲ要ス

(4) 通信

前項各道路ノ完成ニ伴ヒ速ニ満洲電信電話会社
ヲシテ有線無線電信及電話ヲ設備セシム

八、経濟工作

経濟工作ノ為先ツ満蒙間ノ交通ヲ整備シ経濟資源ノ
流通ヲ便ナラシムルト共ニ蒙疆民ノ文化程度ヲ逐次ニ向上セシメ
産業ヲ助長シ且通商ヲ促進シ遂ニ満蒙間ニ絶對不可
分ノ経濟的關係ヲ完成セシム

(1) 産業助長

産業ハ蒙民ノ現状ニ即應シ且逐次ニ之ヲ向上セシムルノ主義
ニ依リテ之ヲ助長ス
之カ為先ツ牧畜業ノ改良發達ヲ圖リ獸疫防止、牧草

陸軍

ノ貯藏等ヲ慫慂シ次キテ他ノ產業ニ及ボスモノトス特ニ農耕、林業ノ如キハ漢人種ノ壓迫ヲ受ケ易キヲ以テ蒙古青少年教育ノ結果自覺ノ能力ヲ得タル後ニ於テ實行セシムル如ク指導ス

（ハ）本工作指導ノ爲ニハ滿洲國側其他ヲシテ特ニ機關ヲ設ケ之ニ當ラシムルモノトス

（ニ）通商貿易促進

前記產業助長ニ伴ヒ滿蒙境界附近ニ於テ若干地点ヲ選定シ對蒙貿易公司ニ依リ蒙古出產物ヲ收買ス其價格ハ妥當ニ之ヲ定メ當初ニ於テハ若干ノ損失ヲ豫期スルモ收買ニ努ムルモノトス

物產收買ト同時ニ低廉ナル日本製雜貨ヲ蒙古人ニ販賣ス之カ爲滿洲國ヲシテ速ニ保税制度ヲ確立スル如ク要望ス

賣買ハ當初ニ於テハ物々交換ノ要領ニ依ルモ成ルヘク速ニ國幣ヲ以テスル取引ニ慣レシメ延テ蒙古地帯内ニ完全ニ國幣ヲ流通セシムルニ努メ又庶民ノ金融ニ資スル為中央銀行ノ支店ヲ設ケシムルノ外大興公司ヲシテ所要ノ地点ニ當舗ヲ開設セシム

對内蒙貿易ノ進捗ニ伴ヒ對外蒙及對中央亜細亜貿易促進ノ為所要ノ工作ヲ実行ス

張庫街道上及其他ニ於ケル徳華洋行ノ営業ヲ排撃シ外蒙ト支那トノ連絡ヲ遮断シテ之ヲ満洲國ニ結ヒシメ且護洋行ノ蘇聯邦ノ為ニスル各種工作ヲ中絶セシム

九　以上各工作中既ニ実行ニ着手シアルモノノ成果並将来ニ對スル企図別表ノ如シ

陸軍

陸軍

對内蒙施策進度概見表

昭和十年七月二十五日

一、政治及軍事工作

(1)特務機關ノ工作

イ、西烏珠穆沁機關ハ昭和八年八月開設以來主トシテ錫盟盟長索王ト連絡シ各種工作ニ任シツツアルモ王府役人ノ理解力十分ナラサル爲尚各種手段ヲ以テ之カ啓發指導ニ努メアリ

ロ、阿巴嘎機關ハ昭和九年五月開設セルモ王府側ノ理解概良好ニシテ各種工作順調ニ進捗シツツアリ

ハ、多倫機關ハ李守信軍ノ指導ニ任シアリシモ七月末以來之ヲ軍政部顧問ニ委シ專ラ多倫縣行政ノ監督指導ニ任シ又該地附近ノ喇嘛ヲ通シテ各種文化工作ニ從事セリ

最近ニ於テハ多倫ニ於ケル日滿側ヨリノ經濟工作卓長

官指導東宋哲元軍ノ察哈爾協定履行ノ監視
並ニ之カ強要等ノ業務ニ任シアリ

二、西蘇尼特機關ハ昭和十年三月進出シ五月ヨリ公然タル
執務ヲ開始セリ時局ノ影響ヲ受ケ徳王ノ親日態度
モ益々堅確トナリ飛行其他ノ交渉逐次円滑ニ行ハ
ルルニ至レリ

(2)兵要地誌調査

イ、軍ニ於テ満鐵、蒙政部等ノ人員ヲモ加ヘ調査班二箇ヲ
編成シ察哈爾一帶ノ兵要地誌資源ノ調査ヲ企圖
シ五月以來實行ニ入リ七月概ネ之ヲ完了セリ

ロ、別ニ一班ヲ以テ張家口ニ於テ資源調査ヲ行ハシメタリ

(3)政治工作

イ、察哈爾ヨリ宋哲元ノ勢力ヲ驅逐スルコトヲ企圖シ六月察
哈爾協定成立シ七月末松井中佐秦徳純間ニ細部

協定成立ヲ見ントスルニ至レリ

ロ、德王、卓長官間ノ連繫ハ即ニ某程度ニ成立シアリ但シ之等ト李守信間ハ十分ナラサリシヲ以テ軍參謀此間ヲ斡旋シ德王卓両者ノ代表ヲ多倫ニ駐在セシムルニ至レリ

ハ、李守信軍經費ハ七月以降軍政部ノ担任トシ地方税收ニ依ルコトナリ給養ヲ維持シ得ル如クシ税收ノ一部ヲ地方行政費ノ準備金トシテ積立ツルト共ニ特ニ減税免税ヲ奨勵シアリ

ニ、自治政府ニ對シテハ德王ヲ通シ交渉シツツアルノミナルモ七月上旬飛行機一機ヲ關東軍ノ名ニ於テ贈與シ西ソニトニ於ケル飛行場及格納庫ノ建設ニ關シ同意ヲ得タリ

又自治政府ハ西ソニトニ特務機關ノ公然タル執務、家屋及無電ノ建築等ヲ承認セリ

德王ハ宋哲元ニ對スル關東軍ノ態度ニ刺戟セラレ自立ヲ

陸軍

企圖スル念強盛ナリ
ホ、卓長官ハ宋軍撤退ニ伴ヒ其機關ヲ以テ撤退地域ヲ接收スヘク準備中ニシテ一部ノ物的支援ヲ與フルコトトシアルカ關東軍ニ對スル感謝ノ念特ニ深キモノアリ
ヘ、廸魯瓦呼圖克圖ニ對シテハ其政治工作ヲ容易ニシ綏遠省寧夏省各北部ニ於ケル彼ノ地位勢力ヲ確保セシムル爲物質的援助ヲ與ヘ綏遠省寧夏省各北部ニ於ケル避難外蒙人ノ糾合ニ努メシメ且特ニ德王ト連繫ヲ確保セシメタリ

(4) 軍事工作

イ、李守信部隊ニハ四月以降軍政部ヨリ顧問並軍官ヲ配置セシメタリ
又四月中旬裝甲自動車隊一隊（裝甲自動車九、貨車三）ヲ配屬セシモ自動車ノ大部ハ大破セシヲ以テ七月更ニ

陸軍

自動貨車三ヲ補充セリ
ロ、自治政府軍ニ対シテハ未タ直接指導シ得ル域ニ達セス
ハ、卓長官部隊ニ對シテハ既ニ多倫特務機關ニ於テ一部ノ指導ヲ與ヘ特ニ宋軍撤退地域ニ於ケル治安ノ維持ニ任セシムル如ク準備中ナリ
ニ、廸魯瓦呼圖克圖ノ部隊中二百ハ容易ニ綏遠軍部ニ集メ得ル見込ニシテ尚其勢力ハ綏遠省北部ヨリ西方ニ分散シアリ
ホ、在察各旗ノ部隊ハ未タ直接指導シ得ルニ至ラス其勢力微弱ナリ
ヘ、蒙古軍官学校第一次派遣者ハ一年ニテ帰郷セシメタリ
第二次学生トシテ従来ヨリ若干良質ノ者ヲ派遣セリ

二、交通政策

(1) 航空

（ハ）從來察哈爾ニ於テ多倫、西烏珠穆沁ノミ飛行場完成シ時時我飛行機ノ乘入レヲ行ヒタリ

ロ、五月以來西蘇尼特、阿巴嘎飛行場ヲ整備シ「スーパー」機ヲ以テ乘入ヲ為セリ

ハ、七月張家口飛行場完成シ「スーパー」級ノ使用ニ適スルニ至レリ

ニ、偵察ノ結果包頭ニハ欧亜連絡用飛行場設備セラレアリ

ホ、外蒙ニ對シテハ「タムスクブーム」「ヱリゲル」廟方面ニ偵察飛行ヲ實施セリ

（2）鐵道港湾

イ、熱河鐵道ハ本線ハ平泉マテ營業中ニシテ工事ハ承德ニ向ヒ大ニ進捗シアリ赤峯支線ハ赤峯マテ開通ニ近ク假營業ヲ開始シ得ヘシ

ロ、平綏線ノ營業状態ハ良好ナリ

八、胡蘆島ノ工事ハ尚未完成ニテ工事中ナリ

(3)道路及自動車

イ、道路ニ關シテハ赤峯ノ圍場、承德ノ圍場、圍場ノ多倫間ハ概ネ加修セラレタルモ尚天候氣象ノ交感大ナリ

其他ノ道路ニ至リテハ頗ル不良ナリ

ロ、察哈爾省内ノ道路ハ一般ニ良好ナリ

ハ、加修セラレタル道路ニハ自動車ノ運行ヲ奬勵セリ

ニ、新綏自動車、張庫街道上ノ交通ハ外國勢力ニ属スルモノナリ

ホ、多倫ト張家口道上ニハ六月以降文林洋行及國際運輸會社ノ自動車開通セリ

(4)通信

イ、一般ニ新設道路ニ沿ヒ通信施設ハ十分ナラス

ロ、多倫ニテ最近進和文電報ヲ取扱フニ至レリ

陸軍

三、經濟工作

(1)、獸疫

産業助長並貿易促進

(イ)、獸疫防止ノ爲關係方面ニ於テ資金調達中ナルカ先ツ軍政部馬政局ニ於テ一部經費ヲ捻出シ馬匹調査ニ兼ネテ防疫ヲ實施中ナリ

ロ、蒙塩ハ満洲國政府ニ於テ收買スルモノトシ實施中ナルカ價格其他ニ關シ不便アル事情アリ更ニ研究中ナリ

多倫ニ於テハ買價ノ引上ケト卓長官ノ努力トニ依リ收買量ヲ急増セリ

ハ、蒙政部ニ於テハ七月中旬マテニ阿巴嘎附近ニ於テ羊二五〇〇頭ヲ購買シ又鐵道總局モ多倫附近ニ於テ羊六〇〇〇頭ヲ購買スヘク實施中ナリ

ニ、馬ノ購買ハ未タ実施スルニ至ラス

陸軍

ホ、多倫ニ七月中旬鐵道總局ヨリ見本市ヲ開催シ好結果ヲ得タルヲ以テ更ニ之ヲ九月マテ延長セラレ度ノ要望セリ

ヘ、多倫ニハ満鐵ヨリ駐在員ヲ常置セラルルコトトナレリ

ト、蒙古方面ヨリ輸入品ニ對シテハ未タ課税セス又多倫ニ対スル日本商品ノ保税制度ハ認メラレタリ

チ、大蒙公司ハ近ク成立ノ見込ナリ

リ、中央銀行支店ハ多倫ニ開設セラレタル為多倫市内ハ今ヤ國幣ノ完全ナル流通ヲ見ツツアリ又七月大興公司ノ当舗開設セラレ庶民ノ金融機關トシテ十分利用セラレ

ヌ、山東移民ノ察哈爾侵入ヲ阻止スル為支那側ヨリ之ヲ禁約セシメタリ

四、其ノ他

(1)善隣協會指導

(イ)本協會ノ事業ハ教育、宗教、衛生ニ力ヲ用ヒシメ經濟

方面ニ關シテハ直接人民ノ福祉ヲ增進シ得ヘキ簡單ナル事項ニ限リ實行セシメアリ

ロ、目下多倫、阿巴嘎、西蘇尼特ニ機關ヲ分派シ主トシテ人馬衛生ニ關スル事業ヲ實施シ又阿巴嘎ニ於ケル學校ノ建設ヲ完了セリ

ハ、資金ノ補充ニ關シテハ研究中ナルモ軍及満鉄ヨリモ一部ハ支出ヲ爲スコトトナレリ

(ハ)宣傳其他

イ、有識階級ニ對スル宣傳啓發ノ目的ヲ以テ蒙政部發行ノ月刊雜誌六百部ヲ各特務機關ニ分配シアリ

ロ、喇嘛教ヲ利用スル宣傳ハ喇嘛會ノ機關ニ於ケル各種ノ施設ヲ爲シ且多倫、阿巴嘎、西蘇尼特ニ於テハ廟修理ヲ實施セリ

尚有力喇嘛ヲ通シテ日満ノ事情ヲ蒙人ニ宣傳セシメ

コトヲ努メアリ

ハ有力者ヲシテ満洲国ヲ見学セシメツツアリ

ニ入学者ニ関シ所要ノ制限ヲ加ヘアリ

陸軍

（七）察哈尔省张北问题

资料名称：察哈爾省張北問題（昭和十年七月三日）

资料出处：島田俊彦、稲葉正夫解説《現代史資料》8《日中戦争》1，株式会社みすず書房1973年発行，第73—76頁。

资料解说：日军推行的「内蒙工作」与在华北地区的整体扩张行动关系密切。本资料记载了日军1934年、1935年连续挑动「张北事件」等冲突事件，以及关东军特务机关长土肥原贤二等人的活动概况。

支那特報第一三号

一八　察哈爾省張北問題

（昭和十年七月三日　軍令部）

第一、察哈爾省張北問題

張家口を根拠とし察哈爾省内一帯に駐屯せる宋哲元軍（第二十九軍にして第三十七師、第三十八師、第百三十二師より成る）は従来抗日反満的態度を持し昨年十月には我が北支駐屯軍参謀一行に対する侮辱事件（附記）を起し更に昨年末より本年〔註〕初頭に掛けて熱河侵入事件（昭和十年支那時局月報第一号及第二号参照）を惹起せるが其後も依然として反満抗日的態度を改めず又復本年六月初頭所謂張北問題を発生せしむるに至れり其の概況次の如し

阿巴嘎〔アバカ〕（察哈爾省多倫の北々西約百五十哩）特務機関属員四名は五月三十一日貨物自動車に搭乗多倫を出発し張家口に向ひたるが予定の如く到着せず一時消息不明となり六月六日午後に至り漸く張家口に到着し途中張北に於て一日間宋哲元軍のため不法監禁せられたること判明せり

即ち右一行は六月五日午後四時頃張北南門に於て宋哲元部第百三十二師哨兵のため停車せしめられ一行が多倫特務機関発行の身分証明書を示したるにも拘らず支那兵は斯の如きは無効なりとて取り合はず同司令部に連行不法監禁し監視の歩哨は相互の談話を禁じ青竜刀、銃剣を擬する等の脅迫を加へ剰へ食事、寝具をも与へず翌六日午前十一時に至り漸く釈放したり

右監禁は宋哲元部隊参謀長〔張樾亭〕の命令によりたるものにして訊問其他の侮辱行為は軍法所長自ら之に当りたる事実より之を単なる無智蒙昧なる下級兵卒の軽卒誤解の行為なりと解すること能はず加之宋哲元は昨年十月支那駐屯軍幕僚に対する侮辱事件当時「多倫張家口間の日本人の旅行及物資の流通の自由」を承認しあり監禁、訊問、脅迫、断食等恰も敵国人に対するが如き暴行侮辱を加ふるが如きは全く言語道断と謂はざるべからず

本件に関し張家口特務機関長松井〔源之助〕中佐は六月十一日取敢へず察哈爾省軍憲に対し其の不法なるを指摘し追て我より解決のため要求を提出すべきも先づ陳謝、責任者の処罰及将来の保証を要求するところあり時恰も北支事件交渉の最中なりしを以て出先陸軍の一部に於ては本事件を北支交渉に包含せしむべしとの意見ありしも斯くては大義名分に添はざるべきを以て結局陸軍中央部の意見に従ひ北支問

題とは別個に局地的解決を計るに方針一決したり玆に於て関東軍司令官〔南次郎〕は六月十七日酒井天津軍参謀長松井張家口特務機関長を新京に招致し現地の状況を詳細聴取の上左記要領により当時平津方面に滞留中の土肥原〔賢二〕少将をして宋哲元に交渉せしむることとなれり

㈠ 方　針

宋哲元軍をして爾今絶対に察哈爾省内に於て不法行為をなさしめざる如くす

㈡ 要求事項

(イ) 塘沽停戦協定線延長部分の東側地域及北長城線北側地区に於ける宋軍部隊は之を其の西南方地区に移駐せしめ其の撤退区域には再び支那軍を侵入せしめず

(ロ) 一切の排日機関（東北憲兵、藍衣社、国民党部等）を悉く解散せしむ

(ハ) 宋哲元の謝罪及責任者の処罰を即時実行せしむ

(ニ) 前記(イ)(ロ)項は要求提出日より二週間以内に完了せしむ

㈢ 交　渉

土肥原少将をして支那駐屯軍等と密接なる連絡を保持し宋哲元に対し直接交渉せしむると共に本交渉背後の支援並に支那側実行を確認する目的を以て関東軍の一部を熱河省内に行動せしむ

一方張北方面に於ては本事件後左記の如き対日不詳事故頻発し関東軍を刺戟せしため支那側は益々不利なる情勢に陥れり

㈠ 縣参事官一行の被射撃事件

六月十一日満洲国豊寧縣参事官一行東柵子（獨石口北方約八粁満洲国内）に入らんとせし時同地東方六六米の高地より二三十発の小銃射撃を受け止むを得ず引返したり調査の結果獨石口駐屯の宋哲元部隊約十五六名の所為なること判明す

㈡ 国境警察隊員第一回被射撃事件

六月十二日小廠（獨石口北方十五粁の三叉路附近にして満洲国内）に在る国境警察隊員は同地南方約六粁齋藤山（第七師団齋藤少尉戦死の個所）附近に達したる時同高地より百余発の射撃を受けたり調査の結果獨石口駐屯の宋哲元部隊の行為にして其の勢力約百二三十名なること及獨石口には元来宋哲元部隊二ケ連（中隊）駐屯するも数十名を残置せるのみにて大部は満洲国内に侵入し居ること判明す

㈢ 国境警察隊員第二回被射撃事件

六月二十四日獨石口北側に於て宋哲元部隊約六百は満洲国国境警察隊に対し攻勢を取り射撃を加へたり同警察隊は其の勢力百五十に過ぎざるを以て危険に瀕したるため多倫特務機関に救援を求め来れり由つて同機関長は独断を以て翌二十五日早朝李守信をして騎兵五ケ中隊歩兵一ケ大隊を基幹とする部隊を率ゐ現場に急行せしめたるが同部隊現地到着するや支那軍は撤退し射撃を止めたるを以て衝突するに至らず彼我相対峙の情況となり漸次鎮静せり

斯くて支那側に於ては北支に於ける日支軍の交渉も漸く解決せんとする矢先察哈爾省に於ける右新事態の発生は最も苦痛とする処なるを以て迅速解決の必要を痛感し先づ事件の責任者にして対日強硬論を国内に宣伝しつつありし宋哲元を処分するに決し六月十八日行政院会議を以て宋の察哈爾省主席を免じ同省政府委員兼民政庁々長秦徳純をして主席を代理せしめ長城外宋哲元部隊の長城内撤退を決議せり爾後我方は察哈爾問題に対する交渉を新責任者たる秦徳純を

74

対象として進むこととなり六月二十三日夜十時土肥原少将は松井張家口特務機関長高橋北平駐在武官と共に北平秦徳純宅にて正式交渉を行へる結果支那側は左記我要望を容れて之が実行を誓約し本件一応解決す尚回答を文書を以てする件は中央よりの回訓を俟つて送達することに諒解成れり

要望事項（附図参照）〔添付せず〕（未発表に付取扱ひに特に注意を要す）

㈠　撤退地域の件　昌平延慶を結ぶ延長線の東側竝に獨石口北側より龍門西北側及張家口北側を経て張北南側に亘る線以北の宋部隊は之を其の西南方の地域に移駐すること

㈡　排日機関の解散を行ふこと

㈢　遺憾の意を表すること竝に責任者の処罰をなすこと

㈣　六月二十三日より二週間以内に右を完了すること

㈤　山東移民の察哈爾省通過を中止すること

尚要望事項解釈として

㈠　日、満の対蒙工作を承認し特務機関の活動を援助し且移民を中止し蒙古人圧迫を停止するを要す

㈡　日、満の経済発展及交通開発工作に協力す例へば張家口、多倫間其他満洲国北支那間の自動車鉄道交通等の援助の如し

㈢　日本人の旅行に便宜を与へ各種調査を援助するを要す

㈣　軍事及政治顧問を招聘す

㈤　日本軍事諸設備（飛行場の設備、無線電台の設置等）を援助するを要す

㈥　撤退地域の治安維持は停戦地区に準ずる方法に拠るべしと申入れたる処是亦全部承認せり

文書回答に関しては其の後中央より回訓到着し六月二十七日秦徳純より高橋北平駐在陸軍武官に手交せりこれを以て本交渉は終了し爾後我方としては支那側の実行如何を厳重監視中なり

然るに爾後に於ても旧宋哲元部の反満抗日策動は猶ほ充分革正せらるるに至らず加ふるに土匪と大差なき不良素質兵のこととて統制頗る困難なるものの如く過日も満洲国警察分駐署襲撃事件を惹起したり即ち

七月三日察哈爾省軍（旧宋哲元部）約百名（内八名は便衣其の他は軍服）小銃、手榴弾等を携行し満洲国熱河省内に侵入石頭城子（獨石口北方約二十粁）の満洲国警察分駐署を襲撃し之を焼打したる後馬五頭を奪ひ支那領内に引上ぐこの際満洲国側署長外一名重傷を受けたり

本件の発生に驚きたる秦徳純は善後処置のため急遽北平発張家口に到り自発的に誠意を以て我方に遺憾の意を表すると共に犯人の処罰、損害の賠償及将来の保証を約する等只管事態の緩和を計りつつあり

（附　記）　支那駐屯軍参謀一行に対する侮辱事件

支那駐屯軍川口参謀〔清健〕、池田外務書記生〔克已〕等一行八名は昭和九年十月内蒙地方旅行を企図し護照、旅行先各地支那官憲への予報等万般の処置を完了し十月二十七日張家口を出発し多倫に向ひたるが途中張北南門に達するや宋軍第百三十二師の衛兵及保安隊員は青竜刀自動小銃等を擬し理不尽にも一行の通過を阻止し我方の説明にも拘はらず遂に要領を得ず為に池田書記生は単身公安局に到りて解決せんと欲し数歩前進するや衛兵司令は同書記生を殴打し衛兵全員も頗る殺

気を帯び発砲すべし等の暴言を吐き不穏の言動を弄すること四十分一行の認めて送りたる公安局宛の手紙により現場に来れる一将校の鎮撫によりて漸く一行の通過を許容するに至れり

右の行為は明かに我皇軍将校並に外交官を侮辱せる行為なるに依り十月二十九日橋本〔正康〕張家口領事代理より同師参謀長張維藩に対し抗議すると共に十月三十日在平中の宋哲元に対し北平駐在陸軍武官より厳重抗議する処あり之がため宋は十一月二十五日に至り趙登禹（第一三二師師長）をして正式陳謝せしめ同二十九日責任者連長張砻林を免職し更に十二月七日将来の保障（日本人の察哈爾省旅行の自由如何なる携帯品も之を検査せざること長城は満洲国国境なるを以て之以西に撤退すること等）を容認せしを以て事件一先解決す

〔註〕　宋哲元部隊熱河侵入事件（支那時局月報第一号）

熱河省豊寧縣大灘（沽源東方約二十粁）附近に昨年後半期より宋哲元部隊歩騎兵の相当大部隊侵入該地方の要所を占領し更に其の前方に多数の保衛団を出し之に行政機関を随行せしめ以て満洲国側の豊寧県行政を全然不可能ならしむるに至れり依て関東軍側は数次に亘り其の撤退方を要求せる処支那側は十二月三十一日限り其の部隊保衛団行政機関等一切を撤退する旨公約するに至れり

然るに支那側は一月に入るも公約を実行せず却て一月十二、三日に至て兵力を増加し十五日には其の騎兵一箇中隊は烏泥河に進出し来り同地の満洲国自衛団を襲撃して約四十名を拉致するに至れり（右に対し宋哲元は貸金大洋三百元を与へ且押収せる武器は沽源縣の備品とすと指令す）

依て関東軍側は大灘に兵力を集中すると共に一月十九日前記公約実行方を強硬に交渉せり玆に於て南京政府北平政務整理委員会及同軍事分会は其の強硬態度に狼狽し極力事件の拡大を防止するに決し恰も在燕中なりし宋哲元と協議の上入熱せる軍隊其の他諸機関を即時長城線内に撤退を発令せしむると共に二十日北平軍事分会より其の旨我陸軍武官に通報し来れり

一方大灘に集合せる永見支隊は宋軍は既に撤退せるものと認め一月二十二日大灘を発し長城線に向け進出中のところ翌二十三日図らずも紅泥灘にて宋軍と衝突之を撃退の上二十四日迄に悉く長城線外に宋軍を撃退せり

この事件解決に関しては当初日支双方に意見の相異あり即ち支那側にては宋哲元は大灘は交通通信不便なるを以て北平を会議地とせんことを希望し政務整理委員会側は単に紛擾現地の解決のみに止めず広く察東方面全地域に亘る協定を結び将来の禍根を一掃すると共に日支関係の向上に一歩を進むるの第一階梯として停戦協定に関する諸懸案を此の際明確に議定せんことを欲せり

然れども我方としては事件本来の性質に鑑み迅速に局地的解決を図るを妥当と認め種々交渉の結果遂に支那当局も局地的解決に同意し二月二日より大灘に於て七師団と宋軍代表との間に善後会議を開催のこととなれり

宋哲元部隊熱河侵入事件続報（支那時局月報第二号）

前号所載の如く二月二日善後会議は大灘南方爾子に於て開催され支那側代表張樾亭（第三十七師参謀）郭堉壇（沽源県長）等は第七師団代表（谷〔壽夫〕少将を主班とし豊寧縣長を加ふ）の提出せる左記事項を承認し事件を解決す

一支那側は将来誓て兵を満洲国に入れ関東軍を脅威し若は関東軍の神経を刺戟するが如きことは勿論密偵其の他を満洲国内に侵入せしめざること

二支那側にして右誓約に反したる行為ある場合に於ては関東軍は断乎として自主的行動を執ることあるべし其の際の責任は全部支那側に在ること

尚支那側が陣地を増強し若は兵力を増加するが如き行為あるに於ては関東軍は軍に対する挑戦的行為なりと見做すこと

三支那側が嚢に押収せる満洲国民団の兵器は全部沽源縣長携帯の上二月七日迄に会議場に於て日本軍に返納すべきこと

四本会議場に於ける結果の発表は二月四日を期し相互に之を発表のこと特に支那側は故らに内容を引延し或は逆宣伝をなすが如きことなき様注意すること

其の後支那側は一切の防禦工事を中止し二月七日公約の如く嚢に押収せる満洲国自衛団の武器（三八式小銃三八挺同弾薬包一五〇〇発）を沽源縣長より大灘に於て関東軍側に引渡せり

（八）察东事变

资料名称： 察東事变

资料出处： 島田俊彦、稲葉正夫解説《現代史資料》8《日中戦争》1，株式会社みすず書房1973年発行，第502—539頁。

资料解说： 这是日本驻多伦特务机关辅佐官松井忠雄撰写的有关1935年「察东事件」的报告，记录了日军在推进「内蒙工作」、全面向华北扩张进程中，利用李守信部等伪军发起挑衅，与察哈尔中国军队发生冲突的前后过程。国民政府曾与日方签订妥协的《秦德纯土肥原协定》，试图减缓或平息日军在察哈尔、张北等地的挑衅活动，但终未能阻止日军的不间断挑起事端。

一四　察東事変

（元多倫特務機関輔佐官　松井忠雄）

目　次

昭和十年内蒙の形勢

昭和八年夏中国政府代表内政部長黄紹雄は蒙蔵委員会副委員長趙丕廉以下を従え数多の贈物を持つて百霊廟に到著、護衛として綏遠省主席兼第三五軍長傅作義は三百の精兵機関銃迫撃砲各四を以て同行したが直ちに百靈廟を囲繞する丘稜に布陣、その銃砲口をあだかも開かれていた内蒙王公代表会議の式場に向けた。これは七月末この会議が高度自治を目指し丁度英帝国内の自治領にも似た要求決議を請願書の形ではあつたが爾後承諾を求めて、たたきつけたことに対する懐柔と威嚇なのだ。

従来内蒙王公の結束は不可能と南京では判断していた。だが今回南京から携行した蒙古政務委員会案は王公代表により一蹴されてしまつた。これは政府代表には誠に意外だつた。そこで一歩譲り特別区政府案を持ち出して漸く妥協することを得た。

今回王公代表の結束が思いの外に強かつたのは王公の間を周旋した徳王の若さと熱だつたことを中国政府は悟り、徳王に注目するに至つた。

徳王にして見れば、この妥協案でも満足出来なかつたのだが、懐柔と威嚇の前にはこれをも押返すまでの内部統制に自信がなく不承不承受入れたのだつた。

ところが昭和十年一月南京の中央会議はさきの百霊廟自治法案を全く無視した「内蒙自治法案」を通過抜打に内蒙側に押付けた。これによると自治ということは全く認められず

「蒙古自治区は未だ県を設けぬ地域に限る。縣を設けていない地域でも一年以上居住しているものには開墾を認む」

というのだ、この内容は徳王が蒙古人明日の生死に関するものとして極力反対して来た所であつたが、悲しいかなこれが必ずしも王公全部の頭にピンと来ぬ所があり、中国政府は常にまた巧にその間隙を衝いていたので徳王としては悲憤やる方ないものがある。

さて何故王公全部の頭が一致しないのか、蒙地の開拓は綏遠省歸化城、満洲ではカラチン附近が既に明代初期から行われていた。

清朝となると王公は漢人を招致し開墾に当らせ税金をとるようになり、清朝は屢々これを制止したが仲々徹底しなかつた。

元来蒙古の土地は王公の所領ではなく共同の土地なのだから王公の処置は専権であり横領だが、これに対しあまりにも無智な部民は反抗もせず、漢人を真似て農耕に従い或は遊牧をすて切れず奥地へ逃避するのだが、盟旗の越境は清朝の厳に止める所だからそれは限られた土地での逃避で必然窮乏と貧困が大手を拡げているから自滅**への道を辿ることになる。**

所で綏遠蒙古では歴史も古く蒙漢の妥協—それは王公と漢人—が成立していた。部民は漢人との接触により少し宛だが自覚を生じ王公への不満となり、やがてそれは共産主義に拍車をかけられトクイルン運動つまり王公打倒となつて現われて来た。これに対し南京の中国政府は王公を支持保護する態度に出たのだ。従つて綏遠蒙古の王公にして見れば政府に楯つく徳王には組し難い。

チャハル蒙古はというと、ここは盟を構成せず王公はいない、平民出の総管がこれに代つている。「歸化城トムトも同じ」

これについては歴史を語らねばならぬ。

清朝興起のころチャハル部は林丹汗の支配下に今の熱河からオルドスに勢を張り元の嫡裔の故を以て可汗を称し蒙古統轄の権を主張し清朝と対立していた。清の太宗は三度これを親征し林丹汗の死後漸くその子を降し内蒙十六部のクリルタイ（国民大会）によつて清朝の天子が同時に蒙古可汗（ボクトセチェンハン）たることを認めさせ、後他の内蒙諸部外蒙もこれに倣った。勿論大宗はチャハル部の優位は認めた。しかし康熙帝の時呉三桂の乱に乗じブルニ親王が林丹汗の仇を報ずと号して背くに及び帝は討つてこれを殺すと共にその自治権を奪い部民を収編して八旗とし現在の地区に移して直轄とし平民出の総管をもって旗長の職に充てたが一方ではよくこれを懐柔することも忘れなかつた。国民政府はこれを踏襲し今日に及んだ。

昔北京に、今南京にこの平民総管は王公と伍して政府の眷顧をうけ、土地は平津に近く文化の風に当る機会も多い。漢人との交易も

大きく蒙人の農耕も進んでいる。毎年一定数の軍馬を中央に引渡す条件で委托されている官馬牧場の利益も少くはない。

漢人化した蒙古人、文化の高い蒙古人とロシアの蒙古研究者はその旅行記にチャハル蒙古人を書いている。

このチャハルを代表する総管は徳王の意見と必ずしも一致しない。徳王の旗の所在するシリンゴル盟は土地北方に偏在し寒冷地帯で農耕に適しない。だから漢人の入植に脅かされる心配はない。

その中東北部は水系もあり牧草豊でいわゆるアバカ馬、ウヂムチン馬の名を誇り得る。これは対中国中央との交易によつて弗箱となる。ダブスノール〔大布蘇諾〕の塩はこれまた対中国交易の莫大な利益をあげる。だから同じシリンゴル〔錫林郭勒盟〕盟の王公でも徳王は何をいうとるか位の所になるのは致し方ない。

徳王の旗はどうかというと、チャハルに接した所は可耕地もあるが一般には地味瘠せ牧草もよく育たぬ。「俺の旗の羊は夏でも美味い」と徳王が威張るのは、夏でも草丈がのびず肉が青臭くなる程食えぬからだ。

ウランチャップ〔烏蘭察布〕盟というと南部の可耕地帯はドン〱漢人が入植して来る。ここの盟長が雲王なので「蒙地還蒙」を叫ぶ徳王を子の如く可愛がり、また徳王がその勢望を利用して全内蒙に推戴させようとするのはこれまた自然だが、この盟でも東部と西部とは状況が違うし経済的ばかりか政治的見解も違つていて一致した意見というものは認められない。

オーエン・ラチモアは、中国人の内蒙開拓は蒙古人との経済的提携乃至は共通の利益増進平等条件下の経済的利益の交換を意味せず、蒙古人の生活区域へ植民して蒙古人を追い出すにあると指摘している。

全般的に見れば確かにその通りだ。若い徳王にはこの事実を悟らぬ王公総管達が歯がゆくてならぬのだ。

しかも彼の考は飛躍していて開拓するなら蒙人の手でというのだ。

しかし現実はどうなのだろうか。中国商人が蒙古人を搾取しているのは事実だ。しかし彼等は気永に利潤の上るのを待つている。今年の売掛を今年とるとはいわぬ。来年羊と牛の繁殖が思わしくないときは再来年でもいい、いや来年の影響で再来年も悪い筈だから更に翌年まわしにする。だから蒙古人は中国商人を怨んではいない。搾取されることによりその生活が毎年低下するなら困るがそんなことはないのだ。

徳王がいくら目を覚ませというても仲々ピンとこない。開拓は困る、だが人数の少い蒙古人はまだ今が今開拓により困つてはいない、徳王が心配している部民は寝ているし王公は寧ろ中国と結んでいることによつて利がある、と考える。ここに徳王の号令の徹底せぬ理由があるのだ。

また蒙古尚老の風は徳王の若さをマイナスとさせ、封建の余習は郡王たる徳王が親王の位を有する王への働きかけにブレーキをかけるのだ。

しかし民族の団結独立企求ということは、人間の慾望であり知恵だ。自然に芽生えて次第に大きくなり何ものも押えられぬ。

外蒙満洲国の変貌はこの王公連の頭をも切りかえさせて来たのだろう。尤もこの連中には中国政府が自治運動阻止のため内蒙王公説得を命じた班禅ラマが「御経をよむ丈が能ではない、部族が一つに帰するこそ仏の御心にかなうもの」と、口を滑らせたその言葉の方が強く響いているかも知れぬ。何故なら班禅の言葉は蒙古民族には絶対であるからだ。

以上で蒙古王公代表と徳王との関係を明にしたから本題に戻る。

徳王は百靈廟に王公代表を集め中央の内蒙自治法案反対を議決せんとした。

内蒙国民党の古い志士金永昌干蘭沢は徳王を支持し蒙蔵委員会常務委員白雲梯は王公打倒の立場から尼総管と一脈通ずるものありて反徳王の色が濃い。機会主義者蒙古王公代表駐京弁事処長蒙蔵委員会委員の肩書を振廻す呉鶴令は白雲梯と個人的に相容れぬが、なお首鼠両端を持しバスの行手を見守る。

蒙古のマタハリ、「黄金の花」は包と廟の宿舎を夜毎悩ます。

正に会議は踊るか、遂に徳王派は勝を制した。王公代表の痛烈な抗議は南京を驚かすに十分だつた。そこで一月二十八日蒙古自治弁法八原則を以て南京駐さつ蒙古代表に相談しその同意を得て三月七日八原則に基き蒙古自治政務委員会組織大綱十一条蒙古自治指導長官公署暫行条令九条を公布した。

組織大綱は委員長委員を蒙人とし、その内容は含みあるもので蒙人に力があればその活動は高度自治に持つていけるものだつた。

ここに略称蒙政会は誕生した。従来盟は各別に中央政府についていたのが、蒙政会という最高行政機関により内蒙を打って一丸とする統一自治体が生れたのだ。これは元朝覆滅以来まさに劃期的のもので誠に時の動きの偉大さを考えさせる。

土地問題は各盟旗とも漢人の新開墾を許さず、今後現在以上の縣治を設けぬことが約されたが、徳王はこれにもまだ満足せず中国側の実行如何を疑の目で見守つた。

蒙政会成立直後徳王と旗を隣する四子部落の潘王は、蒙旗剿匪司令に任命され中国政府と国民党に忠誠を誓つた。

徳王旗の南隣りチャハル県治化徳は昭和九年設治局、十年縣政府がおかれたのだが、蒙古名はチャプサルだ。それを化徳としたのは「徳王を化す」の謂だといわれる。

この二つのことは若い徳王の憤慨の種だつた。

一方チャハル省主席宋哲元は、張庫街道警備を名とし徳王府に近く傍江に兵を派し威圧を加えていた。

かかる時関東軍の手はさし出されたのだ。

李守信軍南下準備を命せらる

日本軍は一気に華北を押し切る腹をきめ、関東軍は再びその一部を長城線に集結することとなつた。

「察東特別自治区李守信軍は随時長城線に向い南下するの準備にあるべし」

機関長はこの電報命令を自ら顧問部司令部に伝達したが、機関に帰つて来た彼は不興そのものだつた。

「防寒外套は三分の一もない、顧問は十二月には到着するというが無責任極まる。李守信は何時でも出動するが防寒具丈は至急何とかしてくれというのだ」

「兵器弾薬はどうですか」

と問う大尉に

「特設隊の装甲車は一台も動かぬ。野山砲は貰つてから一度も分解手入してないから輔佐官に見てくれというとる。君すぐ行け」

という返事、外蒙諜報所じやない戦争だ。

砲兵隊には教官として日本の砲兵特務曹長で満洲国砲兵上尉のものが配属されていたが特設隊の若い者とは反目していた。大尉は自分の運転手を助手所で分解に立会すると全く出鱈目だ。大尉は自分の運転手を助手に分解して見せ手順を教官に通訳させて行つた。

最初の一門は四本あるべき復坐発条が三本しかなくしかも一本は折れていて、駐退液は三分の二位しかない。パッキングは腐れて物の用に立たぬ。

二門目から兵に手伝わせ、三門目は兵丈でやらせたが完全に出来た。幸いグリセリンもアルコールもあつたので、何とか撃てる丈にはなつた。

照準具を持つてこさせ点検しようとするとまた吃驚、

「表尺は三本しかなく眼鏡は二つです」

という始末、調べて見ると眼鏡の一つはどうやら見えるが一つは全く曇つている。

山砲は使えそうなのが三門、歩兵砲は四門とも表尺がないしその弾丸もない。

野山砲弾はというと、東北軍のもので製作年月日は全く判らぬ。不発、遅発、過早発、腔発を予期される物騒な代物、うつかり砲兵陣地に近よつたら御陀仏ものと大尉は寒気がした。

早速奉天の兵工廠に部品の注文をする様教官に指示して帰途についた。

途中特設隊の傍を通るとバレーボールをしている。車廠の扉はピッタリ閉ざされていた。

機関長に報告すると、長大息した。

大尉がまだ幼年学校生徒のとき、丁度バブチャップの義軍に参加する為上司に無断で砲工学校の学生のまま蒙古に飛び出しその砲兵隊長として活躍した西岡士朗少尉が免官となり兵役義務を果す為一年志願兵として野砲四聯隊に入隊していた。昼は真妙に後輩の影佐少尉（禎昭中将）を教官殿といつていたが、夜は豪傑宇都宮〔太郎〕師団長官舎の賓客として万丈の気炎をあげていると噂されていた。そしてその人の書いた従軍回想記は若い幼年生徒、大尉の耽読書の一つだつた。

「余りにも旧式の大砲で吃驚したが、兵器は死物、人によつて生きる」

という書中の文句がハッキリ思い出された。自分が李守信軍の教育を担任する位置にあつたら一週間でバブチャップを狂喜させた西岡さんのように李守信を嬉しがらせてやるんだがと思つた。しかし軍の任務分担は厳として存する。機関と顧問部との何となく面白くない空気を考えると、進んで教育指導を買つて出ようとする大尉の意欲は冷却する、人の和の方が大事だ。

それにしても日本軍という奴は謀略部隊を何と考えているのだろう。李守信軍は万一のとき熱河からチャハル台地へ進出する日本軍のためその関門を守つているのではないか。最新式の装備を与えても少しも高価すぎるということはない。敵の抵抗を排除しつつ台端にとりつくまでどれ丈犠牲が出ることか。

先日侍従武官を迎えたとき端麗宝塚ヂェンヌが軍服着たようなその人が眉をひそめて

「こんな匪賊集めて」

というたことも思い合せて、顧問教官を責める前に日本軍そのものに抗議するのが本当だと考えられる。

中国学生の抗日運動は民族意識の発動だ

南京では十二日蔣院長が五全大会に提議した「対日外交を統一し南京外交部の一元的交渉に統制する」件が可決され、熊斌はこれをもつて宋哲元にせまつたが、宋は磐石の如くのしかかつてくる関東軍の重圧を説き、両者は夜を徹しても意見一決せず、加えて戦区に於ける最も好ましからぬ重大情報もあり、熊斌は十三日急遽情況報告の為南京に帰つた。

果然灤楡区督察専員殷汝耕は十五日宋哲元、商震、秦徳純及全国公使団体宛華北自治の通電を発し「中央より離脱あるのみ」と呼号するのだつた。

日本の工作は勝つた、政府の任命した殷専員は浮浪の徒でも、時勢の廃者でもない、堂々たる中国の高級官吏である。飼犬に手をかまれた南京の悲憤こそ思いやられる。しかも戦区によるが故にその人には一指も染め得ぬとは。

この声明に華北の学生は火の如くに激し、二九軍の青年将校またこれに同調した。

しかるにこの動きに対し日本は極めて簡単に考えていた。これはコミンターンの工作だ。従つて防共の旗幟さえ掲げれば彼等が騒ぐ丈中国指導階級は我に提携を求めてくると判断しているのだつた。

大衆は何時の世代でも愚のようでいて賢明だ。指導階級は停滞して進歩しない。しかし大衆は常に進歩する。

若者はその先駆だ、彼等は安居楽業丈には酔わぬ、彼等は理想を持つ、鐘を鳴らすのは自分等の責任だという自負がある。いかに文化が進んでも青年心理を抹殺して少年心理から壮年心理に飛ばす訳にはいかない。

まして彼らは中華の民だ。中華という民族意識は今や中国大衆の中にしつかりと根を張り、清朝が営々として対異民族敵視観念を抹殺するに努めた努力の結晶は今にして全く地を払うに至つたのだ。異民族清朝の下にあつては租界の民租借地の民となつてもそれはただ統治者の目の色毛の色が違う丈異民族という点では同じだ。しかし今日は違う。南京政府が陽わに抗日を叫べぬというのなら中共の口をかりて大呼しようというのだ。彼等を中共の手に躍るものというなら彼等は逆に中共は我等の仮面だというだろう。

彼等の底流は熾烈な民族意識だ。それを考えず表面丈を見て中共の徒という短見も甚しい。

十八日南京に於て唐外交部次長は磯谷武官を訪い

「北方において発展しつつある新情勢は必然的発展と見て積極的に働きかけはせぬ。だがそれが急激な変化を起すと共に中国の輿論感情が暴発し南京政府が最後の暗礁に乗り上げ、ついには日中関係に無用の犠牲を払わねばならぬことがあつたら、この点日本も十分考えられたい」

と申入れた。これが「華北抛棄」と解されたことは不幸である。

十九日蔣院長は

「中国の外交は党部の制限をうけず国民政府に外交の全権を与う」件を五全大会第四次正式会議で可決させたが、これは一方では感情に走る党の強硬派を封じ、同時正面切つて彼が直接日本と交渉する腹を決めたものと見られる。

二十日有吉大使は、日中関係を悪化させぬ弁法があるから安心されたいと南京側の意志表示をうけてホットしたが、この日華北自治運動に参加北平に赴き自治宣言に連署するといわれた韓復渠は、突然公務多忙を名として出発を見合せ、商震は病と称して北平病院に入院した。華北の情勢は五日にしてドンデン返しとなつたのだ。張羣や馮玉祥の元参謀長石敬亭の必死の働だつたろう。

この局面の転換に激怒した日本軍は、

二十二日「自治政策の確定を阻止し乃至遷延せんとするは日本軍の認め難き所梅何〔梅津・何應欽〕協定を破るに於ては独自の軍事外交に邁進する外なし」と天津軍は声明した。

独自の軍事外交とは何を意味する。

関東軍は動いている。

「戦区民衆の総意に従う」と号し、殷汝耕は冀東防共自治委員会の組織を宣言し内政外交軍事に関し南京政府との絶縁を声明した。

北平綏靖主任宋はどうしたらいいのか。

朝の巷説は、宋自治に決すといい、夕の巷話は、宋日本と絶つと伝える。旬日の間華北の情勢混沌として帰一する所を知らず、大小の説客謀士は東奔し西走する。

戦雲チチハル台地を掩う

満洲航空会社は例年の義勇飛行隊の訓練を十二月始めからドロンに於て耐寒試験をかねて行うよう関東軍から命令された。

満洲事変に活躍した河井田義臣少佐は今満洲航空会社入りをして運航部長の椅子に坐つているが、今度の訓練隊長としてこの地に爆音を轟かすこととなつた。

飛行場には十二機分の機首保温設備が組立てられ、爆弾、機銃弾、燃料部品を運ぶトラック群は承徳ドロン道を盛に往復する。

歩兵一聯隊、砲兵一中隊を基幹とする日本軍支隊の宿営準備を命ぜられた縣政府は転手古舞、日本軍は贅沢だから所命の燃料用柴、馬匹用枯草の量は莫大で奥地からこれを運ぶ牛車群は大変な数、ドロンの街は牛糞とガソリンの排気で異様な空気を醸し出した。

夜ともなると特別警戒で寂とするが、ただ一軒の日本料理屋は連夜嬌声と蛮声に四辺の静けさを無遠慮にかき乱し、遠く離れた機関にも狸囃子のように怪しく響いてくる。

十二月に入り李守信軍は防寒具を除き準備を了つた。

古北口、山海關ではもつと大きな武力示威が平津地区を圧している。

新京から第一課（作戦）の武居〔清太郎〕参謀が重要命令を持つてやつて来た。

参謀と機関長は同郷、大尉とは同期、腹を割つて話せるのは誠に有難い。

「軍は一挙内蒙工作の進展を期し口北六縣（チャハル省長城線以北）に李守信軍を進駐せしめ中国保安隊と交代、この地区をもつて内蒙自治政府の基盤たらしむ」

というのが軍の意図。

「勿論表面は華北の自治を促進する為宋哲元の尻をヒッパタクという訳です」

と参謀もあけすけにいう。

「何しろ李守信軍は参謀長以下全員漢人だからな。蒙古独立の為なんていえんよ」

「その辺のところを浅海〔喜久雄〕さんが一つ上手にやつて下さい。私は戦争指導丈ですよ」

そこで行動開始から長城線に取りつくまでの腹案を相談した。これは李守信と作戦を協定する基礎になるもので武居参謀が関東軍を代表して話す関係上勢い話は李守信軍建軍の昔にまで遡るに至つた。

「へえそんな軍隊ですか、そいつは頼母しい」参謀はよく理解した。

軍の意図を伝える参謀の言葉は留日将校刘作戦主任参謀に通訳された。白皙紅顔の美青年の彼は緊張〔程九山〕に頬を一層紅潮させている。

司令は何時もの温顔そのまま、参謀長は一語一語にじつと聞き入る。

伝え了ると

「好」

と司令はハッキリ力強くいうた。

参謀長は卓上の地図について進駐要領の細部を述べ司令の決裁を求めた。その態度は傍に日本軍将校のいるのを全く無視したもので統帥の神聖は李守信軍に於て確乎護られていることをハッキリ見せてくれた。

その後武居参謀と打合せを行つた。

「参謀長は頭もいいが腹も出来てるな。抑える所はチャンと抑え押すべき所はキチンと押す。満軍の将軍と段違いだ」

機関に帰つてから参謀は心から参謀長を褒めるのだつた。

十二月に入ると華北の情勢はまた変つた。

関東軍の武力がものをいい出し宋哲元は東偏しそうだ。

宋を抑え華北処理に当る華北駐在弁事長官に擬せられた何應欽は赴平の途済南に於て韓復渠に睨みをきかせた後二日保定の河北省主席商震の邸に入つた。

召致されていた萬福麟、傅作義、門致中、何競武等華北将領は彼を迎え激越な口調で情況報告を行う。

一方何に先行して平津入した殷同、陳儀は、天津に多田軍司令官を訪ね泣落しにかかつたが一蹴された。

三日何應欽は北平着出迎えの殷陳と人を退けて密談した後悲愴な決心で宋哲元に会つた。会談は夜を徹し、グズ宋はやつと華北自治反対の声明を出すことに同意した。何應欽は北平入すると自ら情報蒐集をしたが、その得た報告とただならず身に感ずる現地の空気から宋のいい分にも理由のあることを認めざるを得ない。

何はよく日本を識る。宋一派を押えると共に南京には一応譲歩の止むなきを進言する腹をきめた。

彼は交渉の対手は天津軍だが、実際は天下に恐るるもののない関東軍だということを知つた。しかもこれは表面に出てこないのだから始末に悪い。

華北の東偏は感情的に米の、実利的には英の好まぬ所、五日米国務長官は「この情勢を看過し得ず」と強硬態度を見せ、英外相ホーアは議会の報告演説で米と歩調を合せた。

英米の態度硬化は頻々たる在外使臣電として日本中央をして一応反省する機会を与えたろうが新京では転電の時間的ズレで感じ方が違う。何度も長城線に兵力を集結することは関東軍本来の任務対北方作戦の為の教育訓練を阻害すること甚しい。宋哲元を拾い上げてそれがいうことを聞かぬなら雁首をまた変えればいい。とに角早いこと埒を明けることというのが新京の腹だ。これは謀略ではない。軍に於て事の決定権を有する第一課の考だから強い。

現地の決意

武居参謀は中央が関東軍制止の動きに出る公算多分にあることを承知していた。

機関長、参謀と大尉は行動開始に伴い予想されるあらゆる情勢について検討し、次の様な想定をした。

八日行動開始の命令は下達し終つた。しかし新京から中止の命令が来ぬとはいえぬ。

一、行動を起したが成果希望の如くにいかず、日本軍の進出が後れる場合

二、行動を起したが途中で停止命令が下つた場合

大尉は関東軍から李守信軍司令部に配属された形式をとり、九日朝ドロン〔多倫〕出発、既に国境線近く集結中の李軍に追及することになつていたので、**ハッキリ機関長参謀の腹を確めて置く為一番多く発言**した。申合せ事項として定めたのは

一、沽源寶昌は是が非でもとる

イ、明九日中に停止命令が来た場合それが日没前であつたら戦闘行動は中止謀略行動による

ロ、日没以後停止命令が来た場合は沽源方面との連絡がつかぬから強行してとに角寶昌沽源丈はとる

これが為日没と共に大尉と機関とは連絡を断つ

有線電話はドロンに近く機関員で切断、無線は寶昌沽源占領まで使用せぬ。

二、飛行隊の協力は或は行われぬことを胸算するが空中偵察は協定の認むる所だから万難を排して行う

三、重要な連絡は大尉宛の通信筒連絡による

の三項を定めた。

前線へ

九日朝大尉はトラック単車で出発した。

飛行場を横切るころから吹雪が去来し出したが、今日の行程の中央にあたる黄旗大営子を通りすぎると吹雪は止んだ。

白凱々満目荒涼とはこの辺りの謂だろう、一本の木も一軒の家もない、山も丘も目に入らぬ、生とし生けるものの姿はない、ただ白一色の平面が目のとどく限り続きその果は空と融け合つている。

閃電河の渡河点近く、点々前方に黒いものが見え、やがて近づくとそれが雪溜りに突き込んだ牛車トラックであることが判つた。

李守信軍の後方輜重が難行しているのだ。渡河点では砲兵隊が引**かかつている。**

漸く日没直前胡盧峪の司令部に追付いた。小さな部落は兵と馬で一杯、幹部がしきりと整理している中を分けていくと通信所の旗が立つ家の門口に刘参謀が立つていて大尉の姿を見ると

「明朝の寶昌攻撃は砲撃を行うことなく払暁前奇襲によるべし」

と、ドロンからいうて来ていますがと聞いた。大尉は新京の空気は悪いなと突嗟に感じた。

「その方がいい。砲兵隊はまだ閃電河で引かかつている」

「こまりましたね」

参謀は何か気になるらしい。

司令、参謀長、顧問は狭い坑に竝んで腰をかけていたが、〔下永憲次中佐〕顧問は何か腑におちぬという面持ちを大尉の方に向けた。

「刘さんから開いたろう。武居参謀から奇襲やれというて来ているんだ」

「今朝ドロンでいわれて来ました。砲兵隊は後れていますし、寶昌の城壁は高くないからこの方がいいでしょう」

「そうかね実施部隊がどういうか」

顧問は参謀長に話しかけた。大尉が司令に挨拶すると

「寒いでしょう　御苦労様です」

と自分で煙草をすすめてくれた。

「ね君、命令は七時砲撃開始としてあるのさ。で命令を変更するとなると尹旅団〔寶山〕へ命令を伝達するのが問題だというのだがね」

顧問は予定通りにしたいらしい。併し大尉は強行したいのだ。

「そうですか、何に、私が伝達に行きましょう」

とわざと軽く受けた。顧問も大人、それ以上は押さなかつた。

尹旅団司令部へ命令伝達の往路は自動車を三度も雪の中につき込んだが帰路はスラリと帰れた。この辺には深い地隙がある。途中二度稜線を超えた。参謀は頻りと話しかける。

「尹旅団は今晩中大変ですよ。でも輔佐官に伝達して頂いて助かりました」

「旅団長は怖いかい」

「私等何時も怒鳴り付けられていますよ」

この部落についたとき、参謀が何か困つた様子をしていた理由が判つた。大尉はそうだつたのかと一寸おかしかつた。司令部のある部落に戻り車を捨てた二人が通信所の前まで来ると

「輔佐官殿　ドロンから電話です」

と係の下士官から呼びとめられた。

もう暗い、線は切つてある筈、どうしたのかと電話機をとると今岡雇員の声

「間違つて切つたのです。今からまたやり直しします」

「よし判つた情勢変化なしだな。軍は命令通り奇襲す。集結は一部後れあるも明朝までには主力を掌握し得べし。寶昌周辺の交通は日没前遮断しあり、これ丈報告しておけ」

傍で刘参謀が聞いているので寒いのに冷汗をかいた。

「承知しました。今度は大丈夫です」

「いいな切るぞ、切るぞ」

停止命令はこなかつた。明日はいよいよ戦闘だと思うと寒さ計りでなく身ぶるいが出た。

寶昌縣城を奇襲占領す

五時司令部は動かぬ。一足先に第一線に向う。あたりは雪あかりで明るい。

昨夜尹司令部のあつた部落は部隊の影もない。道路上に散乱する馬糞を調べると凍つている。大分前に出発したらしい。ずつと上り坂、やがて向うにポッカリ寶昌の城壁の見える斜坂の上り口に出た。

四辺は寂として、ただ一本馬蹄に踏みにじられた道路が黒く雪原の中に延びているだけ。

攻略は失敗したのだろうか、一発の銃声もしない、一瞬不安が頭をかすめる。

思い切つて車を進ませると、城門は開かれ二三人の人影が塊まつているのが見える。

奪われたのだ、運転手は命令もしないのにスピードをかけた。

「輔佐官殿よかつたですね」

その声は弾んでいた。

城門歩哨は捧銃で迎えた。

道路は恐ろしく広い。町の中程の左側アンテナを張つた柱が高く、少し明るくなつた空に聳えている。ここは国民政府極北の無電局なのだ。

その向側が縣政府。

縣長室に納つた旅団長は上機嫌で昨日の晩のその人とはまるで別人のよう。

「西側の城壁を隠密に超えた挺進隊は保安隊と縣政府の中間で丁度縣長の所へ急ぐ保安大隊長以下数名を捕虜にし、それを利用して簡単に保安隊全員の武装解除を了つた」

とポツリポツリと語るその面には無血占領の喜びが溢れていた。

今日は上天気、昨日の陰惨は去つた。

司令も到着し、宣撫班も続いた。

街では人通りが初まり、女子供も混じる。

大尉が参加した満洲国での討伐で見た景色と比べ何という相違だろう——日の丸を立てて迎える部落でも女子供は仲々姿は見せぬ、女といえば婆さん丈魔法使のそれのようにウサン気に人を見る。残つている男の眼には敵意はなくても恐怖の色が浮んでいるのだつた——

宣撫班長のドロン縣参事官は、極めて簡単に大尉の疑問をといてくれた。

李守信軍の軍紀は厳粛で、少くとも口北六縣は一日も早く進駐してくるのを待つていますというのだ。

大尉は目のあたりに見た李守信の声望に感心すると共に砲撃しないで済んだ無血占領を心から嬉しく思い、他の県への進駐もどうか寶昌のように行くようにと祈つた。

吹雪をついて沽源に転進す

十時過ぎると天候は急に悪化し、太陽は鉛色の雲にかくれた。それは前兆でもあつたか。

十二時、沽源攻略を担当している刘[济度]旅団将校斥候のもたらした「沽源の敵は頑強にして朝来の攻撃未だ成功せず、東方台上に点点中国保安隊らしきものを認む」

512

という報告は憂慮に堪えぬものがあつた。

　しかし司令の決心は迅速であり部隊の動作は敏活だつた。

　命令下達後三十分、尹旅団の主力はその先頭をもつて南門を通過し、これと同行する参謀長刘参謀及大尉の乗用車はそこで行軍序列に入つた。

〔振若〕

寶昌は王旅団が守備に残り軍司令部、顧問部、軍直部隊の大部は明朝沽源に転進、尹旅団は砲兵隊を配属され尹旅団に協力する為即刻出発を命ぜられたのだ。

　前途四十粁にあまり、日没迄四時間何とかしてそれまでにと思う一方、これは日本軍でも最大限の行程だがと大尉は心ひそかに心配した。

　城門を出ると真白な大平原の中に唯一本、黒い線が南に向いてぐんぐん延びていく。

「何という壮観だろう」

一時を過ぎる頃鉛色の空は急に頭上におおいかぶさつて来た。風が出て来たらしい。

前駆する部隊の馬の脚がもつれ隊列が乱れる、猛烈な風になつたのだ。

　やがて吹雪になつた、周期をうつては雪が吹きつける。ひどいときは直前の部隊の姿が白い壁で隠され、車はまるで雪だまりに突入するようだ。

　さつと雪が止むと一騎二騎と薄紙をはがす様にだんだん視野に浮んでくる。

　こんなことを何度何十度くり返したことか。

不意に爆音が聞えた、確かに飛行機だ。

　だがこの天候でそんなことがあり得ようか、空耳じゃないか。大尉が時計を見ると二時半。

　雲は低く機体は見えぬ。

　近い、突然頭の上に墜落するのではないかと思う位物凄い爆音が近づいた、空耳ではなかつたのだ。雪の止んだその断れ目にチラリと機体が見えた。三本の通信筒が赤白の尾をひいて飛ぶ、その赤い色が目にしみる位美しい。

　伝騎が追かける、部隊は停止し対空布板が拡げられた。風のあふりを食つて布の端を持つた兵が転ぶ。

　大尉は車から下りたとたん扉にたたきつけられた凄い風だ。瞬間風速は十五米を超えるだろう。

　通信筒を拾い上げた伝令が駈け戻つて来た。よもや戻つては来ないだろうとは思つたが、「通信筒受領」の表示を出し暫らく待つている、と飛行機は窓から手を振る河井田隊長の顔もハッキリ判る位超低空で頭上を通過した。

「河井田さん有難うございました」

と怒鳴り乍ら夢中で手を振り返したが、風は大尉の口許からその声を吹きとばし飛行機はまた近づいて来た吹雪の壁の中に姿を消した。

　通信筒三本は皆同文
「寶昌の攻略を多とす、沽源に急進せよ」

「沽源東方山地に点々人影を見るも対空射撃する模様なし。南方、西南方異状なし、成功を祈る」

一通は命令一通は河井田隊長の通報だつた刘参謀は直ぐ参謀長に

報告した。

参謀長は静かにうなずいた丈だつたが、この天候にも飛んで来た友軍飛行機に対し部隊は百万の援軍を得た思いして士気とみに上つた。

行進は再開される、吹雪はいよいよ強く吹きつける。

薄暮沽源の北二粁の寒村に到着、刘旅団と連絡成り休宿に移る。参謀長は刘旅団連絡将校の報告を時々反問しながら聞いていたが、

「刘旅団は依然北方から、また尹旅団は西南方から攻撃、攻撃開始は午前六時」

と要旨命令を下達し本夜の捜索警戒について細部の指示を与えた。尹旅長は不敵な顔に微笑さえ浮べて復唱した。

雪は漸く止み、風も衰えた。東方の山々の頂きがボンやり明るくなつて来た空に浮んで来た。月の出か。大尉は今宵の宿舎と案内された家の前に立止つてこの景色に見入つた。

子供の時習つた独乙語で月の性が男性なのに納得出来ぬものがあつたが成程北方の人間には月は女性とは映らぬ。今日のこの月の何と冷厳なことよ、刺々しく肌をつき通すような光り、澄み切つて輝くその面に温かさというものは一寸もない。蒙古高原の冬の月、新戦場を照す冷い月、あすは自分の屍の上をと思うと大尉は無限の感慨に耽らずにいられなかつた。

突然家の中で怒鳴る声がしたかと思うと一足先に家に入つた参謀長が飛び出して来た。その後から今にも泣きそうな刘参謀が追駈けて来る、「どうした」と聞くまもない、二人は隣りの家へ入つた。

訳が判らぬままその方へ歩き出すと内から刘参謀が

「さあどうぞ」

と案内する、家は小さく汚ない。室に入ると炕の上に参謀長が不機嫌な顔をして坐っていた。ローソクの光りに浮ぶその姿は何か不吉なものさえ感じさせる。

解けぬ謎を抱いたまま大尉は参謀長と竝んで寝た。程よい温みが柔かく身体に伝わつてくると昼の緊張と疲労はいつとなくもみほごされ深い眠りに落ちた。

城壁に対する乗馬襲撃

十一日は奇麗に晴れた。風は北に廻つたのか銃声も聞えぬ。

外へ出て見ると真白な平原の真中に黒々と沽源の城壁が鋭い輪郭をうき立たせ、大手を拡げて行手を阻んでいる。Uボートの潜望鏡で見た航空母艦はこんなだろう等と思つていた大尉に

「第一線からはまだ何もいうてきません」

と刘参謀が声をかけて家の中に姿を消した。

「失敗したんだ」

と思うと「どう砲兵を使つてやろうか」ということが大尉の頭の中で反射的に閃めいた。大体騎兵が城壁攻撃するということは無理なのだ。

三人は尹旅団正面に急いだ。

途中行進の後れていた砲兵隊の到着するのに会つたので、参謀長は集結して戦闘加入を待つよう伝令を派遣した。部隊との間に凹地があつて車をやる訳にいかなかつたからだ。

沽源西方の二、三十軒の部落が目標だつたがあと五百米位という

頃猛烈な銃声を聞いた。運転手は猛スピードで車を部落の蔭につき込んだ。そこにいた伝騎の馬が二三頭吃驚して騒ぐ。急いで車を降りると、凍つた屋根に跳ねる弾丸がいやな唸をたてて飛ぶ。

手榴弾のバーンバーンという爆音が重苦しく響いてくる。

大尉と参謀は旅長を求めて部落の東端へと走つた、カッカッ、ピシャピシャという直射弾の弾着音が頭上をかすめ出した。城壁は近い。

二人が一寸大きな囲壁を廻ると急に視界が開けとたん、ピシッピシッと引パタク様な弾着音に囲まれた。

五〇米計り前に低い菜園の土囲がありそこが第一線で、城壁まで二〇〇米あるなしだ。

城壁の五、六〇米手前の窪地に五、六名塊まつた兵が見え、城壁から落す手榴弾がその直前で炸裂している。

城壁の西南角の望楼に火力を集めているのか、立つたままの将校が二名鞭で兵の銃口の向を直しているのが目に映つた。

参謀は右が旅長で左が聯隊長だとつげる。

「旅長があんな所じや危い、退つて貰い情況を聞こう」

「駄目です。旅長は絶対に退りませんよ」

「いや俺がつれてくる、参謀は参謀長を安全な所へ案内してくれ」

大尉が走りよつて旅長の手を握り後退をすすめると不機嫌な顔をして頭を横に振る。参謀も駈け付けて「参謀長命令」というと不承不承うなずいた。聯隊長にも同行を命じ最前の大きな家で参謀長と落ちあつた。

「旅長の判断では攻撃を再興しても兵は疲れ切つているから、よし砲兵を協力させても昼間攻撃は望みがない」というのですと参謀は説明した。

旅長の判決を深刻な顔付で聞いていた参謀長は即決しない。

城壁を毀して突撃路を作る以外手はないと考えていた大尉はこの判決から刘旅団はより以上参つていると判断したので口を切つた。

「戦闘を中止し、戦線を整理して部隊に休養を与えましよう。温いものを食わさんといけません。攻撃再興は刘旅団の情況も見てその上で砲兵の用法も考えることにしては」

参謀が通訳すると参謀長等三人は一々うなずいていたがヤオラ、

「そうします」

と参謀長は重い口を開いた。

「城壁下の突撃兵の収容はどうします」

大尉にはこれが一番気がかりだつた。夜を待つてでは恐らく凍傷で参るだろう。砲兵を協力させるには彼等はあまりにも城壁に近く位置し過ぎる。

「有法子」

方法があると旅長は何か聯隊長に命じた。

参謀は、見ていて御覧なさい、大丈夫ですと自信ありげだ。

暫くすると部落の中が騒然として来た。馬の嘶き、凍てついた土地に高く反響する入り乱れた蹄の音。

突撃譜が気狂のように起り、第一線は猛烈に撃ち出した。

部落の後方に部隊の動きが感じられたかと思うと南側を廻つた一

個中隊計りの乗馬部隊が得意の馬上射撃をし乍ら城壁に向つて突進するではないか。

大尉はあきれてこの成行を見つめた。

目の前の第一線から、徒手の兵が十名計り飛び出してその後を追う。

乗馬部隊は城壁直下で奇麗に方向変換をし、徒手の兵は突撃兵と一団になつて退つてくる。戦友の肩に助けられたものは三名。

これが一瞬のことだった。

戦況進展を見ず

刘旅団正面の戦闘は大尉が行つて止めさせる、参謀長と参謀は猶後れて到着する部隊の掌握、軍司令部との連絡、戦闘司令所の設置と任務を分けた。

沽源北門外北方一粁半位のところに一寸した部落があり、ここから広い道路が城門に通じ城壁に接して二、三十軒の民家があつた。部落の入口には焦瘁し切つた軍事教官の高木〔正實〕中佐と蒙古服のままの田古里少佐が日向ぼつこをしていたが、近づく大尉を見て、

「顧問は来られたか」

と声をかけた。いかにも疲れた人が肩代りを期待する形、それよりも戦況第一と考える大尉とは波長が合わぬ。

「第一線はどうですか」

大尉の言葉は反射的に、

「とてもいかん、ろくに飯も食つとらん。兵は雪の中に伏せたままだ」

という答で反撥された。

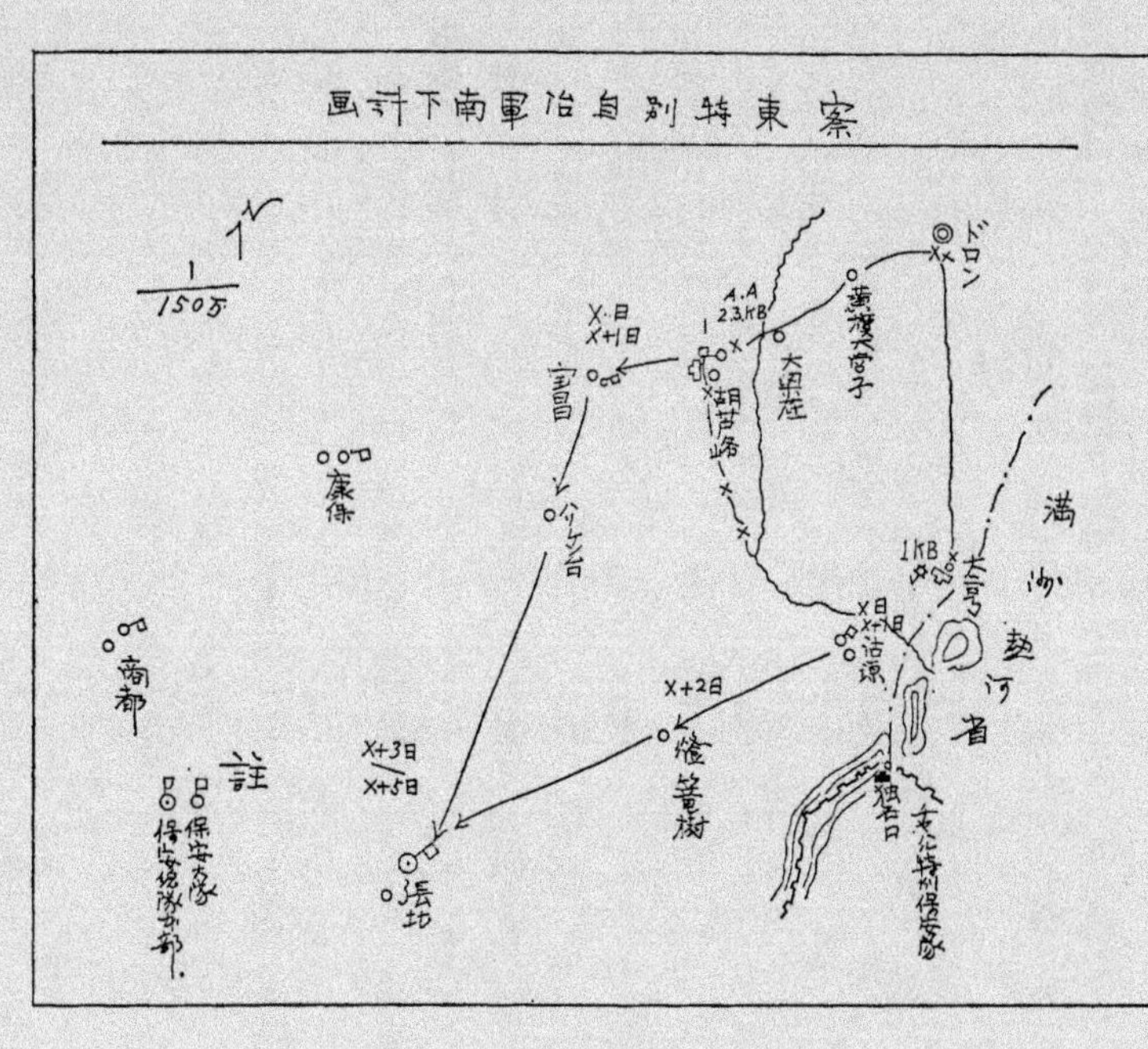

そこへ刘旅長が駈けつけて来たので、大尉は教官との問答は打切り、気まずい思いから逃げられる機会を握つた。

「御苦労です。戦闘は中止、兵力を集結休養させる、攻撃再興は別令によると参謀長がきめられました。」

この大尉の伝達命令は若い中尉に翻訳されてゆく、その一語毎に旅長の顔には安堵の色が浮んで来た。

「東方台上の情況は」

「避難民です」

と中尉は軽く答え、

「一個中隊出してあるよ」

と高木中佐が補足した。大尉は退路を遮断してはまずいと考えたが第一線を見てからのことと思い、

「城門に接したあの部落はとつてありますか」

と誰にいうとなく聞くと

「僕等は今あそこから退つて来た所だ一個聯隊で占領しとるよ」

と中佐が答えた。

意外な砲撃　参謀長〔程允山〕戦死す

大尉は道路をさけて畠の真中を歩き出した。十分たつても雪が深く部落までの半分もいけぬ、小銃弾が時々パッパッと黒い土を跳ね飛ばす、ねらわれているのか流弾か何れにするも嬉しくない。

前からは敵、後からは味方が見ていると思うと、駈け出す訳にもいかぬ。

突然クルッと右向け右をさせられた、右肩を何かでヒッパタかれた感じだ。キナ臭いにおいが鼻をついた。

これは大尉にとつて同時の感覚であり動作でもあつた。

同時、いや何分の一秒かの後だろう。

「右肩をやられたな、肩を砕かれたとすると命がない」

大尉はスーッと死の予感が全身を通り過ぎ頭の血が一度に下つて冷汗が脇の下を流れて行くのが目に見えるように感ぜられた。

左手は無意識に右肩に動いたが意識は右肩を見させない、恐怖がこれを止めるのだ。

何か左手に触れる、手触りで肩章だと判る。右手をあげて見ろと頭の何処かで命令する。

上るぞ上る、これなら肩は砕けていないと思うと顔はクルッと右肩に向く。

肩章が前の坐から外れ後の坐だけでブラ下り、それを左手が握つていた。

目は急いで下の方手首に注がれたが血は流れて来ていない。やつと自分をとり戻した。

思い切つて右手を振つて見る、動く。痛もない、何のことだ。

何という俺は臆病者だろうと大尉は急に恥かしくなつた。誰か見ていたらどうだ。——

「後になつて承徳顧問部で聞いたのだが丁度国境警察隊に来ていた雇員の一人が大尉の動作を真横で見ていて大尉が右向け右をしたときグッと上体が崩れたのでテッキリやられたと思い駈け出そうとしたが大尉が直ぐ歩き出したので安心したということだつた。して見ると大尉が相当時間立停つていたと考えた時間はホンの瞬間だつ

た訳だ」——

大尉は肩章を調べて見た。尉官のは縁によつたモールがあるのだが、その右側の分がなく地の赤いラシャが黒ずんでいた。

弾丸は奇麗にモールの線条を擦つて行つたのだ。もう少し左によれば頸部を、もう少し下れば肩を砕いていたのだと思うとまた急に恐ろしくなり歩き出した。

急ぐが雪は深く防寒靴は重い。漸くのことで部落の蔭に辿りつきホットした。

第一線聯隊長は取付きの大きな家の屋根に上つていたので大尉も崩れた土塀から上りかけた。とたん、不意にガンと物凄い爆音と同時に紫がかつた黒い煙が視界を遮つた。

ガラガラと三十米ほど前の家の屋根が崩れ土煙がモクモク上る。

どうしたことだ、中国軍はせいぜい迫撃砲それも白い煙の黒色薬位と見くびつていたのにこれは高級炸薬だ。

引続いて発射音を真南に聞く、数弾がアチコチと不規則に炸裂する。

屋根の上の聯隊長等は転がるように降りた。逆に頂上に上つた大尉は猛然と闘志をたぎらし発射音の所在を求めた。保安隊では相手にとって不足だ、二九軍なら面白かろう砲兵将校には砲弾の炸裂音は法悦を感じさせる、小銃弾に恐怖を感じた大尉は射撃演習の監的勤務でもしている位の軽い気持になり切つていた。

発射音から弾着までの秒数から計算すると二千そこそこ、発射の爆煙の下縁は城壁とすれすれ、とするとそこには小高い丘があり印旅団の一部が張家口方面に対し占領していた筈。

これに張自忠の部隊が嚙み付いたとするともつと前から砲声がした筈、機関銃迫撃砲の音も聞える筈と疑問が湧く。

砲弾は城内に落下し出した。

このときチラッと大尉の頭をかすめたものは友軍砲兵のことだつた。しかし参謀長が、戦闘参加を待てと命令していたことから考えるとあり得ない話だ。

機関銃の音は聞えてこない。

敵にせよ味方にせよ当面の急は刘旅団を集結北門からの出撃に備えさせ主力との連絡をすることだと判決した大尉は徒歩で来たのが悔まれたが仕方がない。下に降りて連隊長に兵力集結を命じ城門に火力を集中する配備をとらせた。

「砲撃はどうしたのでしょう」

と聞く、隊長の声はまだ恐怖に震えている。

「あれは友軍だよ」

と隊長に告げ、また自分にもそういい聞かせた大尉が引返そうとすると刘参謀が飛んで来た。

「どうしたんだ」

「参謀長も旅長も来られました」

「この砲声は」

「ウチの砲兵隊なのです」

「本当だな」

思わず意気ばんだ大尉は友軍だつたという安心感より命令違反、弾薬浪費に対する憤りが胸につき上つて来た。

砲兵隊の馬鹿め！　教官は何しとる。

砲撃はなお続く、大尉は地団太踏んだ。

大尉の帷幕に吃驚していた参謀は、

「砲兵隊の教官はよく軍命令を聞かぬのです」

と訴えるように告げた。

「引返そう」

と大尉が参謀にいうて歩き出すと、参謀長が旅長と一緒に小走りにやつて来た。

もう現地には用はない、早く砲兵隊を掌握することが先決問題だ。北の部落で伝騎をすぐ出す、東方台地に出してある一個中隊を至急引上げ、代りに便衣の斥候を配置するようにと参謀長に具申した。

「沽源の保安隊を皆殺しにする等ということは必要のないことです。要は沽源をとればいいので保安隊が張北なり獨石口に逃げてくれれば一番希望するところです。四面包囲されては逃げようにも逃げられませんからね」

と説明する大尉の言葉を聞き乍ら参謀長は、ドロン以来始めて明るい顔付をして何度もうなずいた。大尉は参謀長の本心が判つた気がした。

刘旅長は軍事教官の命令だつたと弁解した。

「さあ帰りましょう」

といい乍らヒョイと道路の方を見ると、参謀長の乗用車が向側に停つている。

大尉は先刻の尹旅長といい今また参謀長が敵前三〇〇の所に自動車をのり付ける、この部隊の危険に対して無神経にまで大胆なのにあきれると共に一方では砲声に心を奪われて自動車の音に気のつかなかつた自分を恥じた。

道路は城門望楼から縦射されている。

刘参謀が一番に飛び出した。続いて参謀長が、しかし彼は道路の真中でバッタリ倒れた。三番目にと身構えしていた大尉は躓づいたのかなと思つたが仲々起きぬ、助け起そうとかけよつて見ると物もいわず動きもせぬ。

抱き起すとグッタリした重みが感じられた。それからどう元の位置まで参謀長を運んだか自身にも分らぬ。気がついて見ると自分を囲んで旅長、聯隊長、何時戻つたのか刘参謀も膝をついて、皆が大尉の手許をのぞき込んでいるのだつた。

参謀長の首の下にかつた腕を抜き地面に寝させようとすると外套の袖にベットリ血がついていた。

頭をやられたんだ、しまつたと急いでその防寒帽を脱がすと、コメカミしかも両側から黄赤混ぜた血がドロッと流れた。帽子の裏頬当は血だらけだ。

即死だ。

刘参謀がワッと泣き出した。

大尉はジッと参謀長の死に顔を見つめた。その面には何等苦痛のあとがない。沽源に急進したときからの陰惨な影も消えて穏やかな、それは大尉がドロンに着任した日始めて会つた時のそのままの顔に戻つていた。

大尉は手を合掌に組ませて胸の上においた。大きな犠牲だ。李司令が知つたらどんな思いをするだろうか、撫然として暫し黙禱をささげた大尉は一時に責任の重大さを感じ立上つた。

今から俺は参謀長に代る。司令は到着せず沽源は落ちていない。部隊の士気はよく判らぬが参謀長戦死のことは極めて悪い交感を与えるであろう。

「喪は秘す」

大尉は直ぐ行動に移つた。対空布板をとりよせ死体を丁寧にくるみ、第一線表示の白幕で顔面から頭を包んだ。

茫然として黙つて大尉のすることを見ていた、旅長、聯隊長、参謀に向い厳とした態度で命令した。

「旅長、参謀長戦死のことは第一線聯隊将兵の中一部のものしか知りません。このことは厳秘にして下さい、今日唯今目撃したことを絶対に他人に語らぬことを厳命して下さい」

と念を押し

「刘参謀は旅司令部の部落で棺桶を探し適当な家を決め衛兵を立てて待つているんだ、いいか僕は参謀長の遺骸を護つて退る」

大尉は三人にこれ丈いい了ると聯隊長に大車の車輪を外したものと四人の百姓を呼んでくるよう命じた。

四人で丁寧に遺骸を枠上にのせると直ぐ出発した。

雪溜りは膝をこえる深さ、その都度百姓は坐り込んで哀哉哀哉と号ぶ、目標は大きい、プス〳〵と雪にささり土と雪をはね上げる弾着に百姓の足は停る。大尉は拳銃を出しては急がせ、札束を見せては急がせ、遮二無二雪原を突破した。

砲声は止んだ、思えばこれは弔砲でもあつた。部落の入口に先行した刘参謀が迎えていた。

「よく棺桶がすぐ見付かつたな」

「ええ昨晩初めに入つた家にあつたのです。参謀長が顔色変えて飛び出したでしよう。参謀長が見付けましてね、こんな縁起の悪い所へ寝れるかとカンカンに怒つたのです」

尹旅長に全般指揮をとらせる為急ぐ車中刘参謀の説明で成程そうだつたのかと初めて昨夜の疑問がとけた。

「因縁だね」

しかし心を鬼にせねばならぬ今、俺が滅入つたら李軍は覆滅すると思うと大尉は故ら明るく語調を変えた。

「刘さん元気だせよ、今から参謀長代理だ。沽源をとろう、いいな」

尹旅司令部の部落の手前までくると前方から砲兵隊が陣地変換して来るのに出会つた。

「残弾何発だ」

大尉は部隊の先頭に立つ教官に噛み付くように浴せた。

「山砲弾三六発」

答えるその顔には沽源砲撃を褒めぬ大尉への不満が溢れていた。三六発で城壁破壊が出来るかと暫らく無言のまま大尉が頭の中で沽源の城壁の組成を思い返していると

「司令も顧問も丁度今さきあの部落に到着されました」

と教官は報告した。

人払いして貰い、司令と顧問に対し姿勢を正して

「私が至らず、参謀長は午後二時三十分沽源北門外で戦死されました」

と報告した大尉は刘参謀に

「詳しいことは君から報告してくれたまえ」

というた。

司令は参謀の報告を顔色も変えず時々何か質問しながら聞き終ると立つて、

「参謀長は武人です。屍を戦場にさらしたことは寧ろ本人としては本懐です。輔佐官どうか気をつかわんで下さい」

少し間を置き、

「輔佐官貴官が参謀長の遺骸を自分で運びこれを守つて退つて下さつたことは私から遺族並びに全軍に代り厚く御礼を申します。ドウモアリガトウ」

といいさあどうぞ、どうぞとまだ不動の姿勢の大尉の為炕の上に席をすすめた。

顧問は、司令が日本語で礼をいうたのは最大の謝意を表わしたものですと説明し、一座の緊張感を緩める心遣いに

「さあ美味い御茶をいれましょう」

とボーイを呼んだ。

司令、顧問、大尉はその晩同じ炕に枕を並べて寝たが、大尉は何時までも何時までも寝られなかつた。そして自分が反側する毎に司令もまた目を覚ましているような気がしてならなかつた。

十二日午後二時三十分

十二日雲は低く寒気は厳しい。

張家口方向に出した斥候の報告によれば、昨朝数台の大型バスが張北に入り、また沽源張北の中間燈籠樹には保安隊と違う服装―黒色でない―武装兵を見るという。

寶昌の王旅からは康保の敵が活潑に動き出し、その斥候は寶昌近郊に出没すると報告して来た。

ドロンの機関からは何も連絡なく、飛行機も来ぬ。

昨日はひどい北風だつたから徒歩部隊は張北からそう北には出られぬ筈、自動車で来るとしてもそれは数としては多くはない。だが若し中国側が本気となつたら張庫街道を北進康保方向から右旋回してドロン沽源間を遮断しつつ主力を以て獨石口保安隊と協力し沽源包囲中の李守信軍を更に包囲するだろう、しかし距離から考えると今夜以後になるものと判定される。

所で寶昌から追送中の砲弾は午前中は六ずかしいとしても午後二時乃至三時には到着すると考えられる。

そこで大尉は二時砲撃開始二時三十分突撃させようと腹を決めた。

昨晩打つた爆撃要求の無電には何の返事もない。改めてもう一度

「午後二時三十分突撃すその十分前西南角に爆撃を切望す」

と打つた。

午前十時爆音を聞き将兵は歓呼したが、それはただ一機、通信筒を投下すると直ぐ引返して行つた。

「李守信軍は暫らく沽源の攻略を中止し兵力をその北方近く集結、日本軍のドロン進出を掩護すると共に成べく謀略により沽源を手中に収むる如く工作すべし」

「飛行隊の協力は実施せられず」
また
「軍より磯矢〔伍郎〕参謀来多情勢の変化を伝達せらる」
という武居参謀の通報、これが通信筒の内容だつた。

突嗟に大尉はこの命令を握り潰す腹をきめた。李軍は包囲されるかもしれぬ、今退却したら敵は猛然食い付いて来るだろう。李軍の士気は逆に阻喪しあと使いものにならぬ。沽源をとれば士気も上り、中国軍も手を控え、日本軍の進出援護も期せずして行われよう。速かに沽源をとることが第一だというのがその理由だつた。

大尉のたたき込まれている日本軍の戦術思想の基調は「独断専行」であり「任務は積極的に解決する」ことであつた。独断専行はもとより上官の意図外に出ることを許されぬ。従つて日本軍では「この際上官としてはかく考える」ということを知らす為士官候補生に対してすら戦術教育に於て師団長の決心を問題として課していた。

だから大尉は機関長はどう考えているかという事がまず頭に浮んだ。攻囲三日、参謀長戦死恐らく前線は惨憺たる状況にあると考えているだろう。しかも新京からは目付役の磯矢参謀が来ている。この命令はかかる空気の中に書かれたに違いない。だが出発前の申合せでは「沽源寳昌は必ずとる」ということにあつた。「成るべく」という所に含みがあるだろう。

しかも情況は李守信軍自身が食うか食われるかの境目にあると判断される。

責任は自分一人で負う、顧問には告げまい。告げたら責任は高級先任の顧問にかかると思い定めた大尉は、さりげない顔で簡単に
「爆撃は駄目だそうです」
とつげ、丁度集つて来た旅長以下に攻撃計画を説明した。

顧問、高木中佐、田古里少佐は立会したのだが、これが後に問題となり、大尉は三人の佐官を前に戦場で戦術を講義したとひどく軍政部顧問部の非難をうけることとなつた。

「方針は敵を追い出すにある。
刘旅は助攻部隊、北門に攻撃を集中、突撃は別令による。
尹旅は西南角に全力を集中、二個の突撃部隊を準備、その突撃は砲撃の結果を待ち軍に於て命令す。
但し両旅とも外翼に有力な乗馬予備を控置す
砲撃は午後二時開始と予定す」
以上がその要領だつた。

大尉は図上で説明し、特に城内掃蕩戦に於ても追い出しに徹し無益の損害を出さぬ為東門に殺到することなく城壁を確保し、ここよりの掩護射撃下に逐次戦果を拡大することを厳命し、砲兵隊には撃発発条及び撃茎を今から温めておくことを注意した、——寒気がひどく発条が馬鹿になつて弾力がなく、折れ、また撃茎も撃針の所から割けるのを防ぐ為——

そして更に現地を指示し念を押した。

十二時また一機飛んで来たが不意に爆弾を落し出した、城内にバラバラ落された丈だつたが、部隊の士気はとみにあがつた。一旋回したのちその姿は張北方向に消えた。

砲弾の到着を鶴首して待つたが午前中には遂に到着せず、一時を過ぎても来ぬ。

部隊は予定位置についた。

二時五〇〇米まで陣地を進めた砲兵隊に射撃開始を命じたが、架尾は凍つた土地に食い込まず、第一弾は遠く東方山地に飛んだ。

一発でも惜しい、大尉は直ぐ射撃中止を命じ、部落の端、敵前二五〇米に砲車を推し出させ自分で照準坐に坐り、発射手の代りに教官を坐らせた。

城壁の上から三分の一、望楼から三十米計り離れた所に少し色の変つた所を認めそこに照準した。

一発毎に砲車は躍り一米位退る。大尉は手加減しつつ一発一発に心魂をこめて打ち込んだ。

十発目城壁の上部が欠けた。

二十発目上三分の一がグラグラゆれ幅十五米計りが一度に崩れた。

突撃準備陣地では弾着毎に喚声があがり、喇叭手は足踏しつつ狂気のように突撃譜を連奏する。

三十発目正面三十米がポッカリ口を開き、土や石塊が一気に崩れ落ちて斜面を作つた。

もう昇れそうだ。

尹旅長が喜色を浮べて飛んで来てもう突撃するという、大尉が時計を見ると二時二十五分、

「一寸待て」

と止め、照準を望楼につけ一発撃ち込んだ。

望楼の上部は吹き飛び掩蓋用の木材は斜面に転げ落ちた。

城壁からの応射も今は止んだ。

「突撃に前進」

大尉は照準坐に立ち上つて手を振つた。

突撃隊は一気に斜面に飛びついていく、拳銃を振り上げた先頭の将校は第三連隊長だ。

部落の南側を通り第四聯隊の主力が沽源南側の丘稜に向うのが見える。

城内では小銃声も爆音もせぬ。

指示した通り城壁上を旗が動いてやがて西側城壁の半ばにまで進んだ。

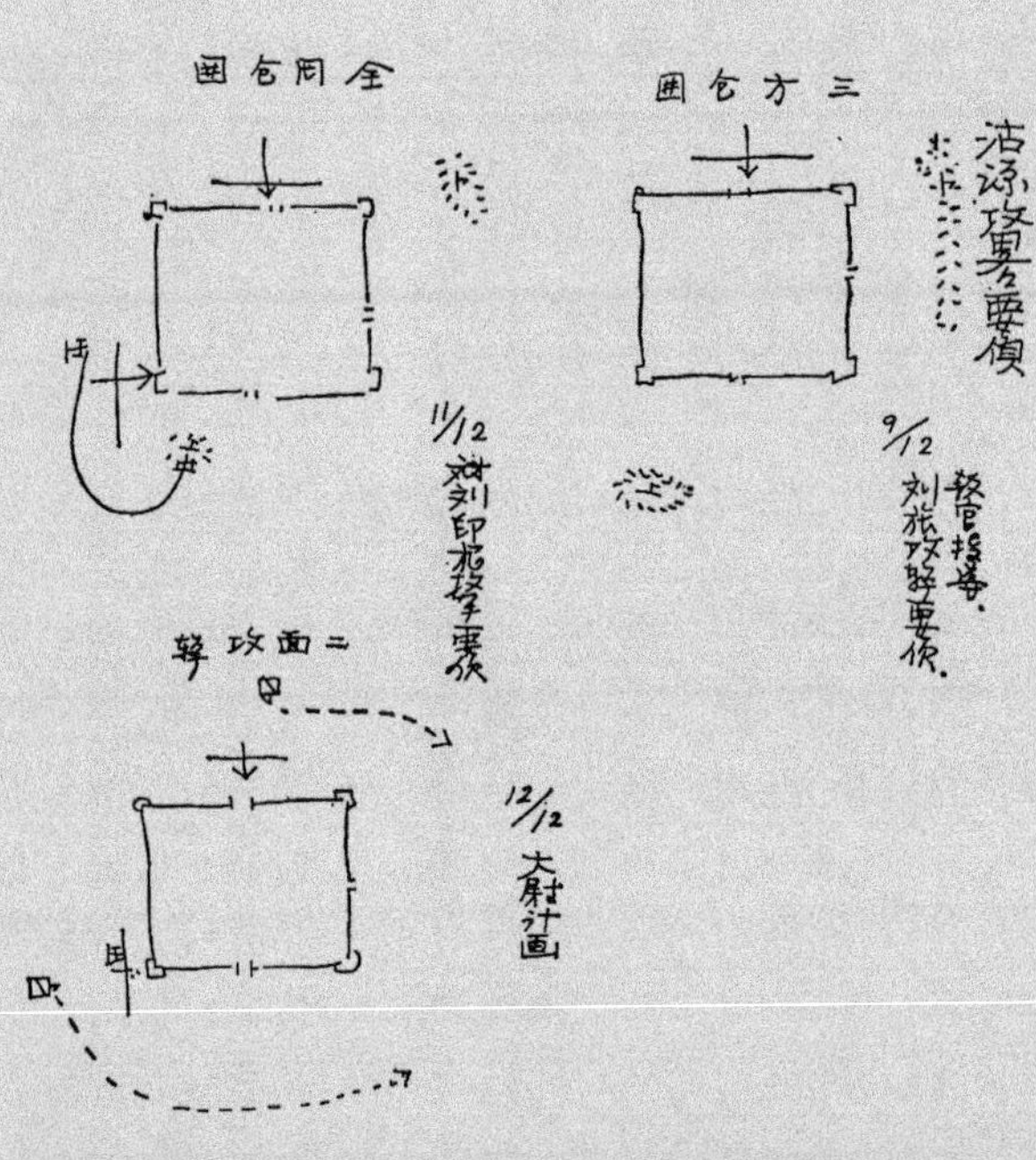

これでよし、ホッとした大尉は司令部に向った。途中振かえると沽源東方の山地雪で掩われた斜面を黒胡麻の様な黒い服装の保安隊の数群が上つて行く。

「早く獨石口に逃げ込めよ」

情勢変化、軍事行動停止

午後四時

「李守信軍は爾後の行動を中止し厳に現占拠地を確保すべし。張北方向に対する警戒に遺憾なきを期するを要す」

「細部は明日武居参謀現地に於て指示す」

という電報をうけた。そのとき大尉は、丁度縣政府の大広間机の間床に散乱する書類の上に鐘乳洞の乳筍のように盛り上つて凍る血があちこちに塊つているのを感概深く眺めていた。

十三日午前厳粛な慰霊祭が行われ、参謀長の死が発表された。列座の将兵は粛然として声なく唯深く頭を垂れた。

それから間もなく大尉が県職員全部逃亡重要書類また焼却され手のつけようもない縣政再建に宣撫班と協議していると、突然二回小銃斉射を聞いた。何事かと司令部に問い合せたが「何でもない」と返事して来た。一応商務会長に自治会を作らせるよう指示を与え顧問部に顔を出すと、

「李守信軍は軍紀厳正だよ。腹が痛いというので黙つて第一線を退つた少尉小隊長と昨晩寒いからと布団代りに民家の入口の防寒垂幕を掠奪した兵が今銃殺された所だ。

それからね、司令が重傷者を承徳に送り病院に入れてくれ、空輸の金も治療費も私費で出すからというのだ。ここは飛行機も降りられぬからドロンまで送りあと空輸する手筈にしたい、ベットは承徳の顧問部に頼んだから空輸の方は一つ機関でやつてくれ給え」

語る顧問も聞く大尉も今更に感激を新にするのだつた。

午近く武居参謀が到着した。

「どうしたんだ」

「情勢変化、奉勅命令という所だ」

「フン、ドロンに引返す訳でもあるまいな」

「占拠地はそのままだ、貴様もドロンに引上げるんだ」

関東軍命令を伝達した参謀と一緒に大尉はトラックで帰途についた。往と違い緊張を欠くので帰りの寒さは言語に絶した。

機関に帰りついたのは日もトップリ暮れてからだつた。機関長は機嫌がいい。

「もう二時間沽源占領が後れたら奉勅命令違反よ」

という機関長の言葉は強烈な衝撃を大尉に与えた。

奉勅命令違反、擅ままに戦端を開きたるもの、軍法会議。

頭の中にこんなことが走馬燈の如く映る。十二日午後一時空中偵察の報告、

「燈籠樹附近敵の部隊らしきもの北進中」

これがまたダブつて来る。

命令に違反して攻撃してよかつたのか悪かつたのか、日本軍であつたら問題なく悪るいに決つている。併し李守信軍はそれ自身の保全を主張し得るといえぬか。

524

だが十二日午後の攻撃も失敗し、そこへ右側背から噛みつかれたらどうだつたろう。沽源の事は全く僥倖だつた、だからやはり咎めらるべきである。少くとも自分自身はこれを責めねばならぬ。

しかし上司からは別に沙汰はなかつた。それは日本陸軍が勝つということが第一だつたからと、機関長参謀が十二日に於ける大尉の判断を是認し弁護してくれたからでもあろう。

大尉は早く休めといわれた床の中で電報綴りと新聞とを読み出したが、目が冴えて容易に眠れず暁に及んだ。

沽源が爆撃されたニュースはキリスト教会の情報網で先ず平津地区に伝えられた。沽源の南崇礼縣の西湾子には壮大な教会がありそこは口北布教の基地であると共に開拓の総本部でもあつた。

陝西から綏遠チャハル熱河と長城線に沿うて断続するキリスト教団による開拓は、百年の歴史を持つ厳たる租界である。商業租界が中国沿岸に築かれているとき宗教租界はその内陸に人知れぬままに拡がつていた。国民政府になつて政治的にはその租界的存在は否認されたが実質的には何等変化はない。教団は資本を持ち入植民を呼び或は集め開拓を進める。土地は教団のものであり、開拓民はその小作だ。独立開拓民も荘園に走つて公賦の軽減を期した農民の如く教団の庇護下に入つた。

教団は自衛の武力を持つ。重火器はもとより火砲すら持つものもある。兵は宗教的信念もあつて極めて勇敢だ。従つて匪賊が手が出ぬ計りか嘗て共産軍も西北軍も手ひどく反撃された苦い経験を持つている。その連絡は無電により、大きな所は自家発電をやつていた。

沽源縣の開拓も教団によるもの多く、沽源爆撃の第一報はその西方の平定堡から発せられたのだ。

チャハル当局も御大宋哲元も最初は伏せて置きたかつたろう。しかし教会の情報網は列国に通じる、蒙匪の騒擾と済まそうにも匪賊が飛行機を持つとはいえぬ、そこで天津軍への抗議となつたが、

「偵察飛行中射撃をうけたるを以て爆撃を以てこれに応ぜり」と協定に示す権利の行使として突放された。大尉が爆撃を要求しても容れられなかつたのは、飛行隊がハッキリ日本軍と中国側に答えた以上李守信軍の要求を容れる訳にはいかないという理由によるものだつた。

英米の態度は硬化してくる、天津軍は情勢有利に進展しつつありと報告してくる、日本の中央としては故ら事を繁くはしたくない。かくして関東軍制扼の手が打たれ出した。

北平にあつて宋哲元の監視説得に任じていた何應欽は、李守信軍の南下を重視していた。熱河からチャハル台地に向う日本軍の動静は李守信軍によつて全く秘匿されていて正体がつかめぬ。その南下は当然と判断されるが何れの線を目標にするのか全く判らない。何應欽はこの目に見えぬ関東軍に負け、遂に冀察政権編成の止むなきを南京に報告し意図不明の関東軍を一時現況に釘付けにするの得策なるを進言するに至つたものだろう。

七日一中全会に於て胡漢民を中央常務委員主席に、また汪精衛を中央政治委員会主席に推し自ら行政院長として政治の正面に立つた蔣介石は、西南、中共、華北と情勢を見比べていたが何應欽の進言を容れ十一日冀察政務委員会の顔触を発表した。

磯矢参謀がドロンに飛んだのはこの情勢変化に応ずるもので、現

地天津軍としては無謀な李守信軍の行動により折角ここまでもり立てて来た宋哲元の足を引張り、工作を御破算にするの愚を痛烈に中央に具申した訳だろう。

けれどこのとき、第一線は遠く機関長の手裏を脱し、その命令は大尉に握り潰されていた。

十二日大尉が断乎沽源奪取と決心したそのとき、北平郊外頤和園に引込んでいた宋哲元は蕭振瀛、秦徳純に迎えられ一週間ぶりに居仁堂に何應欽を訪い正式に冀察政権の承認を伝えられ愁眉を開いた。

その晩大尉が到る所に手榴弾が転がり炕の中にも装置されているので火の気も起し得ぬ沽源縣政府庁舎でヒシヒシと迫る寒さに転々反側していた午後八時十分何應欽は北平停車場から南京行の列車に乗り込んだ。

南京では外交部長張羣、鉄道部長張公権、実業部長呉鼎昌、内政部長蔣作賓と知日派をズラリと並べた新閣僚の発表を見た。

知日は親日でもない、売国奴でもない、我を知るが故に一層手硬いことを覚悟せねばならない。

「喧嘩到一」の怒り

ドロンの空気は沈滞して終つた。飛行隊も進駐日本軍も無聊に苦み、ただ寒さ丈が猛威を振つていた。

寶昌沽源の線を確保した後李軍司令部はドロンに引上げたが、参謀長を亡くした悲しみは何か精気を失わせている。

ただ顧問部のみは花々しく凱旋し独り戦勝を誇つていた。

特務機関は敵地へ進撃した気分の日本軍将兵の取扱いに手を焼く日が続いた。

配属憲兵はこのときと計り威力を示し、立入禁止のラマ廟に坊主共を驚かせ、縣政府指導の為庁舎内に一室を提供せよという。

機関の事務室は軍御用商人の詰所に成り下り、ジャンバー姿の大尉まで若い日本軍下士官に荷物を担がされる始末。

飛行隊長は、高等官待遇の金色のマーク丈では駄目だから略綬を胸一杯つけてからでないと日本軍将兵の前に出ぬことにしたと笑う。

だがこれらの事も話すれば判るので助かつた。支隊長は大尉に蒙古入をすすめた松井〔太久郎〕大佐。砲兵中隊は元来の所属独立野砲兵第十一大隊から派遣された大阪師団で編成したもの、その中隊長は二期下の堀田〔正英〕大尉だから「ヤア、ヤア」で済む。

歩兵は自動車で輸送されたが、砲兵は承徳から十日行軍して来たのだ、しかも一名の凍傷患者も出さなかつた。「大阪子が弱いとはいえぬ。周到な訓練と適切な指揮が欠けたときは最良の素質を持つ兵員をも弱卒にしてしまう、この逆もまた真だ」と、支隊長は砲兵中隊を褒めたが大尉は嬉しくこの言葉を聞いた。

田古里少佐を通ずる卓工作は捗々しくない。やつと張家口から引戻したが煮え切らぬことは依然たるものがあり、熱血漢千蘭澤は一人で憤慨していた。

このカラリとせぬとき、今岡機関員が重大な報告を持ち出した。「李守信が下野を希望し部下に動揺の色がある」という。機関長は事の重大さに直接李守信にぶつかり、なお裏面情報の蒐集を今岡機関員に命じた。

「司令はただ自分も旅長連も年をとつたから後進に道を開きたい

というのだ。司令が蒙古人であればこそ軍の内蒙工作に李守信軍というものが使えるので、漢人であつたらこんなことは夢だ。部隊全員が漢人であり乍ら蒙古工作に使えるというのは彼等が李守信に絶対心服していればこそだ。軍としては李守信を失うことは出来ない。

今岡機関員は李守信軍の顧問部に対する反感が爆発したのだという。

つまり防寒具なしで戦争に駆り出され、軽くはあるが殆ど全員凍傷にやられた事が直接の原因で、従来から軍費の使用区分に対し勘定高い漢人の常としてかねて抱いていた疑問が大きくなつて来たのだという。満洲国軍式のキチンとした経理事務は今まで隊長の請負式になつていた李守信軍にはまだよく理解されぬ所から疑問が疑問を産んだ訳だろう。

所がもつと厄介なことは李守信軍将校が顧問部の若い者に対し反感を募らせていることだつた。そこで司令や旅長連が立場に窮した訳だ。

機関長は、この急場を切抜けるには機関顧問部の両頭政治を一本にする以外ないと判決した。所が今までですら顧問部と機関の対立は新京に聞えていた。それが工作中途でかかる意見を具申することは誠に非常のこととなる。

機関長はその苦衷を大尉に諮つた。大尉は非常の時非常の処置また止むを得ずとした。

事は急且密なるを要する。

新京行飛行機を出すことを飛行隊に頼んだが定期があす出るというので断わられた。

「どんな要件があるのだ」と、ブラリ午過ぎやつて来た飛行隊長に機関長は一切を語つた。すると「何だそんなことなら俺が操縦してでも」ということになり、感冒で熱が高く、気もくさつて寝込んでいた大尉は新京に飛んだ。

ヒーターを除き爆撃照準孔をあけた座席は毛布を持ち込んだ丈では堪えられぬ位寒く、その上顧問更迭ということがその人個人の非を数えることと思うと憂鬱で、ただ目をつぶつてひたすら時間のたつのを祈つた。

人心地もない思いで軍司令部に入るともう退庁時刻間際だつた。河邊〔虎四郎〕課長、田中〔隆吉〕、専田〔盛壽〕参謀に武居参謀を加えた列座の前で大尉は一切を語り

「現状勢における李守信軍と顧問との重量の比較であつて、顧問個人或は顧問部をどうこうというのではありません」

と結んだ。

課長は穏健だが三人の参謀は強硬だ。裁断は第一課長綾部中佐にまつ訳だが、この人格者にかりにも上官を非難するようなことを語らねばならぬことを悲んだが、中佐は大尉に全部をいわさず

「下永さんに傷が付かねばいいのだね」

と判決し、明日中には話はきまる、今晩はユックリ休めと犒つた。

時の軍政部最高顧問は「喧嘩到一」で呼ばれる佐々木少将だつた。関東軍が軍中央に対すると同様、顧問部は豪傑揃いで軍参謀部に対して一敵国をなしていたのでどう納まるかと飛行機中の寒さとは反対に熱すぎるホテルのスチームに寝苦しい一夜を明した。

「上手くいつた、直ぐ帰れ」

田中参謀は上機嫌
「下永さんに傷はつかんでしようね」

「心配するな、軍政部の弘報部長に栄転だ」

大尉は急に腹が減つたように感じた。朝飯は一杯しか咽喉を通らなかつたことを思い出した。

大尉の飛行機が承徳で給油していると、そこへドロンからの定期がつき下永中佐が降りて来た。

「君新京へ行つとつたか。僕は新京に呼ばれてね、何だか判らぬが留守中若いものを頼むよ」

と何時ものように愛想よく話しかけた。大尉はどう返事をしようもなく
「新京も寒いですよ」

と取つてつけたような返事をした、そのときいい具合に「準備よし」という地上勤務員の言葉に救われて別れを告げることが出来た。

大尉の報告は直ちに機関長から司令へ、そしてその部下に伝えられた。

顧問は帰つてこない、荷物を直ぐ新京へ送れという電報に顧問部は動揺した。

機関長が顧問兼任と発令され、几帳面な彼は就任の初め書類を点検し出した。それは当然の処置であつたのにも拘わらず血の気の多い顧問部の連中は「親分の非を探す」と憤慨し、
着任以来グズと映つていた大尉が戦場では顧問を無視して戦闘指導を主宰し、新京に飛んでは顧問を追つたと彼等の憎しみは大尉に集つた。

新京軍政部顧問部の同期生は、

「松井評判が悪いぞ。貴様や機関長が功名手柄を機関で一人占めしたいため下永さんを蹴落したと、ドロン顧問部から連名の建白書が出され「到一」なんか貴様がこんど新京に来たら足腰たたぬまでヒッパタイてやるというとる」

と知らせて来た。大尉は功名手柄所か軍法会議の呼出をまつている位だと苦笑せずにはおれなかつた。日本人という奴はどうしてこんなに「名」に憧がれるのだろうか。

十二月十八日朝八時冀察政務委員会の成立式が厳重な憲兵巡警の警戒裡に北平外交大桜で行われた。

日時を厳秘にしてあるので、街には国旗も出ていない、来賓は僅かに六〇名に満たぬ。

華北民衆の為の委員会というのにこれはまた何ということだ。

大掛児に威儀を正した宋委員長以下はどんなことを考えていたことか。

ただ漸くバスに乗れた所謂華北の長老と蕭振瀛、土肥原少将がホクソ笑んだことは事実だろう。

この式典のことが外部に漏れると、御膝下北平数千の学生は各城門に殺到公安局員や巡警と混乱の中に対峙し、天津では四百の女学生を混じえた三千もの学生が市政府に押かけ、やがてこの学生運動は燎原の火の如く中国全土に拡がつて行くのだつた。

二十五日学生運動は痛ましい犠牲をその祭壇に求め汪内閣外交部

次長として中日間の苦悩を一人で負うていた唐有壬が兇弾に斃された。

冀察政務委員会は誕生してもスロモーに明暮しているとき、冀東自治委員会は政府に改組独立を宣言し列国を瞠目させ、第二の満洲国の成立として中国全土は沸き返るのだつた。

冀察政権の陳覚生は冀東政府に先手を打たれてはと、北寧鉄路を接収、鉄路に関する限り南京と絶縁すると声明したが、筋は南京に通ずる。

五十日華北にあつた土肥原少将は二十六日午後三時奉天に帰つたが、その姿は十月のそれとは別人のようだ。

口北六縣は停戦協定の延長線内にある。李軍の進駐は即蒙古保安隊の進駐に過ぎぬ。

蕭はよく働いたから、かねて望む天津市長にしてやろう、張自忠は本職の主席にしてやれば口北六縣には目をつぶるに違いない。

冀察政権は冀東政府に尻をたたかせればいい、冀察がグズグスしているなら内蒙に新政府を立て冀東と夾撃させればいやでも冀察は南京と断つ。

少将は愉快げにこんな事を考えていただろう。

大境門への進撃は待て

「口北六縣への進駐は年内とす」

この命令にドロン機関二旬の憂鬱は一度に吹き飛び、町も活気づいた。準備は敏速に行われ、二十九日寳昌沽源の線を出発と定められた。

三十日新京から田中参謀が飛来し、機関長、大尉は同行、康保、張北の上空から李守信軍の進駐状況を視察しつつ張家口に飛んだ。

午過ぎ、三人は張家口の南門を通り、鉄道線路沿いの高台にある張家口機関に入つた。

防寒帽フェルトの長靴毛皮裏外套の三人が軍刀の柄を握つて通つた室は、春のように温かく、絨たんの色も華かで卓上には花さえ飾られていた。

主人大本〔四郎〕少佐は短軀を長衫につつみ、血色のいい顔で愛想よく迎えた。

浅海機関長が図上で李軍の進駐計画を説明し出すと、田中参謀が一々駄目を押す。

「いいか、大境門にも赤地白丸の旗を立てるぞ」

大本少佐はあわてた。

「一寸待つて下さい。今朝も張自忠から大境門は勘弁してくれ。神威台も困る、一度協議して細部を決めたい。長城線というても幾重もあるので最北方の線と中国側は解釈していると申入れて来たのです」

長城というが、この辺は山海關や古北口のような城壁がある訳ではない。三角断面に石塊が積まれている程度の所もあり、それすらなくただ稜線の頂に望楼の跡が小高く残つている程度の所もある。

前進堡、連絡堡の線が数線にある。チャハル台地の縁端が主抵抗線で、神威台は張庫街道とは別に新しく作られた張家口張北街道とこの縁端との交点に当る要点で、ここから万全への進出はただ下り一方である許りか、その西方の谷地を利用されれば直接平綏線遮断はどうにも防ぎようがない。

また大境門は張家口市街の北門で、ここに上れば省政府以下の官衙は目の下に見られる。

「馬鹿いえ、協議は土肥原さんと宋の間で終つている。縣境は何所だ、俺が張家口駐在員だつたことは知つてるだろう」

「………」

「大体天津軍の奴等は、生活を楽んどるからそんな風に中国側からなめられるんだ」

田中参謀のこの一言は、さすが温厚な大本少佐を怒らせた。その面は朱に染まつた。

大尉は少佐が気の毒でたまらず、視線を外した。三絃と嬌声のサンザメクところ愛妓と称し、狎妓と呼ぶ化粧のものを近づけ酒盃をあげて豪傑を気取るのは生活を楽むことにならぬのか、公然妻子携行を許されて家庭生活を営んでいることがどうして攻撃されるのか、隆吉一流のハッタリだ。大尉は実に不愉快になつた。幸い浅海機関長がいい具合にその場の空気を救つた。

「旗を立てて睨み合うのが本旨ではない、トラブルをさけ相互に侵さず侵されずという現実問題が解決されればいい。大灘事件のようにチョッカイを出さぬと張自忠が誓約し、これを忠実に履行するなら兵を線上に配置するしないは問題ではないでしょう」

「そうか、現地機関長がそういうなら、それでいい。その辺は馬々虎々（適当）にするか、大本の顔も立つしな」

「大本いいだろう」

「そうして貰えば、これからの工作が楽だ。電燈会社の問題、鐘紡の粗毛処理工場の問題と色々あるからな」

参謀はケロリとしてこの経済合作問題を論じ出して、二度と国境線のことには触れず、その経済論は止め度なく発展して行く。

大尉は自分に関係のないことと別のことを考えていた。

機関に入る踏切の手前にはソ連の国旗を立てた一構えの家があつたので、そのことを考えていたのだ。外蒙貿易をやつていた徳化公司もある。珍らしく立派な張家飯店では未だにロシヤ料理一点張りとも聞く、案外ポストをここ張家口に置いたら外蒙情報蒐集の鍵が見つかるのではあるまいか。

一しきり参謀の御談議は了つたらしい。

「時に今晩張自忠から招待があるのですが」

と大本機関長がいうと、

「うん行くぞ、話は別、食う丈食う。あいつの所の湯（スープ）は美味いぞ」

と答えた。

夕方迎えの車で問題の大境門に近い省政府に案内された。

政府の幾重の門は、中央の扉を明け放し職員が侍立し丁重に挨拶する、貴賓扱いだ。

つき当りの正庁の入口で主席代理は迎えていた。握手した掌は温かく女の様に柔かで滑らかだ、武人という感じはせぬ。

座に招ぜられると、型のように茶や煙草がすすめられ食事までの一時、話は和やかに弾む。

「いよいよ正式の主席ですな」

等という御世辞も客側から出る。

そのとき一人の職員が一寸あわてて入つて来て、紙片を主席代理に渡した。

その顔は一瞬厳しい色を見せたが、直ぐもとの柔和さに帰り、王科長を呼んだ、—科長は留日学生出身で接待に努めていた——

チャンペイとかターチンメンとかいう言葉が聞える。

王科長は田中参謀に向い、その顔色をうかがうように口を切つた。

「李守信軍が張北に入つたそうです。引続き大境門、神威台に進撃すると揚言しているのですが何とかして止めて頂きたい」

田中参謀は椅子をキシマセ、反つくりかえつて豪傑笑をした。

「冗談じゃないよ、僕は関東軍の参謀だ。進軍するのは李守信軍だというのじやないか」

科長は早口で喋る。張自忠は一々うなずいていたが、笑いを含んで参謀に向つて一語一語区切つてユックリ話し出した。

「大関東軍の威力を以てすれば」

「李守信軍は無条件でしよう」

「お願いします、どうぞ」

主客共に芝居のセリフをやりとりしている丈。

弱つている筈の張は、やつて見ろ鎧袖一触と考えているだろうし、強がりの参謀は、沽源でも四日かかつたと計算しているに違いない。

参謀は真面目な顔をして重々しく答えた。

「聞くか聞かぬか保証は出来ない、だが主席代理と私は朋友だ、我々は同志です。冀察政権も成立した今日私も一つやつて見ましよう」

張自忠は日本語が判らぬ筈だが参謀の答は判つている。科長の通訳の終るのも待たず、

「張北との電話線は切れている」

というた。

関東軍から大尉、張家口機関から大山嘱託、中国側から王科長と三人が指名され、主席代理の握手をうけて張北に向い、李守信軍との連絡をとることとなつた。

張家口から長城線までの自動車道は素晴しくいい道、鉄輪の車を乗り上げたものは死刑にしたという話もある。

万全の隘路を超え膳坊堡を過ぎると上り坂になる。

「じき長城線」

小銃声でも聞えると厄介だなと考えていると、不意にヘッドライトの中に中国兵の姿が映つた。背負つた青竜刀の柄が背中からのぞいている、胸には手榴弾がズラリとぶら下つていて銃を片手に手をあげ足を踏ん張つた姿は仲々頼母しい。

運転手はあわててブレーキをかけた、とたんバラ〳〵と左側の崖から十数人の中国兵が装具をガチャガチャさせ土砂を崩して飛び降りて来て車を囲んだ。

ガラス窓につきつけた銃剣がガチガチ音をたてる物騒な御出迎いだ。

こんなときのことは一切大山嘱託に委してあるので、大尉は水族館の魚でも見ているようにいきりまくつている中国兵の顔を見ていた。真中の科長はブルブル震えている。

囑託は、胸のバッヂ、チャハル省特別保安隊のそれを見せ、早口でのぞきこむ兵に何か怒鳴つた。

後ろの方から長らしいのが顔を出した。

囑託は二言三言怒鳴る、その将校は兵の方を向いて号令をかけ兵は十米計り退つた。

「馬鹿にしていますね。省政府と師司令部に電話ですぐ聞けと叱つてやりました。ハッタリですよ」

囑託が笑い乍ら話していると、一寸年配の将校が前の将校の案内でやつて来た。

囑託は穏やかに話し出した。通じたらしい、若い方の将校の号令で兵は道をあけた。

囑託は手をあげ運転手にスタートを命じた。車が動き出すと張家口以来だまりこくつていた科長が

「中国軍は指揮系統が複雑でしてね」

と申訳見たいにつぶやいた。

長城線を超えると一度に道が悪くなる、雪溜りに二回も突込みその都度下りて押した。

漸く平坦地に出たらしく動揺も減つた。広い道路の両側には土塀が城壁のように連なり「駝店」「馬店」と一米四方もある字が書いてある。

「これは馬や駱駝をとめる宿屋です」

という囑託の説明に「なる程この辺は耕作地帯馬の御宿がいるわい」と思つた。

張北の手前で李守信軍の一部に会うかと思つたが、とうとう城門まで来て終つた。騎兵らしく全部を城内にいれているのだろう。扉はピッタリ閉つている。

車をとめ科長丈残し、二人はヘッドライトの光芒の中をユックリ城門に近づいた。

無気味な沈黙が四辺を包んでいる。地上に長く引いた二人の影が扉の脚で折れ、頭が肩がそして殆ど全身が映るまで近よつた。頭の上に城門の望楼がのしかかつている。

「誰呀」

鋭い声だ。

囑託はペラ〱と喋つた。

「ヤレヤレ、ずどんとやられんで済んだな」

「大丈夫です。中隊長の名前を聞いたら私の知つている男でしたから」

というていると、上から別の声がした。

それは親愛感のこもつた声だつた。

ガラ〱という音、重々しいギーッという響をさせて扉が開かれ、盛にバリケードを片付けている兵の姿が見える。

「旅長は風呂屋に陣取つているそうです」

「風呂屋とは考えたな」

二人は笑つた。科長もつり込まれた。

本道から一寸入つた所で車が停められた。ガソリンランプが煌々としている。

案内された室はムーッとする位温い。旅長は風呂の最中だから少し待つてくれという副官の口上だつたが、待つ間もなく咽喉に布を

まいた旅長が恐縮し乍ら出て来た。

手が痛くなる程握手する。

早口でなまりの強い旅長の話はサッパリ判らぬ。嘱託が要領よく通訳してくれる。

「今日は迎い風で速度が出ず、予定通りに大境門まで行けなくて申訳ない、明朝早くには出る」

というのだ。「咽喉の布は」と聞くと、凍傷なので殆んど全員だと説明する、成程副官も当番兵も鼻の頭と咽喉仏が色が変つている。

「大辛苦、大辛苦」

と犒うとニャッと笑つた。

王科長を別室に案内させた後、

「境界線上には兵を配置せぬ、その手前適宜の地線を占領する。長城線を超えての捜索は諜者によるものとし極力衝突を避ける」

ことを旅長に告げ

「尹旅は関東軍の要請により大境門神威台への前進は止める。但し中国側が一歩でも縣境を超えたら断乎攻撃する、これは先遣兵団長の独断であつて最後的決定は保留される」

とその口から王科長に伝えさせた。

科長は「唯々」として聞いた。

用件は終つたのだ。宿つていくようにとの旅長のすすめも、報告が後れると上官も心配だし、またどんな不測の事が起るかも判らぬからと辞した。

帰りには長城線の中国兵も銃剣つき付ける非礼はしなかつた。将校を呼んで科長から、

「一切の戦闘挑発行動を行わず、単独兵と雖も長城線を超えた場合は直ちに爆撃される。その責任は中国側にある」

と伝えさせ、張家口に帰り、省政府で科長を下ろしよく主席代理に復命するようつげ、旅館に向つた。

時刻は夜十二時をとつくに過ぎていた。

口北六縣平和進駐

翌朝参謀と樱関長は新京に向い、大尉は張北に帰つた。別れしな参謀は、

一、行政権の接収

二、通貨は満洲国幣に統一

三、税制は当分そのまま

四、縣政は旧来のままとし状況により変更を加える

と簡単なメモを大尉に見せ、「判つたか」と念を押し、紙片は煖炉の火口に投げられた。

土肥原少将は後で「どうして行政権まで接収されたか自分には判らぬ」というたが、現実問題としては中国保安隊の撤収は縣長以下の重立つた職員の逃亡を伴つたので、自然に行政権接収の形となつたのである。しかもこの上級者は省政府の連中と個人的に繫がりがあり、これらがいなくなつた後には現地の人間下級者を抜擢することにより本当の民政が行われたのである。

張北に到着すると、そこには寶昌以上の景色があつた。途中張家口への避難民で大変だろうと考えていたのが完全に馬鹿げた空想だつたのである。

「歓迎李司令」

のビラは到る所に貼られ、少し前に司令部が入つたという縣政府に行くと、町の有力者が堵を為して司令への挨拶の順を待つている。

大尉を迎えた刘参謀の顔は明るい。

「輔佐官、昨晩は御苦労様でした。司令も結構だというておられます」

「そうかい、それで安心だ。ドロンより張北の方が明るいね」

「本当です。でも尹旅長は南へ来ると馬草が高いので困るというていますよ」

「その代り人の食物が安くつくからいいさ」

さあどうぞと、司令の室に案内されると、司令は椅子から立つて大尉を迎え

「今日中には一番遠い綏遠境の商都への進駐も終ります。今の所中国軍と衝突したという報告はありません」

と機関長代理への礼を尽すのだつた。

大尉は参謀から示された四ヵ条について司令の意見をたたいたが一々いいだろうと同意した。そこへ安斎参事官が来たので四ヵ条について指示し、司令には何でも気のついたことはドシドシ直接参事官に命令されるようにと頼んだ。

中国の事は中国を識る司令に聞くのが一番だ。日本人には機微のことは判らぬ。

張北縣政府の職員は長以下大部が逃げていたが、幸い帳簿類は残されていたし、商務会長が進んで協力を申出たので何とかやつて行けそうだと参事官は報告した。

夕方になると縣政府にゾロ〳〵民衆が入つてくる。何事かと聞いて見ると税金を納めに来たのだという、大尉は全く中国民族にシャッポを脱いだ。

三十一日は暮れ、昭和十一年一月一日を迎えた。口北六縣縣政府間の電話連絡も通じ、進駐した諸部隊からも今の所治安はよいと報告してくる、綏遠省境を根拠とする匪賊蘇美龍も鳴を潜めているらしい。

大尉は喜びに満ちた第一報を新京に送つた。

新京から現銀輸送の打合せが来る、六百万円あればいい。張北縣政府で押えた書類で計算したものは進駐前予想した額と一致していた。

張家口に銭舖を作り、たたかれぬ様操作せねばなるまい。満洲中央銀行の出張員を張家口にやり銭舗開設の準備をさせた。

郵政は問題で、山海關廻りを固執するだろう。これは満洲国と中国の間で談判させるべきだ。

電政はどうしたらいいか、口北六縣内の現物を提供して満電に請負わすか或は合弁とするか、それとも自営とした方がいいのか、これも一寸一人では決めかねる。

大尉は転手古舞をしていた。

五日機関長は参謀とスニット経由で張北に戻つて来た。

「内蒙工作は飛躍するのだ、チャハルは盟に、そして卓を据える、機関長も変る、ここには承徳の田中久中佐が来る、ドロンは連絡所に縮小だ」

「私は」

「貴様はここだ」

「機関長はどうされるのです」

「僕はスニット行さ」

「じゃ宍浦さんは」

「あれは休養させる」

蒙古工作が進展し、独立定言を間近に控えて徳王という立役者を躍らせたスニット機関長は一片の辞令で止めさせられるのか。

少佐は予備役となり顧問として現地に残りたいと申出たが、勿論軍はこれを却下した。

内蒙は田中参謀の独壇場であるべきだ、宍浦少佐は漸く参謀にとつてライバルになつて来たのだ。

内蒙にあるものは何れの日か少佐の轍を踏む、「良狗であればある程」

六日大尉は参謀と同行天津軍と北平武官室に連絡を命ぜられた。

乗機は徳王機と呼ばれ、その工作に専用されたもので、翼機体は黄色に塗られ四鈷のマークがついていた。

馬鹿はそこにもいる

長城線一つでこうも景色が変るものか、チャハル台地は雪だが、張家口盆地には雪を見ない。宣化懐来平地には青いものが見える。

内長城線をこえると万寿山の緑が目玉の中に飛びこむ。

北平市街の上空は家々にたく煖房炊事の石炭の煙りで蔽われ、生駒山から大阪市を望んだようだ。

近づくと天壇、紫金城の瓦がニブク反射している。王城の地、そのたたずまいは壮大の一語につきる。

田中参謀は旋回を命じた。

「いい眺めだろう」

その顔には快心の笑が溢れていた。

大尉は天津で降り、飛行機はそのまま参謀をのせて新京へ向う。

初めて見る天津租界は雑沓を極めていて、自動車が人や車や物にぶつかりそうで腰が落付かぬ。凡そ色彩というもののない内蒙から原色の街へ出たのだから目も痛い。

天津軍司令部の四辺は静かな所だつた。けれどそこで大尉を待つていたものは春雷だつた。

参謀長室に通されるや否や

「徳王機で平津の空を飛ぶ馬鹿があるか」

と一喝され、

「昨日は昨日で古北口の奴等が北平で一悶着起した、遊びたいならチャンと平服でこい。

おまけに鉄砲ブッパナしたあげくの果が、抗議は天津軍でやれという。誰が聞いても横車だ、そんな事が度重なるから正当のいい分まで相手にされなくなる。

いいか、ここは満洲や蒙古とは違うぞ、都、国際都市なんだ。田舎侍め」

関東軍への怒りが一大尉にそのはけ口を見出した訳、約一時間大尉は不動の姿勢で叱られた。

漸く解放されると便所に飛んで行つた。出る出る実に気持がいい。叱言を聞かされている中は腹が立たんでもなかつたが、それ丈に今はいい気持だ、参謀長も小便がつまつているのじやあるまいかと思わず笑い出した。

多田〔駿〕司令官が新京に関東軍を訪ねたとき、駅へ出迎えの自動車は来ていたが関東軍幕僚の姿はなかつた。随行の天津軍幕僚が色をなしての申入れはアッサリ、

「隷下兵団長に対しては、幕僚をもって送迎せしむることなき慣例なり」

と蹴られた。軍は軍でも親補職の兵団長を竝べて統帥している大軍司令官と親補職でもない少将の軍司令官では勝負にならぬ。

多田司令官は大人だった。大尉は昔の聯隊長だつた関係もあり、心易く話も出来た。

「関東軍では天津軍を隷下兵団扱したそうじやありませんか」

「馬鹿な奴がいるよ、馬鹿はそこにもいるぞ」

「私でありますか」

「謀略部隊の指導について行き、敵前二百米で山砲の砲手をやる馬鹿が関東軍にはいるとこの辺ではいうとるぞ」

いい過ぎたかなと、口許に笑を浮べながら司令官は

「あまり無茶したらいかんぞ、正月の餅も食つとらんだろう、今晩官邸にこい奥も喜ぶ」

と言葉丈は相不変ブッキラ棒だが、温い思いやりをつげた。

その晩睦子夫人の心尽しに大尉は何時ものこと乍ら母の膝下に帰つた思いがし、渡満以来始めてユッタリした気分と温かい家庭的フン囲気にひたり時の立つのも忘れた。

七日北平武官室で今井〔武夫〕武官に報告したが、その克明な質問に感心すると共に何も知らされていないその人を気の毒に思つた。いや出先軍と大使館の間がこれでいいのかと心配になつた。

その夜は扶桑館に宿つた、古都北平に相応しい静かで気分の落付く旅館だつた。

一応任務も終った。明日からはまた新しい仕事が待っている。今晩一夜が自分のものと思うと、何か寝るのも惜しまれ、また新聞綴りをとり上げた。

三日全米に放送されたルーズヴェルトの教書が目についた。

「国際的には今やある国民は専制者にひきいられて昔のままの剣及び狂気じみた信念によつて領土商権の拡張につとめ世界を大戦の危機に導かんとしている……」

立場が違うとこうも考方が変るのか。自分が最も忠実に任務を遂行したと思う沽源の戦闘は天津では道化師の踊りと笑われている、大尉は教書の一字一字を読み返した。

家郷を食いつめ裸一貫で長城線を超える華北の窮民は、教団経営の農地に天国を見出す。

そして牧地の草の根を一本一本神に感謝しては抜く、それは平和

な姿で誰も文句のつけようもあるまい。

だが蒙古民族にすればそれは恐ろしい侵略なのだ。

この矛盾はどう解決したらいいのだ。

夜は更けていく。だが大尉の問に応えるものはいない。

註・李守信軍

李守信は南満トムト蒙古の出で、王公でもなく、また賤民でもない。平民だ、その生家には亭々たる楡の大木があつて家系の古く正しいことを示している。王公は清朝の結婚政策で純血でない。賤民は漢人種との雑婚でこれまた純血でない。中流の蒙古人のみが典型的蒙古人といえよう、李守信は純蒙古人だ。

彼は蒙古の習俗により少年のときラマ寺に入れられたが、その小坊主としての生活は永くなく寺を襲撃した匪賊に拉致された。この利発な小ラマは匪賊に可愛がられてその群に止められ、マスコットになつていたが、これも永続せず、匪団は軍隊に収編され、ここに彼は軍人としての第一歩を踏み出すこととなつた。

時にバブチャブは清朝復興蒙古独立の大旆をかかげ、奉天に迫つたが志を得ず、西進して林西縣城を攻撃した。

李守信は林西城外拠点の守備についていたが、物凄い砲弾の洗礼に戦友は殆ど死傷し、蒙古軍砲兵が射向を城壁に変えた為やつと一息ついたときは同じ蒙古兵胡寶山の外十余名しか残つていなかつた。

バブチャブは砲弾の威力に歓喜し、自ら馬を第一線に進めたが、一発の流弾は彼を斃し、その軍は林西攻略の企図を放棄して後退するのだつた。魔神のように荒れ狂う砲弾から免れた守備兵達はホットして口々に身の幸を祝福した。そして李守信はこの魔神を使つたものは遠い国日本の人間——西岡少尉以下——だと聞かされた。日本というものが彼の頭にコビリついたまま年月は流れた。

蒙古人なるが故に不当に取扱われ、昇進は遅れる。胡寶山は一夜逃亡して蒙匪——それは漢人の血に飢えた悪魔だ——の群に投じ、やがて頭目となり、その名は泣く子を黙らせるに至つたが、李守信はよくこれを忍び、天性の明朗性と将器はついに民族的偏見を克服し、第二奉直戦には大隊長になつていた。張作霖が大元帥旗をまいて関外に退くとき、その部隊は奉天軍の最外翼を掩護しつつチャハル台地をドロンに向つて退却していた。

彼の大隊が退却の後衛という困難危険な任務につき、よく主力の安全地帯への退却を完了させ終つたとき、併行して退つた程〔允山〕大隊が沽源附近で馮玉祥軍に捕捉され大隊長負傷、部隊は包囲されているという情報に接した。

李大隊は急いで自分も主力に追及すればよい状況だつたにも拘わらず、李守信は敢然部下大隊に反転を命じた。程大隊の危機を救わんとするのだ。しかも命令をうけたのではない、独断敢行しようというのだ。このようなことは高邁果敢の主将とこれに絶対心服する部隊とによつてのみ実行されるもので、この一事で李守信の武人としての価値を判断出来る。

李大隊は馮軍包囲圏の一角を急襲し程大隊を救出した。程大隊長が感激して李守信の手を握つた計りではない、程大隊の将兵はこの蒙古人大隊長に限りなき親愛感と信頼をよせ、李守信の声望はとみに上つた。

昭和六年満洲事変が起るまで中国の将校士官候補生は日本の各兵

学校、陸大、陸士に留学していたが、当時聯隊長になつていた李守信は、私費を割いて部下漢人青年将校を日本の騎兵学校に留学させた。少年兵の頃から頭にコビリツイていた日本を、自分に代つて研究させた訳だ。そして帰国したその将校から刻明に日本を開いた。その上蒙古名門の娘をこの将校にめあわせたのだ。

国民政府或は地方軍閥の長が将校を留学させたのは怪むに足らぬが、一大佐が自分の俸給の中から留学費を出したということは異数であり、李守信が如何に着眼が大きかつたかが判るではないか。またその俊秀な将校と蒙古娘との結婚に媒酌の労をとつたことは蒙漢一体の実践で、これまた李守信の偉大な抱負を語るものではないか。

昭和八年日本軍は熱河に怒濤の進撃を続けていた。崔興武騎兵旅団はこの正面では東北軍の最精鋭で、馬上射撃しながら襲撃することの出来るのは中央軍の最精鋭騎兵第七師と崔旅団あるのみといわれていたのに、不思議と日本軍の攻撃も、また最も恐ろしい爆撃もうけず、全般が退却するのに引ずられて西方へとただ行軍していた。

ところがその戦闘地境内に日本の重爆が不時着したことから旅団長以下はさてどう処置したものかと協議せねばならなかつた。折も折日本の特務機関から乗員全員の引渡しを条件に満洲国への収編を申入れて来た。

旅団長は決断出来ぬ。ところが平素は退いて大樹に倚る李聯隊長が一番に発言し大勢をとき日本側の要求を容れることを提議した。程参謀長、尹、刘両聯隊長即坐に同意し議は一決した。

李守信の態度は日本の武力の前に屈服したのではない、又好餌に尾を振つたのでもないことは留日将校からよく「日本」を聞いて識

538

つていたことを想起すれば明かであろう。

一方では特務機関長田中久少佐が李守信をマークして、その部隊を攻撃せぬよう工作をすすめていた先見を称えたい。

旅団王参謀は爆撃機の乗員を護送し日本特務機関の指定地点に向つたが、事は機関と飛行隊地上部隊との間に行違いがあり、時間が経過する、不安に駆られた王参謀は李守信に連絡すると彼は気軽に出向いて参謀に代つた。

北京の陸大教官として通訳抜で講義し、現地戦術の指導をまるで中国人教官そこのけでやつた田中〔久〕機関長は、水入らずに李守信と語り、自分の眼鏡に狂いのなかつたことを喜んだ。

李守信また深く少佐に傾倒し、少佐を通じて自分の考えていた日本が期待に背かぬことを確めたのだつた。

明るい顔で司令部に帰つて来た李守信に対し、旅団長はその満洲に於ける財産の保証を条件に下野するから日本軍と交渉するよう哀訴した。

李守信は彼の為田中少佐に連絡し、少佐はこれを容れた。旅長は妻妾を伴つて去つた。

だが旅長には誰がなる、李守信は旅団全員に推されて将壇に登つた。正に今様朱元璋といえるか。

かくして李守信軍は生れた。だがその苦難は続き、満軍収編は実行されず、現在までに収編された丈でも多すぎるというのが表面的理由だつたが、事実はその精強を東北軍に謳はれた中国正規軍だつたことが忌まれたのだろう。

その代り国境外の切取地盤は認めるというので、中国軍と日本軍

との中間に挟まれて熱河省外に押し出され、チャハル〔察哈爾〕台地にとりついた。

大尉の同期で当時関東軍司令部附として唯一人の中尉武田〔丈夫〕中尉はこの厄介な任務を負わされて李守信軍指導に当つた。

中国軍はドロンは中国の第一線というので猛烈に反撃し、一度は李守信軍もこれをすてて退らざるを得なかつたが、航空部隊の協力を得て奪回、縣境まで閃電河をこえて追撃、ここに察東特別自治区を作り上げた。

程参謀長は、行政長官輔佐官としてもよく長官を助け、自治区は安居楽業の地となつた。

彼は河北省保定の人、保定の軍官学校を優秀な成績で出た。若し華南華中の生れなら省主席ならずとも軍司令官は約束されていたでもあろうし、反満抗日を叫んで長城線以南に走つたら、栄達の道は開かれていたのに、この辺境にしかも蒙古人を長に戴いている。

沽源の恩に身を許すものか、話は三国誌時代を思わせて心打たれるものがある。

（九）中国事变前史与事变直接原因

资料名称： 支那事変の直接原因

资料出处： 井本熊男著《支那事変作戦日誌》，芙蓉書房 1998 年版，第 49—55 頁。

资料解说： 井本雄男曾任日军大本营参谋本部作战课参谋等职。《日志》记录了与卢沟桥事变爆发有因果关系的一些重要的历史事件，包括《塘沽协定》、《何梅协定》、《秦土协定》以及二二六事件等，对了解卢沟桥事变发生的原因、背景、发展过程具有参考价值。

第五節　支那事変の直接原因（満州事変後支那事変に至るまでの対支政策）

支那に、我が勢力を伸ばすことは、日露戦争直後の為政者の決めた方針であり、満州事変決行の理念ないし構想の中にも存在していた。

満州事変後、対支策の具体的構想は、北支を国民政府の統治（主権）から分離（北支分治）して、実質的に日本の支配下に入れ、いわゆる日満支結合の地域とし、北支の重要国防資源を取得して、わが国力の増大に資することであった。

北支分治工作の実行の主体は、関東軍であった。陸軍中央部は概して、これを認めていたのであるが、関東軍の積極的施策は、往々にして中央部の意図を超越し、中央部の広汎な対外策に支障を生ぜしめる虞れもあった。

支那側は、満州占領に引き続く日本の対支侵略として、この状況に対処したが、蔣介石は当時、支那は安定、なお不十分にして、国力涵養の必要を感じ、日本と武力をもって対決することを避け、極力、実害を少なくしつつ、日本の要求を認める方針をとった。

「内安外攘」方針が、すなわち、これである。しかし、支那軍隊、諸将領、官民の対日憎悪抗（排）日の度は、わが分治工作の進展とともに激化し、前記、蔣介石の方針では制しきれない状態となり、他の条件も加わって、遂に日支の衝突となった。

事態の経過を詳述する余裕はないので、箇条書き的に略述することにする。

一、塘沽協定

昭和八年五月、熱河省の戡定後、関東軍は、概して北京北方、密雲以東、長城線から約五、六十キロの深さ河北省に兵力を進めこの地域を非武装地帯とし、その実行を関東軍が監視するなどの条件を、支那側に要求した。蔣介石は前述の方針により、これを認め塘沽において、これを協定した。

支那は国際聯盟に提訴し、また、英米に働きかけて日本の行動を抑止しようとしたが、日本は国際聯盟を脱退した直後であり聯盟や諸国は対日制裁の有効な処置をとる手段がないため、国民政府の期待に応ずることは出来なかった。

昭和九年四月、天羽外務省情報局長は談話の形で「日本の対支政策は国際聯盟や列国の考えと違うかも知れないが、日本の東亜における使命達成上、已むを得ない……」と発表(天羽声明)したことが、国際上、大問題となり、米国を先頭とし列国は強硬な抗議を執拗に行なったが、我方は陳弁に努めて落着させた。

二、昭和九年ごろの対支政策方針の骨格的条件

政府と陸海軍は協議して、対支政策方針を決定した。その主要条件は、左記の如くであった。この諸条件は、爾後、支那事変突入後も一貫して変わることはなかった。

(一) 日本の指導の下に、日満支一体の実を上げる。これにより、支那、特に北支の経済を日本が支配

する。

㈡ 北支を国民政権から切り離し、その主権の及ばない日本の勢力下地域とする。

㈢ 蔣政権は支那の群立諸政権の一つと見て、支那全般の政府とは認めない。

㈣ 排日の阻止絶滅。

㈤ 欧米の対支権益を排除する。

㈥ 満州国を承認させる。

三、昭和十年中の重要問題

(1) 広田外相は対支協調外交に努めたが、軍からの要請もあり、また、北支では現地軍が次々と事件を起こしたため、協調外交は出来なかった。

交渉間、広田外相は蔣作賓駐日大使に満州国の承認を求めたが、蔣大使は「現在、支那において何人が政局を担当しても、民論の手前、満州国の承認は不可能である」と応酬した。

支那側は、この年、二回にわたり日支国交調整三原則を提案した。

㈠ 日中相互に、国際法による完全な独立尊重。

㈡ 両国は真正な友誼を維持すること。

㈢ 今後、両国間一切の事件は、平和的外交手段によって解決すること。

これに対し、日本は広田三原則なるものを主張した。

㈠ 排日取締りと相互尊重、提携互助の原則により和親協力関係の設定増進

㈡ 事実上、満州国の承認

㈢ 防共協定

(2) 梅津、何応欽協定

北支駐屯軍参謀長酒井隆少将が国民政府軍事委員・北支分会長の何応欽に対し、北支分治工作の妨害となる中央軍および国民党諸機関を河北省から撤退させ、重要人物を罷免せしめることを要求し、何応欽は一片の紙に、「この指示を承認し自主的に実行する」旨を認め、記名捺印して、北京の我が特務機関に使者をもって届けさせた。(支那側は、梅津・何応欽協定なるものは存在しないと主張している)

(3) 土肥原・秦徳純協定

前記の交渉直後、奉天特務機関長土肥原賢二少将は、察哈爾(チャハル)省代理首席秦徳純に対し、同省内における日本の権限と行動を大幅に認め、第二十九軍を察哈爾省から撤退せしめることを要求し、これを承認させた。

(4) この年の秋、関東軍は塘沽協定の非武装地域を日本側が支配するため、殷汝耕を長とする冀東防共自治委員会(間もなく、自治政府と改称)を作った。国民政府は、これに対して強い反撥を示し、殷汝耕を国賊として逮捕令を出した。

国民政府は、冀東政府(偽政府と称す)に対抗するため(日本との衝突を避けるため、人選などにある程度、日本側の要求も容れて)、冀察政務委員会を作り宋哲元を委員長とし、中央政府の北支担当政務機関とした。

四、昭和十一年中の重要問題

(1) 二・二六事件は国内の大問題であったが、支那側にとっては好材料であり、日本軽視、抗日強化の一因となった。

(2) 五月、北支那駐屯軍(兵力約二千)を増強して、約五千の支那駐屯軍とした。

52

表向きの理由は防共強化と居留民保護であったが、その裏に関東軍の支那介入の行き過ぎを抑制し、北支の問題は支那駐屯軍をして担任せしめる狙いがあった。支那側はわが兵力の増強に強く反対し抗日行動は一層強化した。

(3)　冀東政府の沿岸密貿易は国民政府の海関収入を激減し、海関事務に関与している英国その他の第三国を刺激し、また、多量の密貿易品の中南支地域への流入は支那側の経済に破壊的影響を及ぼすほか揚子江沿岸に広汎な商権を有する英国の経済活動を混乱し、日英間の利害衝突を生じた。

(4)　反(排)日、極度に達す。

この年の半ばごろになると、反(排)日は極度に達し、蔣介石の隠忍自重方針の説得では制しきれなくなった。

ここにおいて、蔣介石は党大会の機会に「禦侮の限度」と題する演説を行ない「領土主権を完全に保持し得ない状況に至れば蹶起する」という意図を仄めかした。しかし蔣介石は、まだ、最後の時とは考えていなかったようである。

(5)　この年八月、四川の成都では日本人記者の惨殺、九月には南支の北海(地名)で在留日本商人の惨殺、十月に入ると上海では中山水兵殺害事件などが起こり、排日はテロ行為にまで激化した。

上海の事件および北海事件の処理に当たった海軍は、当時から対支全面的膺懲の意図が極めて強くこの意図は支那事変の勃発および、その後の進展にも強く影響している。

(6)　有田外相はこの情勢に処して日支国交の調整を真剣に図った。

川越駐支大使と国民政府外交部長の張群とは、九月上旬から南京で会談に入ったが、容易に纏らず、九月二十三日、張群は支那側数年来の対日態度を豹変し、開き直って、左の条件を読み上げた。

㈠　全般的日支交渉の態度について

(1)日本側は武力干渉、または高圧手段をもって支那に臨むことを止めよ　(2)平等な国交樹立　(3)反

国民政府派および共産分子の奸計に陥るな　(4)日本の教科書にある支那侮辱記事を取締れ

(二)　国交調整に関する希望事項

(1)塘沽および上海（昭和七年）両停戦協定の取り消し　(2)冀東偽政府の解消　(3)北支自由飛行の停止　(4)密輸禁止と支那側の取締の自由　(5)察東および綏遠北部における偽軍の解散

爾後の会談は全く進展せず、十月関東軍参謀田中隆吉中佐の指導する綏遠事件が起きると、会談は暗礁に乗り上げた。田中の指導する蒙古雑軍の敗退とともに支那の反(排)日には侮日が加わり、支那側の士気は著しく昂揚した。十二月三日、会談は決裂した。

(7)　西安事件

十二月十三日起こった西安における張学良による蔣介石監禁兵諫事件の真相は、日本側には、ハッキリつかめなかった。

蔣介石は終始、厳然たる態度をもっていささかも節を曲げることのなかったことは、真実であるようであるが、暗黙のうちに、中共と妥協点があったことは否めない。すなわち、剿共戦を止めた。反乱主謀者、張学良を処断しなかった。その後、早く対日戦に踏み切る決意をしたなどがその裏付けである。

五、昭和十二年前半の状況

この年、支那の状況は軍官民の抗日態度が極限に達し、日本人に対する迫害、日本の軍民の施設に対する破壊などが頻発して正に一触即発の観を呈した。

筆者は、この年五月から六月にわたり一ヶ月足らず北支五省の視察を命ぜられ、公平匡武(きみひらまさたけ)少佐とともに天津→北京→張家口→綏遠→包頭→大同→太原→石家荘→済南→青島を主とする地域を旅行した。その間、支那側の監視、妨害、いやがらせを満喫しつつ、状況の切迫を肌をもって感じた。現地の各界日

54

本人は、少数を除きこうなったら支那に一撃を与えるほか、解決の途はないと痛感している者が多かった。

通州で、殷汝耕に一筆を求めたところ、画仙紙の半幅に「山雨欲来風満楼」と書いた。真に、実感であったと思われる。しかし筆者には早急に日支間の破綻が起るか否かの判定は出来なかった。帰京すると、間もなく蘆溝橋事件が起きた。

右述昭和十二年の状況に関しては、後述旅行記にやや詳述する。

（十）至卢沟桥事变之前的中日关系与对华政策的变迁

资料名称：蘆溝橋事件までの日中関係と対華政策の変遷

资料出处：原载島田俊彦、稲葉正夫解説《現代史資料》8《日中戦争》1，株式会社みすず書房1973年発行，資料解説。

资料解说：这是史料集《现代史资料·日中战争》中的一段综合性说明文字，阐述了卢沟桥事变前的中日两国关系以及日本对华政策的基本情况，并介绍了日本应对和处置当时发生的一些重要事件的主要过程及其结果，如中日两国升级为大使级外交关系、天羽声明、《广田三原则》、《何梅协定》和《秦土协定》、日本在华北走私等问题。

資料解説

一　蘆溝橋事件までの日中関係と対華政策の変遷

一　廣田外交の登場

一九三二年（昭和七年）の五・一五事件は犬養毅の政友会内閣を倒した。そしてこれに代ったのは五月二十六日に成立した海軍大将齋藤實の挙国一致内閣であった。一九二四年（大正十三年）の護憲運動以来、漸く軌道に乗ったかに見えた日本の政党政治は、ここに軍部を中核とする右翼抬頭の嵐の前に、脆くも崩れ去って、その根底の浅さを暴露した。新内閣の外相には、軍部の受けのよい外交界の長老内田康哉がはじめから予定されていたが、彼は当時満鉄総裁の要職にいたので、その帰国までを齋藤首相の兼摂でつなぎ、七月六日に内田外相の就任を迎えた。

内田は明治末年からすでに三代の内閣で外相の経験をもち、その間原敬内閣ではシベリア出兵問題を処理した。その他ロシア大使としては同地の革命を目撃する機会に恵まれ、一九二八年にはケロッグ不戦条約に日本を代表して調印し、三一年には大連で満洲事変を迎えた。しかし彼はこの豊富かつ貴重な体験の中から彼独特の外交理念を生み出すことを知らなかった。彼はいつでも時流の同調者であったばかりか、その外見に由来するアダ名の「ゴム人形」のように、一度ある方向にはずみ出したら、そのままどこまで行くか分らぬ危さがあった。そのことを彼は満洲事変以後においてもっとも端的に暴露した。事変勃発当時満鉄総裁であった彼は、たちまち関東軍に同調し、しかもその依頼を受けて、老軀をひっさげ上京し、西園寺元老その他の政界有力者に関東軍の主張を代弁して、彼らをあきれさせたのである。

そもそもこのような人物を外相に迎えねばならなかった齋藤内閣自体に問題があるのだが、ともかく外相就任後の内田はいよいよゴム人形ぶりを発揮し、同年八月二十五日の彼の議会での「国を焦土にしても……」という答弁から、彼の外交に「焦土外交」の異名が贈られた。

それから二日後の八月二十七日に斉藤内閣は「国際関係より見たる時局処理方針案」(本書四頁以下)を閣議決定した。これは満蒙経略を、これより先三月十二日に前内閣が閣議決定した「満蒙問題処理方針要綱」(本書三頁)に委ねつつ、それ以外の中国本部、国際聯盟および列国に対する方針を規定したものであつた。しかしその内容は、「要綱」の部分では武力政策の放棄と列国との協調を謳いながら、「別紙」の中では中国の分治策を標榜しており、要するに矛盾に満ちた一片の作文に過ぎない。

やがてこの内閣は九月に満洲国を承認し、翌年三月には国際聯盟を脱退した。一方、関東軍は三三年二月に熱河作戦を実施して満洲国の南方領域を確保し、さらに𨺚東作戦と関内作戦を続行した結果、中国軍から塘沽停戦協定を奪いとって、関内である河北省東北隅を準満洲国化する素地を築いた。これらの行動は前記閣議決定の武力放棄と列国との協調には明らかに背反するのだが、関東軍にはこれを顧るいとまがなく、協調主義と矛盾する政策を一方でみとめているような政府にもこれを阻止する力のあるはずがなかった。

やがて内田外相は老齢を理由に退陣し、三十三年(昭和八年)九月十四日、代って廣田弘毅が外相に迎えられた。廣田は就任早々、とくに米・中・ソ三国と親善をはかることを宣言し、焦土外交に代る和協外交を標榜した。当時、日本は一九三五年開催予定のロンドン軍縮会議を間近に控えて、対米事前工作を対日感情悪化のさなかに即刻開始する必要があり、ソ連とは北鉄（東支鉄道）買収問題をはじめ、山積する懸案を解決して、ソ満国境の兵備緩和をはからねばならなかった。ましてや満洲事変以来、全くデッドロック状態の中国との関係を少しでも緩和する必要はいうもさらなりであった。その点、さすがに、同じはえぬきの外務官僚の中でも、内田などと違って能吏廣田の外交感覚は、これら三国との協調の重要性をとらえて誤らなかった。

廣田は齋藤内閣の外相就任をはじめとして、一九三四年七月八日成立の岡田啓介内閣にも外相として留任し、三六年三月九日には二・二六事件の後を承けて自ら組閣し、外相には有田八郎を迎えた。（四月二日就任）しかし有田には、とりたてていうほどの経綸はなかったから、この八カ月の外交はやはり廣田首相が主宰したと考えなければならない。廣田内閣に次いで三七年二月二日成立の林銑十郎内閣では、佐藤尚武外相（三月三日就任）が登場して、対華再認識論などを唱えたが、わずか三カ月の在任で、これといって実績をあげるいとまもなく、六月四日第一次近衛（文麿）内閣成立と共に、又もや外相のバトンを廣田に渡さなければならなかった。その後廣田は翌年五月二十六日まで外相の座を占めたのだから、一九三三年から数えて約六年間の日本外交は、ほとんど全く廣田の掌握下にあったといってよい。

かくて一九三五・六年の危機と盛んに呼号されたこの重大時期に日本外交を担当した廣田であったが、果して彼はどこまで和協外交という彼の最初のスローガンを具体化することができたか。彼は一九三五年三月二十三日、一年九ヵ月におよぶ難交渉のあげく、ソ連から北鉄を買収することに成功した。恐らくこれは廣田外交があげ得た唯一の具体的成果であった。しかもこの成果も、たしかに一方では険悪な日ソ関係に点じられたかすかな光明であり得たにしても、他方、皮肉にもこの年はソ満国境での紛争発生件数がひとつのピークを形成したという事実があり、決して日ソ交渉史上におけるこの成果を過大評価してはならないのである。アメリカに対して廣田は、一九三三年十二月に齋藤博を大使として送った。齋藤はたしかに単なる外務官僚である以上に、なにものかを持った人物であり、後年彼が任地で客死したとき、アメリカ政府がわざわざ軍艦を仕立てて遺体を送還してくるほど、アメリカ人の間にも信用があつた。廣田はこの齋藤を介して、翌三四年のはじめハル国務長官との間にメッセージを交換した。しかしこれは内容（外務省編「日本外交年表並主要文書　下巻」二七八頁）を一見すれば明らかなように、互に相手国に対する善意を表明するための通り一遍の挨拶に過ぎなかった。しかも廣田が、次第に悪化する日米関係の打開について、これ以上に積極的であったことを知らない。

ところで廣田和協外交の主たる対象は中国であった。そこでここにしばらく彼の対中国外交の足跡をたどることにする。

廣田を迎えてからのちの齋藤内閣が、はじめてその外交政策を打出したのは、十月二十日の総理・外・蔵・陸・海の五相会議においてであったようである。この五相会議決定の内容は、前掲の「日本外交年表並主要文書」（下巻二七五頁頁）に採録されているので、幸いわれわれはこれを知ることができるし、またその決定が翌二十一日の閣議で、廣田外相の報告に基いて決定されたことも同書が伝えている。ところで、この決定に到達するには、恐らく何回かの五相会議の反復が必要だったに違いないし、またその席へ早くから外務はもとより、陸海両軍からもそれぞれ各自の主張や方針を織込んだ案を持ちこんだことも、疑いのないところである。九月二十五日決定の「**海軍の対支時局処理方針**」（本書九頁。以下括弧内の頁は本書の頁）十月二日の陸軍の「**帝国国策**」案（同一一頁）「**昭和八年十月二十日五相会議に於ける陸軍側提示**」（同一四頁）などはすべてそういった意味での作文だと見るべきだろう。その中で海軍のそれは、排日運動の結果次第では中国に対し実力行使も敢て辞するところでないと強気を見せている点がやや注目をひく程度で、それ以外にとりたてていうほどのことはない。ところが陸軍の「帝国国策」案になると、これはどうしてなかなかの代物である。ことに九月二十二日の案は、米ソ両国に対して一戦を辞せず、英国は対米開戦初期に、米国側に立たせず、中国も少くともその時期には一定期間中立を守らせると真っ向から頗る強気である。十月二日の案も、語句はやや曖昧化されているが、趣旨は少しも変らず、ことに一九三六年前後に対米ソ戦備の完璧を期し、国内諸施策をその一点に凝集するという点は、二十二日案そのままである。さらに陸軍側は「昭和八年十月二十日五相会議に於ける陸軍側提示」の中で「国家の憂は此に存す」るところの未確立の対国内策を確立する必要をも五相会議に提示する決意をしめし、さらにそれは五相会議後の十月三十日に「**対内国策樹立に関する国防上の要望**」（本書一五頁）として陸軍省軍事課により具体化され、「皇国精神に立脚する思想の純化に依り、全国民の団結」を強化すべきことが強調された。

さて、十月二十日に至るまでの何回かの五相会議と、翌二十一日の閣議において、廣田は以上のような陸軍側攻勢との対決を迫られたのであるが、廣田は一応国際関係は世界平和を念とし、外交手段で日本の主張を貫徹すべきこと、国防は外国からの脅威と外侮を受けない範囲で国力と調和すべきこと、の二項を申合させることに成功した。この申合せと前掲の陸軍側提案とが相反するものであることは一目瞭然だが、それは廣田が老財政家高橋（是清）蔵相と結び、まだ大物化していなかった荒木（貞夫）陸相を土俵の外に押切ってあげた勝星だといわれている。しかしこの二項目の具体策、ことに対中国方策の段になると、廣田和協外交内部に含まれる決定的な矛盾が指摘されなければならない。その中で彼はたしかに中・ソ・米三国との親善関係樹立をとなえているのだが、一方では「帝国の指導の下に、日満支三国の提携共助を実現すること」（傍点筆者）が表明された。また中国側が現実に誠意をしめせば、日本側もこれに応ずる好意的態度をとるべきことだといいながら、他方では「一般的には彼をして反日政策を放棄し、排日運動を根絶せしむるため、常に厳粛なる態度をもってこれに臨」（傍点筆者）むことが必要だとし、「苟もわれにおいて両国関係の改善を焦るがごとき印象を与ふるはこれを避くるを要す」と結論した。駆け出しの荒木陸相を圧倒したのは、少くとも中国に関する限り、真の和協外交ではなく、このように対華優越感に満ち満ちた「和協」外交であったのだ。

さらに、この年の六月以来、陸・海・外三省の関係課長の間で協議が続けられ、十二月七日に、前記五相会議決定方針の具体案として「**対支政策に関する件**」（本書二二頁）がつくられた。これはひとつの対華覚書であり、その中で当然のことながら、五相会議決定の包蔵する矛盾は遺憾なく再現された。その「趣意」の部の最初に対華政策の根本義として「(イ)支那をして帝国を中心とする日満支三国の提携共助により東亜に於ける平和を確保せんとする帝国の方針に追随せしむると共に(ロ)支那に対する我商権の伸張を期す」と謳い、その実行については、この際、中国政局の自然の推移に逆行する無理な措置を避け、漸進主義をとるべきことが主張された。これはまだしもなのだが、「方策要綱」の部の中で、とたんに態度を硬化し、数々の具体的強硬方針がそこに盛られた。ことにのちの天羽声明や華北分治につながる構想が打出されている（一の㈧、三、四）ことを注目すべきだろう。

二　天羽声明

一九三四年四月十七日、「天羽声明」が発表された。これは外務省情報部長天羽英二の名による、中国問題についての外務省非公式声明であり、内容が日本のアジアモンロー主義類似のものであったために、国の内外に大きな波紋を広げた。

一口に天羽声明といっても、事実は四月十七日に記者団定期会見の席上で、天羽情報部長が最初の声明を発表してから（**「天羽英二情報部長の非公式声明」**）（二五頁）そののち二回の改訂があったのである。第一回のそれは同月二十日天羽が外人記者団との定期会見で、今回の声明は一日の議会における外相演説の内容を敷衍したに過ぎないという註釈付きで、提示したもの（**「昭和九年四月二十日の外人記者団に対する声明」**（二七頁）であり、第二回のそれは廣田外相から**「昭和九年四月二十六日英米大使に手交の声明」**（二九頁）であった。これらの改訂版が、海外、ことに英米における思わぬ大きな反響に鑑みて、あわてて次第に内容を緩和したものであることは、グルー米国大使が鮮かに指摘した通りであった。（グルー『滞日十年』上巻一七三頁以下）

天羽声明の内容は、実際には廣田の議会演説に基づくものでなく、**四月十三日付、廣田外相発、有吉（明）駐支公使あての暗第一〇九号電**（三三頁）から第五項だけを除いたものの焼直しであり、要するに当時行なわれつつあった列国の対華援助、とりわけ国際聯盟の対華国際合作に対する日本の反撥をしめすものであった。国際聯盟と中国との間に、建設に関する協力関係、つまり国際合作が成立したのは、一九三一年の六、七月ごろ、すなわち満洲事変の前夜であった。そして同年十月には衛生部長ライヒマンを、つづいて前財政部長ソルターや元事務局次長モネーらを聯盟から中国に送り、中国側の受入れ機関である「全国経済委員会」（宋子文がその中心）と合作して、具体的に中国の再建にとりかかった。しかしこの合作は、最初の触れこみにもかかわらず、思ったほどの成果はあげられなかったようである。例えば技術合作なども、主として資金難から、道路建設以外にはほとんど見るべきものがなかった。モネーなども、最初は宋子文とはかり、外国の有力財団を加えて、中国に国際的一大コーポレーションを設立するつもりだったというが、現実には一九三四年六月に、中国資本との合作を目的とする外資導入機関として、「中国建設銀公司」を設立することしかできなかった。そしてこの銀公司は、国民政府財政部や宋子文・蔣介石などを背景に、およそ中国の有力な投資事業とあれば、ことごとくその手中におさめるという触れこみだったが、これも実際には滬杭甬（上海～杭州～寧波）鉄道続借款割込みに成功しただけだった。

聯盟と中国との合作の動きに、日本の外務省が神経を尖らせはじめたのは、モネー構想が練られつつあった一九三四年三月ごろであった。そしてその対策に頭を悩ませていたとき、モネーの案は必ずしも日本を排除するものでないという情報が入った。例えばモネーは須磨（彌吉郎）南京総領事を来訪して、日本の郵便貯金総額四億円中から、二億円を対華借款に充当することを勧告したのである（須磨氏の筆者への談話）。しかし、当時の日本の財界は、内地と満洲に対する投資で手いっぱいのありさまだったし、たとえ余裕があっても、当時の日中間にただよう険悪な空気の中での対華投資は至難であった。須磨は前記のモネー提案を携えて帰国し、廣田外相とも協議の上、高橋蔵相に面接して、これを受入れるよう進言したが、高橋はただひとこと「無い袖は振れない」と答えただけだったという。老財政家の一壮年外交官に対する、この一言の中に、当時の投資難のありさまが、まさに集約的に表現されているといえるだろう。結局、外務省がとりあげた対策は、中国側と第三国側に対して虚勢を張るということであった。このような虚勢は、当時の日本の政治家、官僚軍人等々に共通のものであったが、その背後には満洲事変、国際聯盟脱退以来彼らを襲った、極端な焦燥感、孤立感と、それとほとんど同量の優越感とが複雑に交錯していた。**三月十七日付、廣田から須磨への暗第三六号電**（三一頁）十九日付、廣田から英・米・中・満駐在の大公使と、須磨を除く中国在勤の総領事全員に対する、**暗第三〇二号、**

三〇三号、三〇四号の各電（三〇頁以下）は、いずれもこのような虚勢の表示だったのである。

そのほかに、当時の日本を刺戟したのが、米国の中国航空界進出であった。日本は以前から中国航空路が米国系の中国航空公司の支配下にあることを快く思っていなかったが、一九三四年二月になり、中国側が福州と厦門に大飛行場建設を計画し、これが日本を対象とするものだとか、建設費は棉麦借款（一九三三年五月二十九日、欧米派の宋子文が米国との間に成立させた五千万ドルの借款）により支弁されるのだとか、米海軍が関与しているのだとか、種々の情報が流れたので、日本側が神経質になったのであった。（**「米国航空勢力の対華進出」**五四頁）

このような国際合作に対するモネーらの動向と、中国航空界に対する米国の進出とに対し、日本がとろうとする虚勢的姿勢につき、改めて廣田外相から有吉公使に指示したのが、天羽声明の母胎となった暗第一〇九号電であった。

天羽声明が中・英・米・仏・独・ソ・ジュネーヴに、それぞれどのような反響を与えたかについては、本書の**「声明の列国における反響」**（三四頁以下）が明らかにしてくれる。国により、その受取り方に多少のニュアンスの違いはあるが、要するにこの声明がアジアモンロー主義だという印象を与えたことと、それが廣田・ハル交歓の直後に為された点に問題が絞られそうである。

天羽声明に関して今まで天羽情報部長が適当に非難されているきらいがある。天羽のよくない点は、あのとき、あのような形で、しかも大臣・次官はもとより、東亜局にも事前連絡なしに機密事項を洩したことである。しかし、そのことと、これが列国の鋭い批判を受けたり、その後二度もこれを改訂して、醜態をさらしたりしたことの責任を混同してはならない。その方の責任は、表に「和協」を掲げながら、底に幾多の矛盾を含む廣田外交が、当然負わなければならないのである。

その後、七月三日に齋藤内閣は、いわゆる帝人事件の大蔵省内波及に伴なう綱紀問題を理由に辞表を提出して、瓦解した。そして同月八日、同じく海軍大将岡田啓介の内閣が成立し、廣田は外相として留任した。（陸相にはすでに同年一月二十三日以来、荒木に代って陸相の座にいた満洲事変の「越境将軍」林銑十郎が留任した。）従って内閣の交代にもかかわらず、廣田外交の路線は不変であった。

かくて一九三四年は、思いのほか平静の中に暮れた。それは、中国側が同年八月の廬山会議以来、採用に踏切ったといわれる対日親善の方針を依然持続し、日本側も満洲国の育成と、塘沽停戦協定の善後処置に忙殺されて、関東軍が暴走をさしひかえたからであった。しかし、だからといって、この年の平静が手放しの平静であるというわけにはいかなかった。中国側の態度は別として、日本側の関東軍と、それへの対抗意識に燃える支那駐屯軍の野望が根絶されない限り、それが内部に幾多の危機をはらむ平静であることはやむを得なかった。

その上、廣田は「和協」の看板を掲げたものの、その後何ら具体的な措置を講じなかった。須磨南京総領事はこれについて「問題は着眼や対策の出来不出来にあるのでなく、これらを如何にして速に実行に移しゆくかに存する。然るに非常時対策決定後既に二ケ月余を経過する今日、依然何等具体的措置の講ぜられあるを見ないのは、如何にも物足らぬ感じがする次第である。」（「対支静観主義放棄論」（一六頁）。この一文は一九三三年末の起草と推定）と述べたが、この状態は少くとも三四年いっぱいは続けられた。これは、日中関係のガンである満洲国問題のために冷却期間を設けたことを意味し、それゆえに三四年の平静もあったのだといえばいえないことはないが、冷却期間には当然次の躍進が準備されていなければならない。また当時の中国に、果して須磨のいうような列国共管や赤化の危機が迫っていたかどうかは別問題として、とにかくいつまでもこれを放置できない条件が、そこにいくつかあったことは前述の通りである。その意味で一九三四年の平静は、無為無策の平静だったといえるだろう。

三　日中両国の大使交換

翌一九三五年（昭和十年）の一月から四月までの日中関係は、互いに相手の腹の中を探りあう時期だった。まず一月二十二日の議会演説で廣田外相が日中親善を呼びかけたのにはじまり、その後二月一日に蒋介石が「日本の真意を信ずる」という声明発表を行ない、同月二十日には汪兆銘が中央政治会議における演説と対外声明で、日中互助提携の必要を説き、一方同日廣田が衆議院公債委員会で「蔣介石氏の真意を少しも疑わない」と声明し、三月一日にも廣田は衆議院決算委員会で、中国の対日態度転向は天佑であるなどと述べた。こうして両国政府は、ことさら声を大にして、相手国と自国民に対する呼びかけを反復し、おもむろに国交調整への瀬踏みを行なったのであるが、それについては次の三点に注目する必要がある。

一　この応酬が一月二十二日の廣田の議会演説によって口火が切られたことは事実である。しかしそれより先の一月十五日、蔣介石は有吉公使と鈴木（美通）公使館附武官に会見を申入れた。今までに、武官はもとより公使に対してさえ、蔣の発意による会見が行なわれたことはなかった。従ってこれは蔣の対日態度に、画期的変化を来したものと一般に受取られた。また一月二十一・二十二日の両日、汪兆銘と須磨南京総領事の会見が行なわれたとき、須磨が㈠排日、排日貨の根絶、㈡「不逞」鮮人の引渡しとその策動防止、㈢第三国からの顧問・教官の招聘、武器購入、資本輸入などをやめ、日本とこの種の合作を行なうことの三点を要求したのに対し、汪は満洲問題が日中親善のガンであると前提しながらも、これらの要求を頭から拒否することはしなかった、という事実がある。これらから推して、本当の意味のイニシアチーブは果してどちらがとったといってよいか分らない。

二　双方のかけ声は勇ましかったが、具体的な折衝の段になって、果して事がそれほど簡単に運ぶとは思われなかった。一月二十九日の蔣と鈴木武官、汪と有吉公使、翌三十日の蔣と有吉公使との会談において、チャハル省境での日本軍の行動——第一次熱西事件——に対する抗議が提起されているし、王寵恵も二月二十六日の廣田外相との会見で、日中国交に関する三原則として、㈠平和的方法による日中関係の処理、㈡対等の交際（たとえば不平等条約の撤廃）㈢友情に基づく交際（例えば中国側の排日取締りに対して、日本側も地方政権支持をやめ、華北で衛生上有害な業務に従事する朝鮮人の取締りを行なう）の三項目を提示したが、これらはいずれも日本側によって容易に受諾される見込みはなかった。

三　廣田外相は単にかけ声だけで、何ら有効な手は打たなかった。これに反し、中国側は二月に排日取締りを発令し、国民党中央部も同月末に、従来排日世論の指導に当ってきた宣伝部長の邵元冲を罷免して、葉楚傖をこれに代え、葉から全国党部あてに、排日行動の停止を命じた。また中国側は四月二十二日に郵伝部公債元利金の支払い再開を受諾したのを手はじめに、三井関係財政部印刷局借款、福建省に対する各種借款（臺灣銀行、林熊祥、王啓澤関係借款および中華滙業銀行関係借款）臺灣銀行対江西省財政庁竝に同省中国銀行借款、日本興業・臺湾・朝鮮三銀行の対交通部二千万円借款、東亜興業の武昌竟成電燈公司および鄭州明遠電燈公司に対する借款等の整理を、いずれも年内に逐次受諾した。これらはいずれも日本民間からの債務で、些末な問題であるとはいえ、従来に見られない中国側の協力ぶりがその間に認められた。

このような中国の態度が、果して本物だったのか、あるいは擬態に過ぎなかったのかは分らないが、とにかく蔣・汪の「親善」には、廣田の「和協」と違って、絵にかいた餅以上のものが確かにあったのである。

こうして日中親善は複雑な様相を呈しつつ、たがいの腹の探りあいの程度で推移し、五月に入って両国の大使交換を決定した。そしてこのことに関しては日本がイニシアチーブをとった。五月七日の閣議で在華公使館の大使館昇格と、有吉公使の中国在勤大使任命とを決定し、これを中国側に通報するとともに、国民政府も同時に昇格を実行されたいと申入れた。中国側は異議なくこれに応じて、蔣作賓を大使に任命し、英米仏独四ヵ国も日本の勧誘を容れて、同時に中国と大使交換を行なった。（イタリヤはすでに前年大使交換を実施）

中国側がこの措置を通じて、日本側の好意を感じとったことは事実であろう。しかし彼らはその当局談の中で「今次の使節昇格は、すなわち相互尊重の最も明瞭な表示であって、今後日中両国一切の問題は、等しくこの種の精神に基き、相互利益の目的達成を期して解決すべきである。」とつけ加えることを忘れなかった。つまり彼らは、今回のことを単に偶発的な相互尊重の意志表示に終らせることなく、これをその後の日本の中国に対する基本的態度のひとつとして諸問題の解決に当るべきだと一本釘をさしたのである。たしかに大使交換ということは、どこからもあまり文句の出そうもない無難な形式的・儀礼的措置であり（陸軍側から時期尚早という文句が出たにしても）それだけにこれが、山積する日中間の諸問題解決に直結するとは限らなかった。従って、これにイニシアチブをとったからといって、廣田外交の評点を上げることには、にわかに賛成できないのである。

四　梅津・何應欽協定と土肥原・秦徳純協定

日中両国の大使交換に象徴されるような外務側の親善工作に対し、陸軍側、ことに関東軍側は断然反対の態度に出た。彼らはこれを評して「支那政府の今次対日態度の変更は、支那経済界の衰微特に浙江財閥の窮乏其の極に達したるに基くこと明にして、将来英米等の徹底的援助を受け得るか、或は西南派を屈服せしむるを得たる場合に至りても、尚旧態度に復帰することなきやは支那民族性国民党の歴史に徴し甚疑なき能はず。」（三月三十日、「関東軍対支政策」）と述べた。彼らの主張は、中国側の「欺瞞」をまっこうから粉砕し、これを従属化しようというのであった。一九三五年一月四日、関東軍は首脳部を大連に会同して「大連会議」を開き、華北進出を協議したと伝えられ、内外の注目をあびた。また同じ日に、チャハル省では宋哲元部隊の一部が、熱河省の一部に進入して、いわゆる第一次熱西事件（七六頁参照）が発生し、内蒙古に暗雲が低迷した。二月に入ると、奉天特務機関長土肥原賢二少将が中国を視察し、三月四日、新京に帰った。関東軍では土肥原の報告をはじめ、諸種の情報に基づき、三月三十日に「関東軍対支政策」を決定した。そこではまず外務側の親善工作に対する徹底的批判を行ない、それに続けて、華北と華南の経済支配を目的とする一貿易公司（大連に本社、廣東に支社をおく）設立の構想を示し、実質的にこれに活動を行なわせて、必要の場合には、本社に華北工作の支援を行なわせれば、国民政府は親日政策をとらなければならないようになると説く。そしてその結論として華北に対し、

一　停戦協定及附属取極事項等に依り、我既得権を公正に主張し、以て北支那政権を絶対服従に導く（傍点筆者）

二　将来民衆を対象として経済的関係を密接不可分ならしむる為め、綿・鉄礦等に対し、産業の開発及取引を急速に促進す

の二項目を施策することを主張し、西南に対しても、中央側に対抗し得るため物質的援助を極秘裡に与えること、および将来、南方の中国経済を、日本の掌中に把握する第一歩として、必要な経済的施設をすることの二つを目標とすることに決めた。さきの大連会議の内容は今日不明なのであるが、そこで打ち出された結論と、この政策に盛られた方針との間には、両者決定の時間的関係からいって、大差がないはずである。

このような強硬方針をふまえて、出先陸軍はこの年五月、矢継早に二つの協定を中国側に押しつけ、またもや華北に塘沽停戦協定（一九三三年五月三十一日成立）と同一系列の既成事実を積上げた。前者が十四日成立の梅津・何應欽協定であり、後者が二十七日成立の土肥原・秦徳純協定であった。

梅津・何應欽協定というのは、孫匪問題、親日新聞社長暗殺事件を理由に、中央軍、排日機関、于學忠とその軍隊をすべて河北省外に駆逐し、また同省の重要ポストから反日満人物を一掃することが、その内容であった。だからこれは、河北省東北隅の一定区域からの中国軍撤退を規定した塘沽停戦協定を、河北省全域に拡大するという意味をもっていた。また、この協定成立の主役は、支那駐屯軍（通称「天津軍」）の酒井隆参謀長であって、彼は梅津（美治郎）軍司令官の留守中に、ほとんど独断で事を処理したといわれている（ただし中央部はこれを諒承）。しかも酒井の態度は高圧的であり、五月二十九日、何應欽らに要求を提出したときには、「今日は相談に来たのではない。わが軍の決意を通告しに来たのだ」（**北第三八四号電参照**。七九頁）と述べたりした。中国側が、これにどれほど憤激したかは、戦後、彼らが酒井を戦犯として、文句なしに処刑した事実が何よりも雄弁に物語ってくれるだろう。そこで、この協定のもつもうひとつの意味は、元来北向きの軍隊であるはずの関東軍が、三三年以来南下を開始し、長城を越えて天津軍の領域を次第に蚕食しつつある現実に対し、天津軍の存在を天下に知らしめようという意識がかなり強かった、ということである。

（**「北支に於ける反満抗日策動に基く日支両軍の交渉其の一」**（六〇頁）**「北支交渉問題処理要綱」に関する外務陸軍間折衝**（六五頁）**「北**

支に於ける反満抗日策動に基く日支両軍の交渉其の二」（六八頁）

土肥原・秦徳純協定は、張北事件・熱西事件（いずれも第一次と第二次とある）と呼ばれる日本出先陸軍と宋哲元軍との紛争事件を理由に、内蒙チャハル省から宋哲元軍を駆逐することを内容とした。こうして、この協定の主役である関東軍は、チャハル省を自己の勢力圏におさめたのであるが、そのほかにこの協定には、表に出ない陰のねらいがあった。それを知るには、チャハル省を追われた宋哲元軍の行方を見定めなければならない。この軍隊は特に関東軍の要望により河北省に移駐を命じられた。つまり日本側は、宋哲元という名の、果して本当に日本側になびく気があるかどうか分らない男に対して思惑買いをやり、梅津・何應欽協定により、于學忠軍の不在となった河北省に、この男とその軍隊をすえたのである。（「察哈爾省張北問題」（七三頁）「両協定成立に関する陸・海・外務電」（七七頁以下）（後者には当然梅津・何應欽協定に関する電報をも含む）。

五　廣田三原則

日中両国の大使公換に次ぐ廣田外相の対華施策は、国交に関する「廣田三原則」の提示であった。しかしこれに関しても廣田は受けて立ったという感が深い。六月十四日、あたかも関東軍・天津軍当局がそれぞれ河北・チャハル両事件につき華北軍官憲と国民政府を鋭く追及しているさなかに、唐有壬外交部次長から有吉大使に対し「支那側としては北支事件に拘らず、日支親善の方針は従来と変りなく、提携に必要なる協調の輪郭を具体的に決定し置き度き意向にて、その方法としては、対象を華北及び支那全般に分ち、華北に付きては、先づ日本側の希望する総ての事項を主要点とし、又支那全般に付きては、主として経済的方面の提携を基礎とし、政治的方面に付きても協調することと致度」（「昭和十年度外務省執務報告」）という、願ってもない申入れがあつた。これが廣田に国交調整に対して、何らかの希望を抱かせる最初の契機となつた。つまり、廣田には河北とチャハルにおける陸軍の動きを抑える能力も意志もなかった。そして、そのような日中関係にもかかわらず、国民政府が対日親善の方針を変えないと知ったとき、はじめて御輿を上げたのである。まず同月二十二日、駐日初代大使蔣作賓が信任状捧呈終了の挨拶かたがた廣田外相を来訪したとき、廣田から日中国交調整に関する中国側の意向打診が行なわれた。ついで七月一日、蔣大使が帰国挨拶のため廣田外相を訪れ、両者の間に最難関の満洲問題に関する、意見の応酬があった。蔣大使は、民論の手前もあり、満洲国承認はまず不可能といい、廣田はもしそれが不可能なら、少くとも満洲国不承認より生ずる諸般の矛盾紛糾を避けるため、何らかの実際的処置を取ることが必要だと、かなり含みのある返答をした（この返答内容はやがて廣田三原則の第二項として、再現する）八月三十日、蔣大使は帰任し、九月七日に廣田外相を来訪した。そして二月二十六日に王寵恵が廣田に提出した三原則（既述）を、蔣介石、汪兆銘とも相談の結果であると前提して、ふたたび提示した。そしてこのような抽象的な三原則の基盤に、どのような現実的要望があるかを、次のように説明した。

蔣介石は又、三原則の実現に依り、日支両国が真の朋友となれば、上海及塘沽停戦協定並北支事件取極は必要なきに至る訳なるを以て、此等協定等の取消をも希望し居れり。次に満洲国に付ては、蔣介石は同国の独立は承認し得ざるも、今日は之を不問に附すとの意見なり。（右は日本に対し、日本の満洲国承認の取消を要求せずと云ふ意なりと説明せり）。若し日本が前記三原則の実現に加ふるに上海協定等の取消に同意せらるるに於ては、支那としても経済提携の相談をなし易くなるべく、蔣介石は支那の主権を損せざる限り、右相談に応ずるの準備を有するのみならず、日支親善工作の進行振如何に依りては、更に「共同の目的」の為、軍事上の相談をなす決意をも有する次第なり。（「昭和十年度外務省執務報告」）

このとき、すでに一方では廣田三原則が起案されつつあった。十月四日にそれが決定するまでの経過は「**対支政策〔廣田三原則〕決定の経緯**」（一〇二頁）にかなり詳しく述べられているので、ここでは次の二つのことを指摘するに止める。

一　廣田三原則の名が示すように、この決定は廣田の発意によるものであろうし、またその提示は、事実そうであったように、はじめから外交チャネルを通じて行なうつもりであったに違いない。しかしその内容については、最初の東亜局試案作製当初から陸軍側の意向が十分に盛りこまれており、その後の三省審議の過程において、いよいよ陸軍色濃厚となったことは、本書の「決定の経緯」によって明らかである。

二　当時の陸軍中央部が関東軍の焦慮と独善をかなり警戒していたことは、この年の夏ごろの中央部のものであるという「対支方策」（堀場一雄『支那事変戦争指導史』五五頁）に明記されている通りである。七月三十一日からの三省当局の協議会で、中国の統一または分立を援助、もしくは阻止すべきかという、関東軍の暴走につながる問題が論議の中心となった。その結果、そのようなことはやらないということに完全な意見の一致をみたが、その表現方法について意見が分れ、海軍と外務はこれを三原則中に記載すべきだと主張し、陸軍側は一応これに反対したが、結局附属書の中にこれを掲げることに落着いた。一度そのような記載に反対しながら（本書一〇六頁の陸軍案には、その記載がない）決定案においてそれを認めた陸軍側の気持には、彼らの持つ関東軍への警戒心と一脈通ずるものがあったのではなかろうか。

こうして、ほとんど陸軍のものである廣田三原則は、㈠排日取締り、㈡満洲国の事実上の承認㈢共同防共という形にとりまとめられ、十月七日に廣田から蔣大使に提示されて具体的折衝に入った。当初から難航を予想された三原則論議ではあったが、果して中国側は対抗的に、彼らの三原則を、租借地返還等の具体的問題を添えて、またもや提出し、そのほか日本軍人の華北「自治」工作を持出すなど、早くも十月末に交渉はデッドロックに陥った。そうこうするうちに汪兆銘外交部長反対派の策動が中国側に盛んとなり、汪の辞表呈出、蔣の慰留、汪の復職等の経緯があって、十一月一日の六中全会開会式場で、汪は狙撃され負傷して下野した。さらに十二月二十五日には汪とコンビになって、対日親善に努力した外交部次長唐有壬が暗殺された。そして廣田三原則交渉も棚上げとなった。本書の「**唐有壬の死**」と題する須磨彌吉郎の「手記」、（一〇九頁）は、唐の死の当日に徹夜して綴ったものであり、そこに須磨の唐に対する切々たる哀惜の念と、当時の雰囲気がうかがえて興味が深い。須磨の数ある「手記」の中で、これは秀作のひとつであるといってはばからないであろう。

六　華北「自治」運動と幣制改革

華北「自治」運動は、日本軍の使嗾下に極めて緩慢なテンポで進行しつつあったが、一九三五年六月の梅津・何應欽協定の成立とともに豊臺事件と香河事件が発生して、この運動は一段の前進を示した。豊臺兵変というのは、白堅武というい かがわしい軍人が、日本浪人の団体である北支青年同盟会と連絡して挙兵し、六月二十七日、豊臺で于學忠部に兵変を起させ（もっともあまり成功しなかった）さらに北平に迫ったが敗退した事件である。また塘沽停戦協定線上の香河縣で、日本人の指導下に農民の一団が、地方自治の獲得と、地租附加税の軽減等を要求して、十月二十日暴動を起し、一時彼らは香河縣城を占領したが、間もなく商震等と妥協して落着した。これを香河事件という。この両事件の背後には天津の大迫（通貞）機関があるという風評が専らであった。

一方国民政府は十一月四日、英国政府財政顧問リース＝ロスの指導下に、突然幣制改革を断行した。その要旨は次の通りである。

一　中央・中国・交通三政府銀行の発行する銀行券だけを法幣（法貨）とし、それ以外の銀行の発券はもちろん、現銀の行使をも禁止する。

二　一部の銀行、会社、商店、公私機関その他の所有する銀貨、銀塊などを回収して、発行準備にあて、三銀行に移管する。

三　銀を離れて不換紙幣となった法幣の価値を、外国為替の無制限売買により、対外的に安定させる。（その相場は対英一シリング二ペンス半）

この措置は、一九三四年夏以来の米国の銀買上げ政策により、中国現銀の巨額に上る海外流失現象をもたらし、そのため中国の金融も産業も未曾有の恐慌状態に陥ったので、それを防止するために採られたものであった。そして英国がこれを援助したのは、ひとつには前述のような日本の華北「自治」工作の進展が、中国に多大の権益をもつ英国を次第に脅しつつあったからであつた。また第一次世界大戦後の新現象として、中国市場をめぐる日英の競争が、激化の一路をたどりつつあるからでもあった。

リース＝ロスは、実は中国に入る前に来日して、廣田外相と重光（葵）次官に対し、中国側の満洲国承認と引換えに、満洲国の関税収入の約三割年額約百万ポンドを国民政府に支払うこととし、これを幣制改革資金に加えたい、と提案したが、日本側はこれに耳を傾けなかった。そうしながら日本側は一方では、国民政府による幣制の統一は、同政府による政治的統一を意味するという点で、その成功を恐れた。そして多分それは失敗するであろうという希望的観測を持ちつつ、宋哲元らの華北将領に現銀南送の徹底的防止を承諾させて、幣制改革を阻止する態度に出た。しかし幣制改革は日本側の期待に反して、着々成功の一路をたどった。そして発足後約一ヵ月の十二月十日には、早くも強気の天津軍にして「支那今次ノ幣制改革ハ政治的ニハ国内及国際的ニ大ナル危機ヲ招来シツツアリト雖、技術的ニハ相当成功ノ歩ヲ進メツツアリト認メサルヲ得ス」（参謀次長あて天津軍参謀長発電）と完全にかぶとをぬぎ、「此儘成功ノ歩ヲ固ムルニ至ランカ、日本ノ朝野ノ対支認識ノ根本的誤謬ヲ表明シ……」（同前）と自己反省を行なわなければならないハメとなった。

（「**幣制改革（対英借款）問題と支那の情勢**」（一一六頁）「**支那幣制改革問題に関する湯本国庫課長談話要領**」一二〇以下）

陸軍側は前述のように、幣制改革を英国側の反撃としてとらえ、さらにその再反撃として、この際、華北「自治」工作を急速に進展させることを決意した。その主役は奉天特務機関長土肥原賢二少将であり、それに花谷正関東軍参謀をはじめ、華北の各陸軍特務機関が協力した。そして彼らの策動の対象として選ばれたのが、山東の韓復榘、河北の商震、萬福麟そして宋哲元であった。十一月十二日ごろ、関東軍、天津軍、北平（高橋）濟南（石野）南京（雨宮）廣東（臼田）の各陸軍出先機関が、自治工作の現状と将来に関する情況判断を中央に送り、（「**南北支那独立問題を中心とする出先関係機関の情勢判断要旨**」一二五頁）いずれも楽観的見解を述べたが、華北将領の心中は、彼らの観測をはるかに越えて複雑であった。関東軍は宋哲元らへの圧力として、十一月末に独立混成第一旅団から若干の兵力を山海關方面に送ったが、

xl

それでも彼らは起たなかった。（これは中国側の山東、河北に対する兵力集中への対抗手段であった。）

一方、有吉大使は、廣田外相の訓令を体して十一月二十日に蔣介石と会見して、速かに華北の現状に即応する処置をとることを求めた。また二十一日には唐有壬外交部次長とも会談した。当初、中国側は華北「自治」に強く反対したが、やがてその態度を緩和し、華北に十分の権限を与えられた大官を派遣して、廣田三原則に示される日本側要求を含めて華北懸案の円満解決をはかり、関東軍の主張する華北の財政独立についても妥協を図るであろうと提案した。有吉はこれらの会談を通じて、華北特殊事態に対する蔣介石の認識に信頼をおき、しばらく自治工作を控えて、彼の華北収拾策を静観した方がよい、と廣田に具申した。しかし廣田はこれを却下し、中央部は大官派遣——つまり南京との折衝——よりも華北実力者に——例えば宋哲元——権限が与えられることを好むものであり、また三原則の話合いは、華北収拾策に関する折衝に利用される危険があるから、両者を分離する必要があると訓令した（十一月二十二日付、暗第三一三号）。その後も有吉はかなり執拗に廣田に喰い下ったが、遂に廣田はこれを容れなかった。ここでも廣田は軍とともに躍ったのである。

一方蔣介石は宋哲元らに対して必死の切崩しを行ない、それがある程度効を奏して、十一月十八日に宋は国民政府に対し「日本側の圧迫により、十一月二十日より二十二日の間において、自治を宣言せざるべからざる苦境にあり」と打電したと伝えられた。こうして日本の出先陸軍の企図する華北自治運動は頓坐したが、この際何としても、何らかの形で「華北自治」の実をあげようという陸軍は、窮余の策とし、殷汝耕という人物を引出した。この男は、いつでも日本の傀儡であることに甘んじており、またあらゆる意味で不評判な人間であった。十一月二十五日夜、日本側はこの殷汝耕に通州で自治宣言を発表させると同時に、冀東（冀＝河北省）防共自治委員会を設立させた。

殷の旗上げは、はなはだしく国民政府を刺戟し、同政府は殷を国賊として逮捕令を出すとともに、「中央派遣の大官」として何應欽を、十二月三日北平に送った。そして何應欽・宋哲元の会談が行なわれたが、宋は、北平大学生の猛烈な「自治」反対の動き（一二・九運動）をよそに、何應欽に対して自治を要求した。日本側の圧力がここにやや効を奏したといえるだろう。そこで何應欽も十二月七日、やむなく中央に対して、中央の体面を保ち得る範囲での自治の実行を具申した。国民政府もこれを容れ、十八日、宋哲元を委員長に、萬福麟ら十六名を委員とする冀察（察＝チャハル省）政務委員会を北平に設立させた。中国側は日本側に先んじて、国民政府の一機関としての華北自治機構をつくるのが得策だと判断したのである。こうして華北には、河北省内の戦区（塘沽停戦協定の結果として設けられた河北省東北隅の非武装地帯）を中心とする二十二縣を管轄区域として、国民政府から分離した冀東防共自治委員会（十二月二十五日改組して冀東防共自治政府となる）が一方にあり、ほかに梅津・何應欽、土肥原・秦徳純両協定を基盤に、河北・チャハル両省と、北平・天津両市の国民政府側政務処理機関として、冀察政務委員会が存在することとなり、事態を複雑化した。（**「北支自治運動の推移」**（一二八頁）**「天津鎖聞」**（一三七頁）**「冀東防共自治政府組織宣言および組織大綱」**（一四六頁）**「華北自治運動に関する陸軍電」**一二八頁）

七　冀東特殊貿易

冀東特殊貿易というのは、山海關特務機関長竹下義晴少佐が冀東政府を指導して行なわせた、一種の密輸であった。冀東海面には以前から密輸船が横行していることと、中国関税が高率であることに着眼し、冀東政府は一九三六年二月十二日付で、密輸品に対し、正規関税の約四分の一に当る一種の輸入税（査験料と呼んだ）を徴集して、その陸揚げを許可したのである。その名目は沿海密輸取締りということであったが、冀東政府の政費増収と日本商品の進出が目的であることは明らかであった。かくて人絹、砂糖、毛織物、加工綿布等の高関税商品は、これにより大連の日本の滞貨がたちまち一掃されたといわれるほどの勢いで、冀東海岸に殺到した。そしてこの密輸品は華北ばかりでなく、揚子江以南にも次第に進出して中国市場を撹乱した。後に四川省成都で発生した「成都事件」の際の排日運動は、日本密輸品の進出をひとつの原因とするものであった。

一方冀東特殊貿易は、当然中国関税収入の激減を来した。関税収入は英米その他列強の対華借款において担保となっている分が多かったので、これらの国々——ことに以前から関税の管理に当っている英国の関心を強くひいた。それに英国としては、すでに中国市場をめぐる争いにおいて日本に対する敗色濃厚であるとき、日本の密輸品の氾濫を放置することはできなかった。そこで英国は現地でも、東京でも密輸の取締りを日本側に要請するのであった。出先陸軍の企図する英国への再反撃は、ある程度目的を達成したというわけである。しかしこの特殊貿易は一方で日本の正規輸出業者を圧迫する結果になったので、英国側ばかりでなく、やがてこの方面からの反対の声もあがった。それに中国側も次第に取締りを強化したということもこれに加えられて、この特殊貿易は、三六年五月と十一月をピークとして、次第に落潮の一路をたどった。（「**支那の密輸問題に関する意見**」「**北支密輸問題に就て**」「**最近北支の一般情勢に就て**」「**北支に於ける不正規貿易就中冀東政府の輸入貨物に対する特殊徴税に関する意見**」「**北支密輸問題の経緯**」「**冀東沿海よりの密輸入に関する調査竝其及ぼす影響に就ての考察**」「**北支特殊貿易の現状**」以上一五一頁以下）

八　成都・北海両事件と川越張羣会談

満洲事変以来、次第にかき立てられた中国人の排日感情は、一九三五年の秋を迎えて、各地に対日テロ事件を頻発させるようになった。そして、その中で最も激烈な様相を呈したのが、一九三六年（昭和十一年）八月二十三日、四川省成都で、四人の日本人を、排日デモの嵐の中で殺傷した「成都事件」であった。（「**成都総領事館再開問題**」「**成都其他排日不祥事件**」一八〇頁以下）九月三日、廣東省北海で起った事件は、半ば中国人化した一人の日本人薬品・雑貨商の殺害事件であり、これが同地に進駐した反日第十九路軍の醸し出す排日風潮の中で演じられた点は、成都事件と同様であった。（「**北海事件報告**」一九四頁）

日本政府は成都事件の発生に鑑み、これを単なる局地事件として処理することなく、この際国民政府を相手に、真向から彼らの対日態度の是正を要求し、その上で、事件の細目にわたって交渉を行なうという方針を決定した。そこで九月五日、川越茂駐華大使に対し、張羣外交部長への交渉内容として、いわゆる第一次訓令が発せられた。（「**昭和十一年九月五日付有田外相→川越大使暗第二二二・二二四・二二五電**」（二八七頁）この訓令については、それが八月十一日四省決定の「**対支実行策**」（三六六頁）と「**第二次北支処理要綱**」（三六八頁）に準拠している点が注目される。

そこに九月三日、北海事件が勃発した。その処理に関する今度の主役は、華中・華南の警備を担当する海軍であった。海軍は事件の発生とともに、かなり強硬な態度に出で、南遣部隊を組織してこれを北海方面に行動させるとともに九月十五日決定の「**北海事件処理方針**」（二一一頁）に端的に示されているように、兵力を行使しても北海の現地調査を強行する決意を示した。また情況によっては海南島または青島の保障占領をも考慮することも、そこに表明された。中でも海南島占領乃至進出論は同島を臺湾とともに、かねてから海軍の主張する南進の基地としたいという野望と関連するものであった。しかし現地調査は中国側の協力により、二十三日に無事終了した。いささか海軍としては拍子ぬけだったのである。

ところが、現地調査の行なわれた二十三日の夜、上海でまた三人の水兵が殺傷される事件が勃発した（田港水兵事件）。これは、その背景からみて、成都・北海事件とは比較にならない偶発事件であったが、海軍はこれを契機にさらに硬化し、直ちに聯合艦隊に対して、若干兵力の派遣準備と待機を命ずるとともに、二十四日軍令部は「**対支時局処理方針**」（二一七頁）を決定した。この処理方針の決定はかなり重要な意味をもつ。それはこの中で海軍側が華北への兵力行使と、華中・華南からの居留民引揚げおよび上海に対する現地保護の方針を打出し、かなり大規模な対華作戦（極力局限するとはいっているものの）を決意しているからである。従って今までの海南島占領論は「情況に依り……保障占領す」という条件付で、一応棚上げとなった。なぜ海軍がこのような重大な転換を行なったのであろうか。恐らく上海の現地保護には、どうしても陸兵派遣を必要とするので、それと交換条件に、かねてから陸軍の蚕食しつつある華北をそのフリーハンドに委ねることにして陸軍の気をひいたのであろう。

しかしこのときの陸軍は、中国に対して新たに一兵を用いることすら惜むのであった。陸軍ではすでに石原莞爾・参謀本部作戦課長を中心に、従来の短兵急な対華進出方針を改めて、対ソ戦備のための長期計画が樹立され、実行されつつあったのである。従って海軍は陸軍の意外な消極的態度により、またもやその強硬方針を放棄しなければならなかった。

一方南京での川越・張羣会談は、九月八日に行なわれた須磨・張羣間の予備折衝によって口火が切られた。その後、二十三日に至る折衝の経過は「**第一次訓令による日支交渉情況一覧表**」（二九三頁）の示す通りである。要するに日本側の要求は、あまりにも広範かつ深刻であった。しかもこれに対する回答を二十二日までの期限付としたので中国側は態度を硬化し、二十三日の川越・張羣会談の席上、張羣はわざわざ回答を書物（「**九月二十三日川越張羣会談に於て張羣が読上げたる書物**」二九〇頁）にして持参し、読み上げた。その内容において日本側要求はほとんど全面的に否定されたばかりか、中国側は逆襲的に五項目の要求を提出して、日本側を驚かせた。

これを知って軍令部はまたもや硬化し、二十六日、川越大使の交渉相手を張羣から蔣介石に切換え、日本側の要請にも拘らず廬山に滞在中の蔣介石が帰京を遷延すれば最後通牒でこれを強要し、尚もし肯じなければ実力行使の手段に出ることを決めた。（二一九頁）同日海軍はこの案を陸・外両者に大体承認させたが、相変らず陸軍は煮え切らない態度を示したという。

二十八日に、海軍は政府と陸軍の尻をたたいて、一挙に海軍の方針を閣議決定にまで持ち込もうと試みた。また永野（修身）海相は、この日の朝廣田（弘毅）首相、有田（八郎）外相と会見して次の通りの申入れを行なった。（二二二頁）

一　此の際、国家的決意の確立を要す。

二　日支関係の是正は我方の北支に対する態度が解決の鍵なり。玆に於て次の二案を考慮することを得。

（甲案）　我方の要求のみを遮二無二貫徹し、彼肯ぜざれば武力行使に訴ふ。但し本案は諸外国を刺戟すること大なり。

〔乙案〕　北支に対する我方要求に無理の点を反省し、公正なる態度を以て対支折衝に当る。

右に対する廟議決定を要求す。

なおこの件に関し海相は、首相から陸軍に同日午後、陸軍の態度に関する回答を要求し、なお回答不能の場合は、寺内（寿一）陸相の北海道の出張先からの帰京を要請するよう、首相に申入れた。一方、海軍省軍務局からは外務省に対し、

一　蒋介石の帰京促進

二　川越・蒋直接交渉に於ける我方要求事項の確立

三　蒋、帰京せざる場合の対策確立

の実行を促すなど、まさに海軍としては大童の活躍ぶりであった。（二二二頁）

また海軍部内でも、この日の午前十一時からの非公式軍事参議官会議で、当局は末次信正、野村吉三郎両大将から激励を受け、軍令部第一課は関係各方面に対して**「時局に対する出師準備に関する覚（案）」**（二二三頁）を配布し、簡単ではあるが「対支作戦方針概要」を立案するなど、そこにはかなり真剣な空気が流れた。

以上の海軍側必死の努力は、ある程度効を奏した。政府は九月二十九日から、対華最後要求の具体的審議に入ることとなり、同日まず陸・海・外三省主務者会議が開かれて、「川越大使・蒋介石間交渉に関する方針」の第一案が作られた。その後この案は、翌三十日の同様三省主務者会議の結果としての第二案、十月一日には四相会議（首・海・外三相と、北海道出張中の寺内陸相に代り、梅津美治郎次官、それに桑島［主計］外務省東亜局長陪席）の手に移されて第三案、さらに翌二日に四相会議を反復して決定案（**「十月二日四相会議に於て決定の川越大使宛訓令」**（二九七頁）に到達した。

この交渉方針は、いうまでもなく単なる対華最終要求の羅列であり、これらを中国側に拒否された場合の措置については、ノータッチである。もっとも第一案をみると、そのときは交渉を打切ると同時に、日本側独自の立場に帰り、自力で目的を達成するという曖昧な一項がある。しかし、それすら第二案以下では姿を消した。（二三六頁以下）要するにこ

れは、当時の三省がどのような点に妥協点を見出すことができたかを示す、ひとつのサンプルに過ぎなかったのだ。

ところで、以上のような結末になって、海軍側に完敗をもたらした最大の理由は、やはり陸軍の消極的態度であった。海軍の記録によれば、二十九日の主務者会議で中国側拒否の場合は、最後通牒を突きつけることとし、所要の実力行使はやむを得ずという、意見に一致しながら、各上司の承認を得るという段になって、陸軍側は大臣不在を理由に態度を保留した。(二三五頁) また三十日の主務者会議では、要求事項として、華北五省共同防共と華北五省分治の原則確認だけに限定しようという陸軍と、航空連絡や関税引下げも含めようとする海軍が対立したが、その際も陸軍は少しも自説を固執せず、海軍が反対なら華北問題を全部ドロップしてもよいなどと、無気味な発言を敢てして、(陸軍には例の既成事実積上げの手があることをほのめかしたもの) かえって海軍をあわてさせるのであった。(二三六頁) さらに一日の四相会議でも、最後の腹の決定に際して、梅津陸軍だけが「やらねばならぬが、痛い手なしに困る次第なり」(二三九頁)と述べて、消極的であった。

「川越大使・蔣介石間交渉に関する方策」は十月二日に、いわゆる川越・張羣会談に関する第二次訓令として川越大使に打電された(第一八二号電)。同時に桑島外務省東亜局長を南京に急派して、政府の意向伝達を行なわせるという慎重な措置がとられた。

南京の日本総領事館は第二次訓令受領とともに、その中に盛られた要求を中国側に提示し、同時に蔣介石の帰京を促したところ、蔣は五日の午後、夫人同伴で廬山から南京に帰着した。

七日から開始された須磨総領事と、高宗武・張公権らとの下交渉、八日の川越・蔣介石会談にはじまる第二次訓令に基く交渉の情況は「**第二次訓令による会談関係の外務電**」(三一四頁)により詳細にこれを知ることができる。要するに交渉は依然難航を極め、容易に妥結の見込みは立たなかった。その間海軍はシビレを切らせて、しきりに速かな国家的決意の確立を主張するのだが、相変らず陸軍は消極的態度に終始し、十三日ごろには海軍も漸くあきらめの境地に到達するのであった。そうこうするうち、十一月十五日に綏遠事変が勃発し、これを契機に中国側は俄に反日感情を高めるともに、日本与し易しという観測が盛んとなり、十八日国民政府から日本の綏東工作の続く限り南京交渉の成立は困難だという申入れがあった。その後も日本側は交渉継続の説得につとめたが、彼らはこれをききいれなかったので、日本側も断念し、十二月三日川越は従来の折衝の間に双方の意見が明らかにされた諸点を書物にしたもの（**「十二月三日川越大使口上書及交渉結末覚書」「口上書および交渉結末覚書に関する日本と中国側往復書翰」**（二九九頁以下）を読み上げた上で、その写しと成都・北海その他の事件に対する日本側の正式要求とを改めて張羣に手交して、会談を打切った。

かくて、成都・北海事件の発生を契機に海南島占領を企て、田港水兵事件発生以後は華北・華中への兵力行使に転換した海軍であったが、笛吹けど躍らずで、意外に冷静な陸軍に阻まれて、彼らは川越・張羣会談という一幕の筋書書換えさえ果すことなく、いたずらにその舞台裏を駈け廻っただけに終った。そして廣田首相も有田外首もこの会談に関し、何ら積極的な役割を演じた形跡が認められない。（**「川越・張羣会談に関する帝国政府の発表」「川越張羣会談に関する国民政府の発表」「『信ずべき筋よりの聞込』として国民政府が十二月七日の各紙に左の通掲載せしめた記事」「成都事件自体の解決交渉及北海漢口両事件解決交渉」**（三〇六頁以下）

九　対華政策の変遷

一九三六年（昭和十一年）一月十三日、日本政府は**「北支処理要綱」（第一次）**（三四九頁）を決定した。これは三四年十二月七日付の「外務、陸海軍主管当局意見一致の覚書」（前述）の決定以来、一年余の空白をへて、久々に打ち出された新しい対華政策であった（その間に三五年十月四日決定の廣田三原則があったが、「覚書」はこれと並行的に有効であった）。そしてこの政策について、まずなによりも注目されなければならないことは、それが純然たる華北五省（河北・山東・山西・綏遠・チャハル各省）分治策であった点である。

陸軍年来の宿願であるこの対華政策が、ここに国策のラインに登場したことは、陸軍がいままでの単なる現地の暴れ者である立場を離脱して、国策決定の主役に転じたことをあらわすものであると同時に、実態はともあれ、国民政府を相手とする日中親善を、一枚看板とした廣田対華外交の、よって立つ基盤のもろさを遺憾なく暴露したものであった。

しかし、それによって廣田と国民政府外交部との間の「親善」工作が完封されたわけではなかった。たとえば一月二十二日の第六十八議会における廣田外相の演説や、これにたいして発表された国民政府外交部の当局談、それから二月に入って国民政府側から行なわれた日華南京会議の提案などはそのことを立証するものといえる。しかしすでにこの時点においては、上記の南京会議が不成立に終ったことがしめすように、なんのきっかけもなしに、従来の「親善」のラインを復活することは困難だったのである。

やがて日本の国内では、一部の青年将校による二・二六事件が勃発し、岡田啓介内閣は崩壊した。そして近衛文麿への大命降下、近衛の拝辞という経緯ののち、三月九日、前内閣の外相・廣田弘毅が新内閣を組織した。廣田内閣の外相には最初から駐華大使有田八郎が予定されていたが、彼の着任までを廣田首相の兼摂でつないだ。（廣田内閣の陸相は寺内壽一大将、海相は永野修身大将、蔵相は馬場鍈一）

有田八郎の駐華大使任命は二月八日のことであったが、彼は三月六日、南京で国民政府主席に対する信任状捧呈を終った直後の十三日に、廣田首相から外相予定者としての帰朝命令を受けた。それからの有田は、十六日から十九日まで、連日、張羣外交部長と会談し、二十二日には廣東・福州・南京・漢口・青島・濟南の各総領事を上海に集めて、対華方針を協議し、二十五日には天津で華北総領事の会議を開き、さらに二十八日には板垣征四郎関東軍参謀長から対華・対ソ問題に関する関東軍側の意見を聞くなど、対華認識の向上につとめた。しかし張羣との会談の結果は十九日発表のコミュニケを見てもわかるように、双方の意志疏通が唯一の成果であったし、総領事会議の方も、それがその後の対華政策の屈折点を形成するようなものではなかった。（有田の外相就任は四月二日）

これに反し、注目すべきは板垣参謀長によって表明された関東軍の意見であった。このとき板垣は、外相就任の予定者を前にして、国民政府を否定し、日・中親善工作を不可能視し、廣田三原則を紙上の空文だと断定して、中国の分治合作を説いたのだが、それらは陸軍年来の主張であって、なにも目新しいものではない。ただこのとき、以上の主張のいっさいが、「日本の対外方針の重点は、日・満不可分の原則にもとづく満洲国の健全な発達にあるのだが、現状のままで推移すれば、日本はソ連と早晩衝突する運命にあるので、その際の中国の向背は作戦遂行上、至大な影響がある。」という観点——一言でいえば、早晩発生すべき日・ソ戦という前提の下に説かれていることは、十分注意を必要とすることなのである。（「日本外交年表竝主要文書」下巻三三〇頁）

ところで、このような対ソ危機感はすでに一九三五年の後半から発生していた。ソ連はこの年の七、八月の第七回コミンテルン大会で従来の態度を変えて、日本をドイツ、ポーランドとともに、コミンテルン活動の主目標とするようになり、これと前後して、トハチェフスキー元帥が二正面作戦の可能を豪語するほど、軍備を強化した。また三三年から発足した国防重視の第二次五カ年計画も完成されようとしていた。そしてこれを裏書きするかのように、このころソ連と日満の間にいくつかの国境紛争が発生したのである。

中国ではこの年の八月一日に中国共産党のいわゆる八・一宣言が行なわれて、国民政府に内戦停止を要求し、十一月に中国共産党は大西遷の結果、陝西省北部延安に新根拠地を構えるようになり、十二月には中国共産党の中央委員会政治局会議により広範な抗日民族統一戦線結成の提唱が行なわれた（「十二月決議」）。そして一方では、これらの中共側の動きと平行して、教育・文化・労働各界の抗日運動が北平を中心に展開された。また三六年二月末に中共軍が、突然陝西省から山西省に出撃して、国民政府はもちろん、日本の陸軍をも一時的に緊張させたことも見のがしてはなるまい。

このようなソ連と中共の動向が、当時の日本の外交政策に反映しないはずがなかった。そのことは次のように具体的に表示された。

一　廣田三原則中の共同防共という項目は、一九三四年十二月七日付、三省関係課長の決定の覚書にもとりあげられていない新項目であり、しかもそれが後の川越・張羣会談にいたるまで、しつこく日本の対華要求として残存している。（中国との「共同防共」は廣田外交をつらぬく唯一のバックボーンだったようである。〔須磨彌吉郎氏の筆者への談話〕）

1

二　前述の三月二十八日の板垣関東軍参謀長から有田駐華大使への談話の中で、対ソ戦は必至に近いことが述べられているが、当時、及川古志郎第三艦隊司令長官は軍参謀から対ソ作戦に関して、次のような説明を聞いている。すなわち当時すでに関東軍は、ソ満東部国境付近に主力を集中して、ウラジオストックの急速攻略につとめ、一方、外蒙庫倫（クーロン）に通ずる線に機械化部隊を機動して、バイカル付近でシベリア鉄道を脅威するという対ソ作戦方針を持っていた。そして、これに対処する日本側の準備は次の通りでなくてはならないとした。ソ連が不毛の東部シベリアに集中できる兵力の限度を二十五万と見て、これに対抗して勝利をえるためにはその三分の二の兵力で足りる（ただし装備と航空兵力において、日本軍は甚しく劣勢であるから、その充実は焦眉の急務である）。そしてそのためには日本国内の在駐兵力は治安維持に必要な程度にとどめ、その他の全兵力を満洲に送る。ただし兵力の満洲駐屯には、内地におけるよりも二倍の経費を必要とする。その財源について、関東軍の一参謀は「満洲における官吏の加俸を全廃すべきだ」といい、他の参謀は「日本の経済機構を改革すれば捻出可能だ」と唱えた。

またウラジオストック港の潜水艦と、その付近の飛行場が日満交通線の重大脅威であるばかりでなく、海軍作戦上の重大問題なので、この両者を目標に大挙空襲を行なう必要がある。ついては海軍航空兵力の協力がえられなければならない。なおこれらの諸工作と戦備の充実は一九四一年（昭和十六年）ごろを目標として、次第に完成しつつあり、戦備完成の期日即対ソ戦開始の期日とするのであった。（三月二十七日付、第三艦隊機密第八五号電〔朝日新聞社刊「太平洋戦争への道」『資料編』二一六頁。〕（この観測と計画にいくらかの改変を加えて四一年に実施されたのが、「関特演」という名の対ソ戦略態勢であった。）

三　一九三六年（昭和十一年）八月七日四相決定の「帝国外交方針」には、明瞭に「差当り外交政策の重点をソ連の東亜に対する侵寇的企図の挫折特に軍事的脅威の解消、赤化進出の阻止に置く」と記されている。

四　一九三六年十一月二十五日に日独防共協定が調印された。

五　ソ連の二次にわたる五カ年計画の業績と極東軍備の増強に鑑み、戦争指導当局は、満洲防衛を主体とする国防に新検討を加えるとともに、一九三六年以来これに伴う重要産業の拡充に関し、満鉄の宮崎正義を長とする日満財政経済研究会を特設した。この研究会が起案した「重要産業五ヵ年計画」（一九三七年から四一年までを第一次計画とし、日満を綜合し、一部不足資源を華北に求めるという内容）は、対ソ戦備の完成を目標とするものであった。なお、この計画は直ちに日満両国政府に提示され、満洲国の分は直ちに取上げられて、三七年度から発足したが、日本の分は省部の間で種々論議の末、三七年五月二十九日、これにもとづいて「陸軍省案重要産業五年計画要綱」ができ、内閣に提出され、その実行法に関する参考として研究会がつくった「重要産業五ケ年計画要綱実施に関する政策大綱（案）」も六月十日に提出された。これらは開店早々の企画庁で論議されたが、内容が広範なため、同庁ではこなし切れず、そのため企画庁と資源局を合体して企画院を設立し、そこでの審議の末、四九年一月に漸く企画院案の「生産力拡充計画要綱」ができあがった。

以上とも関連して参謀本部作戦課長・石原莞爾大佐は三六年七月二十三日「戦争準備のため産業開発に関する要望」を起案して陸軍省に対し、「対ソ戦争準備のため、戦争持久に必要なる産業は昭和十六年までを期間とし、日、満、北支（河北省北部およぴ、チャハル省東南部）を範囲として、之を完成し、特に満洲国に於てこれが急速なるを開発を断行することを要望」し、さらに同月二十九日には「対ソ戦争準備計画方針」を立案した。

その中では、対ソ戦備（ただし石原の対ソ戦備は前述の関東軍参謀の放言と異り、それを完成することにより、対ソ戦を回避することができるというのであった）充実のため「現経済力の最大的発揚を目途とし、政治および経済機構に所要の改革を行ない、あわせて以後に於ける根本革新の準備をなす。しかれども情勢経済界の大混乱を来すが如きに至らば、機を逸せず、根本的革新を強行するの覚悟を必要とす」とあるのが注目される。

一九三五年八月、石原莞爾大佐は参謀本部作戦課長に着任した。そして彼は、ソ連の極東軍備の急速な充実と、満洲国建設による日ソ勢力の直接接触という現実の事態にもかかわらず、日本の対ソ軍備が極めて不備であることを発見した。そこで海軍との間に国防国策に関する思想統一を行ない、対ソ軍備を固めて北方の脅威を除き、中国とは提携して東亜聯盟を組織し、その上で近い将来に予想されるアングロサクソンとの世界最終戦に臨むという彼独特の構想を具体的に推進しようとした。昭和十年末から翌十一年初頭にかけ、そのような意図の下に石原は、岡本清福作戦班長を伴なって、福留繁軍令部作戦課長、中澤佑先任課員と国防に関する討議を行なった。そのとき石原が提示した「国防国策大綱案」に対して、福留は国策の骨子を「北守南進」におくことを主張した。

福留の意図は、北に対しては現状以上に出ず、日本の将来の発展を南方に方向づけ、それによって陸軍を牽制し、無条約時代の海軍軍備を充実しようというのであった。そのほか、当時の海軍では、軍務局第一課の任務が次第にふくれあがり、円滑事務な処理が不可能になったため、国策の検討立案に多くのメンバーをもつ陸軍に対抗できず、省部の機構と定員に再検討を行なう必要に迫られていた。北守南進の具体化、陸軍の牽制および省部機構の改革——これらを目的として、一九三六年三月中旬軍務局第一課の高田利種A局員は、**「海軍政策及制度研究調査委員会組織の仰裁」**（三五一頁）を起案した。かくて三月十九日海軍次官長谷川清委員長以下海軍制度調査会の各委員が任命された。第一・第二委員会の委員長にはいずれも軍務局長豊田副武中将が当り、第一委員会は委員長以下九名、第二委員会は二十四名、第三委員会は委員長村山春一主計中将（経理局長）以下十六名で、それぞれ構成された。

「国策要綱」（昭和十一年四月ごろ作製三五四頁以下）は以上の第一委員会の所産であった。海軍制度調査会の意向が「国策要綱」の内容のようなものである限り、「国防国策大綱」の承認を求める参謀本部と軍令部との間に意見一致を見るはずがなかった。やがて両者の折衝は停頓し、軍令部はこの際むしろ国防方針、用兵綱領の改訂を行なうべきだと提議した。軍令部の主張は、この両者が一九一三年の改定以来すでに十三年も経過しており、その間ロンドン軍縮会議、満洲事変、国際聯盟脱退という重大な事実が相次いで起り、しかもこの年の末には海軍軍備は無条約状態に入るので、これらの事態に適応した改訂を加えるべきだというのであった。これに対し参謀本部は、すでに時代ものになった国防方針に代えて、当時の情勢に対応する国防国策大綱の制定を主張し、この点でも双方の意見の調整は困難であった。そのあげく、参謀本部が軍令部に譲歩して、国策大綱は政府で決定することとし、それに基づく軍部の狭義国防としての国防方針を改定することで両者の妥協が成立した。しかしこの改訂の審議に当ってもの主要想定敵国をソ連一国に限定しようとする参謀本部主張と、これに米国を加え、しかも米ソの順序とすることに固執する軍令部の意向が対立した。これに関してもついに参謀本部が折れ、六月八日裁可の**「帝国国防方針・用兵綱領第三次改訂」**（三五六頁）となった。

その後も参謀本部では**「国防国策大綱」**（三五七頁）を軍令部に認めさせることを断念せず、六月三十日に改定案をつくり、閑院宮参謀総長の決裁を得て、これを最終案とした。そこには今までの折衝を通じて知り得た軍令部の意向をとりいれることとなり、ソ連屈服後南方進出をはかり、米国の参戦も覚悟する、という項目が書き加えられた。そしてこれを軍令部に提示したが、軍令部はこの案の重点が第三項——つまり「先づ蘇国の屈伏に全力を傾注す」というところにあることから、これをも受けいれなかった。そして逆に軍令部から海軍案である「国策要綱」に陸軍の意向を加えて修正し、これを「国策大綱」として、陸海軍大臣において協議決定すべきことが提案された。陸軍側はまたもや譲歩し、六月三十日陸海軍間に「国策大綱」の成立を見た。同日永野修身海相は閣議後、廣田首相、有田首相、馬場蔵相に対して「国策大綱」を示して諒承を求めたが、陸海外三相は、大体において趣旨に異存がない旨を述べたという。

「国策大綱」の成立後、陸海軍側は外務省に対し、外交方針を樹立すべきことを申出で、その後一カ月余にわたって、陸海外三省で協議の末、それができあがった。そして八月七日の四相間の協議でこれを「**帝国外交方針**」(三六三頁)と銘うって承認し、また同日の五相間の協議で「国策大綱」の確認が永野海相から持ち出されたらしく、席上「国策大綱」は「**国策の基準**」(三六一頁)の名の下に成立した。以上の経過と、「帝国外交方針」の中に、海軍側の意向がかなりとりいれられていることについては、外務省東亜局第一課長上村伸一の手記「**国策大綱決定の経緯**」(三五九頁)に詳細に述べられている。

さらに八月十一日、関係諸省間で、「帝国外交方針」に準拠して、「**対支実行策**」(三六六頁)と「**第二次北支処理要綱**」(三六八頁)を決定した。この新しい対華政策が華北分治を目標とするものであることは「第一次北支処理要綱」と同様であるが、ただその分治がソ連に備えるためのものであり、また南京授権の下にこれを行なおうとしている点は、「第二次北支処理要綱」附録の中で華北経済開発の具体的内容が示されていることとともに、新政策の特色である。

これより先、六月十九日、陸海外蔵四省の間で「時局委員会設立要綱」を決定した。これによれば、時局委員会は外務次官を委員長とし、四省より派出される委員により構成され、統帥事項を除く華北に関する一切の事項を審議決定する機関であるというのだから、その設置は外務側の対華問題に関する主導権が、形式的には一応認められたことを意味すると考えてよいだろう。(「**時局委員会設立に関する件**」三七二頁)

「**対支政策の検討(案)**」(三七四頁)以下「**陸軍省に対し対支政策に関する意志表示**」(三八四頁)に至る各資料には、いずれも石原莞爾個人または石原を課長にいただく参謀本部第二課の対華政策に関する意見が盛られている。これらを通じて知り得ることは、石原には理想主義者としての一面があったということである。かつて彼は漢民族による主権の確立は困難だと断定したのであるが（「現在及将来に於ける日本の国防」朝日『資料編』七八頁）一九三六年十二月の西安事変を契機として、彼の中国人観は一変した。ことに党力、そして青年の結成する抗日民族戦線に着眼し、これを日本の帝国主義的侵略政策の放棄により、新中国建設、統一運動に向わせることができるとみるようになり、かなり純粋な理想主義に昇華した。ただし日中提携の目標を中国の東亜聯盟加入に置くところに、彼一流の信仰に発する強制があり、その点、客観的には自ら否定するところの帝国主義に陥っていると評されてもやむを得ないだろう。

廣田内閣は、一九三七年（昭和十二年）一月二十三日、軍部の攻勢に屈して総辞職した。翌二十四日、組閣の大命は宇垣一成予備役陸軍大将に下ったが、陸軍側の強硬な反対を受けて陸軍大臣を取ることができず、ついに組閣を断念して、大命を拝辞した。

こうして大命は一転して、かつての越境将軍・林銑十郎大将に降下し、二月二日に林内閣が成立した（陸相は中村孝太郎中将、海相は米内光政中将、蔵相は結城豊太郎）。この内閣は、とりあえず外相を林首相の兼任とし、三月三日に駐仏大使・佐藤尚武が外相として迎えられた。

一九三七年を迎えて日本側では、期せずして各方面から対華政策の再検討が要望されるようになった。ことに前年の末に発生した西安事件の結果、蔣介石の共産党に対する接近が予想されると同時に、蔣による国家の統一が意外に強固であることを明らかにした。またこれと前後して勃発した綏遠事変は、中国人の民族意識を高揚し、日本軍に対する劣等感を解消した。これらの新事態と、陸軍側が採用しつつあった対ソ戦備充実方針は、必然的に従来の対華政策の改訂を求めることになった。陸軍側のそれは「**帝国外交方針改正意見**」（三七八頁）と「**対支実行策改正意見**」（三八〇頁）その他であり、海軍側のは横井忠雄軍令部甲（政策担当）部員の「**対支方策再検討に関する意見**」（三八五頁）と「**海軍の対支実行策案**」（三九七頁）等の中に認められ、外務側のは「『**対支実行策**』及『**第二次北支処理要綱**』**の調整に関する件**」（三九四頁）の中で、新しい「対支実行策」と「第三次北支処理要綱」という形式の下に立案された。こうした気運の動く中で四月十六日の四相会議は、新しい「**対支実行策**」（四〇〇頁）と「**北支指導方策**」（四〇二頁）とを決定した。この新政策について何よりも注目すべきことは、「対支実行策」において「北支の分治を図り若くは支那の内政を紊す虞あるが如き政治工作は之をは行ず」と明記されたことである。ここに至って、「第一次北支処理要綱」以来の華北分治方針は放棄されたといってよい。このことは一月二十五日の参謀本部の「陸軍省に対し北支政策に対する意志表示」(三八四頁)の中にもすでに掲げられているのであるが、それがここで国策の線にまで登場するようになったのである。かくて華北工作は行なわないという石原の主張は陸軍部内ばかりでなく、対華国策をもリードすることになった。

一〇　中国側の高姿勢と破局の到来

日本側が次第に従来の対華政策に反省を加えつつあったとき、中国側は前述のように俄然態度を硬化し、両者の間に完全なズレが認められるようになった。須磨南京総領事は一九三七年のはじめに帰朝して、各所で中国の新動向に関する講演を行なった。その中で本書には三月十五日の工業倶楽部第三回定例会員茶話会席上における「日支関係の現状及び将来」(四〇四頁)と題する講演と、一月二十九日の軍令部第三部長室での帰朝談(「須磨南京総領事帰朝談要旨」四一七頁)軍令部第三部長の「情報綜合」(四一九頁)とを掲げた。いずれも内容は大体同じであるが、当時の、目を見はらせるような中国側の高姿勢ぶりが鮮かに分析されている。

また中国の対日反攻の事実をしめすものとして、山東省にたいする税警団(塩田の監視、塩税と密輸の取締りを目的とする混合部隊)の進出がある。従来、山東省の中国軍隊は、韓復榘軍と沈鴻烈指揮の旧東北海軍陸戦隊だけで、中央系軍隊は一兵も駐屯しなかった。ところが四月下旬になり、突然、税警団が海州方面から青島に前進した。

その動機は三中全会で沈鴻烈が国民政府に、日本軍の上陸阻止を理由として陸兵派遣を求めたことからはじまり、華北の中央化をはかる国民政府は二つ返事でこれに応じ、折から海州・徐州付近に駐屯中の第二師と第五十七師の一部を基幹とする中央軍、約四、五千名を税警団と改名して出動させたのであった。

国民政府はこの進駐を通じて、

一　韓復榘、沈鴻烈の警防部隊と協力して日本軍の山東省侵入を撃退させる。

二　綏遠事変の発展に策応させる（当時、綏遠省は平静であったが、中国側はしきりに綏遠の急を宣伝した）。

三　日本の密輸入を防止させる。

四　抗救日国を宣伝させる。

のをねらったのだとか、あるいは

一　中央軍の勢力を華北に発展させ、冀察政権を没落させる。

二　江蘇・山東両省の沿岸地方を占拠して、日本に傾斜しがちな韓復榘と日本との連絡を遮断する。

のを目的とするとかいわれたが、いずれにしても対日目的の進駐であることは明らかであった。そのために青島方面の排日気勢は急激に高まり、その方面に居留する日本人には、かなりの被害があったようである。その実情は大鷹正次郎青島総領事の電報（「**税警団問題に関する大鷹総領事の第一六五号電**」（四三六頁））が明らかにしてくれる。このほかこの問題については三種の**海軍側資料**（四二三頁以下）を掲げた。

さらにもうひとつ児玉経済使節団の訪中に注目する必要がある（「**児玉（謙次）訪支使節談**」四二一頁）。児玉謙次（日華貿易協会会長）らの使節団を中国に派遣する計画は、経済人による日中交渉再開の打診を目的として、国防資源の開発に関心をもつ寺内陸相の首唱により、すでに一九三六年の秋に抬頭したが、翌三七年になり、中国側が中日貿易協会の総会に児玉をまねくという形式でこれが実現した。

一行十六名は三月十二日に神戸を出帆して中国に渡り、中国側経済人と幾度か会合して、日中経済提携を協議したが、中国側はその前提として、㈠冀東政府　㈡その特殊貿易　㈢華北一帯を特殊化しようという日本の工作　㈣軍用機による自由飛行　㈤特務機関などの政治的障害を除去することを要望し、そのために具体的成果をあげることができなかった。

日本国内では五月ごろになると、一部に中国統一事業の進捗、民族意識の高まり、抗日態度の激化という現状にたいする再認識論が抬頭し、さらにそれは川越駐華大使の現地報告にもとづいて対華根本方針を再検討するために五月十五日に開かれた陸・海・外三省会議に反映して、そこでの結論さえ、ゆるがすようになった。

一方、林内閣は議会に多数を占める政党側の倒閣運動に対抗しきれず、五月三十一日に倒れた。そして六月一日近衛文麿内閣（第一次）が成立して、廣田弘毅が再び外相として迎えられた（陸相はこの年の二月九日から林内閣の陸相となった杉山元大将が留任。海相は米内光政大将の留任。蔵相は馬場鍈一）。この時期に入ると、国内では対華再認識論の再認識が一部でとなえられるようになり、まことに日本側の不見識を遺憾なく暴露する感があった。

日本の対華方針がこのように混沌とした形で推移しつつあったとき、一方、華北の日中関係は悪化の一路をたどり、一触即発の形勢に追いこまれた。六月下旬、陸軍省軍事課高級課員岡本清福中佐が石原莞爾参謀本部作戦部長と協議して、華北を視察したが、その報告のなかでも華北はいつなにがおこるかわからぬほどの異常な緊張ぶりであるという観察が行なわれた。

そしていくつかの日中間の小ぜりあいが華北で反復されたあげく、ついに七月七日、北平郊外の盧溝橋付近にひびきわたる一発の銃声が、日中両国を不幸な全面戦争に追いやったのである。

なお本書に収めた軍令部第二課の「**北海（支那）事件概要**」（二〇九頁）は体裁は不統一だが、一九三六年九月の北海事件勃発から、翌三七年一月の青島日本人経営紡績工場における中国人工員のストライキ、それに対する海軍陸戦隊の上陸問題に至るまでの機密作戦風の日誌であり、その間の海軍の動きが詳細に述べられていて、極めて資料的価値が高い。

（島田俊彦）

（十一）卢沟桥事件前夜

资料名称： 蘆溝橋事件前夜

资料出处：《現代史資料月報》1946年7月，株式会社みすず書房，第1—3頁。

资料解说： 这是一份对于当时若干史实的综合性点评。在卢沟桥事变前夕，日本军部法西斯化，对华侵略进一步加深，虽然石原莞尔等人出于对苏战备尚未完成的考虑，反对立即全面侵华，但其趋势已经形成。事变前夕，日军中就流传着要在华北挑衅的传闻，说明日军蓄谋已久，事变绝非偶然事件。

現代史資料月報

第八回配本「日中戦争㈠」付録

1946・7

—内容目次—

みすず書房
東京都文京区
本郷３—１７

蘆溝橋事件前夜

稲葉正夫

昭和十一年二月、帝都の雪を血で染めた、あの二・二六事件を契機として、いわゆる石原構想が逐次軍内外に推し出されてきた。その中核をなすものは、同年六月三十日参謀総長の決裁を得た「国防国策」（本巻収録）であるが、八月初旬決定された「国策の基準」や「帝国外交方針」、さらに「第二次北支処理要綱」などには、いまだ十分には反映されなかった。漸く翌昭和十二年二月に採択された「第三次北支処理要綱」から、石原構想は大きく国策の表面に浮びでた。これ以後対華政策特にいわゆる華北工作は、少くも中央では方向を換えていったのである。

しかしてこの間、石原大佐は対ソ軍備の劣弱から、国力戦力造成の必要を痛感し、専門家を総動員して産業五ヵ年計画を立案作成した。そして強く陸軍省を動かし、その成案を政府に提議したのは、まさに蘆溝橋事件の直前であった。これらの詳細については、本巻資料がこれを明らかにしてくれるであろう。これらは、すべて対華不戦策が根底をなしていることもちろんであった。したがって、四月「対支実行策」、「北支指導方策」の決定となり、五月冀東問題解決交渉開始の件佐藤（尚武）外相の訓令発出となったのも、畢竟この線に沿う施策の推進であった。

しかるに現地においては、北海事件や綏遠事件の余燼なお収まらず、十二年に入っても、青島事件や汕頭事件など、不穏な空気は消ゆべくもなかった。殊に西安事件を境とし、国共合作が成立したかの如く、中国側の態度は逐次硬化の兆さえあったのである。

以上当時の日中両国の情勢を概説したのは、次の河辺、柴山両氏の「回想手記」の抜萃を読んでいただくための「蛇足まえがき」と考えてもらいたい。

河辺中将の「対談回想」は、昭和十四年秋、当時支那事

変史編纂部に在職された竹田宮恒徳王大尉との対談記録（参謀本部作成）である。そのときの河辺大佐は、石原作戦部長の下第二課（戦争指導）長であった。記事中に出てくる「兄の歩兵旅団長」とは、北支駐屯の旅団長河辺正三少将のことをいう。

なお柴山大佐と岡本中佐が、同様の任務ででかけたといわれているが、これは、次の「柴山回想」に明らかなように、河辺大佐記憶のあやまりであろう。

一、産業確立計画

当時参謀本部の全般の空気というものは所謂

「石原イズム」で国防国策を確立して国防国家の建設をやらねばならぬ——それが為には軍備の充実をやらねばならぬ——又其の軍備充実の根元である産業の拡充をやらねばならぬ——其の為には官民を通じて其の目的を達するようにやらねばならぬ——日満の産業を「ブロック」でやれば此の産業の拡充は出来るという考えの下に……日満だけで産業を確立するという目途で其の調査研究を満鉄の外部機関をしてやらせました。之に命じて出来上ったものを以て陸軍省を動かし政府を動かして行こう——之が実現の為には政府の顔触も替えなくちゃ不可ぬ軍の意図を実行する内容に替えなくちゃ不可ぬというので相当に裏面表面から工作せらるる所があったと思います。

私は「そういうことは極めて結構だと思います。そうやらなければ不可ぬ又何とか一般重要産業も大いに拡充してかからねばならぬ」という気持で馬力をかけるつもりでありました。それで十二年から五年かかって十七年の三月迄に産業の拡充をやろうと話合って居りました。従ってそれが出来上る迄は「ソヴェット」に対しても支那に対しても戦争をやるべきでないという風に固く信じて居りました。又それが御上の御方針だと信じて居りましたしそうして此の拡充計画の基礎は参謀本部の第二課が指導して作られたもので之は十二年の戦争が始まる直前頃漸く陸軍省に圧し付けて政府側にも逐次通じて行きつつあったと思います。それが参謀本部の状態でありました。

陸軍省もその積りでありました。併し其の間に多少の軋りがありまして参謀本部の言うことで通らないこともありました。然し其の通らないのを私如きが石原少将の権威を笠に被て……非常な卓見と迫力が石原少将にあることですから……遅いながらも兎に角陸軍省にぶつかって行って見るという状態でありました……

一方北支に於ても司令部が強化されまして中央の日満共同産業拡充五ケ年計画の企図に呼応して北支でも之に調和してやろうというので経済方面の主任参謀も出来まして池田純久中佐が冀察政権を相手にして色々交渉をやりましたがどうも冀東というものが邪魔になりました。支那駐屯軍は冀東の開発は直ぐ手を著けると言って来ましたけれども支那側——冀東側は率直にやろうと言わず何とか回避しようという気がありました。それが癌のようになって仲々解けない——そこで冀東というものは色々の都合で之は解消した方が良い。

即ちあの地帯をしっかり軍で実質的に把握して居ったら良いの

で法的には支那のものであるという風に思い大体先の眼鼻をつけてから解消するつもりでありました。そういう状態が丁度十二年の四・五月頃でありました。

二、戦争謀略の風聞

六月頃でしたが妙な噂がチョイ〳〵耳に入って来ました。之は民間から入って来たのですが——近く北支方面で此の前の柳條溝事件のようなことが起る——それを今支那駐屯軍の幕僚が企劃して居るということを民間の人から聞きました。それから私は変に思いまして石原部長にも話しました「どうも変なことを民間の噂に聞くがそれを止めさせることは出来んものか」と言いました。部長も非常に私の言に賛成して「何んとしても戦争は勿論此の噂も止めさせなくちゃならない」ということを言いましてそうして実情を一遍見に行ったら良いじゃないかということでそれから状況を見に軍務課長の柴山大佐と軍事課の岡本中佐とが行って一・二週間歩いて帰って来ました。それから今一つには石原部長から——丁度私の兄が歩兵旅団長をやって居りましたが——「其の兄に向い公私混淆の感はあるが手紙をやって、今のようなことを言って居るものもあるから気を著けよ、断じて不慮の事態を醸さぬようにと言ってやったらどうか」との話もあり、私は兄に私信を出したこともあります。所が中央から視察に行った人の帰任報告にもそういうような噂は「デマ」であって心配無用とのことであり、又私の兄の返信にも安心せよというような意味のことが書かれてありました。

殿下　あれは六月頃ですか。

河辺　私は六月頃だと記憶して居ります。私の聞いたのは其の頃です……或は其の前かも知れませんが……それで私は視察に参りました人に色々聞いたのですが……

殿下　柴山大佐、岡本清福中佐は全然別で行ったのですか或は一諸だったのですか。

河辺　全然別です。

殿下　参謀本部からは誰も行って居らんのですか。

河辺　永津大佐が行ったと思います。他にも行ったかと思いますが其の報告は聞きませんでした。

（十二）海军的对华时局处理方针

资料名称： 海軍の対支時局処理方針（昭和八年九月二十五日）

资料出处： 島田俊彦、稲葉正夫解説《現代史資料》8《日中戦争》1，株式会社みすず書房 1973 年発行，第 9—10 頁。

资料解说： 这是日本海军在 1933 年制订的对华政策方针。通常认为，日本陆军是侵华战争的发动者，日本海军多有和平立场。但该份资料说明，在侵华基本方针上，日本海军与日本陆军一脉相承。海军方面主张将华北从中国分离，促使华北在实际上脱离中国中央政府的管辖范围，与日「满」形成特殊关系。海军方面还要求在华中、华南各地展开行动，以促成其与华北类似的发展形势。

三　海軍の対支時局処理方針

（昭和八年九月二十五日決定）

帝国の対支政策に関しては昨年閣議承認を経たる時局処理方針中に示す所なるも其の後情勢の変化に鑑み且将来の推移を考慮し差当り左記方針に依り可然処理相成度

一、一般方針

帝国の対支政策の基調は支那をして穏健中正なる独立国家たらしめ日満支三国相提携して東洋平和の基礎を確立するに在り、之が為支那側をして速に従来〔の〕誤りたる政策を是正し我国と相協調せしむる如く指導するを要す

されば支那全般としては固より仮令一地方政権たりとも其の非を改め帝国と提携せんとする態度を採るに於ては帝国は之を誘擁〔マヽ〕支援し依然帝国と抗争せんとするものに対しては厳正なる態度を以て臨み聯盟及列国の外援を抑制すると共に支那自体の国内問題より来る圧力を利用し漸次其の対日政策を転向せしむ

二、対北支方策

㈠　北支（北平）政権に対しては相当積極的に之を援助し速に北支方面の事態を安定せしめ停戦協定の履行、抗日排貨其の他反日運動の根絶党部勢力の解消等を実行せしめ北支風潮を親日的に転向せしむ

㈡　山東山西方面に於ける実権者に対しても右方針の下に之を指導し北支を合作して漸次事実上中央政権の政令外に立ち且北支と日満両国との依存関係を復活せしむ

㈢　右情勢を漸次中南支に波及拡大せしむるに努む

三、対中支方策

国民政府に対しては寛厳竝行の方策を以て我に有利に誘導す

㈠　常に厳正なる態度を以て臨み其の非を糺弾して之が反省を促し従来の抗日政策の転向に努む

㈡　支那に於ける排日運動が日支国交の改善極東平和の確立を阻害する重大原因なるを以て我方は右運動が如何なる形を以て行はるるを問はず支那側の峻厳なる取締を要求するものなると共に該運動の結果在留邦人乃至権益に及ぼす侵害に対しては必要なる場合は実力行使も敢て辞せざる所にして日支間の実力衝突を未然に防止し国交の改善を図るには先づ排日の取締が最重要要件なるこ

とを徹底せしむ

㈢ 右の如き態度を執る一方親日倚日的色彩を有するものに対しては裏面的指導其の他の方法に依り之を援助し其の勢力の増大を図り反日欧米親近派勢力を減殺し、前記排日政策の放棄と共に漸次党部の色彩を脱せしめ以て日支提携の常道に復帰せしむ

四、対南支方策

対中支方策と同一趣旨を以て進む但し

㈠ 西南方面に於ける反蔣運動は国民政府の排日政策を緩和する効果あるべきに鑑み抗日を趣旨とするものを除きては之を放任し機宜之を利用す

㈡ 南支に於ける列国の軍事的進出に対しては極力警戒防止に努む之が為同方面に対しては追て積極的方途を講ずることあるべし

10

（十三）对华静观主义放弃论

资料名称：对支静観主義放棄論

资料出处：島田俊彦、稲葉正夫解説《現代史資料》8《日中戦争》1，株式会社みすず書房1973年発行，第16—21頁。

资料解说：此为日本驻华外交官须磨弥吉郎提交的建议书。建议书中认为，中国和日本有着特殊的关系，日本需要对中国加以干涉，尤其在中国共产主义革命和抗日运动蓬勃发展的情况下，日本应该放弃静观主义，积极对中国进行干涉。本件的提出时间，编者在解说中「推测为1933年」，但文中有「1936年初的时事」字样，故不排除是在1936年日本上海领事会议之后有所修订。

七　対支静観主義放棄論

（須磨彌吉郎）

一

一九三六年の所謂帝国危険線は愈々目睫の間に迫つて来た。これがため我朝野は挙げて対策講究に腐心し、内政に外交に軍事に全力以つて之が準備に忙殺されてゐる。いま非常時切抜のわが外交工作について見るに、廣田[弘毅]外相就任直後開かれた五省会議の決定として伝へらるるところに依れば、対米対露関係の調整と対支親善政策を基調とし、就中後者に特に重点を置くこととなつた如く、これが具体的方策として、日満支の協調促進を目標に、差当り諸懸案の解決を計ると同時に、文化援助政策等をも併せ実行することになつた趣である。

思ふに一九三六年の危険線と言ふも、謂はば満洲問題を中心とする日支関係の紛糾にその多くの原因の存する点、及今日の如く行詰つた両国関係の打開には、満洲問題の解決不可能なる現状に於いて、結局は、差当りの諸懸案を個々に解決してゆくことに依つて全面的好転を招来する外ない実情にある関係から、新外相の着眼及対策は寔に事宜に適したものと言はねばならぬのであるが、併し問題は、着眼や対策の出来不出来にあるのでなく、これらを如何にして速に実行に移しゆくかに存する。然るに非常時対支政策決定後既に二ケ月余を経過する今日、依然何等具体的措置の講ぜられゐるを見ないのは——尤も昨今頻りに在支出先官憲の陣容充実建直を実行しつつあるは、その下準備と見られぬではないが——如何にも物足らぬ感じがする次第である。

二

現在の如き国際環境に対処するため、日支関係改善の目的を以つて、出来得るならば所謂静観主義より一歩前進の要あることは、心あるものの夙に痛感しつつあるところであるが、いざ実行の場合を考へて見ると、問題は決して簡単ではないのである。第一の難関は、言ふ迄もなく満洲国の存在である。今や満洲国の存在は、日支両国国交の癌的存在となつてをり、これあるが故に、さきに皇軍の平津地方進兵に依り城下の盟をなしたに等しい北支停戦協定が成立しても、その当座はともかく、又中には真に日支大局に目覚め、心からこの協定の精神を拡充し日支全局の好転に資せんと真面目に努力しつつある人士もあるに不拘、僅に数ケ月を出でざる今日、仮令内政上の勢力抗争に因を発してゐるとは言へ、この停戦協定の精神を否認するにも等しい決議が、立法院や中央政治会議で為されると言つた具合で、支那側の対日悪感は非常に深刻であり、如何にも始末にわるいものとなつてゐる。従つて事情かくの如くなる今日に於いては、仮令個々の懸案解決にしてからが、満洲問題を「セットアサイド」して、果してよく所期の目的を達しうるか、この点固より私も世人と共に深き疑惧の念はもつてゐる。

然し乍ら、翻つて思ふに、日支両国の地理的歴史的文化的経済的等々に於ける密接な自然的関係は、かうした支那側の対日悪感存在するにも拘らず、彼等の間には一時満洲問題には触れず、実際的に両国関係改善の必要ありとなし、また日本の援助なくしては支那は立ち行かぬことを、お世辞でなく真実真面目に考へてゐるもののあることも事実であつて、それは寧ろ政治に無関係な一般民衆の間に多く見受けらるるのである。このことは依然たる排日貨の嵐の中に、支那市場に於けるわが商品の実需が如何に旺盛なるかに徴しても明かに看取せらるるところである。だから従つて、満洲問題の存在が、両国関係打開を至難ならしむるものとして一応の悲観は差支へないが、これを以つて直に、日支関係の将来を絶望視することは、余りに取越苦労に過ぎはしまいかと思はれる。要するに日支関係打開の可能性の有無を決定するものは支那側をして満洲奪回を断念せしむるにあらずして、我国が満洲国を援助してゐることが、決して利己的な領土的野心に出発せず、真に東洋永遠の平和維持の外他意ないことを事実の上に証明し得るか否かに存する。即ち満洲国を建国の理想通りに王道楽土たらしむべく努力するの必要あること固よりであるが、これと同時に、支那に対して、寧ろそれ以上に、日支共存共栄の大局的見地から、その崩潰を防止し進んでその再建復興に寄与し得べき建設的方策を用意して臨んでこそ、打開の途ありと言ふべきで、これとりもなほさず又目前の対支政策の要諦でなければならぬと私は確信してゐる。

三

かく言へば、中には、それ程に親切の押売をしてまで、日支関係打開を急ぐ必要はないではないか、我国としては、厳粛且断乎たる態度を持し静観して居れば、結局は支那側から折れて来る日もあるであらう。その時期をも俟たずして、此方からそんな甘い態度を示すに於ては、すぐに附上るは必定、その結果は往年の幣原外交の二の舞を演ぜんこと火を睹るより明かなりとなす論者もあるであらう。勿論かうした考へ方は、支那の国民性に顧み、一面の真理を道破せるもので、曾ては私も、さうした考へ方をもつて最も時宜に適するものとしたときもある。然し乍ら所謂対策なるものは、常に一定不変のものを良しとするものでなく、寧ろ客観情勢の変化に伴ひ自然変化あるべき道理のものである。況んや日支の関係は、兄弟の間柄で従来の支那側のへこたれるを傍観するといつた態度も、もともと支那を愛すればこそで、その覚醒を俟たんとする大慈大悲の態度に外ならず、決して支那を悪しとしてその滅亡を俟つといつた気持からでは全然ない。従つて仮りに支那にして危機に瀕せんか、袖手傍観出来るやうな水臭い仲ではないのである。他方幣原外交の二の舞に対する杞憂もさること乍ら、我国は、敢て幣原外交当時ならずとも随分支那側からは羮え湯を飲まされた苦い経験をもつてゐるから、支那側をして際限もなく増長せしむると言つた遣方は、少くとも現在に於いては、すつかり清算されてゐる筈で、満洲、上海乃至は平津附近への進兵は、決してみえや伊達ではないのである。余り増長すると承知しないぞと言つた我儼然たる決意は、色々の反日策動はあるにはあつても、支那側にとつては相当身にこたへてゐる筈である。身に沁みて居ればこそ、仮令表面だけにせよ、親日政策の標榜を余儀なくされてゐるのだと、私は了解してゐる。だから我々は、今後の対支交渉に於いて、大局的見地から、相当妥協的手段をとることがあるとしても、決して幣原外交の轍を踏むを恐るる必要は毛頭ないのであつて、我々は、満洲事変以来払ひ来つた努力と犠牲に対して、もつと自信と信頼とをもつてもいいと思ふのである。

四

だが然し、畢竟支那のことは急いでも仲々思ふやうになるものでなく、漫々的をもつて対支政策の要諦とすること今も昔も変りはないのであつて、従つて単に一九三六年の危険線突破のためのみならば、何にもかくまで急いで静観主義放棄を力説せなくとも、比較的理詰めでゆける対米対露工作を進行させればよく、その成功の暁には、これによつて支那をしてその得意の以夷制夷策を施す余地なからしめ、惹いてその対日態度の緩和を余儀なくせしむることも出来るのであるが、奈何せん、我々の前に展開された支那の新情勢は、我々がかねてより抱懐してゐる東洋平和の確保とか、亜細亜人の亜細亜とかいつた、謂はば我国民的の夢——否夢ではない信念——、を根こそぎ破壊し去らん危機をはらんでゐるのであつて、この情勢に直面して、我々としては最早や、目前の困難に遅疑逡巡し、或は取越苦労に日を暮し、或は又間接手段にのみ頼つて袖手傍観即ち所謂静観主義の殻にのみ閉ぢ籠り得ないものがある。

第一に従来我々は、支那の共管とか分割に対しては極力反対して来たものであるが、現在の情勢から観測すると、我々の恐れてゐたものが、段々近付いて来るやうな気がしてならないのである。私は今次の福建独立の裏面に英米の策動があり、新しい支那分割又は共管の端開かれんとすといつた説を事実として信ずる程神経過敏にはなつてゐないし、又共管なり分割なりの問題が、いやしくも我帝国の健在する限り我国を除外して、列国の間に真面目に考慮せられ又論議せらるるが如きこと、現在は勿論将来に於いても絶対にあり得べしとは思つてゐないのであるが、然し乍ら、西藏新疆内外蒙古等諸辺疆地方の分離的傾向は暫く措くとするも、現に国民政府が、或は抗日に利用のために或は政府の命脈維持の目的から、或は聯盟と技術合作し或は英米其の他諸国から航空路鉄道及自働車路の建設に、鉱山の開発に重工業の創辦に其他各種の建設的事業に、種々経済的援助を仰ぎつつある結果は——勿論支那側では、列国の共管を招来せようとは考へてもゐなからうし、寧ろ外資の利用位に考へてゐるであらうが——その好むと好まざるに論なく、実際上に外国の力のために制せらるるは不可避で名こそ共管又は分割とこそ言はざれ、事実は何等これと択ぶなき窮状に陥ること明かである。仮令百歩を譲つて然らずとするも、列国と支那との経済関係が日一日と増進して行くのを、我国独り指啣へて見てゐるといつた法はなく、況んや満洲が我国防の生命線なら、差詰め支那は我経済の栄養線とも云ふべき重要な関係にある土地柄とて、これを列国の跳梁独占に委することは如何にも我国の忍び得ないところであつて、今にして、何とか一工夫するにあらざれば、悔を千載に貽す結果とならう。我々は徳川三百年の鎖国主義に累ひされて、列国より立遅れたために、今日の在支地位を築き上げる迄に、何れ程惨憺苦心したかを、今こに切実に回想する必要がある。

五

更に我々の断じて無関心なる能はざるは、支那の赤化に対する危険である。蒋介石累次の江西赤軍討伐が常に事実失敗に終はり、又四川の共匪が如何に猖獗を極めたところで、まさかに支那の全土が、しかく簡単且急速に赤化すべきことは、先づ先づあり得ないであらう。けれども亦、現在の如き乱脈極まる政情の下に於いて、又今日の如く一般民衆の窮乏甚しく殊に農村の疲弊極度に達したる時代に於いては、それ自体が赤化の進展に好個の条件を提供するもので、この見地よりして、赤化の傾向は漸進的ではあるが、常に拡大強化すべきことこれ亦疑ふべくもない。支那赤化の懸念に対し、共産軍もその発展過程に於いてこそ、共産主義的な看板を掲げて居るが、結局は従来の一般軍閥と何等択ぶなきものと化すべしとて、その拡大強化のさまで重要視する要なきを説くものもある。右は相当支那人の民族性を理解せるものの言として一応傾聴に値ひするが、支那の共産党及軍が第三インターナショナルの環の一部分としての存在を否定し得ない以上、本問題をしかく軽視すること果して当を得たりと言ひ得べきであらうか。又支那の赤化は懸念に堪へないが、何といつても他処の国のことであるから露国の先例に徴してもわかるやうに、さまで直接的影響はあるまい、従つてしかく神経過敏となる程のこともなかるべしとの説を為すものもあるが、露支両国と我国との関係をかく一概に律し去るは危険で、支那の日本に対する露国のそれと到底同日の論ではなく、その関係の密接なる単に地理的関係のみについて見るも、幾十倍するものあるを見るのであつて、断じて対岸の火災視して枕を高うして安眠を貪ることは許されないのである。

仮りに百歩を譲つて、支那の赤化や分割の危機も、所詮は彼等自ら招いたものとして已むを得ずとなし、且我国としても左程留意に値ひしないものと考へよう。然し乍ら我々は現在の如き混乱の中に、支那四千年の光輝燦然たる固有の文化が逐次破壊し去られてゆくのを黙過し得るか。更に又塗炭の苦みに呻く友邦四億の無辜の同胞を放任すること果して情として忍び得るであらうか。実際これが忍び得る位なら、我々は今日迄、支那問題のために、こんなに迄苦しむ必要はなかつたのである。支那問題解決の途は他にもあつた筈である。冒頭私は一九三六年に備ふる為めに日支関係の打開を口にしたが、勿論それも目的の一つではあるが、然し今はそんな打算的な目的のためでなく崇高な東洋平和維持の我等国民的天職遂行のために、従つて支那を赤化と分割共管から救ふために、又人類の文化擁護のために将又人道のために、何を措いても取敢へず、日支関係行詰の打開から着手して、危機に瀕せる支那救援に乗出す必要あることを私は痛感するものである。思うてこゝに至ると、我々は最早や少しの躊躇もなく静観主義を放棄すべきであり、これ又我国固有の精神に合致するものと確信するものである。

六

私は以上数項に亘つて、多少前後顚倒の嫌はあるが、兎にも角にも、静観主義を放棄すること今日の急務なるを一通り説き来つた積りである。然し乍ら説いてこゝに至ると又しても困難なる問題に逢着する（静観主義放棄も蓋し厄介なものかな）。それは他でもない。一歩前進の場合政策遂行の相手方の問題である。勿論列国の承認した南京政府は、今も中央政府として存在はする。けれども没落の危機に立つて、果してよく我方と共に責任を以つて、両国関係改善の相談に応じ得る力量を有するであらうか、これは確かに問題である。国民政府の現状は果して如何であらうか。事実その依つて立つ国民党自身既に腐敗分裂の極に達し昔日の団結勢威なく、政府部内内訌は絶えず、加之未曾有の強敵共産軍に対する累次の討伐は悉く失敗に帰し財政は極度の窮乏を現出しその威力は今やお膝元数省にすら完全に及ばず、殊に今次の福建独立によつてその衰頽の状更に顕著なるものあつて、その命や全く文字通り旦夕に迫つてゐるといふも過言でない。国民党政権がかくまで悲惨な地位に顚落した原因は他にも種々あらうが、充分の諒解と協力を求むべき筈の我国に楯突いて、満洲事変を惹起したことが、何といつてもその崩壊に拍車を加へたことは争はれぬ。その今日ある謂はゞ自業自得である。而も懲性もなく表面は兎も角、裏面では、排日抗日を断念し得ない徒輩多く、種々反日策動を続くると言つた始末で、かくの如き悪質の政府相手はまことに有難くない話である。然し乍ら既に静観主義を一歩踏み出す必要を認めてゐる此際、相手方の良否など問題ではなく、悪ければ之を善導すればいゝのである。況や南京政府は列国も我国も承認した政府である。順序としてこれを相手にする甚だ物足りなくは感ずるがまた已むを得ないであらう。又一概に南京政府と云つても内部は仲々複雑である。虚位を擁し実行力なき当局との交渉は過去の経験に徴しこりごりである。然らば果して何人を相手とすべきか又その具体方策如何の問題は余りにデリケートであるからこゝに言及するを差扣へたい。

七

之を要するに、支那の現状は、我々が今日迄東洋平和維持のため払ひ来つた努力と犠牲とを水泡に帰せしめん危険が著しく増大しつつある。固より我国内の情勢亦必ずしも楽観は出来ないが、また崩壊に瀕せる友邦の救援に一臂の力をかす態の積極政策を行ひ得ない程悪くはない筈だ。否寧ろかゝる対支積極策に一歩を踏み出すことこそは、我現下情勢に活気を与ふる起死回生の妙薬とも言へるであらう。南京政府は今や運命の岐路に立つてゐる。我がこれに対する態度如何は、次第によりては、その興廃をも決しよう。時機は彼等にとつて将に重大である。我方に於て友邦の危機救援の俯仰天地に恥ぢざる政策を樹てゝ日支現状打開のため彼等に呼掛くるとき、よもや彼等とても無下に我方好意を退くることはないであらうが、事の成敗は固より天である。彼等の頑迷救ひ得ざるとき又自ら別に方法もあるであらう。南京政府のみを尊重せず親日を標榜するならば、何れの政権でも友好関係を結んで必要あらば之を援けると言ふが如き行き方も、勿論一つの見識であり、実際問題としてこの外に途がないかも知れぬが、既に中央政府の存在する以上原則としては面白くない。かゝる行き方は中央政府との最後的折衝に断念を余儀なくさるゝときを俟つても決して遅しとしない。何れにしても日支関係の打開は、先づ我方に於いて静観主義を一歩踏出すことが必要でこれによつて最後的成果まで所期するは困難であるが、而も一九三六年の危険線突破も支那の救援も、大亜細亜の確立も東洋平和の確保も、静観主義の殻を破つて前進するところにのみその希望の生れることを私は力強く主張せんとするものである。

（十四）关于对华政策之件

资料名称：対支政策に関する件（昭和九年十二月七日）

资料出处：島田俊彦、稲葉正夫解説《現代史資料》8《日中戦争》1，株式会社みすず書房 1973 年発行，第 22—24 頁。

资料解说：本资料是 1934 年日本陆军、海军、外务三省的课长级相关业务官僚制定的对华政策方针。文件强调，要利用扩张日本在华商权，促使中国形成对日的依赖关系，进而遏制中国的抗日运动。此外，应在华北扶植分离势力，并利用西南派等地方实力派制衡国民政府。

八　対支政策に関する件

（昭和九年十二月七日陸・海・外三省関係課長間で決定）

第一　趣　意

一、我対支政策は(イ)支那をして帝国を中心とする日満支三国の提携共助に依り東亜に於ける平和を確保せんとする帝国の方針に追随せしむると共に(ロ)支那に対する我商権の伸張を期するを以て根本義とす

二、然れ共支那の現状に顧み同国政局に対する施策に依り急速に第一項(イ)の目的を達成すること至難なるに止らず我方に於て過急[火?]に斯種の施策を行ふことは却て反対の結果を招来するの虞もあり漸を追つて右目的の達成を期するを要す

三、一方支那に対する我商権の伸張、換言すれば我方が支那に於て強固なる経済上の地歩を築くことは其れ自体我対支策の根本義を成すのみならず、他面我方の勢力を以て支那を控制し同国をして我方との接近を求むるの余儀なきに至らしむるべき有力なる手段なり而して右商権伸張の為には中央及各地政権の排日的態度を厳に是正すると共に支那各地就中経済上我方と関係深き地方に於ける治安の維持に留意し一般官民の間に対日依存の空気を醸成せしむること肝要なり

四、仍て我方としては此の際支那政局の自然の推移に逆行する無理なる措置を避け、寧ろ右自然の推移を我方に有利に誘導する如く支那の実情に応じ我方の必要と認むる方策を熱心且執拗に実施し、以て支那政局推移上当然の帰結と認めらるる同国内政の極端なる行詰と相俟ち、結局支那をして大勢の赴く所遂に我方に接近を求むるの余儀なきが如き境地に立たしむるを期せざるべからず

第二　方策要綱

一、一般方策

(イ)　支那側が東亜の大局に覚醒せず依然東亜の平和を破壊すべき政策を継続するに於ては飽く迄之が是正を要求して已まざる堅き我方の決意を支那官民に一層印象せしめ、支那側が日支関係の打開に付現実に誠意を示すに於ては我方亦好意を以て之を迎ふべきも、我が方より進んで和親を求めず、且支那側に於て我方の権益を侵害する場合には我方独自の立場に基き必要の措置を執るべしとの厳粛公正なる態度を以て之に臨むこと

22

尚彼等の内部抗争を利用し其の抗日政策を更改せしむることにも亦留意するの要あり

(ロ) 前記の如く権益擁護上必要なる我方措置の結果支那政局に動揺を生ずることありとするも右は止むを得ざる所なるが、然らざる限り我方に於て殊更支那の事態を紛乱せしむるが如き措置に出でざること又支那各地、就中経済上我方との関係深き地方に於ける治安の維持に留意し一般官民の間に対日依存の空気を醸成せしむると共に排日策動に対しては之を阻止終熄せしむる様厳に要求し以て我商権の伸張を期すること

(ハ) 日支接近の最大の障碍たる支那の遠交近攻的心理、即ち同国が右心裡に基く各般の行動並に之に策応する外国側の対支援助を極力排撃すること是が為には主として外交上及経済上の方策を積極的に実施すること

二、対南京政権方策

国民政府の指導原理は帝国の対支政策と根本に於て相容れざるものあるを以て南京政権に対する方策の基調は同政権の存亡は同政権に於て日支関係の打開に誠意を示すか否かに懸ると云ふが如き境地に窮極に於て同政権を追込むことに存する次第にして右目的の為には前記一般

(イ)及(ハ)の施策を執拗に行ひ殊に同政権に対して排日停止就中党部の策動を控制せんことを要求し同時に懸案の解決及我方権益の伸張に付ては従来よりも一層積極的の努力をなし且同政権との官職等に我政策遂行に便なる人物を任命せしむる様仕向け以て同政権の態度を我方に有利に誘導するを期すること

三、対北支政権方策

我方としては北支地方に対し南京政権の政令の及ばざるが如き情勢とならんことを希望するも此の際急速に右の如き情勢を招来することは我方に於て巨大なる実力を用ふるの決意なき限り困難となるに付、差当り北支地方に於ては南京政権の政令が北支に付ては同地方の現実の事態に応じて去勢せらるる情勢を次第に濃厚ならしむべきことを目標とし漸を追つて之が実現を期すること従て我方としては北支政権に対しても大体前記南京側に対する方針を準用し且該政権が有力なるものにして誠意を示すに於ては我方亦好意を以て之に臨み以て懸案の解決及我方権益の維持伸張に努むると共に尠くとも党部の活動を事実上封ぜしめ且北支政権下の官職等をして我政策遂行に便なる人物に置き替へしむる様仕向け以て北支地方の官民が同地方に於ては排日は行はぬものなりとの先入的の観念を持つに至る様の空気を醸成し行き、結局我方権益の伸張と排日に睍まざる一般空気の醸成とに依り、北支政権の主班が何人なるも北支に於ける日満支の特殊の関係を無視すること不可能なるが如き状況を招来するに努むること

四、西南派其の他の局地的政権に対する方策

西南派其の他の局地的政権に対しても前記一般方策並之に基く対南京及北支政権方策を準用すべきこと勿論なるが西南派及韓復榘、閻錫山等が南京政府と対立し又は不即不離の態度を執り居る状態を維持せしむることは南京政権の対日態度を牽制する上に於ては我方亦之に相応ずる好意を示し適宜連絡を維持すること

但し斯種地方政権の新なる発生は支那政局の自然の推移に委すべ

く我方としては南京政権擁護に偏するが如き結果とならざる様留意すると共に積極的に新に地方政権の発生を助成するが如き措置は之を避くること

五、商権伸張に関する方策

前記各方策の実施間之に適応して我対支商権の伸張に努む、是が為各政権を利導し其の目的達成を計ると共に広く対象を実業界其の他一般民間に求め国民経済提携を促進し、尚排日に昵まざる一般的空気の醸成を計り以て日満支間の経済的特殊関係は政治的等の理由に依り如何ともし難きが如き事態の招来を期すること

（十五）天羽英二情报部长的非正式声明

资料名称： 天羽英二情報部長の非正式声明（昭和九年四月十七日）

资料出处： 島田俊彦、稲葉正夫解説《現代史資料》8《日中戦争》1，株式会社みすず書房1973年発行，第25—26頁。

资料解说： 1934年4月17日，日本外务省情报部长天羽英二在记者招待会上发表「非正式谈话」，强调日本与中国具有「特殊关系」，并主张由日本独自维护东亚秩序，反对他国援助中国。这个讲话又被称为「天羽声明」，它公开了日本独霸中国的侵略野心，被西方解读为「亚洲门罗主义」。

九　天羽英二情報部長の非公式声明〔昭和九年四月十七日〕

（四月十八日付、東京朝日新聞）

日本は支那問題については、日本の立場および主張が、列国と一致せざるものがあるかも知れぬが、日本は東亜における使命を果し、責任を遂行する為には、全力を尽さなければならぬ立場にある。さきに日本が聯盟の脱退を余儀なくされたのは、その東亜における日本の地位に対する見解が、聯盟と相違を来した結果によるのであつて、日本の支那に対する態度も又外国とは必ずしも一致せざるところがあるかも知れぬが、これは日本の東亜における地位使命より来るやむを得ざる事である。日本は諸外国に対しては、常に友好関係の維持増進につとめてゐるは、いふまでもないが、東亜に於ける平和及び秩序を維持するためには、日本の責任において単独になすことは、当然の帰結と考へる。又これを遂行することが、日本の使命で日本はこれを決行する決意を有する。

しかして右の使命を遂行するためには、日本は支那と共に、東亜における平和維持の責任を分たざるを得ざる次第で、又支那以外に責任を分つものはない。従つて支那の保全統一乃至国内秩序の回復は、東亜平和の見地から見るも、日本の最も切望するところである。

しかして支那の保全統一及び秩序の回復は、支那自身の自覚又は努力にまつ外なきは、過去の歴史の示すところで、現在においても、将来においても又然りである。この見地より、支那側がもし日本を他国を利用して排斥し、東亜平和に反する如き手段に出るとか、或は以夷制夷の対外策に出づるが如きことあらば、日本としても、やむなくこれを排撃しなくてはならぬ。また列国側にあつても、満洲事変・上海事件により形成せられた状勢を顧慮して、支那に対して共同動作を執らんとするが如きありとせば、たとへその名目は財政的援助といひ、技術的援助であるにせよ、つまりこれは支那においては、政治的意味を帯ぶることは必然にして、その形勢が助長せらるゝときは、遂に支那における勢力範囲の設定、国際管理または分割の端緒を開くので、ただ〳〵支那に対して、大不幸を来すのみならず、東亜の保全、惹いては日本のためにも重大なる結果を及ぼすべきおそれあり。従つて日本としては、主義としてこれに反対せざるを得ぬ。

しかし各国が各々別々に支那との経済貿易上から交渉するが如き

は、事実上においては支那に対する援助となるも、東亜の平和維持に支障を来さざる限り、これに干渉するの必要がない。然し、もし右の如き処置が東亜の平和維持を紛乱するが如きことあらば、これに反対せざるを得ない。例へば最近外国が支那に軍用飛行機、飛行術、軍事教育顧問、軍事顧問等を派遣し、又は政治借款を起すが如きは、結局支那と日本その他の国との関係を離間し、東亜の平和維持に反する結果を生ずることが明白であるから、日本としてはこれに反対せざるを得ない。

右の方針は、日本の従来の方針より当然演繹せらるべきものであるが、最近、外国が支那において、共同動作援助の如き種々の名目で積極的に動いてゐるから、この際我が立場を明かにするも徒じならざるべしと信ずる。

26

二、日本在华北地区驻军由来及其兵力增强

（一）中国驻屯军的成立

资料名称：支那駐屯軍の生立ち

资料出处：支駐步一会编《支那駐屯步兵第一聯隊史》（非壳品），内海通勝 1974 年印行，第 3—5 頁。

资料解说：日本中国驻屯军第一联队队史，是在原部队官兵生还者在战后回忆的基础上编纂而成。其开篇部分记录了八国联军侵华后，日本在京津等地设置驻屯军及其进驻分布概况。1936 年驻屯军升级，军司令部之下，新设步兵旅团司令部、两个步兵联队，及炮兵联队、工兵、辎重兵等部，兵力急剧膨胀。第一联队驻北平，由日皇直接授与联队旗，首任联队长牟田口廉也的斗志得到极大鼓舞。一年后卢沟桥事变发动，该联队成为日军实施全面侵华战争的先锋作战部队，因此全面了解它的组建、扩充及行动历史十分必要。

第一章　支那駐屯軍の沿革と連隊の創設

支那駐屯軍の生立ち

明治三十三年（一九〇〇年）北清事変の結果、連合国は清国と条約を結び、北支に常時駐兵する権利を得た。駐屯地は北京、天津及び京奉線上山海関に至る主要都市であった。我が国は軍司令部を天津に置き、歩兵二ケ中隊を基幹とする部隊を北京に歩兵一ケ大隊、山砲一ケ中隊、工兵若干を天津に駐屯せしめた。天津部隊から、塘沽、唐山、秦皇島、山海関に小部隊を分遣していた。

北京の部隊は、北京駐屯歩兵隊と呼称し、北京交民巷（公使館区域と俗称）の我が公使館に隣接する兵営に駐在した。隊長は中佐で、工兵（通信）及び憲兵若干を区署した。

隊本部は常駐で、隷下の中隊は、一年交代で毎年全国から分遣せられていた。

北京駐屯歩兵隊の任務は、公使館（大使館）の護衛と居留民の保護であった。

我が軍の兵力配置は、読売新聞社編「昭和史の天皇」に次の様に記されている。

「北京三百、天津千四百、山海関・秦皇島三百、鉄道守備六百、合計二千六百人である」北京に駐屯していた外国軍隊は当初、日、米、英、独、仏、露、オーストリア、イタリアの八ケ国であったが、第一次世界大戦（一九一四年）後減少し、第二次世界大戦（一九四一年）までは、日、米、英、仏、伊の五ケ国が引き続き交民巷公営に駐屯していた。何れも小部隊であったが、その中で、米軍が最も多く（海兵隊約五百）、若し中国に内乱が発生し、交民巷の公使館を防衛することを要する事態が発生した際は、米軍の隊長が各国の軍隊を指揮し交民巷の守備に当ることになっていた。

我が駐屯軍は満州事変（一九三一年）には、直接、武力を発動することはなかったが、其の厳然たる存在により、大使館はじめ官民の後楯として信頼せられた。

連隊の編成、初代牟田口連隊長の着任、軍旗拝受

満州国成立し我が国策は之を育成強化するのに努めたが、日中の関係は険悪の度を加え、北支においては、種種の不詳事態が発生したため、遂に昭和十一年四月十八日、支那駐屯軍の増強に決し、駐屯軍は、歩兵一ケ旅団(歩兵二ケ連隊)、砲兵一ケ連隊、工兵一ケ大隊、騎兵隊、戦車隊等を含め兵員は約四千名(以前の約二倍)になった。

北京には旅団司令部と歩兵一ケ連隊が設置せられることとなった。初代旅団長は河辺正三少将であった。

この連隊を支那駐屯歩兵第一連隊と呼称せられた(天津にも歩兵一ケ連隊を配置、これが支那駐屯歩兵第二連隊となった)。

初代連隊長には陸軍大佐牟田口廉也(終戦時陸軍中将第十五軍司令官)が任命され昭和十一年五月一日、北京に着任、全国各地より逐次派遣された各部隊を掌握した。

当時の編成は、連隊本部と三ケ大隊及び歩兵砲隊より成り、大隊は歩兵三ケ中隊と機関銃一ケ中隊、大隊砲一ケ小隊であった。

連隊本部及び第一大隊(大隊長木原義雄少佐)は北京に、第二大隊(大隊長筒井恒少佐)は天津機器局(但し兵舎建設中のため約四ケ月、満州国綏中に仮駐屯)に、第三大隊(大隊長一木清直少佐)及び歩兵砲隊は豊台に配置された(但し兵営とすべき借上民間倉庫の改修工事竣工まで一ケ月通州に野営)。

増強部隊の出身連隊は次の通り。

第一大隊は、第一中隊を広島歩兵第十一連隊、第二中隊を福山歩兵第四十一連隊、第三中隊を松江歩兵第十三連隊、第一機関銃中隊を広島、福山各連隊と山口歩兵第四十二連隊、浜田歩兵第二十一連隊よりの混成。

第二大隊は第四中隊を姫路歩兵第三十九連隊、第五中隊を鳥取歩兵第四十連隊、第六中隊を岡山歩兵第十連隊、第二機関銃中隊を前記各連隊及び松江歩兵第六十三連隊よりの混成。

第三大隊は、第七中隊を青森歩兵第五連隊、第八中隊を秋田歩兵第十七連隊、第九中隊を山形歩兵第三十二連隊、第三機関銃中隊は、前記各連隊よりの混成。

歩兵砲隊は前記各連隊と弘前歩兵第三十一連隊より同数の混成。

4

第一、第二大隊は概ね五月中旬、宇品港を出港、同月下旬、秦皇島に上陸、第三大隊は五月二十三日新潟港を出航、渤海湾を横切って、同月二十九日塘沽に上陸。それぞれ大陸に第一歩を印した。

斯くして、支那駐屯歩兵第一連隊は、昭和十一年五月二十九日編成を完結した。

連隊の編成終るや、牟田口連隊長は旗手（歩兵少尉近藤　保）を随え上京、六月十八日、宮中に参内して軍旗を親授せられた。

軍旗の親授に際しては天皇より

「支那駐屯歩兵第一連隊編制成ルヲ告グ。ヨツテ今、軍旗一旒ヲサヅク。汝、軍人等協力同心シテマスマス威武ヲ宣揚シ、以テ国家ヲ保護セヨ。」との勅語を賜り、連隊長は謹んで拝受したあと、「ウヤマイテ明勅ヲ奉ズ、臣等、死力ヲツクシテ誓イテ国家ヲ保護セン」と奉答した。

連隊長は、軍旗を奉じて北京に帰着後、連隊全将兵を交民巷練兵場に集め厳粛な軍旗奉戴式典を挙行、連隊の基礎茲に成立した。

連隊長は、我が連隊を皇軍第一の精鋭部隊とすべき大抱負をもって教育訓練に絶大なる努力を傾注され、各隊の将兵も亦、これに応え、極めて真剣であった。

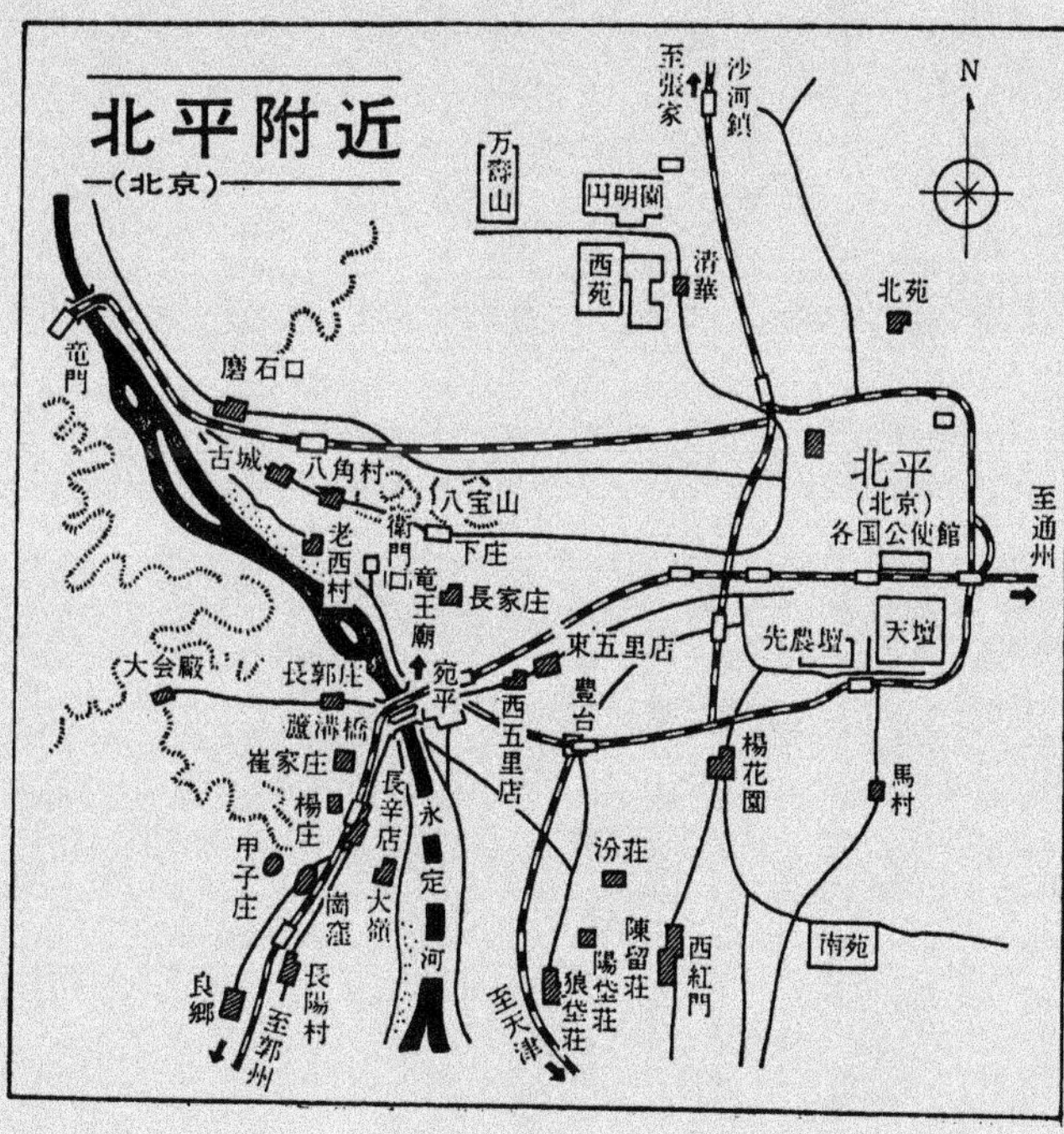

（二）深夜开向中国的列车

资料名称：深夜列車で中国へ

资料出处：読売新聞社編《昭和史の天皇》15，読売新聞社1965年発行，第250—258頁。

资料解说：1936年5月日本军部开始抽调国内各部队兵力，以加强驻扎华北地区的驻屯军。本资料来源于挑动卢沟桥事变的第一联队第三大队第八中队战后生存士兵的采访口述，描述的是被抽调士兵入营前后的活动，由此可以直观地了解日本军部强化卢沟桥的前线部队，以及随后展开侵略行动的一个侧面。

深夜列車で中国へ

日中衝突に至る過程についてはこれまで見てきた通りだが、その近因をかもし出したのは、昭和十一年五月に実施された支那駐屯軍の増強であった。中国というれっきとした主権国家の中に、日本をはじめ欧米各国の軍隊が配置されているのもおかしな話だが、さらにこの支那駐屯軍の増強が中国側には無通告で行なわれたのだから、現代の常識では理解に苦しまざるを得ない。その解明はおいおいのこととして、昭和十二年七月七日夜、北京郊外・盧溝橋畔の荒地で中国軍と銃火を交えたのが、増強された支那駐屯軍の部隊であった。

したがって、ここでは七月七日夜の事件の当事者であった支那駐屯第一連隊第三大隊第八中隊の将兵に焦点を合わせて、その行動をみていく。前にも書いたように事件から三十四年、〝事件の風化〟は激しく、またその後八年にわたる日中戦争・太平洋戦争によって死亡した将兵も少なくない。現在、生存を確認し得た当時の第八中隊隊員は百三十五人中わずか十九人にしかすぎないが、これらの人たちは、いまそれぞれの地域社会で活躍している。この十九人にはすべて直接会って取材することができたので、その話によって、またさらに間接的にこの事件にタッチした人たちの話を加えながら、日中両民族の悲劇であった盧溝橋事件にはいっていこう。

まず第八中隊第一小隊第一分隊長だった佐藤一男氏（当時、軍曹、現、無職、秋田県大館市川口字長里一二六）の話。

「わたしは昭和七年に秋田の十七連隊（秋田市内）に入隊し、昭和十一年五月、支那駐屯軍の増強として中国に渡ったときホヤホヤの軍曹でした。

この中国へ行くということは当時、軍事機密ということでしてね、われわれ下士官に指示されたのは出発十日ぐらい前のことでした。もっとも将校の方たちにはずっと早くからわかっていたんでしょうがね。しかも将校はわたしたち下士官に対して、

『まだ兵隊たちにそんなこと、いってはならん』

と堅く口止めをされたくらいでした。いえ、わたしたちにも目的が支那駐屯軍の増強とか、目的地が北京だなんて皆目わからず、ただ中国へ行く——ということだけが知らされたんです。

むろん外地勤務ということになれば、服装をとりかえるとか、兵器、弾薬の整備・交換といった作業があります。記憶では小銃もすべて新品と交換したし、服装もいわゆる〝一装用〟という最高のものが支給されたように思いますね。だから、兵隊たちだって『なにかあるナ』と感じていたと思うんです。

それから三、四日して大隊長による軍装検査というのがありまして、そのときの訓示で、

『われわれは命令によって中国に行く』

と正式に申し渡されたんですよ。しかし、まだ中国のどこへ行くかは明らかにはされていませんでした。これが出発前一週間ぐらいのことでした。

われわれが支那駐屯歩兵第一連隊第三大隊に配属されたのは、つまり第三大隊が正式に編成されたのは、殷汝耕が長官をしていた冀東政府の所在地、通州に着いてからなんですが、秋田の十七連隊から支那駐屯軍要員として〝選抜〟されたのは、わたしたちがいた第二中隊だけでした。

秋田の連隊にいたころの第二中隊の幹部は、中隊長が清水節郎大尉、第一小隊長寺口末太郎中尉——もっとも

この方は先発要員ということで、われわれより一足早く連隊を出発しました——だったんですが、この理由で出発時の第一小隊長は陸士を出て間もない〝パリパリ〟の野地伊七少尉、第二小隊長が高橋永次郎准尉、第三小隊長が石井寅之助准尉、それに小隊長ではないが指揮班長として三浦栄次准尉、指揮班というのは、わかりやすくいえば中隊長の手足となって、まあ伝令の長みたいなことをやる。そしてわたしが第一小隊の第一分隊長でした。一小隊中の分隊は四分隊まであって、したがって中隊には三小隊あるから十二個分隊によって一つの中隊が編成されるわけです。また一個分隊は、戦いをやるときには十六人が定員でしたが、当時はたしか十二人の編成だったと覚えているんです。こうしてみると一つの中隊の人員は12×4×3で百四十四人に将校を加え、ざっと百五十人ということになりますね。

といっても、各小隊の幹部、すなわち将校がもともと二中隊の幹部ではなかったんです。よその中隊から中国行きにさいして交代された方が多かったんですよ。二中隊の〝はえ抜き〟というのは清水中隊長と石井准尉の二人だけ、あとの寺口、野地、高橋、三浦という将校は他の中隊の方で、だから考えてみると、連隊の精鋭幹部をすぐって支那駐屯軍要員をつくったんではないでしょうか。

もっとも、将校の方については家庭の事情、連隊の将来計画などが多分に勘案されたでしょう。では第二中隊そのものが、秋田連隊（十七連隊）のなかでもっともすぐれていた中隊かというと、わたしが見たところ、さほどの中隊とは思えませんでした。たとえば射撃演習や銃剣術訓練などをみても、優秀な方ではなかったが、さりとて悪い方でもなかった。まあ、初年兵の教育や中隊の演習をふくめて総体でみると平均点の中隊といったら当たっているでしょう。

中国に渡ることになった第二中隊の兵隊たちは、初年兵と二年兵でした。昭和生まれの大半の方は旧軍の経験がないから編成その他なじまぬところが多いと思うので、注釈めいた説明をしますが、初年兵というのは、ふつう一月に入営して兵隊のイロハからの教育をうけ、四月になって第一期検閲というのをうけるころには、一人前に小銃の射撃が出来るようになる。そして翌年には二年兵となり、二年目の勤務をすませて除隊になるわけです。

持たせられる小銃は『三八式』といって一度に五発のタマがこめられるが、一発撃つごとに発射の操作をして引き金を引く。つまり連射は出来ません。また分隊に一丁ずつ配置される軽機関銃は『一一年式』で、最高連続射撃は三十発、だから引き金を引いてさえいれば三十発の連射がきくが、タマを大切に、また目標に正確にあてるため、二発点射、三発点射と小きざみに撃つ発射法が四種類ほどあったんです。

さて、初年兵が入営すると、これがいきなり分隊に配属されるわけではない。分隊というのはあくまで戦闘の最小単位でして、平時は内務班というのに配属される。したがって内務班が教育の単位ですね。いったん事あるときは内務班長が分隊長に早変わりするんですよ。その上にいる将校は初年兵係教官とか、二年兵係教官になり、准尉はだいたいにおいて中隊の人事係や被服、あるいは庶務を担当する。下士官のトップである曹長は兵器、弾薬をあずかる兵器係というのをやっていました。わたしはこの内務班の教育では軽機関銃の責任者でした。

中隊——歩兵の場合の組織はざっとこのようなものですが、その長である清水中隊長は四国（愛媛県）生まれの方で、人柄はひと口にいうと、軍人らしい軍人でしたね。背が高く、男っぷりがよく、話が上手で、頭脳卓越しているという方でした。部下の信望も厚く、いざという場合、この人ならば——という模範的な軍人。酒も強かったですね。わたしたち下士官ともよく飲んだものです。たしか、陸大の試験にも合格されたが、胸にちょっとおかしいところがあるという理由で残念ながらハネられたという話を聞いたことがあります。

野地さんは、前にもいったようにバリバリの軍人さん。初年兵教育で匍匐前進、つまり腹ばいになって、敵の目をかすめて前進するなどの訓練でも、自分からヌカルミにがばっとからだを伏せて、実演してみせるような神経の末端までビリビリしている。ただ中国に行く間ぎわに二中隊に来られたので、あまり兵隊たちとはなじんでいなかったようです。

――出発は五月の連隊の軍旗祭が終わった直後、青葉のにおいにむせる秋田駅から真夜中の列車に乗りました。駅には家族が見送りに来ましてね。秘密とはいいながら結構にぎやかな出発風景でしたね。

しかし、どういう理由でわれわれが中国へ行くのか、中国ではどんな任務につくのか、事前に、いや、中国に着くまでそれはわかりませんでした。だから、出発前に中隊長から中国の情勢について、といったような教育はまったく受けていないんです。なんだか、こう、いきなりポンと向こう(中国)へ持っていかれちゃった感じでした。ですから、異国へ行くなんていう悲壮な感じはなく、どちらかといったら、時代が時代でしたから〝勇躍征途につく〟という、むしろ気負った気持ちが思い出されますね。さて、出発した日はいつでしたか。昭和十一年の五月だったことは確かなんだが――」

ここに汗にまみれた一冊の「軍隊手牒(手帳の意。以下手帳とする)」がある。軍隊手帳は、その兵士の戸籍であり、行動の記録でもある。カーキ色の布表紙がついたポケットにはいる小さなこの手帳を見れば、その兵士の横顔が浮かんでさえくるのだ。

「簾内政雄、大正四年四月三日生。昭和十一年一月十日、現役兵として歩兵第十七連隊第二中隊に入営」とある。つまり清水節郎中隊長の部下として、佐藤軍曹たちと共に中国に向かった初年兵である。

「（昭和十一年）五月七日、支那駐屯歩兵第一連隊第八中隊に編入、五月二十三日新潟港出帆」と軍隊手帳には記入されている。これによると、佐藤軍曹の話の中にある「われわれは通州に到着してから駐屯軍の第八中隊に編成された」というのは記憶ちがいだが、秋田の連隊を出発した日は残念ながら不明である。しかし新潟出港が二十三日だから、二十日か二十一日だったとみて間違いあるまい。

「五月二十九日、塘沽（タンクー）上陸、五月三十日、通州着、六月三十日、転営のため通州出発、同日、豊台着、七月十日、歩兵一等兵（となる）」

この軍隊手帳の主・簾内氏は現在、秋田県大館農業改良普及所長、秋田県普及職員協会会長として活躍している。

こんどはその簾内氏（大館市鷹巣町今泉）の話。

「わたしは旧制の中等学校（鷹巣農林学校）を出ておりましたんで、たまたま第二中隊に配属されたんですよ。当時、中等学校を出ている者は、幹部候補生有資格者ということで各中隊にばらまかれたんです。ということは、あのころの軍隊では、団結という点が重くみられていた。手っ取り早い団結法というのは、兵隊の出身地ごとに一つの中隊をつくればいい。言葉をはじめ生活環境が似通っているから意思も疎通しやすいし、したがって兵隊同士、親和感がわくという寸法、あたかも兄弟のような関係になるんです。そこから強い兵隊が生まれる。そういうわけで第二中隊は秋田県鹿角郡出身者によって編成されていたんです。そこへ北秋田郡出身のわたしが配属されたのには、こうしたわけがあったんですよ。この〝有資格者〟というのは、わたしのときには第二中隊に十人ほどおりましたでしょうか。これには十時の消灯後も一時間ぐらい特別に勉強することが認められるという恩典がありました。

ところで第二中隊が中国に渡ることが決まったとき、この〝有資格者〟つまりわたしのことですが、内地にそのまま残っていてもいい、と申し渡されたんですが、連隊にいれば、ことのほか軍律がきびしかったんで、このさい中国を見るのもいいだろうと考えましてね、志願して中隊と共に中国に渡りました。いま同じ秋田県の鹿角郡花輪町の助役をやっている石川小太郎さんもわたしと同じような経歴で、共に二中隊員として中国に行ったんです。そうですね、連隊に残った〝有資格者〟は三人ほどいたと思います」

石川小太郎氏（現、秋田県鹿角郡花輪町助役、花輪町上野馬場三九八）の話も聞こう。

「わたしは、その年に入営したばかりの兵隊でしたから、あまり立ちいったことはわかりませんが、なんでも北支の居留民を保護するのが目的で中国に行くんだと聞いていました。

そこで十七連隊からは、わたしらの中隊、それに山形、青森の連隊から各一中隊、計三中隊で一個大隊を編成するということでしたなあ。秋田から新潟へ、そして新潟に着くとすぐ輸送船に乗せられて中国へ向かったんです。一週間ほどかかって塘沽というところに着いたのですが、あの波の荒いことで有名な玄界灘を越えるときには、船の揺れがひどくてわたしらみんな相当へばりましたな。それまで船で外洋に出るなんて経験は、ほとんどの人が持ち合わせていませんものね。

渤海湾にはいると、白河という大きな川の河口が開けていて、そこをさかのぼるようにして行って塘沽に船を横づけしたのです。すると、あれは居留民の婦人会かなんかでしょう、旗などを手にして出迎えに来ている。そんなふうに出迎えを受けるのも初めての経験だから、ジーンときて、船旅の疲れも吹き飛ぶ思いでしたね。わたしらの行くところは親日的だという話も小耳にはさんでいたし、なんというか、戦争するという気分とは別の、しっかりやらなければ……という純な気持ちがふくれ上がったものです。わたしだけではなく、みんなそうだったでしょう。まさか、一年余りあとに、大きな戦闘にぶつかるなんて想像もせずに、中国の土を踏んだんです。え、わたしはそのとき二十一歳の若さでしたものなあ、あとさきのことなど考えていなかったというのが本音でしょう」

これら初年兵の教官だった石井寅之助准尉(現、無職、秋田市保土野鉄砲町九七)の話を聞こう。

「明治三十五年五月生まれ、六十八歳。もう当時の記憶も薄れがちですが、当時は第二中隊にいて、初年兵係を命じられていました。つまり教官です。ちょうどこのころ清水中隊長は千葉の歩兵学校へ講習を受けにいっていて不在だったんです。たしか歩兵操典が改正になるとか、なったとかで、それにともなう新しい歩兵の教育を習いにいっていたと覚えています。このことが、蘆溝橋事件と間接的な、しかも、かなり重要なかかわり合いを持っているので、ひとつ覚えておいていただきたいと思うんです。

ともかく、中隊長が不在だということで、われわれ教官も一生懸命努力しましたなあ。そのせいか第一期の検閲のさい、初年兵教育の成績が良くて、それで一個中隊が十七連隊からも選抜されるというときに、われわれの第二中隊に白羽の矢が立ったというわけです。

昭和十一年というのは、わたし、満州事変に参加し、そのまま残されていたが、ようやく内地へ帰って来て一年ちょっとにしかならないころでした。ですから、ひきょうのようですが、このときの中国行きを辞退したんですよ。すると中隊長でしたか、

『お前の教えた部下が行くというのに、お前は行かないのか』

といわれましてね、しようがないからシブシブ行くことになってしまった。あのころは、軍国主義が高まりつつあったが、職業軍人だったわたしが、まだこんなことがいえた時代でしたなあ。

そのときに野地少尉が七中隊から、三浦准尉が五中隊から、岩谷という曹長が一中隊からそれぞれわれわれの第二中隊、すなわち、支那駐屯歩兵第一連隊第三大隊第八中隊に編入されてきたんでした。この第三大隊の第七中隊は青森の連隊から、第九中隊は山形の連隊から選抜されましてね。大隊に付属する機関銃中隊（重機関銃）と歩兵砲中隊は、青森、秋田、山形の各連隊から〝供出〟編成による混成でしたよ。

さて、中国に出発するさい、わたしは寺口中尉と共に先発要員——といっても新潟までだが、本隊より二日前に出発し、新潟で宿舎割りなどをやったから、新潟では船に乗る前に兵隊たちは一泊したのではなかったろうか」

出発時、第二中隊の最年少者は、志願兵の安保喜代治氏、十九歳であった。

その安保氏（現、秋田天然色会社社員、秋田市将軍野東一の五の五三）の話も加えよう。

「わたしは尾去沢の出身で、年からいっても当時の詳しい事情はよく覚えていません。秋田駅を出発したのは、もう夜中の十二時近く、駅の近辺の人たちが盛大に見送ってくれました。それより新潟での見送りのほうがよりにぎやかでした。

わたしなんか、なにかこう、外国へめずらしいものを見に行くといった、浮き浮きしたような気分でしたね。中国へ行って、警備に任じていればいい。そのために行くんだっていう——」

紅顔を潮風になぶらせる少年の胸には、一年後に発生する戦いの悲惨なかげりは一片だになかっただろう。

（三）日渐险恶的气氛

资料名称：徐々に険悪な空気

资料出处：読売新聞社編《昭和史の天皇》15，読売新聞社 1965 年発行，第 259—267 頁。

资料解说：本资料记载的是 1936 年日军大规模增兵之后，到达卢沟桥驻地附近的日军士兵感受到了当地逐渐紧张的气氛，从又一个角度反映了日军的行动准备情况。

徐々に険悪な空気

〝第八中隊〟生き残りの話をさらに続ける。高桑弥一郎氏（現、塗装業、秋田県男鹿市脇本富永字大倉一）もその一人である。

「昭和十一年の正月に秋田の連隊に入隊して、そこで初年兵教育を受けました。いつでしたか、五月のはじめごろだったと思うが、支那の方の駐屯（ちゅうとん）軍が増派されるということになって、わたしも志願したのです。家庭の事情やなにかで、どうしても行けないという人たちは中止したんですがね。わたしは長男でもあったし、家では除隊したら百姓でもやってくれという気持ちだったと思うんですが、わたしはそんな気にはさらにならず、家には内証にしておいて志願しました。

秋田から新潟へ、それから輸送船に乗り塘沽（タンクー）に渡りました。玄界灘の怒濤（どとう）を乗り越えて行ったんです。もう、ヘドを吐くような状態で行ったところが、塘沽ときたら、なんともいえない悪臭が船上にまでただよってくる町でしてね、ああ、これが支那大陸というものかなあ、とびっくりしたのをよく覚えているんですよ。

船の上から陸上を見ていると、家がみんなドロでつくられている。日本でいえば六畳と四畳半くらいの大きさでしょうか。東北のワラぶきの木造家屋しか見ていないわれわれにとっては、なんとも妙ちきりんな感じでしたね。永定河の下流、塘沽あたりを流れているのは白河と呼ばれていますが、これは汽船が走れる広さなんです。

狭い川しか見たことのない東北人にはこれも大変な驚きで、川と河の違いがはっきりわかりました。河口から三千トンくらいもの大きな船がゆうゆうと天津までさかのぼれるんですから、大陸はまさに広い。

われわれは白河をはさんで塘沽の対岸の町大沽の辺に上陸したんだが、岸壁には居留民の奥さんたちがつくっている国防婦人会の方たちやら、もう居留民総出というように旗を振って出迎えてくれましてね、こりゃあいい所へ来たなんて喜んだんです。そうしたら、これからわれわれの行く所は通州だというんでしょ。それで翌日だったか、汽車で通州までいって、秋田連隊の二中隊、もう支那駐屯歩兵第一連隊第三大隊第八中隊は通州に駐留したわけです。正確にいえば、青森、山形の連隊の二個中隊も一緒ですから、第三大隊が通州に駐留したということになりますね。通州には第三大隊のほかに歩兵砲、連隊砲もあったから、つごう五個中隊で、連隊本部は北京にあって牟田口（廉也）連隊長もそこにおりました。北京というのは、各国の外交官がいて、また外国人は市中くまなく歩いているんです。そういうところに馬匹を置くわけにはゆかないというので、馬部隊も通州に置かれていましたよ。

その当時は、通州には日本軍が育成した冀東防共自治政府があって、殷汝耕が日本のかいらい政権の長官をつとめている。その夫人が日本婦人でした。そんなこともあって、まあ、われわれが通州に行った当時は、そこでは日中友好ムードでした。殷汝耕の保安隊というのは、ずいぶんきちんとした生活態度でもあるし、第一、日本軍に協力している軍隊であるというわけで、それをわれわれに見せてやろうといって招待してくれたこともあります。わたしたちの一個中隊ぐらいずつを呼んで、殷汝耕の官邸から保安隊の兵舎まで、内部全部を見せるんです。そして、帰りには土地の名産だとかタオルなんかくれる。わたしなんか初年兵でもあるし、たいしたもんだなあと思ったものでした。

通州のわたしたちの兵舎は、塘沽で見たようなドロ壁の仮小屋みたいなもので、あの猛毒をもっているサソリがノソノソはい出してくるようなひどいものでしたが、大隊本部だけは洋風の立派なものでした。もっとも支那軍の兵舎というのも兵隊がまとまっている所は、日本軍のわたしたちがいるところより、もっとひどいようなものだったが、殷汝耕のはいっている官舎は支那の御殿みたいに堂々としていまして、赤や青に塗ってあるふぜいは、本当に物語をまのあたりに見るようでしたよ。

通州でも支那駐屯軍の合同演習を四、五回やったように覚えています。そのころは平和でしたから、合同演習をやるようなヒマもあったのでしょう。好適な演習地があったんですが、そこへ行くのに十里（四十キロ）ぐらい歩かなければならない。わたしなんか扁平足（へんぺいそく）なもんだから、そのつどネをあげていましたねえ。ここに一か月ほどいてから豊台に移ったんです」

佐藤一男氏（当時、第八中隊第一小隊第一分隊長、軍曹）の話に戻る。

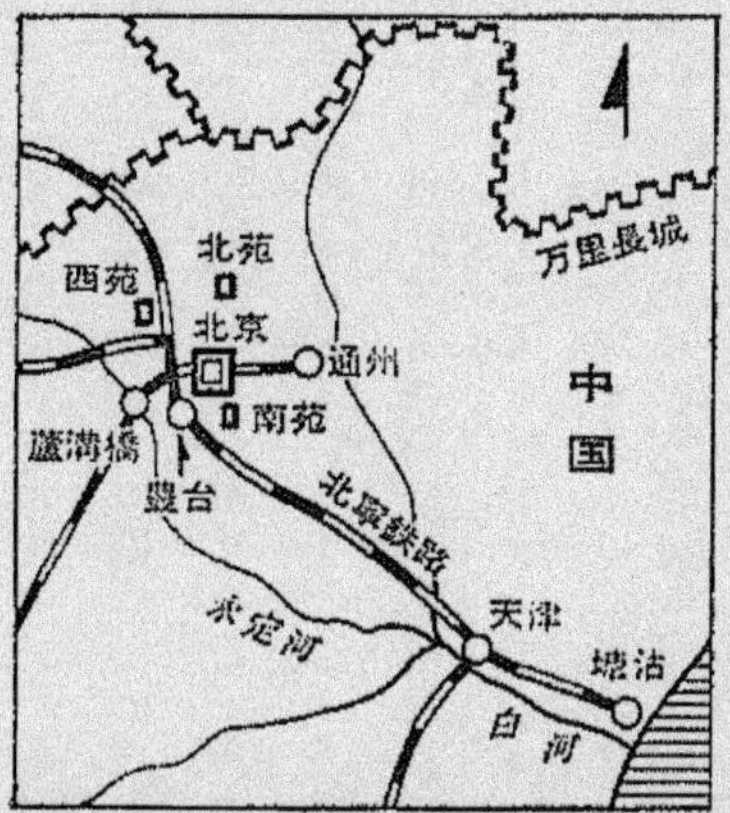

〝第八中隊〟が駐屯した豊台付近

「豊台へ行っても、前にもお話ししましたような内務班編成で、平時そのままの訓練をやっていたんです。だから日曜日にはもちろん外出も出来たし、酒保——兵隊さんに菓子、うどん、ときによって酒も安く売るという〝軍隊直営〟の売店——もあった。いうなら内地の軍隊勤務をそのまま外地へ持っていったようなものです。

一口にいって豊台という所はいなかです。日本人も数人はいたが満鉄関係の人たちではなかったか。そしてわれわれが駐屯するようになってから、日本人経営の飲み屋、その一軒はたしか旭屋といったと思うが、そんなのも四、五軒出来ましたね。

兵舎は平屋のレンガ造りだったと思います。むね数は、大きなものは各中隊がはいるところ、それに下士官室とか将校室、だから約十むね、それに兵器、弾薬庫、糧秣倉庫、大隊本部など大小合わせて十五、六むねあったと記憶するんですが。そのほかこの兵舎の外に将校官舎がありました。駐屯した当時は、中隊長以下将校もすべて単身赴任でしたが、あとになって奥さんを呼んでもいいということになり、機関銃中隊長の中島(敏雄)大尉は内地から奥さんを呼びましたね。

兵舎があったところは、裏のほうにちょっとした演習場になる広っぱがあって、それを囲むように小さな中国人の部落がちょぼちょぼあったんです。さらに兵舎の近くを長豊支線(長辛店と豊台を結ぶ)が通っていたんですが、もう一つ肝心なことは、われわれの兵舎の近くに中国軍、これは宋哲元の冀察政務委員会に属する第二十九軍の兵舎があったことです。

こう、ずっと広い道路があって、その突き当たりがわれわれの兵舎、つまり行き止まり状になっている。この手前二百メートルくらいのところに土造りだったと覚えているんですが、この中国軍の兵舎が右手にあった。だから日本軍の営門の歩哨からは中国軍の歩哨が手に取るように見えていたんです。われわれが演習に出るさいも、外出のときなんかも当然、中国軍の営門前を通る。われわれとしては、ああここに支那軍がいるんだなあと思うくらいで、別に敵対観念なんか持っていなかった。

でも日曜日にわれわれが外出しますね、部落には日本の飲み屋も中国の一杯屋もあるんでこれらにはいりますわ。すると軍隊のしきたりとして、こういう場所には兵隊たちが無法なことをしていないかどうかを見回る巡察というのがパトロールしてくる。日本の巡察も中国のもある。われわれが心安だてに中国の飲み屋にはいっていると中国の巡察が来ましてね、ジロっとみるんですよ。いや別段敵対行動をとるとか、そんなことではなかったが、われわれが〝喜ばれざる客〟だということはわかりました。で、中国の飲み屋にあまり立ち入るべきでないなど、友だち仲間ではいったものですが、兵隊の中にはものめずらしさ、片言の中国語がなんとか通じるもんだから、わざわざ行くのもおりましたよ。

中国の兵隊は灰色の制服をきちんと着ていて、軍規はきっちりしていました。兵数は一個中隊くらい、それも日本の場合より少なかった。そんなわけで部落には抗日のビラもはられておらず、とげとげしい空気なんかさらに見当たりませんでした」

昭和十一年の夏は、まだそんな日中両軍の間柄だったのである。

再び高桑弥一郎氏（当時、支那駐屯第三大隊第八中隊員＝これから便宜上清水中隊という＝上等兵）の話。

「わたしが聞いたところでは、われわれに与えられていた任務には『北寧鉄道（路）』の守備ということがありました。守備といっても鉄道沿線に銃を構えて警備するというんではなく、いったん不測の事態があったときに処するということですから、ふだんは内地と同じように兵隊演習をやっているんです。

ところで、この北寧鉄道というのは北京から天津につながる鉄道で、その途中に豊台がある。一方、北京から蘆溝橋を通って長辛店を経て保定の方に行く『京漢線』があって、京漢線と北寧鉄道は豊台から出発する長豊支線で結ばれているんです。北寧鉄道は天津からさらに山海関を通って満州の奉天（瀋陽）につながるし、京漢線は保定からさらに南へ向かって走り漢口まで行くんです。つまり、豊台はそんなふうに京漢、北寧両線の分岐点でもあり、逆に北京を中心に考えれば、〝首都〟のノド元を扼すというきわめて重要な地点だったんです。

だが、豊台は単なる部落ですが、あまりいい記憶は残っていません。わたしたちが通州から豊台に移駐したとき、もう夏でしょう、ハエがものすごく、さらにこの〝兵舎〟の前を流れるドブはそれこそドブドロで猛烈な悪臭を放つ。そこへもってきて、いずくともなくニンニクのにおいがただよって来てまざる。いやもう、頭にきちゃって、こんなところに長居できるかいと思いましたよ。現在の中国にはハエもいないというし、あの豊台がどんなふうに変わったのか行ってみたいもんです。

ともかく、わたしたちの兵舎と百五十メートルくらい離れたところに『リャンシー』と呼ばれる雑穀を扱う店があって、これを改造して二十九軍の兵隊がはいっていました。わたしたちは演習に行くとき、必然的にこの兵舎の前を通って行きます。そして、豊台から歩いて一時間ほどかかる永定河の川原で演習をやる。ふつうの演習は永定河を渡らずにこっち岸の川原でやるが、射撃演習は盧溝橋を渡った向こう岸——といっても広い中州になったところでやるんです。自動車なんか配属されていませんから、リヤカーに演習に必要な機材を積んで引いていったもんです。

この川原に行くには宛平県城、一名を盧溝橋城ともいいますが、この城を通り抜けるのが近道なんですよ。城には二十九軍の兵隊がかなりおりましたが、われわれは隊伍を組んでいくと、ちゃんと城門をあけて通してくれました」

紅顔の〝少年兵〟安保喜代治氏(当時、清水中隊員、上等兵)の話。

「わたしの担当は重擲弾筒でした。佐藤一男さんが説明されたように、小隊は四個分隊編成で、この第四分隊が擲弾筒分隊というわけです。一分隊で三筒あったと記憶していますが、直径七、八センチの筒になった小型の砲身にタマを入れて発射すると三百メートルから五百メートルぐらい飛ぶ。破裂すると砲弾が落ちたかと思われる爆裂音と共に相当の威力を発揮する。それだけにタマも重いが、弾薬手はそれを六発ほどからだにつけ、そのうえ、小銃も持つんだから肉体的にはえらい仕事でした。

そんなのをかついで永定河のこちら側、西五里店という部落の近くから一文字山という丘近くにかけてよく演習に行ったものです。この辺は、昔は永定河が流れていたところだというんで砂やじゃりを採取する場所だったから、われわれはふつうじゃり取り場といっていたんです。比較的平坦なところでムギ畑、コーリャン畑があったりナツメの木が立っていましたね。

川原の向こうにも射撃演習に行ったが、宛平県城を通過するさい、われわれの小隊長は抜刀して胸にささげ、ラッパ手にラッパを吹かせる。これは城内の中国兵に対する礼儀なんだが、どうもこれが威嚇あるいは刺激を与えたようなフシがみえました。それでも昭和十一年秋には二十九軍の一個大隊くらいの演習を見学させてもらい、そのときは蔣介石からのおみやげといってお菓子なんかもらったこともあるんですよ。そんななごやかな風景もあったけど、やはり内心ではかなりけわしい関係だったように思いますね」

この点を石川小太郎氏（当時、清水中隊員、上等兵）の話に聞いてみる。

「豊台にいた二十九軍は親日的だというふうに聞いていたんで、正直のところわたしたちはその存在にはそう気を使ってはいませんでした。むしろ、向こうの兵隊、というよりも司令部からなんでしょうが、なんだか慰問袋みたいなのをもらったりしましてね。わたしら仲間で、

『珍しいものをくれるもんだなあ』

と話し合ったことがありましたね。

あちら側の兵舎を中にはいって見たわけじゃないが、近いもんだからかい間見る機会もある。われわれの方は、床をちゃんとつくって、そこに毛布を敷いて寝るようになっていたけれど、向こうのは土間にアンペラを敷

いて寝るというふうでした。それがあちらの風習みたいだったんでしょうが、なんとなく夏から秋に向かってどうも様子がおかしくなってきたんです。これ、といった具体的なものがあるわけじゃないが、中国軍の兵隊の数がどうもふえてくるみたいだし、また兵舎の前をわれわれが通ると軽機関銃をなんとなくわれわれの方に向ける。ことさらに銃口をこちらに向けるというんではなくて、なにかの動作にかこつけてやっているみたいなんですね。こりゃあどうもおかしいな、何かあるのかなあ、不思議だなあなんて、仲間うちで話し合うようになりましたね」

佐藤分隊長と共に清水中隊の下士官、軍曹だった田口善橘氏（現、衣料品店経営、秋田県田沢湖町町会議員、秋田県仙北郡田沢湖町生保内）の話をそえる。

「中国へ行くときなど『北京だぞ、いい所だぞ』と清水中隊長から聞きましてね、胸はずませたものだが、まず着いた通州の兵舎は何かの学校跡だったとかいう建物、風が吹けばまさに黄塵万丈、いや大変なところへ来たなと思いましたよ。仕方ない、夜になると、

『中隊長、下士官以上集合、ただいまより夜間演習実施』

といって酒を飲みました。だいたい秋田の連中は酒に強いから、よく飲みましたなあ。

豊台に移ってから、そう、十二年になって軍曹になったんだが、大隊の経理に回ってあまり演習には出なくなったんです。が、まあ下士官というのは結構北京の連隊本部に出張する。正直いってあのころ、われわれは日本は一等国だなんて胸を張っていたもんです。すると北京の町の通りすがりに大学生でしょうか『トンヤンキ！』とつぶやいてすれ違う。そういうことが何回か重なりました。はじめは意味がわからなかったんだが、言葉がわかってくるとトンヤンキが『東洋鬼』のこと、つまり日本人に対する反発というか、まあ排日の表現だと知りまし

た。

一度、北京の名所の万寿山に遊びに行って中華料理をたべ、日本円を出したところ断わられましてね、往生したことがありました。考えてみれば、よその国へ行って日本の金を出したんですから、それが当たり前なんですが、問題は日本円を出しさえすれば向こうが受け取ってくれる——という思い上がりだったわけです。やはり中国人は、

『人の国に来ていばり散らしているトンヤンキ——』

と思っていたのでしょう。

わたしの記憶では、そのように感情的にはうまくいっていなかったですね。そして、昭和十一年秋にいわゆる豊台事件という重大な事件が発生したんです」

豊台事件は、いわば蘆溝橋事件の前奏ともいえる日中両軍の衝突だったが、それにはいる前に、しばしば繰り返していっているように、なぜ日本軍が中国に、しかも大都市・北京のノド元にまで駐留したのか、それについて筆を進めよう。

（四）意气满满的列强驻屯军

资料名称：気ままな列強駐屯軍

资料出处：読売新聞社編《昭和史の天皇》15，読売新聞社 1965 年発行，第 267—275 頁。

资料解说：叙述了八国联军侵华后列强在华北驻军的情况及日本军部增强其华北驻屯军的过程，这些史料揭示出，按各国侨民与驻军的比例，日本驻军比例最高，且在 1936 年急剧增强，充分表现了日军的侵略扩张轨迹。

267　第八中隊

気ままな列強駐屯軍

支那駐屯軍の増強が昭和十一年五月であったことは、すでにみてきた通りであるが、いったい、どのような目的からそれが実施されたのか。

まず防衛庁戦史室編の「大本営陸軍部（1）」を引く。

「昭和十一年の初めころになると、内蒙、北支の態勢は、内蒙に徳王の勢力が中国側から分離して強化し、冀東に日、満の頤使のもとにある殷汝耕の政権地帯が現出し、冀察にはその実質は別とするも（日本側の強いプッシュによってつくられた冀察政務委員会だったが、その委員の多くは国民政府の直系的人物で、日本側の要望した姿とは、内容がまったく異なったものになったのである）ともかく新政治機構が生まれた。かくて内蒙と北支に日満の勢威が一躍浸透した観を呈した。

中国側からこれを見れば、日本軍部が、関東軍の武力を背景として強引な侵略を継続するものであり、したがって、反日特に日本軍部に対する反感を深くするようになったのは自然であった。（中略）

（そこで）陸軍中央部、特に参謀本部第一部（作戦）は、関東軍を北支工作（つまり、華北の分治工作）から手を引かせ、主として支那駐屯軍に担当させようとしたが、関東軍は依然として北支と内蒙の工作に執着をもち、その手をゆるめなかった。

これは、支那駐屯軍がきわめて弱勢なため、関東軍としては、友軍の立場において、これを支援援助しなければならないというのであった。したがって、関東軍をして完全に手を引かせるためには、支那駐屯軍の現在の戦力は余りに弱体であって、四囲の中国側軍隊の軽侮をうけるおそれがあった。

本来、支那駐屯軍は義和団事件の条約（一九〇一＝明治三十四年）によって設けられ、その兵力には制限がなく、条約国と会議決定することになっていた。

そこで、昭和十一年四月十八日、支那駐屯軍を次のように強化した。これは、従来の約二倍への増強である。

支那駐屯軍司令部

支那駐屯歩兵旅団司令部

支那駐屯歩兵第一連隊

同第二連隊

支那駐屯戦車隊

支那駐屯騎兵隊

支那駐屯砲兵連隊

支那駐屯工兵隊

この兵力の増加は、いよいよ北支に対して武力的工作を進めるのだという感じを、中国側はもとより、北支在住の日本人および外国人にも与えた。これの対抗策が講ぜられるのは当然の成り行きであった。

元来は、関東軍の（北支問題に対する）関与を封ずる陸軍の内部的調整が主目的であり、北支工作の控制がねらいであったはずである」

当時の参謀本部第一部長は、この三月に第一部第二課長（戦争指導課）から昇進した石原莞爾少将である。つまり、支那駐屯軍増強の責任者は石原少将であった。したがって、ここでは石原第一部長の弁を聞くのが順序だが、さかのぼって支那駐屯軍の〝発生〟をもう少し丁寧にたどってみよう。その方が支那駐屯軍の性格を理解するのに便利だからである。

明治二十七、八年のいわゆる日清戦争によって〝ねむれるシシ〟といわれた東洋の大国・中国が、小国・日本に敗れた。これをきっかけにして日本を含む欧米列強の中国に対する植民地政策が加速度的に進められる。中国では清朝末期の政治の混乱から民衆の生活は極度に疲弊し、加えて天災地災が続けて起こった。

こうしたなかで、明治三十三年になると「義和団」と呼ぶ宗教的秘密結社を中心とした反乱が華北一帯に広がったのである。一方、清朝内部の貴族や官僚のなかにはこの義和団の勢力を利用して、外国勢力を追い払い、同時に自分たちに向けられている義和団の力をその方にそらそうと図るものがあった。ともかく、義和団は北京にあった各国公使館を取り囲み、暴動の様相になったので、日、英、米、独、仏、露、オーストリア、イタリアの八か国が連合軍を派遣して北京を占領し、ようやく反乱を鎮定した。北清事変という。

事変のあと始末のために清朝は明治三十四年九月七日、各国と議定書を取りかわした。「北清事変に関する最終議定書」である。当事国は、独、オーストリア、ベルギー、スペイン、米、仏、英、イタリア、オランダ、露、日本の十一か国で、議定書は十二条から成る。おもな内容は各国への賠償金四億五千万両の支払い、兵器および造兵資材の輸入を二年間禁止、公使館区域内の外国軍隊の駐屯、沿岸砲台の撤去、北京—海岸間の要地における駐兵権を認める、などだが、問題は、この駐兵権を承諾した議定書第九条なのである。これをみよう。

「第九条　清国政府は千九百一年一月十六日の書簡に添附したる議定書をもって、各国が首都(北京)海浜間の自由交通を維持せむがために、相互の協議をもって決定すべき各地点を占領するの権利を認めたり。

すなわち、この各国の占領する地点は黄村、郎坊、楊村、天津、軍糧城、塘沽、蘆台、唐山、灤州、昌黎、秦皇島及び山海関とす」

つまり、この条項が、列国が華北に兵隊を駐屯させうる法的な根拠となった。いいかえれば、支那駐屯の〝そもそも〟はここに始まるわけである。だが、この条項だけではまだ不足である。というのは、では、いったいどれくらいの数までの兵員を駐屯させることが出来るのか。駐屯させれば当然、この駐屯兵たちは演習もやらなければならないが、それをどこでやったらいいのかという駐兵についての具体的な取り決めが必要だろう。

実は、駐兵のポイントになる兵力量は、北清事変最終議定書が取りかわされるより五か月も前に決定されていたのである。どういうことかというと、北清事変で中国に出動した列国は協議のうえ、明治三十三年十二月二十二日、清国政府に対して北京の公使館の護衛兵の設置と、首都（北京）—海岸間において占領すべき地点を要求した。形の上では〝敗戦国〟である清朝政府はこれを受諾せざるを得ず、翌明治三十四年一月十六日、やむなくこれを認めたのである。

ついで、列国は同四月、列国派遣軍司令官会議を開いて華北に駐屯する兵数、守備分担区域を決定したのである。これについての外交文書は、外務省編纂「日本外交文書、第三十三巻別冊三、整理番号二〇二九、四月十九日、清国駐劄小村（寿太郎）公使より加藤（高明）外務大臣宛」である。

それによると、駐兵兵力は（イ）山海関および秦皇島、千五百（ロ）天津、六千（ハ）北京—海岸の中間、二千七百（ニ）北京公使館守備、二千、合計一万二千二百人であり、列国軍司令官会議で決定された各国別の駐屯兵力のうち日本は、北京三百、天津千四百、山海関・秦皇島三百、鉄道守備六百、合計二千六百人である。駐屯総兵力のざっと五分の一に当たっているが、このときイギリスが二千五百五十、ドイツ二千六百、フランス二千六百人であったから、まずまずの数字といえるだろう。もっとも少なかったのはアメリカ百五十、次いでオーストリア二百、ロシア六百、イタリア九百人だったが、この駐屯兵数が中国に対する列強の〝権益〟のバロメーターだとみていいのではないか。

兵力量はこれでわかったが、では演習地などさらに細部はどうなっていたか。

また支那に駐屯する各国軍隊の演習などについての取り決めはどうだったか。

駐屯兵員数が決まった明治三十四年四月から一年三か月後、北清事変最終議定書（同九月七日）から十か月後の明治三十五年七月十二日、清国外交部に対して日、英、独、仏、伊の五か国公使から一通の文書が手交された。外務省編纂「日本外交文書第三十五巻、整理番号三三〇、天津還附問題の結局に関する件、附属書一」がその内容を説明する。原文は候文なので容易に理解できないが、くだくと、ほぼこういうことであろう。

北清事変において列強の連合軍は北京に次ぐ大都市・天津も占領したが、事変の終結でこれを清国側に返すことになった。その具体的な方法について日、英など五か国公使が協議し、申し入れ事項を取り決めて清国側に通告したわけである。

この内容はこまごまとあるが、駐兵に関連する事項では、駐兵地点として天津を含むと念を押したうえでこういう。

「また外国軍は操練（演習）をなし、射撃および野外演習を行なうことは自由であるが、ただし戦闘射撃の際には単にその通告を（清国官憲に）する」

清国の総理、外務大臣事務取扱責任者である慶親王は六日後の七月十八日、この受諾を通告した。こうして列強各国の軍隊は、居留民と交通の保護あるいは確保という〝美名〟のもとで、あたかも自国に軍隊を配置するように、中国に総計ほぼ一個師団に相当する兵力を、半永久的に駐屯させることになった。これが老大国・中国に対する列強の帝国主義侵略のパターンだった。

では、これ以後、華北の列強各国駐屯軍はどのような増減ぶりを示したろうか。それを物語る資料は、終戦時、多数の機密書類を陸軍省が焼却してしまったので明らかではない。しかし残存の資料をつづり合わせると、おぼろげながらその姿が浮かんでくる。

初代の司令官は大島久直陸軍中将、その在任期間は明治三十四年五月から同六月までのわずか一か月。つまり北清事変に派兵された司令官が〝腰かけ〟にすわったものだった。以降、大正十四年五月に至る十五代目までの司令官のうち二人が大佐、残りが少将、十六代の小泉六一中将からふたたび中将の司令官に戻ったものの、いずれも関東軍司令官や各師団長のように、天皇自らが任命するいわゆる親補職ではなかった。つまり中将の軍司令官としてはランクがぐっと下がり、したがって権威も低い。だから対中国の外交問題などでもタッチせず、これは主として大使館付武官が当たっていたのである。

ところが、中国は孫文による革命、続いて近代国家に脱皮する陣痛のさ中にあり、ヨーロッパでは第一次世界大戦という激動にともなう列強の勢力の消長があり、こうした時代の変化が、中国における列強各駐屯軍数にも反映してくるのである。

この動きを、海軍の戦史編纂にたずさわったことのある武蔵大学教授・島田俊彦氏は、その共同著作である「太平洋戦争への道」のなかで、海軍軍令部の「支那駐屯軍の強化とその影響」に負うところが多いとして、つぎのようにしるしている。

「その後一九二七年（昭和二年）、天津で列国軍司令官会議が開かれ、駐屯軍の総兵力を二万人（航空隊をふくむ）に増加し、さらに増援隊のためには、なお五千人の兵力を必要とすることがみとめられた。

以上の決議を第一に無視したのは米国であった。米国は一九一一年（明治四十四年）十二月に、北平（京）公使館区域護衛兵を協定以上に増加したばかりでなく、翌三月までに北平以外に千二百の軍隊を駐屯させるようになった。これは明らかに軍司令官会議の決議を無視したものであったが、列国はこれに異議をとなえなかった。

また一九二五年（大正十四年）六月、英国政府は華北の事態がおだやかでないことを理由に、外交団や軍司令官会議の決議をへることなく、単に関係各国（中国を除く）に通告するだけで、増兵を決行し、自己の割り当て数を超過させた。

さらに一九二七年（昭和二年）から翌年にかけ、蒋介石の北伐（中国北方地域の軍閥を平定すること）が行なわれ、平津（北京、天津）地方が混乱に陥ったとき、列国軍はそれぞれ増派され、米国は四千七百、英国二千七百から三千七百、フランスは二千八百、日本も約五千を数えたことがあった。ただし駐兵総兵力に関しては、露、独、オーストリアの権利放棄もあり、これらの決議無視が行なわれたにもかかわらず、超過したことがなかった。

要するに、兵力増強に関する日本側の主張は次のとおりであった。すなわち華北の各国軍隊の駐屯には、北清事変の最終議定書が有効である限り、中国政府は口をはさむことができない。まして中国に直接関係のない兵力量の問題（各国軍司令官会議の決議による）については、なおさらのことである。

しかも各国軍司令官会議の決議による兵力量の問題も、なるほど総兵力量決議は無視されたことがないが、各国は時局の変化に伴って任意に増兵を行ない、割り当て量に関する決議を無視したことは一度や二度ではなかった。しかも関係各国も、これを黙って見すごしてきた事実からみて、果たして各国軍司令官会議の決議が有効に存在しているかどうかは疑問だというのであった」

駐兵総数のワク（二万人）は越えないが、だからといってその中で列強が自国駐屯兵力を勝手にふやしたり減らしたりしていいのだろうか。中国を主権国家と認めていながら、日本をふくめた欧米列強の中国観は、このようなものだったのである。近代への道を苦しみ、あえぎながらたどる中国民衆の心の中に、強い反発心が芽ばえていくのは当然であった。

では昭和十一年五月、支那駐屯軍が増強される直前の日本兵の数はどのくらいだったか。防衛庁戦史室の資料によると、歩兵十個中隊千四百四十人、工兵一個小隊百三十八人、山砲兵一個中隊二百九十六人、計千八百七十四人であった。したがって明治三十四年に「清国駐屯隊」が置かれた当時とくらべると約七百人少なくなっている。これは駐屯軍強化の口実の隠された理由でもあった。

ところで、前に掲げた島田教授の資料によると、昭和十一年五月当時の華北の各国居留民と駐屯兵力の比率はこういうようになっていた。ただし日本軍の場合は戦史室の数字と多少くいちがう。

英＝居留民千人＝駐屯兵力千人、割合一〇〇パーセント

米＝千＝千三百、一三〇パーセント

仏＝七百＝千七百五十、二五〇パーセント

伊＝百五十＝三百九十、二六〇パーセント

日＝一万三千八百＝二千百、一五パーセント

日本人居留民が各国に比して圧倒的に多いのは、歴史的、地理的関係が欧米各国とは段ちがいに密であることもあずかって大きいが、昭和十一年当時は、これまでしばしば述べてきたように、あの冀東の特殊貿易、わかりやすくいえば、ほとんど密貿易の状態であった冀東を中心とする貿易がいよいよ盛んになり、これに比例して居留民は増加していったのである。

そうした関係はともかく、数字の上からだけ見れば、居留民対駐屯兵力の比率は、日本は他国よりも断然低いのである。軍部は当然これに目をつける。——

（五）昭和十一年度征集兵在驻地入营

资料名称：昭和十一年度徵集兵の現地入営

资料出处：支駐步一会編《支那駐屯步兵第一聯隊史》（非売品），内海通勝 1974 年印行，第 7—8 頁。

资料解说：1936 年日本中国驻屯军新兵征召入营，随后编入驻屯军各中队，进驻卢沟桥地区。有关各部队编成、驻地分布，以及第八中队的演习、训练等史实，可以和本书其他资料进行比较。

昭和十一年度徴集兵の現地入営

連隊編成後、初めての現役初年兵は、関東（東京、神奈川、山梨、千葉、埼玉）の壮丁で昭和十二年一月二十日、思い思いの私服で東京駅に集合、列車で翌二十一日門司着、ここで私服を軍服に着替え各中隊に編成され、

7

二十四日門司港を出帆、二十八日秦皇島に上陸、列車輸送により各大隊本部所在地にそれぞれ入営した後、各中隊に編入せられた。

直ちに第一期の初年兵教育が、風雲急を告げる北支の現地で、厳格な軍規のもと、即戦教育に日夜の別なく、鍛えに鍛え抜かれた。

（六）中国驻屯军勤务令改订之件

资料名称： 支那駐屯軍勤務令改定の件

资料出处： JACAR（アジア歴史資料センター）Ref.C01004136900 昭和十一年《密大日記》第1冊（防衛省防衛研究所）。

资料解说： 1936年4月28日军部颁行《中国驻屯军勤务令》，规定：「中国驻屯军司令官隶属于天皇，统率中国驻屯军，中国驻屯军司令官就有关军之作战、配置和行动方面接受参谋总长指挥调遣，在有关军政、人事方面接受陆军大臣的统辖。」由此驻屯军正式纳入师团级以上的战略单位编制序列。该令对于驻屯军自身的权力和任务，规定为「凡有关军之配置和行动以及对于临时发生之事件的应急处理，可以自行决断」，「在不得已的情况下为达成军之任务，在有关必要事项方面可以指挥陆军运输部及其塘沽派出所所长」，「还可以进行所需要的情报搜集及资源调查」等等。由此可知，华北驻屯军已经完全接收日本在华北地区的军、政、经、特务机关等系列大权，是日本在中国大陆的一个可以和关东军并列的战略集团。这样的权力调整为日军发动全面战争作好了直接的、充分的组织准备。这也是二二六事件之后，日本对外侵略路线的强化及实施动向。

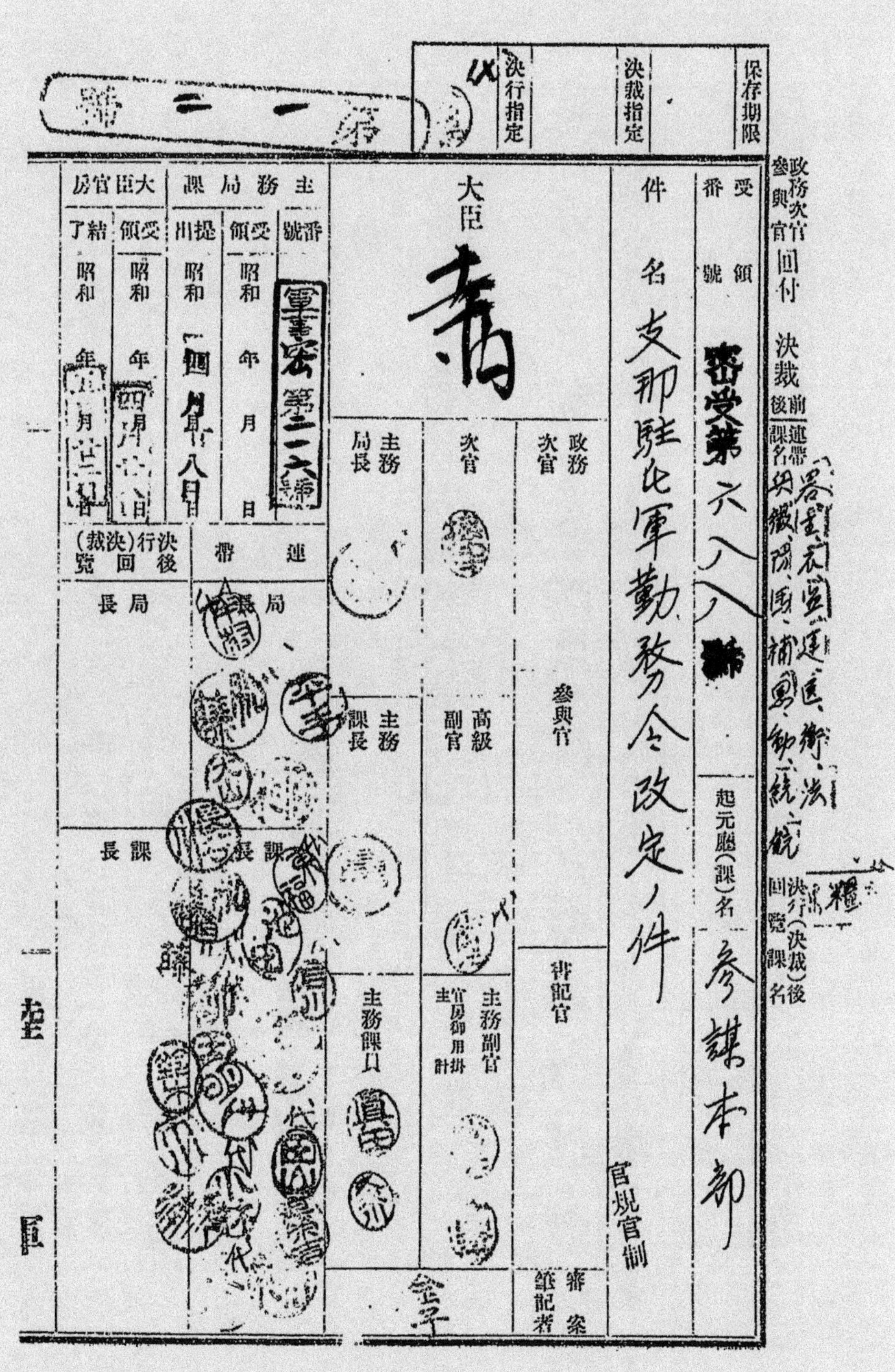
保存期限
決裁指定
決行指定
受領番號　密受第六八八號
件名　支那駐屯軍勤務令改定ノ件
起元廳（課）名　參謀本部
官規官制
大臣
政務次官
次官
參與官
主務局長
高級副官
主務課長
秘書官
主務副官
主務課員
官房御用掛主計
審案筆記者
主務局課　番號　軍密第二一六號　受領　昭和　年　月　日　提出　昭和八年四月十八日
大臣官房　受領　昭和八年四月廿八日　結了　昭和八年五月廿二日
連帶　局長　課長
決行（決裁）後回覽　局長　課長
政務次官參與官回付
決裁前連帶課名　兵器、衣、醫、建、醫、衛、法
決裁後課名　兵務、歩兵、徴募、補任、動員、統制、統計
決行（決裁）後回覽課名

陸

參謀總長ヘ回答案（陸密）

四月二十四日附參密第一六五號第一ヲ以テ照會ノ件

異存ナシ

陸密第三五〇號　昭和十一年四月廿八日

允裁後

支那駐屯軍勤務令改定方施行ノ件

上奏案

支那駐屯軍勤務令改定ノ件　允裁相成候ニ付テハ

別紙軍令案ノ通之カ施行ヲ命セラレ度謹テ奏ス

軍令案

朕支那駐屯軍勤務令ヲ改定シ之カ施行ヲ命ス

御名御璽

昭和十一年四月　日

陸軍大臣

軍令陸乙第十六號

四月廿八日

（別紙）

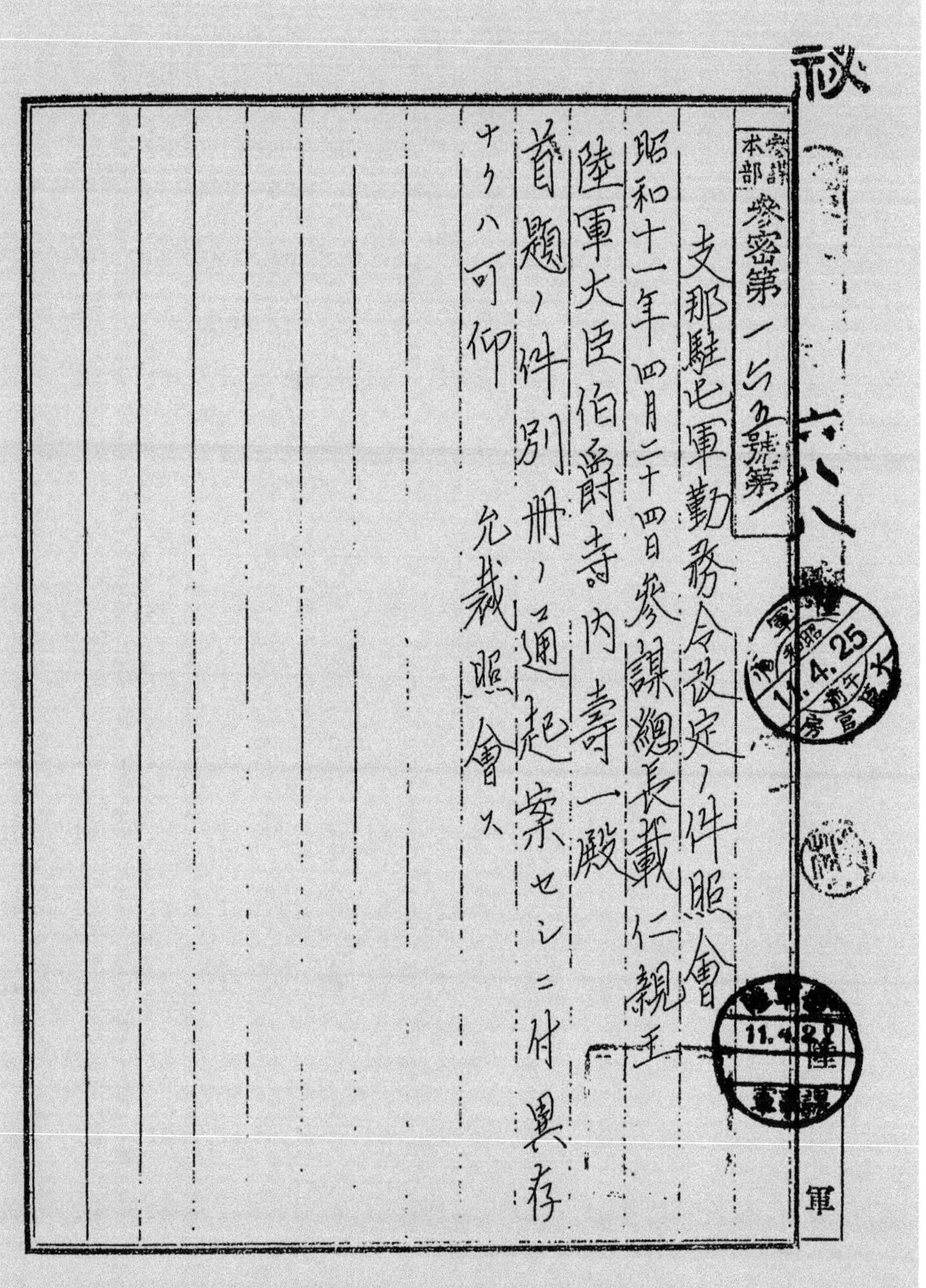
秘

參謀本部 參密第一六五號第

支那駐屯軍勤務令改定ノ件照會

昭和十一年四月二十四日參謀總長載仁親王

陸軍大臣伯爵寺内壽一殿

首題ノ件別冊ノ通起案セシニ付異存ナクハ可仰允裁照會ス

軍

極秘

協議用

五指部ノ内第　號

昭和十一年四月八日
参謀本部第一課

支那駐屯軍勤務令（第十案）

一、本案ニ對スル御意見來ル四月十四日迄ニ承リ度
二、支那駐屯軍司令部令ハ別ニ制定セザルモノトス

支那駐屯軍勤務令目次

支那駐屯軍勤務令目次終

支那駐屯軍勤務令

第一篇　總則

第一　本令ハ支那駐屯軍ノ勤務ニ關スル要綱ヲ規定ス

第二　支那駐屯軍ノ勤務ニ關シテハ本令ニ掲クルモノ竝特ニ規定アルモノノ外戰時諸勤務令及平時諸條規ヲ準用スルモノトス

第二篇　職責

第一章　支那駐屯軍司令部

第三　支那駐屯軍司令官ハ　天皇ニ直隷シ支那駐屯軍ヲ統率シ且渤海灣ノ海灣ヨリ北平ニ至ル交通ノ確保及北支那主要各地在留帝國臣民ノ保護ニ任ス

第四　支那駐屯軍司令官ハ軍ノ作戰、配置及行動ニ關シテハ參謀總長、軍政

及人事ニ關シテハ陸軍大臣ノ區處ヲ承ク

第五　支那駐屯軍參謀長ハ軍司令官ヲ補佐スルヲ以テ主要ナル任務トス

第六　支那駐屯軍參謀長ハ部下幕僚ノ將校、同相當官ニ業務ヲ分課シ且其業務ニ從ヒ相補助セシムルモノトス

第七　支那駐屯軍參謀長ハ軍司令官ノ意圖ヲ承ケ司令部一般ノ業務ヲ統制スルモノトス

第八　支那駐屯軍參謀部ノ將校、同相當官ハ軍參謀長ノ命ヲ承ケ各分擔業務ニ服ス

第九　支那駐屯軍副官部ノ將校、同相當官ハ軍參謀長ノ命ヲ承ケ各分擔業務ニ服シ且一般ノ庶務ニ任ス

第十　支那駐屯軍兵器部、同經理部、同軍醫部、同獸醫部及同法務部ノ組

織權限ニ關シテハ臺灣軍司令部條例第五條及戰時高等司令部勤務令第二篇第六乃至第九章ヲ準用スルモノトス

第十一 支那駐屯軍經理部長、同軍醫部長及同獸醫部長ハ支那駐屯軍倉庫長ニ對シ夫々其主管業務ニ關シ所要ノ指示ヲ與フルコトヲ得

第十二 以上ノ外支那駐屯軍司令部ニ屬セラレタル將校、同相當官及高等文官ハ軍司令官ノ命ヲ承ケ又准士官、下士官及判任文官ハ其所屬ニ從ヒ上條又ハ主任者ノ命ヲ承ケ各分擔ノ業務ニ服ス

第二章 支那駐屯步兵旅團司令部

第十三 支那駐屯步兵旅團長ハ支那駐屯軍司令官ニ隷シ部下軍隊ヲ統率ス

第十四 前條ノ外支那駐屯步兵旅團司令部ノ勤務ハ戰時高等司令部勤務令及旅團司令部條例ニ據ルモノトス

第三章 支那駐屯步兵聯隊

第十五 支那駐屯步兵聯隊長ハ支那駐屯步兵旅團長ニ隷シ部下軍隊ヲ統率ス

第十六　支那駐屯歩兵聯隊ノ將校聯隊長ヲ除ク、同相當官、准士官及下士官ハ當該隊長本部附下士官ニ在リテハ副官、主計正（主計）、軍醫正（軍醫）又ハ獸醫ノ命ヲ承ケ各、分擔ノ業務ニ服ス

第四章　支那駐屯戰車隊

第十七　支那駐屯戰車隊長ハ支那駐屯軍司令官ニ隸シ部下軍隊ヲ統率ス

第十八　支那駐屯戰車隊ノ將校戰車隊長ヲ除ク、同相當官、准士官及下士官ハ當該隊長本部附下士官ニ在リテハ副官、主計又ハ軍醫ノ命ヲ承ケ各、分擔ノ業務ニ服ス

第五章　支那駐屯騎兵隊

第十九　支那駐屯騎兵隊長ハ支那駐屯軍司令官ニ隸シ部下軍隊ヲ統率ス

第二十　支那駐屯騎兵隊ノ將校騎兵隊長ヲ除ク、同相當官、准士官及下士官ハ騎兵隊長ノ命ヲ承ケ各、分擔ノ業務ニ服ス

第六章　支那駐屯砲兵聯隊

第二十一　支那駐屯砲兵聯隊長ハ支那駐屯軍司令官ニ隷シ部下軍隊ヲ統率ス

第二十二　支那駐屯砲兵聯隊ノ將校ヲ除ク聯隊長、同相當官、准士官及下士官ハ當該隊長本部附下士官ニ在リテハ副官、主計、軍醫又ハ獸醫ノ命ヲ承ケ各々分擔ノ業務ニ服ス

第七章　支那駐屯工兵隊

第二十三　支那駐屯工兵隊長ハ支那駐屯軍司令官ニ隷シ部下軍隊ヲ統率ス

第二十四　支那駐屯工兵隊ノ將校ヲ除ク工兵隊長、同相當官、准士官及下士官ハ工兵隊長ノ命ヲ承ケ各々分擔ノ業務ニ服ス

第八章　支那駐屯通信隊

第二十五　支那駐屯通信隊長ハ支那駐屯軍司令官ニ隷シ部下軍隊ヲ統率ス

第二十六　支那駐屯通信隊ノ將校ヲ除ク通信隊長、同相當官、准士官、下士官及

3

文官ハ通信隊長ノ命ヲ承ケ各分擔業務ニ服ス

第九章　支那駐屯憲兵隊

第二十七　支那駐屯憲兵隊長ハ支那駐屯軍司令官ニ隷シ部下軍隊ヲ統率シ支那駐屯軍ノ駐屯地域ニ於ケル保安及軍事警察ヲ掌ル

第二十八　支那駐屯憲兵隊ノ將校　憲兵隊長、同相當官、准士官及下士官ヲ除ク　ハ當該隊長ノ命ヲ承ケ各分擔ノ業務ニ服ス

第二十九　支那駐屯憲兵隊分隊ノ管區及憲兵隊服務ニ關スル規定ハ支那駐屯軍司令官之ヲ定ム

第十章　支那駐屯軍病院

第三十　支那駐屯軍病院長ハ支那駐屯軍司令官ニ隷シ部下各員ヲ指揮シ支那駐屯軍ノ傷病者ノ收療ニ任シ且病院事務ヲ掌理ス

必要ニ應シ軍司令官ノ命ニ依リ分院又ハ轉地療養所ヲ設クルコトヲ得

第三十一　支那駐屯軍病院長ハ支那駐屯軍ニ要スル衛生材料ノ保管、供給及衛生試驗ヲ爲シ又支那駐屯軍ニ屬スル衛生部下士官以下ノ教育ヲ掌ル

第三十二　支那駐屯軍病院ノ將校相當官（病院長ヲ除ク）、准士官及各部下士官並判任文官ハ病院長ノ命ヲ承ケ各其分擔ノ業務ニ服ス

第十一章　支那駐屯軍倉庫

第三十三　支那駐屯軍倉庫長ハ支那駐屯軍司令官ニ隷シ糧秣、被服、給養器具、衛生材料、獸醫材料、蹄鐵、造兵品、酒保品及其他ノ軍需品（兵器ニ關スルモノヲ除ク）ノ調達、製造、貯藏、補給、遞送並被服補修ニ關スルコトヲ掌ル

4

第三十四　支那駐屯軍倉庫ノ將校相當官（倉庫長ヲ除ク）、各部下士官及判任文官ハ倉庫長ノ命ヲ承ケ各分擔ノ業務ニ服ス

第三十五　支那駐屯軍倉庫ノ勤務ハ特ニ定ムルモノノ外軍兵站勤務令、戰時經理部勤務令、被服補修部勤務令、戰時衛生勤務令及戰時獸醫部勤務令ヲ準用スルモノトス

第三篇　業務

第三十六　支那駐屯軍司令官ハ軍ノ配置及行動ニ關シ臨時發生ノ事件ニ對スル應急ノ處置ハ自ラ處斷スルコトヲ得

第三十七　支那駐屯軍司令官ハ軍政ニ關シテハ陸軍大臣ニ又軍ノ配置、行動等ニ關シテハ參謀總長ニ意見ヲ具申ス

第三十八　支那駐屯軍司令官ハ軍ノ任務達成上直接必要ナルモノノ外所要

ノ情報收集及資源調査ヲ行フモノトス

[手書: 第三十九 支那駐屯軍司令官ハ必要ニ應シ支那駐屯軍憲兵隊ニ分遣隊又ハ分駐所ヲ、支那駐屯軍病院ニ分院又ハ轉地療養所ヲ設クルコトヲ得]

第三十九（手書訂正: 第四十） 支那駐屯軍司令官ハ状況巳ムヲ得サルトキハ軍ノ任務達成上必要ナル事項ニ關シ陸軍運輸部大沽（手書: 塘）出張所長ヲ區處スルコトヲ得

前項ノ場合ニ於テハ速ニ陸軍大臣及參謀總長ニ報告シ且陸軍運輸部長ニ通報スルモノトス

第四十一、支那駐屯軍ノ幕僚事務及通信事務ニ關シテハ特ニ規定アルモノノ外戰時高等司令部勤務令ヲ準用スルモノトス

第四十二 支那駐屯軍ノ各部長ヨリ軍司令官ニ具申スヘキ事項ハ豫メ（手書: 軍）參謀長ニ關陳シ其承認ヲ承クヘキモノトス

第四十三 支那駐屯軍ノ行李其他軍需品ヲ運搬スル必要アル場合ニ於テハ備役若ハ徴發ノ人馬材料ヲ用フルモノトス

5

第四十四　支那駐屯軍司令官ハ臨時發生事件ノ外毎月左ノ報告ヲ陸軍大臣及參謀總長ニ提出スルモノトス

月報　前月間ニ發生セル事項、支那駐屯軍及其駐屯地附近ノ状況、列國軍ノ動靜、兵器、給養、衛生ニ關スル事項等

人馬現員表　毎月末日調

第四十五　前諸條ノ外支那駐屯軍ノ勤務ニ關スル細部ノ事項ハ陸軍大臣參謀總長協議決定スルモノトス

附則

本令ハ昭和十一年五月一日ヨリ之ヲ施行ス

支那駐屯軍勤務令終

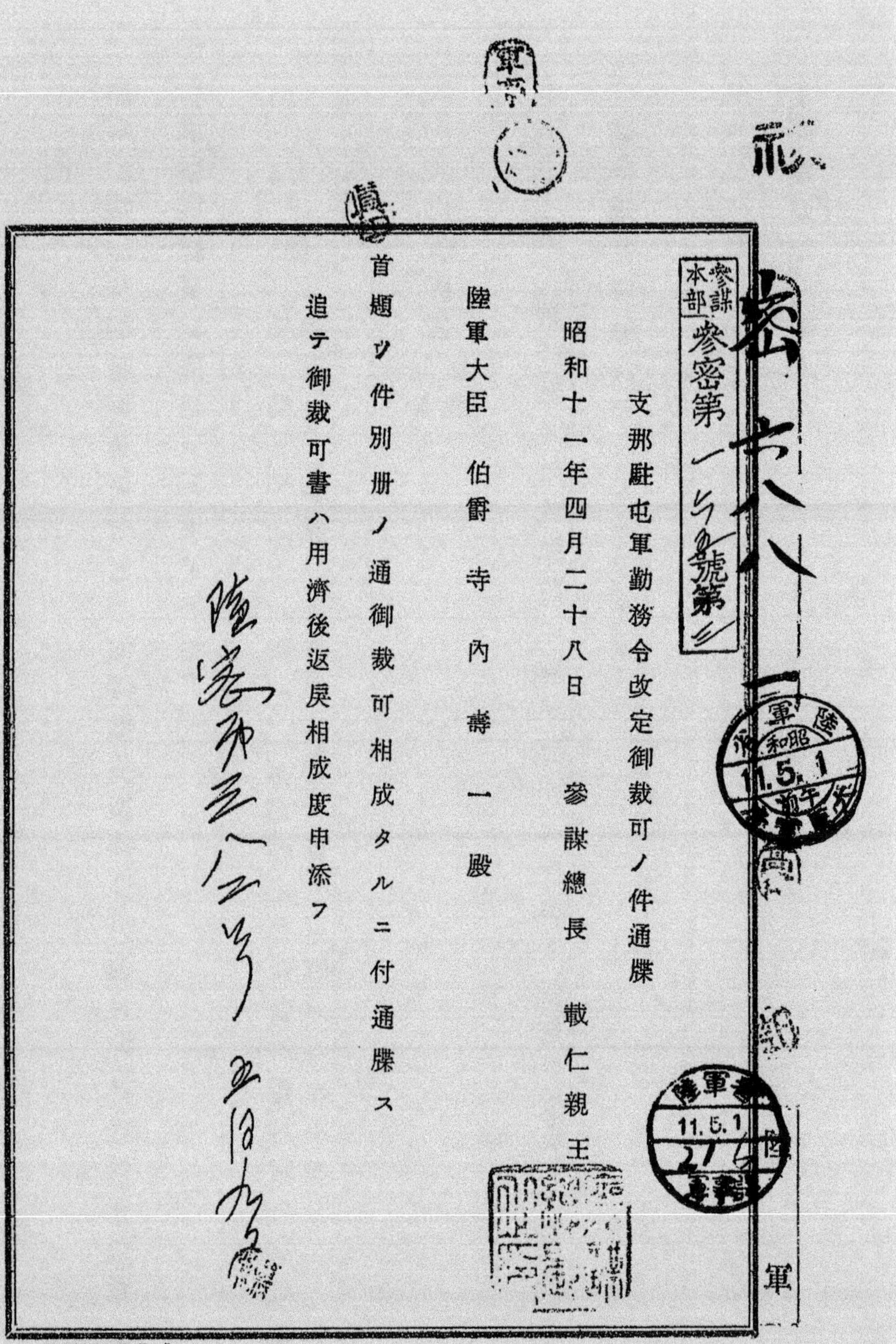

参謀本部 参密第一六〇号

支那駐屯軍勤務令改定御裁可ノ件通牒

昭和十一年四月二十八日　参謀総長　載仁親王

陸軍大臣　伯爵　寺内寿一殿

首題ノ件別冊ノ通御裁可相成タルニ付通牒ス

追テ御裁可書ハ用済後返戻相成度申添フ

日本標準規格 B—5

三、日军侵略华北政策的确立及其诸多挑衅事件

（一）《何梅协定》

资料名称：《梅津・何応欽協定》

资料出处：寺平忠輔著《蘆溝橋事件——日本の悲劇》，読売新聞社 1970 年版，第 21—23 頁。

资料解说：1935 年 7 月，何应钦复函日本华北驻屯军司令官梅津美治郎，接受日军对于华北地区权益的诸多无理要求，是即所谓《何梅协定》，该协定是在华北驻屯军大规模扩张的形势下，国民政府被迫妥协的产物。寺平忠辅时任日本驻北平特务机关大尉辅佐官，七七事变当晚曾作为日军代表持强硬立场直接和中方守军代表谈判，战后撰写多部回忆性论著，具有参考价值。

21　宋哲元政権の生い立ち

梅津・何応欽協定

この年の四月、私が内地に転任して間もなく、五月三日、天津の日本租界で、国権報の社長胡恩傅と、振報社長白逾桓の二人の親日分子が白昼何者かに襲撃され命をおとした。

こえて五月二十四日には、孫永勤という抗日匪軍が熱河を犯し、続いて非武装地帯に侵入するという新たな事態が引き起された。このところ華北の空気はめまぐるしいまでに物情騒然、混沌模糊として、不安な日が続くようになった。

由来、天津軍本来の任務は、北京、山海関間の鉄道の保全、ならびにこの間に在住する居留民の保護にあったが、現状ではこの任務さえも、とかくおびやかされがちだった。

——こんな事では全く困る。華北の明朗化を妨げるやからは、この際抜本的に荒療治してしまうんだな。——

気の早い酒井参謀長は、起案紙に一気呵成、華北粛清対策案をなぐり書きした。これが梅津・何応欽協定の骨子となったのであるが、その内容は概ね次の通りである。

通　告

一、最近華北に頻発しつつある排日侮日の諸現象は、等しく塘沽協定の破壊行為たると共に、また北清事変議定書の精神をも蹂躙するものなり。我が方はこれを明確なる対日挑戦行動と認め、条約上の権限に基き、今後自衛上必要と信ずる行動に出づる事あるを通告す。

二、これを未然に解決せんがため、左記各項の即時実行を要求す。

イ軍事委員会北京分会、憲兵第三団、国民党部、政治訓練所、藍衣社等の一律華北退去。

ロ黄杰の第二師、関麟徴の第二十五師等、中央直系諸軍の華北撤退。

ハ河北省政府主席于学忠、憲兵第三団長蔣孝先、藍衣社主任劉一飛等の罷免ないし処罰。

ニ排日侮日行為徹底取締りの確約。

以　上

参謀長はこの要求を提げて、五月二十九日北京にとんだ。そして大使館武官室の高橋坦中佐と共に中南海公園居仁堂に乗り込み、軍事委員会北京分会主任、何応欽将軍に面接を求めた。

二人は握り太の軍刀をガチャつかせ、今の条項を何応欽に突き付け、これに対する諾否の回答を迫った。もちろんこれは、何応欽といえども独断で回答の出来るような、生易しい問題ではなかった。要求はその夜のうちに南京に移され、蔣介石は直ちにこれを中央政治会議にはかって、慎重に対策を検対し始めた。

会議は白熱して「極度の内政干渉である」と叫び、「九・一八（満州事変）にまさる屈辱である」と反駁する声が圧倒的だった。しかし「この要求の背後には、関東軍が厳然と睨みを利かしている」という、何応欽からの説明を聞くに及んで、一座は静まり返り、煮え湯をのまされた思いに暫し諾否の採決に迷った。

蔣介石は考えた。——もしこれを拒絶した場合、関東軍は恐らく、堰を切った大河の勢いで一挙長城線を突破、華北一帯に雪崩込んで来るだろう。これは中国にとって実に忍び難い屈辱である。

しかし今、暫らくの間我々が目をつぶり、日本のいうなりに従っておいたら、華北に一応の静謐は維持される。将来の大計は改めてまた、樹て直すことも不可能ではない。

要は、究極において中国の幸福を期待することが出来たらそれでよいのだ。屈辱の責任は、その一切を自分一人で背負ってしまおう。——こう決心した彼は、ついに天津軍の要求に対し、歯を食いしばって全面的承認の断を下した。

六月十日、何応欽から受諾の回答を受け取った酒井参謀長は、直ちに梅津軍司令官の署名捺印した協定成文を南京に送り、これに対してさらに何応欽の署名調印を求めた。以上が梅津・何応欽協定成立のあら筋である。

日本は、こんな無理押しをしてまで、この協定を結ぶ事が、果して得策であったかどうか。むしろ何応欽を従来通り華北の地に留め、彼をして縦横に親日政策の腕を振わせた方が、かえって効果的だったのではなかろうかとする見解もある。傾聴に値する意見だが、今ここではこの問題に、これ以上深く立ち入ることを避けておく。

協定成立と同時に、今まで京津一帯に駐屯していた中央直系軍は、続々京漢線によって南下を始めた。日本に対するゲーペーウー、北京憲兵第三団も、その長、蔣孝先に率いられ、同じく南方に移駐して行った。河北省長、于学忠の罷免はもちろんのこと、軍事分会主任の何応欽までが、その業務整理を鮑文越副主任に委ね、南京に引き揚げて行った。今や中央系一切の組織は、完全に華北から地を払ってしまった形である。

ダークホースの登場

その後に乗り込んで来たのが察哈爾のダークホース、宋哲元である。彼は忽ちに冀察綏靖主任、兼京津衛戍司令に就任した。

さきの梅津・何応欽協定の場合もそうだったが、今度の宋哲元引出し工作にも、その背後に土肥原少将の画策が、大きく動いていた事は否めない。彼は六月二十八日、土肥原・秦徳純協定を結んで、新たに京綏鉄道以北の察哈爾省内に、非武装地帯を設定した。塘沽協定による非武装地帯が、更に察哈爾の奥地まで拡大されたわけである。断木梁の侵犯なんか、今後やろうと思っても絶対に出来ないように、封ぜられてしまったのである。

（二二）关于两个协定成立之陆、海、外务省电

资料名称： 両協定成立に関する陸・海・外務電

资料出处： 島田俊彦、稲葉正夫解説《現代史資料》8《日中戦争》1，株式会社みすず書房1973年発行，第77—101頁。

资料解说： 这是「华北事变」期间日本陆军、海军、外务省的一部分来往电文，记录了日本借口亲日派白逾桓、胡恩溥被暗杀等一系列事件，向国民政府施加压力，迫使其签订《秦土协定》、《何梅协定》前后的情况。

一九　両協定成立に関する陸・海・外務電

一

秘　昭和10　暗　天津 本省　五月四日後着　亜

廣田外務大臣　川越総領事

第一〇七号

二日午後十一時頃日本租界蒋街北洋飯店ニ宿泊中ノ胡恩溥ナル者就寝中「ピストル」四発ノ狙撃ヲ受ケ病院ニ於テ間モ無ク絶命シ又同夜午前四時頃租界内須磨街ノ自宅ニ於テ白楡桓ナル者之亦就寝中「ピストル」三発ノ狙撃ヲ受ケ即死添寝中ノ子供負傷セル事件発生セリ

犯人ハ何レモ逃走シ何等手掛リヲ残サス当館警察ニ於テ極力手配中ナル処胡ハ租界ニ於テ支那新聞国権報ヲ経営シ極力反蒋（反国民党）援満ノ空気ヲ鼓吹スル一方胡自身常ニ北支政変ヲ画策シ居リ最近ハ満洲国重要方面ニ聯絡シ来タレリトテ帰津シ此ノ災厄ニ遭ヒシモノニテ又白ハ租界内ニ於テ振報（満洲国特務機関トノ間ニ補助関係アリ）ヲ主宰シ居リ同報ノ態度及白自身ノ行動ハ全然胡ト同様ニシテ右両名トノ間ニハ特ニ連係無キモ等シク支那側ヨリ極度ニ警戒セラレ居タル関係アリ彼等ハ一夜ニ相前後シテ暗殺セラレシモノナルヲ以テ本件犯行ノ裏面ニハ何等政治的事情存在スル事直ニ想像セラルル次第ニテ当館ニ於テハ引続キ犯人ニ対スル手配中ナルモ不取敢

支、北平、南京、満ヘ転電セリ

二

秘

昭和一〇年五月二五日

電報

参謀次長〔杉山元〕宛　天津軍参謀長〔酒井隆〕

天津日本租界ニ於ケル白楡桓、胡恩溥暗殺事件ニ関シテハ捜査ノ結果蒋介石系統ノ策動シアルコト愈々明瞭トナリタルト孫永勤匪問題ノ件モ支那官辺ノ使嗾ニ原因セルコトヲ確認シタルヲ以テ儀我〔誠也〕、高橋〔坦〕両武官共篤ト協議ノ上軍ハ此一件ヲ左ノ如ク処理スルニ決セリ

一、白楡桓ハ我軍ノ機関新聞社長タリシヲ以テ軍関係使用人ナルカ故ニ条約ニ依リ保護セラルヘキニ拘ラス之ニ対シ支那官憲指導ノ下ニ斯クノ如キ「テロ」事件ノ続発ヲ見ルハ心外ノ至リナルコト及孫永勤匪ハ東北義勇軍ト称シテ南京政府統制ノ下ニ停戦地域ヲ擾乱セルモノニシテ停戦協定ヲ蹂躙スル此種行為ハ断シテ黙過スルコトヲ得サルコトヲ支那側ニ声明ス

二、南京政権ハ累次ノ親日声明ニ悖リ停戦協定ノ精神ニ背キ且団匪事件解決交換公文書ニ違反スル行為ヲ敢行ス是実ニ我方殊ニ我軍部ニ対スル挑戦的行為ナリ故ニ厳重ニ支那側ノ責任ヲ問ヒ且必要ニ応シ自衛ノ為将来無警告ニテ任意ニ適当ト信スル行動ヲ執リ且之カ為発生スル不祥事ニ関シ責任ヲ負ハサルコトヲ宣言ス

三、当軍参謀長〔酒井隆〕及在北平高橋少佐ハ北支政務整理委員会及北平軍委分会当局ニ対シ適当ナル機会（成ルヘク王克敏、何應欽ノ帰平ヲ待テ）ヲ求メ重ネテ右ノ趣旨ヲ厳達スルト共ニ少クモ中央憲兵第三団類似機関ノ撤退同団長蔣孝先、団附丁（樺山）及河北省主席于學忠ノ罷免ヲ要求シ且国民党部、藍衣社、軍委分会、政治訓練処等一切排日団体ノ工作ヲ禁止シ尚施策途中ニ於テ要路ノ衝ニ在ル者ノ責任上失脚スルコトアルモ更ニ意ニ介セス

以上ノ各項ヲ断行スル場合支那側ノ出様如何ニ依リテハ我モ相当ノ決意ヲ以テ之ニ対応スルノ必要アルヘク此点万遺漏ナキヲ期シアルモ〔要〕関係方面特ニ南京上海ノ御協力ヲ希望ス

（若杉参事官及川越総領事ニハ右ノ要旨ヲ通告シアリ念ノ為）

關、臺、北、奉、濟、上、南、漢、廣、山機スミ

三

秘　至急

昭和一〇年五月三〇日

電　報

五月二九日後一〇時二〇分発
三〇日前一〇時五九分着

参　謀　次　長　宛　　北平輔佐官〔高橋坦〕

北第三八三号

酒井参謀長（高橋少佐同行ス）ハ本二十九日北平政務整理委員会代理者兪〔兪家驥〕秘書長、及軍委分会主任何應欽ト会見シ反満抗日暗殺等対日軍挑戦行為ニ関シ何人カ指導シアリヤ何人カ責任ヲ負フヘキヤヲ糾弾シタル上左ノ如ク通告及要求セリ

一、通　　告

1、支那側官憲ノ主動ニ依ル対満陰謀ノ実行、長城附近支那義勇軍援助、対日「テロ」等ハ停戦協定ノ破壊行為ニシテ而モ其発動ノ根拠地ハ北平、天津ニアリ斯クノ如クンハ日本軍ハ遂ニ再ヒ長城線ヲ越エテ進出スルノ必要ヲ生スルノミナラス北平、天津ノ両地ヲ実質的ニ停戦地区ニ包含セシムルノ必要ヲ生起スヘシ

2、胡、白ノ暗殺ハ白等カ日本軍ノ使用人タルニ鑑ミ北清事変、天津還附ニ関スル交換公文ヲ蹂躙スルモノニシテ歴然タル排外行動タルノミナラス実ニ我カ日本ニ対スル挑戦ナリ排外的行為ヲ実行スル結果ノ重大ナルコトハ北清事変及満洲事変ニ照シ明白ナリ

今後斯カル行為カ行ハレ或ハ行ハルルコトヲ予知スルニ於テハ日本軍ハ条約ノ権限ニ基キ自衛上必要ト信スル行動ヲ執ルコトアルヘシ尚之ニ関シテ派生スヘキ事態ニ就テハ日本軍ハ其責ヲ負ハス

尚右ハ既ニ約一ケ月ヲ費シ調査セシ確実ナル根拠ニ基キ通告スルモノニシテ証拠ニ関シ論争シ或ハ威嚇ヲ行ハントスルニアラス事態ヲ重視シ軍ノ採ラントスル態度ヲ予告スルモノナリ

（以下北第三八四号ヘ）

関、臺、天、上、奉、濟、漢、南、廣、山機、承機、混旅スミ

四

秘　至急

昭和一〇年五月三〇日

電　報

五月二九日後一一時三〇分発
三〇日前　一時四〇分着

参謀次長宛　　北平輔佐官

北第三八四号

北第三八三号電続

二、要　求

北支ニ於ケル右行動ヲ根絶スル為日本軍ニ於テハ蔣介石ノ対日二重政策ノ放棄ヲ必要トシ最小限右政策ノ実行機関タル憲兵第三団及類似ノ団体、軍事委員分会政治訓練所、国民党部及藍衣社ノ北支ヨリノ撤退ヲ必要ト認メアリ又此等ノ「バック」タル第二師、第二十五師等有害無益ノ中央軍ノ一律撤退ヲ希望シアリ尚今回事件ノ直接間接ノ関係者タル蔣孝先、丁正、曾擴情、何一飛等及停戦協定ノ精神ヲ無視シ前記諸機関ト通謀シ北支ニ於テ日本軍ト両立セサル于學忠ノ罷免ヲ必要トス（我軍カ内政干渉ヲ為ストノ口実ハ与ヘアラス）

右ニ対シ兪秘書長ハ早速黄郛ニ電報シ其結果ヲ報告スヘシト答ヘ又何應欽ハ関係者ノ罷免等自己ノ権限ニテ可能ノ処置ヲ執ルヘシ其他調査ノ上是非日支関係ノ改善ヲ期シ度ト述ヘタルヲ以テ単ニ何應欽ノ権限内ニ止ラス北支ニ於ケル蔣介石ノ二重政策ノ廃棄ヲ速ニ実現スルノ必要ヲ述ヘ且今日ハ此等ノ相談ニ来リタルニアラス我カ軍ノ決意ヲ通告スルモノナル旨ヲ附言シ置キタリ（本電第二項要求事項ハ外部発表ヲ控ヘラレ度又上海、南京ニテハ裏面的ニ之カ促進方配慮アリ度）

関、臺、天、上、奉、濟、漢、南、廣、山、承、混旅スミ

五

極秘　昭和10　　暗　北平 本省　五月卅日後着　亜

廣田外務大臣　　若杉参事官〔要〕

第一五六号（極秘扱）

二十九日支那駐屯軍参謀長酒井大佐ハ当地高橋武官同伴政務整理委員会委員長代理兪秘書長並ニ軍事分会委員長何應欽ヲ訪問シ最近満洲国内ニ於ケル支那側ノ陰謀、長城附近支那義勇軍ニ対スル援助及天津ニ於ケル新聞記者暗殺ノ如キ「テロ」行為ハ停戦協定ノ破壊ニシテ蔣介石ノ反日工作ノ反映ト認ムヘク日本軍ハ已ムヲ得スンハ

再ヒ長城線ヲ超エテ進出セサルヘカラサルニ至ルヘク而モ是等策動ノ根拠地ハ平津ニアルヲ以テ天津、北平ヲモ停戦区域ニ包含セシムルノ必要ヲ生スヘク又天津ニ於ケル胡、白両新聞記者ノ暗殺ハ彼等カ日本軍ノ使用人ナル事実ニ鑑ミ明カニ北清事変ノ天津還附ニ関スル公文ヲ蹂躪セルモノニシテ斯ノ如キ条約違反ニ対シテハ日本軍ハ自衛行動ヲ執ルノ必要ヲ生スヘク日本軍ハ北清事変及満洲事変ノ如ク事態ヲ重大視シ居リ之ヨリ生スル責任ハ支那側ニアリテ日本軍ノ関知スル所ニ非サル旨ヲ通告シ右ニ対スル要求トシテ

(一) 蒋介石ハ日本ヲ敵国ト認ムルヤ又ハ友邦ト認ムルヤヲ明カニシ其ノ対日二重政策ヲ放棄センコトヲ要求ス

(二) 憲兵第三団、藍衣社、政治訓練所及国民党部ヲ北支ヨリ撤退セシメ

(三) 是等背景ヲナス第二師及第二十五師等ノ中央軍ノ撤退

(四) 是等ノ責任者蔣孝先、丁昌[正?]、曾擴情、何一飛竝ニ停戦協定ノ精神ヲ蹂躪セル于學忠ノ罷免方ヲ申入レタルカ

兪秘書長ハ右ハ重大ナルヲ以テ黄郛ニ電報シテ其ノ訓令ヲ仰クヘシト答ヘ何應欽ハ組織ノ変更ハ自分ノ権限外ナルモ関係者ノ罷免等自分ノ権限内ニ於テ可能ナル処置ヲ執ルヘシト答ヘタルカ酒井参謀長ハ今日ハ是等ノ事項ヲ相談ニ来レル次第ニ非スシテ日本軍ノ断乎タル決意ヲ通告スルモノナル旨ヲ言明シ暗ニ支那側ニ於テ是等ヲ実行セサル場合ニハ日本軍ハ逐次適当ノ行動ヲ執ルヘキ旨ヲ仄メカシ置キタル趣ナリ（右要求事項ハ絶対極秘トシテ一切発表セラレサル様御注意ヲ請フ）

右ニ関シ本官カ酒井ニ確カメタル所ニ依レハ本件ハ関東軍トモ打合ノ上ニテ酒井ハ関東軍及支那駐屯軍ヲ代表シテ申入レタル次第ナルカ右要求事項ハ実質上ハ要求ナルモ特ニ最後通牒的要求ノ形式ヲ執ラス支那側不履行ノ場合ニ於ケル我方独自ノ裁量ニ依ル措置ヲ便宜ナラシムル為一方的通告ノ形式ニテ我方ノ要望トシテ申入レタル由ナルカ万一支那側ニ於テ右要求事項ヲ実行セサル場合ニハ特ニ最後通牒ノ如ク期限ヲ定メ居ラサルヲ以テ逐次其ノ情勢ニ従ヒ適宜之ヲ強制スルノ措置ヲ講スル考ナル趣ナリ

支、南京、天津ニ転電セリ

六

秘　昭和10　　暗　天津 本省五月卅一日後着　　亜

廣田外務大臣　　川越総領事

第一三八号

往電第一〇七号[前掲]ニ関シ

一、其ノ後当館警察ヲシテ鋭意内査ニ努メシメ居ル一方当地帝国憲兵隊側ニ於テモ同隊自身ノ見地ヨリ捜索ノ歩ヲ進メ居ルカ犯行ニ関スル最有力ナル物的証拠ハ当夜胡ヲ殺害セル犯人ノ自動車番号「一〇六三」ニシテ右ハ調査ノ結果当租界居住沈燭昌?ノ所有車番号ナルコト判明セリ然ルニ沈ハ元来所謂反動分子ナリシカ近来転向ヲ看板ニ掲ケ反動分子排撃工作ヲ名ニ中央ノ歓心ヲ買ハントシ当地支那側某高官ニ話ヲ持チ掛ケタルコトニ付偶然当館警察ニ於テ確証ヲ入手セルコトアリシニ顧ミ此ノ筋ヲ辿ツテ容疑支那人数名ヲ留置取調ノ

結果（沈ハ犯行後姿ヲ晦シタルカ南京ニテ監禁セラレ居ルヤノ聞込アリ）犯行指揮者ハ上海保安処長兼藍衣社中央総部執行部長楊虎ナル者ナリト目指サレ右楊虎ハ四月廿五日上海ヨリ来平シ在平中央憲兵第三団長ニシテ藍衣社華北区総部執行部長蔣孝先其ノ他ト種々聯絡接洽ヲ遂ケ五月三日（犯行ノ翌日）再ヒ南下セルコト殆ト確実トナリ其ノ間楊ハ自已及蔣ノ部下数名ヲ来津セシメテ犯行関係容疑者ト打合ヲ為サシメタル模様ニテ（楊及蔣自身モ来津セルヤノ聞込モアリ）犯罪下手人及幇助者等モ略々見当ヲ附ケ得ルニ至レリ

二、軍側ニ於テハ本件発生後高橋武官、儀我大佐、酒井参謀等ニ於テ数次ニ亘リ省政府、北平政務整理委員会及軍事分会当路者ニ対シ頗ル強硬ナル態度ヲ以テ抗議詰問ヲ重ヌルト共ニ邦字新聞及通信社並ニ我方ノ操縦シ居ル漢字新聞等ヲ利用シテ強硬宣伝ヲ為サシメ最近ニ至リテハ屢武装部隊ヲシテ支那街ヲ巡行セシメテ示威ヲ行ヒ居リ一方憲兵隊ニ於テハ容疑者及其ノ知人等ヲ片ツ端ヨリ拘禁糺問ヲ為シ居ル為党部其ノ他各筋ハ戦々兢々タルモノアリ官憲側ニ於テモ軍側ノ強圧予想以上ナル為相当狼狽ノ模様ナリ

三、本官トシテハ尚早ニ抗議ヲ為スモ支那側カ軍側ノ強硬ナル態度ヲ如実ニ感得スルニ至ラサル限リ徒ニ空砲ヲ放ツノ結果ニ終ルヘキヲ慮リ抗議提出ノ時機ニ付慎重考慮中ナリシ処一方支那側ハ省政府移転又ハ首脳者更迭等ニ依リ本件ノ鳧ヲ付ケ軍側ノ鋭鋒ヲ避ケントシツツアルヤニ認メラレ或ハ任意犯人ヲ製造処罰シテ本件ヲ有耶無耶ニ葬リ去ラントスル惧スラアル情勢ニ至レル今日トシテハ最早充分ト認メ軍側トモ打合セノ上三十一日于主席ニ対シ別電第一三九号公文ヲ交付セリ

四、本事件ニ対スル我方ノ方策トシテハ本官ハ当初ヨリ支那側ノ「テロ」行為ニ対抗シテ我方モ亦浪人或ハ支那人等ヲ使役シテ報復的「テロ」ヲ行フカ如キ事ハ極力之ヲ避ケ寧ロ本事件ヲ契機トシテ北支方面ニ於ケル内面的政治工作機関タル在北平政治訓練所、憲兵第三団並ニ藍衣社等ノ秘密結社乃至暴力分子ヲ当方面ヨリ一掃セシムル様利用スル事最モ時宜ニ適スルモノト認メ軍側トモ右趣旨ニテ充分聯絡ヲ執リツツアル次第ニテ本件公文モ此ノ点ヲ主眼トシ我方ノ要望ニ拘ハラス依然トシテ暴力分子排除ノ実挙ラサル場合ニハ我方ハ正々堂々正規ノ実力ヲ用ヒテ是等分子ノ掃滅ヲ計ルモ已ムヲ得サルノ覚悟ヲ有スルモノナル事ヲ支那側ニ強ク印象セシムルヲ目的トシテ起草セル次第ナリ

本電別電ト共ニ支、北平、南京、満ヘ転電セリ

七

〔次の電報は五月三十一日川越天津総領事から于學忠・河北省主席に対して提出された抗議文である〕

略　天津 発　本省 着　五月卅一日後　亜

廣田外務大臣　　川越総領事

第一三九号（別電）

本月二日深更ヨリ同三日払暁ニ亘リ国権報経営者胡恩溥及振報経営者白楡桓相次テ当日本租界ニ於テ拳銃ヲ以テ暗殺セラレタル事件発生ノ次第ハ御承知ノ通ナル処本件ハ被害者平素ノ志業身分犯行ノ手口犯罪現場ノ情況等ニ顧ミ世上之ヲ尋常ノ刑事々件視スル者無ク

而モ右巷間ノ疑惑ハ時日ノ推移ト共ニ愈(?)濃厚トナリツツアリ当館ニ於テハ事件ノ性質ニ顧ミ事件発生以来我方関係方面ト協力鋭意之カ内査ヲ進メ来リタルカ今日迄ニ蒐集セル諸般ノ材料ヲ冷静ニ綜合検覈ノ結果本件ハ一定ノ政治的目標ヲ有スル貴国側暴力団体乃至秘密結社ノ所業ナリト推断スルノ外無キニ至レリ

由来当北支地方ニ特殊ノ政治的使命ヲ有スル各般ノ貴国側暴力団体及秘密結社存在シ極メテ巧妙ナル方法ヲ以テ奸悪残虐ナル直接行動ヲ敢行スルヲ憚ラサルハ顕然タル事実ニ属シ右ハ予テ当方面ノ和平安康ヲ顧念シテ已マサル我方ノ怪訝ニ堪ヘサル所ニシテ北支社会人心不安ノ根源実ニ玆ニ存スト断セサルヲ得ス而モ今回彼等カ前陳ノ如ク日本租界行政権ヲ干犯シ其ノ治安ヲ撹乱スルニ至レルハ我方ノ断シテ看過シ能ハサル所ナリ依テ本官ハ玆ニ貴主席ニ対シ此ノ際速ニ是等暴力団体及秘密結社ヲ当地方ヨリ芟除一掃スル為有効適切ナル手段ヲ採ラレ以テ租界ノ安全保障及北支社会人心ノ安定ヲ計ラレンコトヲ要望シテ已マサルモノナリ

素ヨリ本官ハ貴主席カ其ノ責務ヲ痛感セラレ直ニ右我方ノ要望スル措置ヲ採ラルヘキヲ信シテ疑ハサルモノナルモ万一貴主席ノ措置徹底ヲ欠キ今後依然トシテ此ノ種暴力団体又ハ秘密結社ノ策謀ニ依リ日本租界ノ治安ニ脅威ヲ感スルカ如キコトアリ自衛上緊急ノ必要アリト認ムルトキハ右団体、結社ノ種類如何ニ拘ハラス将又事実上其ノ何人ノ配下ニ属スルヲ問ハス我方トシテハ自ラ適当ト信スル行動ニ出ツルコトアルヘク右ノ場合依テ生スル一切ノ結果ニ付テハ挙ケテ貴方ニ於テ之カ責ニ任スヘキモノナルコトヲ玆ニ通告ス

八

極秘　　参謀本部第五課

特種情報〔暗号読解〕第一四八号

五月三十一日午後三、二〇分受信

天津ニ於ケル日本軍隊ハ対支挑戦的態度ニ出ツ

華府国務長官
南京領事　宛

天津米領事　発

天津日本駐屯軍ハ過去三日間異常ノ活気ヲ呈シ各支那官衙ニ派兵シ撮影ヲナス等概シテ暴慢ナリ

昨日午前中日本軍ノ一隊ハ武装ヲ厳ニシ装甲車、軽砲機関銃等ヲ伴ヒ省主席官邸前ノ街路ニ展開セリ

日本軍ハ故意ニ挑戦的態度ニ出テ居ルハ明カナルモ只今迄支那側ハ彼等ニ開戦ノ理由ヲ与フルコトヲ避ケ居レリ

九

秘

昭和一〇年六月一日

電報

参謀次長　宛

上海大使館附武官〔磯谷廉介〕

一、三十日黄郛ト会見シ北平電第三八三、同第三八四号ノ趣旨ヲ通告セル所左ノ如ク回答セリ

イ、「兪」秘書長ヨリノ通報ニ依レハ酒井参謀長並高橋少佐ハ各各天津軍及関東軍ヲ代表シテ三項目ノ質問（平津地方ニ日満支ノ国交ヲ阻害スルモノノ存在スルコト、暗殺事件ニ排日官憲ノ存在スルコト及官憲カ孫匪ニ糧食ヲ供給シ退路ヲ指示セルノ事実アルコトヲ確認スルカ如キ）三項目ノ警告（停戦協定ハ支那側ノ不法行為ニ対スル関東軍ノ関内進出ヲ妨ケサルコト平津カ反日満行為ノ策源地ナルニ於テハ該地方ニ非武装地帯ノ拡大ヲ必要トスヘキコト及北清事変条約ニ基キ軍ハ不法行為者ニ対シ有効適切ナル行動ヲ執ルノ自由ヲ有スルコト）及一項目ノ希望ヲ提出セリ右希望条件ハ要求ニアラスシテ河北党部、軍委分会ニ附属スル政治訓練処、憲兵第三団ノ北支撤退及蔣孝先等事件関係者、于學忠ノ罷免（于學忠ノ罷免ハ保定移駐ノミニテハ不十分ナリ）等北支ニ存在スル両国関係調整上ノ障碍全部ヲ撤退スルコトヲ希望スルモノナリ但藍衣社及第二師、第二十五師等中央軍ノ撤退ニハ触レス

ロ、叙上諸条件ノ解決ハ蔣介石ノ力ニ俟タサレハ克クスル所ニアラサルヲ以テ蔣介石ニ之ヲ報告シ置ケルカ彼ハ遠ク南京ヲ隔リアルヲ以テ多岐ニシテ困難ナル本問題ノ処理ヲ短時日ニ期待スルヲ得サルヘシ蔣介石カ速ニ南京ニ帰来スルカ或ハ汪精衛カ四川ニ到リテ蔣介石ト協議スルノ外ナカルヘシ又予個人ノ意見トシテハ一条件宛逐次解決スルヲ寧ロ実際的ナリト考フ

二、右ニ対シ小官ハ希望条件中ニ藍衣社及中央軍ノ件ヲ含ミアラサルカ如キモ右ハ小官ノ得タル報告ト符号セス「兪」秘書長カ故意ニ省略セルモノナリト確信スト述ヘ又所謂「希望」トハ独自ノ立場ニ於テ処理セントスル我軍ノ「希望」ノ意ニシテ敢テ支那側ノ処理ニノミ依リテ之ヲ実現センコトヲ期待シ居ルモノニアラサルコトヲ含蓄セルモノナリト考フト附言シ置ケリ

關、北、天、濟、漢、南、廣スミ

一〇

秘

昭和一〇年六月一日

電　報

上海大使館附武官

参　謀　次　長　宛

憲兵第三団長蔣孝先ハ二十九日上海ニ到着シ黄郛ト会見セルコト確実ニシテ黄郛モ之ヲ肯定シ且目下〔ママ〕ノ行方不明ナリト言ヘリ

黄郛ニ対シテハ蔣孝先カ上海ニ逃亡セルコトハ憲兵団カ直接間接暗殺事件ニ関係アルコト並又中央軍カ背後ニアルコトノ証拠ナリト説明シ南京政府ニシテ誠意アラハ之カ逮捕ノ策ヲ講スルコトコソ至当トナスヘシト注意シ置ケルカ南京武官〔雨宮巽〕ヲシテ南京政府ニ対シテハ厳重警告ヲ発セシムルコトトセリ（南、北、天、漢、濟、南スミ）

一一

秘　至急

昭和一〇年六月一日

電　報

天津軍参謀長

参　謀　次　長　宛

当地各部隊近ク交代帰還スルニ先チ支那衙ノ情況ヲ実見シ置クハ新ニ到着スル部隊へ申送ノ為ニモ必要ニ付日ヲ別チ同方面へ行軍ヲ実施セシメアリシカ偶ミ省政府附近ニ休憩セル等ノコトニ依リ時節柄支那側ノ神経ヲ刺戟セリト見エ各種ノ逆宣伝ヲ始メタル模様ナリ

右逆宣伝ニ関聯シ外字新聞ハ往年ノ二十一箇条条約ノ如ク見做シ又右行軍ヲ以テ挑戦的ナリト謂ヒアルモ日本軍ハ単ナル警告ノ趣旨ナルコトヲ述〔ママ〕へ且行軍ニ付テハ天津市内ニハ条約上三百人ノ衛隊ノ外支那軍隊ノ存在セサル筈ナルヲ以テ日支両軍ハ衝突セサル筈ナリ安心セヨト申シ置キタリ右念ノ為

一二

昭和一〇年六月二日　〇八三〇 北平発　一〇五四 着　無線　（一二四）支二

在北平　沖野〔亦男〕〔海軍〕輔佐官

次官、駐満海、旅要、三艦隊参謀長

次長、十一戦隊、五水戦司令官、在支各地武官

機密第七一番電　其ノ一、二、

（部外厳秘）

今次陸軍ノ対支警告……〔ママ〕……ニヨリ日支双方共事態拡大セシムル意志ナシ（本日何應欽及高橋武官ニ夫々会見セル所ニ依レハ）

一、高橋武官ト会談中計ラスモ参謀次長発電ヲ見タルカ二十九日ノ対支通告ハ主トシテ酒井参謀長ノ意見ニ依レルモノニシテ事前中央ト充分打合セナカリシモノノ如ク中央ハ大体ニ於テ同意ナルモ軍事行動ノ意図ナキモノト認メラレタリ

二、高橋武官談

(イ)　今次ノ要望事項中于學忠ノ被免、憲兵第三団藍衣社党部ノ首脳者撤退ハ之カ実行ヲ促シ其ノ他中央軍ノ南下等ハ将来増勢セサル条件位ニテ差支ナク北平、天津ヲ停戦区域ニ包括セシムルノ件ハ今後ノ支那側ノ態度如何ニ依ルモノニシテ最後通牒様ノモノニテモナク回答ヲ要求セルモノニモアラス

(ロ)　万一于學忠カ頑張ル時ハ其ノ背景ナル張學良又ハ宋子文ニ対シ南方ニテ実力アル我海軍カ示威セラルルナラハ効果大ナル可ク関内出兵ヲ見スシテ終ル事ヲ得ン陸外ノ中央一致ノ態度ニ鑑ミルモ海軍ニ於テ此ノ程度ノ意思表示ハ必要ナルヘシ

三、何應欽談

(イ)　従来ノ方針通リ誠心誠意ヲ以テ反日分子取締ニ努力シ事態ヲ絶対ニ拡大セシメサル事ヲ誓フ

(ロ)　此ノ程度ノ要求ハ穏便ニ忠告セラルレハ実行可能日本側ノ取ル態度ハ全国民ヲ刺激シ実行却テ困難トナル

(ハ)　于學忠ハ中央ノ命ニ依リ被免セシム可ク憲兵団長ハ（共産主義及反日満行動取締ヲ任務トス）速ニ交代セシメ党部ハ絶対ニ党外ノ行動ヲ採ラシメサル様取締ル可ク其ノ他モ逐次実行スヘシ

(ニ)　右ハ借スニ時日ヲ以テセサレハ早急ニ実行困難ナリ〔ママ〕日本側ニテ我方ノ誠意ヲ飽ク迄認メス感情ニ走リ事態重大セシムルナラハ如何トモ致シ難シ

一三

一一九〇〇

84

秘

昭和一〇年六月三日

電報

参謀次長宛　　天津軍参謀長〔酒井隆〕

于學忠昨三十一日人ヲ介シテ于カ華北独立ヲ企図スル場合日本軍ノ援助ヲ願ヒ得ルヤト伺ヒ来タリシヲ以テ斯カル回答ハ為スヘキ限リニアラスト答ヘ置キタリ

于學忠ハ目下頻ニ楊村附近ニ部下ヲ集メアリ場合ニ依リテハ五十一軍内ニ多少ノ兵乱アルヤモ知レス

關、北、濟、上、南、山スミ

一四

昭和10　　機　上海 本省　六月三日後着　亜

廣田外務大臣　　堀内書記官〔干城〕

第四六〇号（大至急　極秘）

三日本官カ磯谷〔廉介〕武官ヨリ聞キタル所左ノ通

（委細武官ヨリ電報済ノ由）

二日夕刻唐有壬ハ武官ヲ来訪セルカ其ノ目的ハ

㈠　今回ノ日本軍ノ要求ニ関シ何應欽王克敏黄郛及汪兆銘ノ間ニ大体意見一致シ之ヲ容ルルコトヲ可トスルニ決シ先ツ行政院長ノ権限ヲ以テ為シ得ル于學忠ノ省主席罷免ヨリ始メムトノ意嚮ナルカ于ノ背後ニ張學良アル為辞職ヲ肯セス強ヒテ免職シタル場合ニ于及部下ノ軍隊カ反抗シテ国際的問題テモ惹起シタルトキハ汪院長責任ヲ負ハサルヘカラサルカ為躊躇シ居ル次第ナルカ（二日夜来訪セル彭學沛モ本官ニ対シ之ト同様ノ話ヲ為シ居タリ）斯ル場合ニ日本軍ハ如何ナル態度ヲ採ラルヘキカ

㈡　六月十二日迄ニ要求実行セラレサルトキハ日本軍ハ自由行動ヲ執ルヘシトノ風説アル処斯テ?ハ自己ノ重大ナル責任ノ上ニ処置スルモ無駄ナレハ寧ロ初メヨリ何等措置セサル方優レル次第ナルカ右風説ハ果シテ真ナリヤノ二点ヲ武官ニ質スニアリ之ニ対シ武官ハ

㈠　于及軍隊ノ反抗アラハ何應欽ノ中央軍ハ之ヲ解決スルコト然ルヘク我方トシテハ是等軍隊ノ行動カ我権益ヲ害スル様ナ場合ニハ素ヨリ自衛手段ヲ執ルヘキモ然ラサル限リ進ンテ我方ヨリ攻勢ヲ取ルカ如キコト無カルヘシ

㈡　支那側カ遷延策ヲ執ル場合ニハ軍ハ必要ノ行動ニ出ツルヤモ計ラレサルモ時ヲ限リテ自由行動ヲ執ルヘシトハ根拠ナキ風説ナリ等応対シ且于カ日本軍ニ反抗スルカ如キ惧ハ無キニ付勇ヲ鼓シテ速ニ処置スル様激励シタルニ唐ハ実ハ対内関係ニ苦シミ居レリトテ蔣介石ヨリハ張學良ト共ニ北支問題ヲ処理スヘキ旨電報アリタルノミニテ南京ヨリノ二十数回ノ電信ニ対シテ一回ノ回電モ無ク汪トシテハ独断ニテ処置シタル後蔣カ學良ヲ支持シ汪ノ責任ヲ問フヘキコトヲ惧レ容易ニ決シ兼ヌル次第ナリトテ汪一派ノ苦衷ヲ述ヘ居タル趣ナリ尚唐ハ同日黄郛及王克敏ノ意見ヲ質シ帰寧セル由南京発貴大臣宛第五四七号〔不詳〕ノ（一）ハ其ノ結果ナリト思ハル右為念

北平、天津、南京へ転電セリ

一五

昭和一〇年六月四日　一八一五 二一四七　無線　北平発 着　（三二三）支一

在北平　沖野〔海軍〕輔佐官

次官、駐満海、旅要、三艦隊各参謀長

次長、漢口、南京、上海各武官

機密第七三番電

肥後〔市次〕武官来談要旨

一、駐屯軍司令官〔梅津美治郎〕参謀長〔酒井隆〕大迫〔通貞〕中佐等ト会談ノ空気ヨリ推シ事態ヲ更ニ拡大武力行使ニ迄及ハントスル意志ナキコト確実ナルモ参謀長ハ更ニ第二第三ノ追及ヲ行ハントスル相当強硬ナル意図ヲ有シ相当梢〔マヽ〕梢意見ノ隔離アルヤニ看取セラル

二、支那側ハ単ニ華北問題トシテ取扱ヒ相当程度ノ要求ニ応スルノ用意ト実行ニ着手シ一方新聞報道ヲ抑制シ極力其ノ拡大ノ防止ト民心動揺ヲ制シツヽアリ

三、天津憲兵隊ニ依ル謀殺事件容疑者ノ捜索逮捕ハ尚峻厳ニ継続セラレ一部怨嗟ノ声ナキニシモアラス

四、陸軍提示事項正当ナル要求ニ付此際陸海外一致事件拡大防止ト支那側誠意ノ示現ニ対シ側面的ニ有効手段ヲ講スル要アルト共ニ之ニ乗スル利権屋ノ跳梁阻止ノ要アリト認ム

四―一六〇〇

一六

秘

昭和一〇年六月四日

電報

参謀次長宛

天津軍参謀長

一、于學忠ハ本三日突然保定ニ移駐シ今後天津ノ治安維持ハ張〔張廷諤〕市長之ニ当ルヘキ旨ヲ同人ニ命令シ来レリ

二、省政府移転ノ為ノ第三次列車ハ衛兵其他約四百名ヲ載セテ午後九時発車セリ此外ニ尚二ケ列車準備シテ第五十一軍ノ一部モ今夜中ニ出発スルヤモ知レス

關、北、上、南、廣、漢、濟、奉スミ

一七

秘

昭和一〇年六月四日

電報

参謀次長宛

天津軍参謀長

于學忠ハ窮余ノ一策トシテ其後モ屢々使ヲ派遣シテ「河北省ノ独立ヲ企図スルトセハ日本側ハ援助シ呉レサルヤ」ト思ハセ振リニ我方ノ態度緩和ヲ哀願シ来レルニ対シ「当方ニ於テハ従来南京政府ニ忠実ニ犬馬ノ労ヲ取リ北支ノ排日ニ多大ノ努力ヲ為セル者カ今頃ニナリテ右ノ如キ言ヲナスハ噴飯ニ堪ヘス

斯ノ如キ見賺シタル術策ハ些細ナル情勢ノ変化ニ依リ忽チ排日ニ

86

転向シ易ク今仮リニ彼カ独立ヲ企図シ為ニ北支ノ平和ヲ紊ス如キ事態ヲ生セハ北支ノ治安ニ重大ナル関心ヲ有スル日本軍自ラ之ヲ強圧スル、コトモアリ得ヘシ」ト揶揄シ置ケリ北支工作ニ関シテハ旧東北系及中央系勢力ヲ逐次根本的ニ駆逐スルノ既定方針ヲ着々実行スルヲ要スヘシ

于學忠ノ右ノ如キ怪ケナル言動ニ対シ仏心ヲ現スハ禁物ト思考シアリ

關、北、上、南、漢、濟スミ

一八

秘

昭和一〇年六月五日

電　報

参謀次長宛　　北平輔佐官

支那側ニ対シ我方ノ態度ヲ徹底シ解決ヲ促進スル為酒井参謀長本四日来燕〔北平〕シ高橋少佐ト共ニ何應欽ト会見セリ其結果左ノ如シ

一、何應欽ノ既ニ処理セルモノトシテ述フル所左ノ如シ

イ、河北省政府及天津市政府ニ対シ共同シテ犯人ヲ逮捕セシムヘク命令ス

ロ、于學忠ニ対シ県長民団等ノ匪賊ニ対スル援助ニ関シ調査ヲ命ス

ハ、蔣孝先、丁正、曾擴情三名ヲ六月一日附命令ヲ以テ罷免ス

ニ、憲兵第三団特務処（処員二十数名）ヲ解消ス

ホ、于學忠及張廷諤ノ罷免ヲ要請ス

ヘ、天津市党部ノ解散及省党部ノ対外活動停止及特務人員罷免ニ関シ建議ス

ト、第二十五師ノ学生訓練班ヲ解散ス

二、我カ方ニ於テハ蔣介石ノ抗日政策ノ放棄及北支ニ於ケル其実行機関ノ撤退ヲ必要トシ東京ヨリ強硬ナル訓電アリ又関東軍ハ厳重ナル態度ヲ以テ支那側ノ処置ヲ監視中ナルカ此等根本問題ノ解決ニ対シ如何ニ処理セントナシアリヤト詰問シタルニ対シ左ノ如ク答ヘタリ

イ、蔣介石ヨリ従来日支親善ニ努力シツツアリシニ拘ラス今回ノ事件ヲ生起シタルコトハ頗ル遺憾トストノ来電アリタルモ第一項ニ関スルモノ以外ノ具体的解決ニ就テハ未タ示シ来ラス

ロ、憲兵第三団、政治訓練処及党部ノ撤退ハ頗ル困難ニシテ予ノ権限ニ於テハ之カ実現ヲ期シ得サルモ努力スヘシ

ハ、中央軍ノ撤退ハ最モ苦痛トスル所ニシテ如何トモ致シ難シ

三、何應欽ノ述フル所概ネ以上ノ如クニシテ我カ方ノ重視セル対日根本方針ノ更改及北支ニ於ケル抗日諸機関、諸部隊ノ撤退等未タ解決ノ曙光ナキヲ以テ今後単ニ其権限内ノ事項ニ止マラス蔣介石及南京政府ニ之カ実現ヲ督促スル様努力ヲ押シタル処努メテ和平裡ニ解決スル様引続キ尽力スル旨答ヘタリ

四、第五十一軍ハ天津北平間ノ我軍用電線ヲ切断シ妨害工作ヲ行ヒ又于學忠ハ天津附近ニ於ケル行政、警備等ニ関シ責任アル引継ヲ実現セスシテ保定ニ去リタル等不穏ノ行動アルニ対シ警告シタル処直チニ適当ノ処置ヲ講スヘシト応ヘタリ之ヲ要スルニ何應欽ノ努力ハ

相当認ムヘキモノアリ当方ニ於テ之ヲ利用シ使用スル考ナルカ蔣介石及国民党部ノ態度ニ対シ頗ル不徹底ナルヲ以テ関係方面ニ於カレテモ十分ナル御協力ヲ乞フ

關、臺、上、天、奉、濟、南、漢、廣、山、承機、混旅スミ

一九

秘　至急

昭和一〇年六月六日

電　報

参　謀　次　長　宛　　南京　雨　宮〔巽〕中　佐

本五日午前十一時ヨリ唐有壬ト外交部ニ於テ北支問題ニ就キ懇談シ我カ方ノ希望ヲ述ヘシカ席上彼ノ語リシ要旨

一、于學忠ヲ川〔四川〕、甘〔甘肅〕、陝〔陝西〕剿匪総司令ニ任スル件ハ蔣介石ヨリノ来電ニ依リ本日午前ノ中政会議に於テ内定シ明六日ノ臨時行政院会議ニ提出シ決議ヲ見ルコトトナレリ追テ于學忠ノ軍隊ハ近ク陝西省方面ニ移駐スルコトトナルヘシ

二、何應欽ノ省主席兼任就任ニ就キテハ再三、再四電報竝書信ヲ以テ南京政府ヨリ勧誘セシモ彼ハ華北ノ同僚タル于學忠ヲ逐出シ自ラ其席ニ座ルハ情ニ於テ忍ヒスト号シ容易ニ受諾セサルヲ以テ已ムヲ得ス民政庁長張厚琬ヲシテ臨時代理セシムルコトトセリ張厚琬ハ日本出身ニシテ満洲国「張」〔張燕卿〕外交部長ノ甥ニ当リ張之洞トモ親戚関係アリ

三、河北省政府主席ノ後任ハ将来該省ヲ実質的自治省トナシ省主席ヲシテ省内ノ全責任ヲ負ハシムル方針ノ下ニ人選中ニシテ既ニ張羣、陳儀、商震等ヲ候補者トシテ選定セシモ張羣ハ受諾セス陳儀ハ後任難ニテ詮議セラレス商震ハ現ニ天津警備司令ノ有力ナル候補者タルモ未タ決定スルニ至ラス

四、蔣介石ハ今回ノ北支問題ハ昨年省政府保定移駐ヲ実施セハ之ヲ予防シ得タルニ張學良ノ妨害ニテ之ヲ延期シタル為遂ニ時局ヲ紛糾セシメタルモノナリトテ大ニ學良ノ非ヲ攻撃シ居ルヲ以テ今回學良ノ成都行モ此辺ノ消息ヲ語ルモノニアラサルカ

五、今回ノ北支問題ヲ契機トシ将来日支両国ハ一切相抗争セサルコトト致シ度之カ為ニハ段階ヲ設ケテ逐次且絶エス努力シ終ニ現在ノ暗雲ヲ一掃スルコトヲ希望ス

六、以上之ヲ要スルニ南京政府ハ誠意ヲ以テ北支問題ノ処理ニ従事シアリ其政治ニ関シテハ汪精衛院長、軍事ニ関シテハ蔣介石委員長自ラ其責ニ当リ速ニ之ヲ解決スヘク努力中ニシテ決シテ故意ニ其解決ヲ遷延セントスル意志ナシ云々

右ニ対シ小官ハ概要左ノ如ク応酬シ置ケリ

イ、北支問題ニ関シ唐次長等ノ努力ハ認ムルモ行ク所迄行カサレハ解決セサルモノナルニ付中途ニ於テ挫折セサル如ク勇気ヲ出シ究極ニ於ケル日支根本問題ヲ打開スル如ク之ヲ導クヲ要ス之カ為ニハ蔣介石、汪精衛等カ責任ヲ回避セス進ンテ自ラ難局ニ当リ以テ局面ノ打開ニ任スルコト極メテ必要ナリ

ロ、北支問題解決ニ当リテハ迅速ナル処置禍根ノ芟除及其区域ノ拡張、完全ナル責任者ノ出揚等ヲ必要トスル旨従来ノ説明ヲ繰返シタリ（唐次長ハ本件ニ関シ特ニ時間ト仕事ノ分量トノ調和ニ就

キ考慮セラレ度ト申入レタリ）

ハ、此機会ニ於テ将来両国カ永久ニ抗争セサル如ク善処スルハ至極同意ナルモ之カ為ニハ単ニ（イ）項ノ実現ノミナラス終始絶大ナル努力ヲ以テ民衆ノ認ムル対日観念ノ是正ニ邁進スルコト必要ニシテ教科書ハ勿論新聞、雑誌等ノ教材論調ノ取締ヲ徹底的ニ実施スル外所有手段ヲ以テ民衆ニ対シ日本ヲ正当ニ理解セシムルコトヲ希望ス本日ノ救国日報ノ論説（日本ノ平和交渉ノ後ニハ必ス侵略手段ヲ伴フ云々）ノ如キ又ハ上海「チャイナ、ウイクリ、レヴユ」（週刊）ノ日本中傷記事（天津電報第五〇[不詳]九号参照）ノ如キ共ニ遺憾ナルヲ以テ速ニ適当ノ手段ヲ講セラレ度（唐有壬ハ新聞ニ対シテハ速ニ処理スル旨回答セリ）

本会見ノ結果並従来ノ態度ニ鑑ミ小官ハ「今次ノ北支交渉ヲ機トシ日支根本問題解決ノ為蒋介石ヲ引出[ママ]スコトハ必スシモ不可能ニアラス又少クモ河北省ヲ停戦地域ノ如キ文字ノ自治省ト為スコトヲ得ヘシ」ト判断シタリ

関、北、天、濟、上、漢、廣スミ

二〇

昭和10　暗　南京 本省　六月七日後着　亜

廣田外務大臣　　須磨総領事

第五五八[不詳]号（極秘）

往電第五五〇号ニ関シ

本七日唐有壬本官ヲ来訪シ軍側ノ要求ト認メラルル点ハ殆ト全部難キヲ忍ンテ実行セルニモ拘ラス日本側ハ尚釈然タラサル様見受ケラルル処汪院長（学生軍事教練ニ関連シ蘇州ニ赴ケルカ二、三日中ニ帰寧ノ由）ハ特ニ貴官ニ就キ右事情ヲ確カメ旁廣田大臣ノ考慮ヲ得度シト思ヒ居レリ又丁[丁紹伋]参事官（廿八日成都発本日着寧）ノ齎セル蒋介石ヨリノ伝言ニ依レハ蒋モ軍側真意那辺ニアルヤ捕捉スルニ苦ミ居ル由ニテ一部ニハ日本側要求ヲ中央軍ノ四川剿匪一向ニ進捗セス蒋カ剿匪ニ追ハレ居ル時節柄ニモ結着ケ憂慮シ居ルモノアリト述ヘタルヲ以テ本官ヨリ北支ヲ現在ノ情勢ニ立至ラシメタル責任ハ支那側ニ存スル次第ナレハ（此ノ点唐モ否定セス）姑息療治ニ満足セス禍根ヲ芟除スルコト必要ナリ軍側申入ニ付不明ノ点アラハ早速何應欽ニ照会スルコト然ルヘシト応酬セル処唐ハ何ニ於テ処断シ難ク又全然停戦協定ノ範（囲）ヲ逸脱セル事項例ヘハ日支経済合作及一般両国間政治問題ノ如キハ当然貴方外交官憲ト南京政府トノ間ニ於テ研究セラルルコト筋道ナルヤニ存セラルト述ヘタル上日本側ニテ第二師、第二十五師ノ駐屯ニ御不満ナラハ交替等ノ措置ヲ講シ何トカ御満足ノ行ク様致スヘキモ支那領土内ニシテ而モ停戦協定ト関係ナキ地帯ニ駐屯スル中央軍ノ一律撤退ヲ要求セラルルハ了解ニ苦ム次第ナリ中央軍ヲ撤退セハ河北省ノ独立ヲモ誘致スルニ至ルヘク仮ニ何ヨリ軍ニ命令スルモ事ヲ起サスシテ之ニ応スヘキヤ否ヤ疑問ナリト述ヘ更ニ支那ハ過激分子ヲ抑ヘ付ケ新聞ヲ完全ニ統制スル一方現在ノ日支関係ニモ顧ミ又復以夷制夷ノ非難ヲ受クルハ面白カラスト思ヒ聯盟等ヲモ全然相手ニシ居ラサル次第ナレハ此ノ点ハ日本側モ充分御了解ノ上本件ノ和平解決ヲ見ル様御尽力アリタシト述ヘタ

ルヲ以テ本官ヨリハ累次申入レ居ル我方主張ヲ強調シ支那側英断以外本件解決ノ途ナシト応酬シ置ケリ

支、北平、天津、満ヘ転電セリ

昭和10

二一

機　北平 本省　六月七日後着　亜

廣田外務大臣　　若杉参事官

第一七四号（極秘）

本官発支宛電報

第一二一号

本野〔盛一、公使館二等書記官〕ヨリ

本官北上ノ途次同車セル磯谷武官ノ花谷〔正〕武官等ニ対スル談話要領左ノ如シ

一、満洲事変後既ニ三年以上経過シ居ルモ蒋介石ハ自己ノ野望達成ノ為依然トシテ対日満裏面工作ヲ改メサル処内外ノ情勢ニ鑑ミ今日ハ彼ノ政策ヲ是正シ其ノ具タル政治団体ヲ少クトモ華北ヨリ駆逐スル好時機ナリトモ認ム尤モ吾人ハ蒋自身ヲ倒スコトカ直接目的ニ非スシテ蒋ノ行ヘル政策ヲ不可トスルモノナリ然シ蒋ニシテ我要求ヲ容レンカ必ス失脚スヘシ

二、華北ニ対スル今回ノ要求貫徹ハ満洲国承認工作ノ第一段ニ外ナラス（蒋ノ圧迫ニ依リ今日支那人カ表現シ得サル満洲問題解決ノ要望ヲ可能ナラシムヘシ）

三、支那側ハ極力本問題ノ地方的局限ヲ欲シ居ルモ（例ヘハ于學忠ノ更迭等ニ依リ之ヲ解決セントシ居レリ）吾人ハ断然之ヲ排撃シ中央ノ問題即チ蒋及南京政府ノ政策ノ是正ヲ目的トスヘシ

四、従来ハ大ヲ要求シ小ヲ得ントシタル傾向アルモ今回ハ我要求ヲ全部貫徹スルヲ要シ之カ実現ニハ武力ヲ行使スト迄腹ヲ極メサルヘカラス（今ナラハ大軍ヲ動カサスシテ可能ニシテ武官ノ観測ニ依レハ武力行使ハ天津軍ニテ可ナルヘキ趣ナリ）

五、尚要求貫徹ノ結果蒋カ失脚セサル時反動ハ必ス汪、黄〔郛〕一派ニ来リ彼等ハ一時失脚シ孫〔科〕、宋〔子文〕之ニ代ルヘキハ致方無シ（尤モ彼等ハ時勢変リテ後日一層鞏固ナル地位ヲ得テ再ヒ政権ヲ握ルニ至ルヘシト附言セリ）

六、武官ハ前記ノ意見ヲ具申シ今回ノ出張許可ヲ稟請セル趣ナルカ中央ヨリ許可越セルヲ以テ自分ノ意見ニ異議無カルヘシト述ヘ居タリ大臣、南京、天津ニ転電セリ

二二

昭和一〇年六月九日

一五二〇 北平発
二一三五 着　無　線　（六八九）支二

在北平　沖野〔海軍〕輔佐官

次官、三艦隊参謀長、在支各地武官、次長、駐満海、十一戦隊、各司令官、旅要、五水戦各司令官

機密第七六番電　（其ノ一、二）

北支時局重大化

一、六日附陸軍中央ヨリノ訓電ヲ中心トシ天津ニ於テ磯谷武官ヲ交

90

へ協議ノ結果並ニ関東軍ノ七日附出動準備決意トニ依リ本九日午前何應欽ニ対シテ相当強硬ナル要求ヲ提出スルモノト見ラル

二、吾等二十年来ノ宿望達成ノ好機来レリトテ磯谷武官ノ語ル所ニ依レハ

(イ) 関東軍ハ二旅団一騎兵旅団二飛行中隊ニ対シ古北口及錦州ニ集中ヲ命令セリ

(ロ) 北支駐屯軍交代兵ハ約二倍ノ勢力アリ帰還部隊ノ出発時機モ延期サルヘシ

(ハ) 中央訓令ノ要求ト希望トニハ何等区別ヲ附セス一括要求シ事項ノ性質ニ依リ実行期限ニ長短ヲ附ス恐ラク戦ハスシテ目的ヲ達シ得ヘキモ戦ノ決意ト準備アリ

(ニ) 河北省ヲ停戦区域内ノ一自治省トナス僅ノ事ハ可能ナリト判断シアリ

(ホ) 三省一致対支方針ノ如キハ意ニ介セス此ノ際強行スルニ如カス

三、宋哲元等ハ従来ノ我強圧ニ憤慨シ破ルルトモ戦ハントスル決意アル旨ノ情報アリ河北各軍ニ於テモ感情上衝突ハ免レサルヘシトノ意ヲ漏ラスモノアリ

四、平津方面人心再ヒ動揺シ謡言盛ナリ

反中央分子ノ暗躍益々盛トナリ前途予測シ難キニ鑑ミ外務官憲ニ於テモ居留民保護ニ関シ万全ヲ期スヘク着々準備中ナリ

九—一一三〇

昭和10　暗　北平 本省　六月十日前着　亜

廣田外務大臣　若杉参事官

第一七七号（至急、極秘扱）

九日酒井参謀長及高橋輔佐官ハ何應欽ヲ訪問シ酒井ヨリ前回申入ノ趣旨ヲ繰返シ本件交渉ノ根本義ハ蔣介石ノ誤マレル政策ニ基ク弊害ヲ一掃シ其ノ根本政策ヲ是正セントスルニアルヲ以テ其ノ政策ヲ変更セサル限リ今回ノ如キ交渉ハ際限ナク続発スルニ至ルヘキ旨ヲ力説シタル上[註]既ニ提出セル申入事項ノ実行状況ヲ逐一点検シ往電第一七〇号処分ノ外憲兵第三団及政治訓練所ノ撤退ヲ命シタルコト両国国交ヲ害スル惧アル秘密機関ニ付テハ関係筋ニ対シ取締ヲ厳ニシ存在セシメサル様既ニ訓令セルコト並ニ于學忠ノ罷免及其ノ部下ノ第五十一軍ノ移駐ヲ開始セルコトヲ確メ残ル事項即チ党部及中央軍—第二及第二十五師ノ撤退ニ付テハ中央ノ所管ニ属スル故ヲ以テ何應欽ニ於テ頗ル難色アリタルモ酒井ハ我方ノ要求ハ絶対的ノモノニシテ十二日ニハ天津ニ於テ軍関係者会合ノ筈ニモアリ右ハ撤退ノ能否ヲ論スルニ非スシテ其ノ実行期日ノ問題ナリト迫リ何應欽ハ兎ニ角中央ニ請訓シタル上十二日迄ニ回答スヘシト答ヘ尚五十一軍ノ移駐ハ十一日迄ニ天津東部ヨリ撤退更ニ七日内ニ北寧沿線ヨリ撤退スルコトニ定メ一箇月内ニハ河北省外ニ撤退スヘシト何ヨリ申出テタル処酒井ハ斯テハ長過キル故其ノ期間ヲ短縮センコトヲ主張シ結局何ヨリ鉄道輸送力等ヲ調査シタル上通報スヘシト答ヘタル趣ナリ

以上ノ次第ナルヲ以テ我方ヨリハ要求ニ回答期限ヲ附スル必要ナ

キニ至レル趣ナリ

支、天津、南京、濟南、青島、漢口、廣東、福州へ転電セリ

〔註〕六月五日付北平輔佐官電（八七頁）に見える何應欽の処置をさす

二四

秘

昭和一〇年六月一一日

電　報

参謀次長宛

天津軍参謀長

九日小官何應欽ト会見ノ際何應欽ハ中央軍ノ撤退ヲ何故ニ強硬ニ要求スルヤト反問シタルヲ以テ『熱河作戦ニ於テ関東軍ニ挑戦シタル原動力実ニ中央軍ナリ今回ノ事件ニモ主要ナル「バック」ト為リ策動シ現ニ藍衣社、励志社ノ母体トナリ又政治訓練処其他排日的策源ヲ統制シアル等動カスヘカラサル証拠アリ』ト説明シタル所何應欽ハ唖然トシテ何等反駁スル所ナカリキ支那側ハ勿論日本人ニテモ此辺ノ理由ヲ承知セサルモノアルニ付御参考迄

関、上、南、漢、濟、廣、台スミ

二五

秘　至急

昭和一〇年六月一一日

電　報

参謀次長宛

天津軍参謀長

九日夜小官帰津ノ車中ニ於テ楊村東側地区ニアル我カ軍用電柱ヲ焼却中ナルヲ目撃シタルヲ以テ本十日将校以下ヲシテ実査セシメタル処楊村附近ノ于學忠軍隊ノ所為ト認定セラル仍テ北平武官ヨリ何應欽ニ対シ斯クノ如キ不届ナル第五十一軍ハ今ヤ一刻モ平津地方ニ存在スルコトヲ許サレス最短期間（三日位）ニ北寧沿線ヨリ又遅クモ二週間以内ニ河北省ヨリ撤退ヲ強行スル様厳重要求セラレ且我カ軍ハ右撤退ノ実況ヲ監視スル手配ヲ完了シアル旨通告セラレ度

關、北、上、南、漢、廣、臺スミ

二六

秘　至急

昭和一〇年六月一一日

電　報

参謀次長宛

北平輔佐官

本十日午後六時何應欽ヨリ左ノ通リ回答アリ

一、中央ヨリ次ノ訓令ヲ受領セリ

1、十日附命令ヲ以テ河北省内党部ノ即日撤退ヲ開始セシム

2、第五十一軍ハ明十一日ヨリ鉄道輸送ヲ開始シ二十五日完了ノ予定ヲ以テ河北省外ニ撤退セシムヘシ但車輌ノ不足又ハ其故障アル時ハ撤退ノ完了数日遅延スルコトナキヲ保シ難シ

3、第二師、第二十五師ヲ河北省外ニ移駐セシムルニ決定セリ

4、国民政府ハ近ク全国ニ対シ排外排日ヲ禁止スヘク命令ヲ発ス

92

ルコトニ決定セリ

二、右ニ就キ何應欽ハ左ノ如ク附言セリ

1、第五十一軍ハ概ネ三日内ニ北寧沿線ヲ去ラシメ又対日不法行為ナキ様厳ニ訓戒ス

2、中央軍ハ数日中ニ北平附近ヲ去リ先ツ長辛店附近ニ移動シ爾後成ルヘク速ニ移駐セシムヘキモ第五十一軍輸送ノ関係モアリ約一ケ月ヲ要スル予定ナルヲ諒承セラレ度

3、従来約束シタル爾他ノ事項モ確実ニ実行セシム

以上ノ通リ支那側ニ於テハ北平電第三八三号〔本書七八頁〕要求事項ヲ悉ク実行スルコトトナリタルモ実行未タ完了セサルヲ以テ当方ニ於テハ左ノ如ク之ヲ発表セリ

「支那側ハ我カ方全要求ヲ容レ今回ノ問題ヲ和平裡ニ解決スルコトニシ度旨本日何應欽ヨリ回答シ来レリ」

關、臺、天、奉、濟、漢、南、廣、上、山、承機、混旅スミ

二七

秘

昭和一〇年六月一二日

電　報

参謀次長宛　　天津軍参謀長

喜多〔誠一〕大佐ヨリ、第一号電返

本十一日天津ニ到着シ東京ニ於ケル空気ノ一般竝要件等ヲ伝達セリ

今次ノ事件ハ既ニ北平電第四六〇号〔前電〕ノ如ク支那側ニ於テ軍ノ要求ヲ悉ク承諾シタルヲ以テ交渉茲ニ一段落ヲ告ケ今後其実行ヲ監視スルノミトナレリ

尚軍参謀長ノ談ニ依レハ九日北平ニ於ケル交渉ニ際シ現地ノ情勢ニ鑑ミ中央策定交渉処理要綱其一、第一ノ要求事項ハ其大部ヲ既ニ承諾シアルノミナラス更ニ第三希望事項モ応諾スヘキ見極メ立チタルヲ以テ併セテ一気ニ解決スヘク要求シ且其際「全支那ニ亘ル排日ハ事極メテ重大ナルヲ以テ至急中央政府ニ取締方厳ニ注意ヲ促スコト緊要ナリ本件ハ孰レ南京ニ於テ政府ヨリ交渉セラルヘシ云々」ト附言シ置キタル由

右ノ結果北平電第四六〇号第一項ノ㈣ノ如キ回答ヲ見タル次第ニシテ本件ハ今後ノ外交交渉ニ好都合ナリト思料セラル参考ノ為尚文書ヲ以テ回答ヲ取附クルノ件ハ既ニ処置済

二八

秘

昭和一〇年六月一二日

電　報

参謀総長宛　　天津軍司令官

今次ノ北支問題ニ就テハ既報ノ如ク支那側ニ於テハ我カ方ノ要求ヲ悉ク承認シ兵力ノ使用ヲ見スシテ茲ニ一段落ヲ告クルニ至リシハ慶幸トスル所ナリ当軍ハ今後引続キ之カ確実ナル実行ヲ厳重ニ監視シテ十分ナル実績ヲ収メンコトヲ期ス今次事件交渉間ニ於テ各方面

一致ノ歩調ヲ以テ懇切強力ナル御指導ト御援助トヲ賜ハリタルニ対シ茲ニ深甚ナル謝意ヲ表ス

關、北、上、南、廣、混旅スミ

二九

昭和十年六月十四日　　　　軍令部

藤原〔喜代間〕部員参謀本部ニテ聴取セル事項其ノ二

（主として支那班川本〔芳太郎〕少佐より）

一、右により（前に回覧せるもの）関東軍は遽かに原案により交渉を開始するが如きことはなかるべし（川本少佐意見）

二、本件に関し参謀本部支那班員の意見左の如し

『陸軍中央としては宋哲元軍の察哈爾省外撤退は希望し居るも此の際黄河以南に撤退を要求する如きは同意出来ず寧ろ軍事分会をして容易に実行せしむるため黄河以北平漢線沿線等の比較的収入豊なる地に移駐せしむる様指導するを得策とす』

四、今後北支に中央系勢力の再出現問題に関しては参謀本部としては『中央軍（第二師、第二十五師に限らず）当部其の他排日機関の再出現は許さざるも内政に関し中央系機関の出現は何等拒否せんとするものに非ず要は日満支の関係を調整し行き得るものならば何人か政権を握るも厭ふところにあらず』

三〇

昭和10　　暗　北平 本省　六月十四日前着　亜　94

廣田外務大臣　　　　若杉参事官

第一八七号

張家口発本官宛電報

第八号

大臣へ転電アリタシ

第一一号

華北事件以来宋哲元下野要求説等ニテ当地人心動揺ノ徴アリタル折柄六月六日張北縣ニ於テ第百三十二師ノ兵ノ為ニ我特務機関員抑留訊問セラレタル事件〔本書七三頁以下〕アリ之ニ対シ当地松井〔源之助〕中佐ヨリ厳重抗議シ十一日宋ノ代表トシテ秦徳純ヲ呼寄セ要求条件ヲ提示シタル上五日以内ニ回答無キ時ハ我軍ニ於テ自由行動ヲ執ルヘシト通告シタル趣ノ処翌十二日朝ニ至リ秦ハ省政府幹部ノ家族殆ト全部ヲ同伴専用車ニテ北平ニ赴キタル由尚当時秦ハ極メテ憔悴シ居タル点ヨリ見テ支那側内部ハ相当動揺シ居ルモノト察セラル又両三日来当地軍隊カ盛ニ東北方ニ移動シツツアル事実モアリ右ハ密カニ日満軍ノ進撃ニ備ヘツツアルモノナリトテ市中ニ謡言蜚語盛ナリ

三一

秘

昭和一〇年六月一四日

電　報

参謀次長宛

南京　雨宮中佐

昨十二日午後唐有壬ノ申込ニ応シ之ト会セシカ其際彼ハ去十日何應欽カ口頭ヲ以テ為セル回答ニ依リ北支問題一段落ト観度キ旨申出テタルヲ以テ小官ハ「我方ノ要求ヲ完全ニ実行シ終リタル時ヲ以テ一段落ト観ルヘク全支ニ亘ル排日行動ノ停止、排日団体ノ解散等ハ即時之ニ着手セサレハ容易ニ之ヲ完了シ得サルヘク単ナル口頭ノ回答ヤ一片ノ命令ヲ以テ一段落トナストキハ実行ヲ渋滞シ却テ不慮ノ事件ヲ惹起シ従来ノ苦心ヲ水泡ニ帰スルニ至ル虞アルヲ以テ此際益益緊張シ要求事項ノ実行ニ邁進シ且将来再ヒ之ヲ繰返ササル如ク処置スヘキ旨」説明シ置ケリ尚本会議中唐次長ハ「此上更ニ天津軍ヨリ新要求ヲ追加サレ而モ夫カ何應欽ノ権限外ニ亘ルトキハ何應欽ノ立場カ無クナル」トテ泣言ヲ竝ヘタルヲ以テ新事件発生セハ新要求之ニ伴フハ当然ナリト圧ヘ置ケリ因ニ宋哲元軍ノ邦人監禁事件ニハ未タ言及シアラス（關、北、天、濟、上、スミ）

三二

秘

昭和一〇年六月一七日

電報

参謀次長宛

天津軍参謀長

鮑文樾、王樹常、萬福麟等ハ昨夜小官ノ許ニ密使ヲ寄セテ何應欽ハ南下シ北上セサルヲ以テ我等七人ノ委員ニテ河北独立ヲ企画シアルカ日本側ハ之ヲ援助スルヤト質シタルヲ以テ小官ハ目下ノ情勢ニ於テ北支ノ治安ヲ紊スカ如キ行動ハ一切許サスト応酬シ置ケリ

因ニ彼等ハ學良系ト関係アルコト上海電第五二二号ノ如クニシテ此際北支ニ學良ノ勢力ヲ保持セントスル肚ナルカ如ク観察セラル

参考迄

關、上、北、南、廣、山スミ

三三

秘

昭和一〇年六月一八日

電報

参謀次長宛

天津軍参謀長

劉燧昌来訪シ察哈爾問題ニ関シ「宋哲元ハ免職セラルヘキヤ」ト質問シタルヲ以テ「宋哲元ヲ免職スルヤ否ヤ察哈爾ヲ如何ニスルヤ否ヤハ単ナル枝葉ノ末節ナリ今回ノ張北事件ノミナラス由来支那各地ニハ色々ノ事件アリ例ヘハ本年三月青島商業視察団カ河南方面見学ノ際官憲ノ妨害ヲ受ケタル例モアリ要スルニ此等ノ日本人ニ対スル不法行為ハ其根本ヲナス中央政府ノ指導精神カ各下級官吏ニ如何ニ理解セラレアルカヲ如実ニ証明シツツアルモノニシテ中央政権自ラ其指導精神ヲ根本的ニ革新シ日支合作ニ醒メサル限リ一、二地方長官ノ免職等ヲ以テ日支関係ヲ根本的ニ是正シ得ヘキモノニアラス若シ夫レ蔣介石政府カ此際日本ノ強圧ヲ口実トシテ自分ノ気ニ入ラサル于學忠ヤ宋哲元ノ勢力ヲ減殺スル為免職セントスルモノナルヤ

モ知レサルモ先日来ノ事件ノ如キモ若干ノ関係長官ノ謝罪ヤ罷免ハ根本ニアラスシテ実ニ中央政府ノ責任アル政策ノ改善カ大切ナルコトヲ要望シタルモノナルコトハ明敏ナル君ノ熟知スル所ニアラスヤト答ヘタル処劉燧昌ハ「然ラハ此問題モ亦中央政府カ目標テスネ」ト答ヘテ倉皇辞シ去レリ

御参考迄

上、南、關、漢、濟、廣ス〔ミ〕

三四

秘 至急

昭和一〇年六月一八日

電 報

参謀次長宛　　関東軍参謀長〔西尾壽造〕

承徳機関通報

本十六日豊寧縣長ヨリ受領セシ通報左ノ如シ

一、十一日縣参事官一行東柵子（獨石口ノ北方約八粁満洲国内）ニ入ラントセシトキ東方六六米ノ高地ヨリ二、三十発ノ小銃射撃ヲ受ケ止ムヲ得ス引返シタリ射撃セシハ獨石口駐在宋哲元部隊ニシテ約十五、六名ナリシト

二、十二日小廠（五十万分一獨石口北方十五粁ノ三叉路附近ニシテ満洲国内ナルハ明ナリ）ニ在ル国境警察隊員同地南方約六粁齋藤山（第七師団齋藤少尉ノ戦死ノ所）附近ニ達シタルトキ同高地ヨリ百余発ノ射撃ヲ受ケタリ調査ノ結果右ハ獨石口駐屯宋哲元部隊ノ行為ニシテ兵力ハ約百二、三十名ナリ

三、密偵報ニ依レハ獨石口宋軍ハ元来二中隊ナルモ目下其大部ハ現在満洲国内ニ侵入シアリテ獨石口ニハ数十名ヲ残置セルニ過キスト

上、南、朝スミ

三五

秘 至急

昭和一〇年六月一九日

電 報

参謀次長宛　　関東軍参謀長

一、昨十七日夜酒井〔隆〕大佐、松井中佐等ノ来京ヲ求メ現地ノ情況ヲ更ニ詳細ニ検討ノ結果宋哲元ニ対スル交渉要領ヲ左ノ如ク改訂セリ

土肥原少将ハ本要領ニ基キ交渉ヲ進メラレ度

宋哲元ニ対スル交渉要領

方 針

宋哲元軍ヲシテ爾今絶対ニ察省内ニ於テ我カ行動ニ支障ヲ与フル能ハサラシムルコトヲ期ス

要求事項

㈠ 停戦協定線延長部分ノ東側地域及北長城線北側地域ニ於ケル宋軍部隊ハ之ヲ其西南方地域ニ移駐セシム其撤退地域ニハ再ヒ支那軍ヲ侵入セシメス

㈡ 一切ノ排日機関（東北憲兵、藍衣社、国民党部等）ヲ悉ク解散セシムルコト

㈢ 宋哲元ノ謝罪及責任者ノ処罰ヲ即時実行セシム
㈣ 前記第一、第二項ハ要求提出日ヨリ二週間以内ニ完了セシム

交　渉

㈠ 土肥原少将ヲシテ支那駐屯軍等ト密ニ連絡ノ上宋哲元ニ対シ直接交渉セシム
㈡ 交渉ノ迅速ヲ期シ且支那側ノ実行ヲ確認スル目的ヲ以テ軍ノ一部ヲ熱河省方面ニ行動セシム
㈢ 尚直接排日行為ニアラサルモ山東移民等ノ如キハ実質的ニ之ヲ中止セシムル様努ムルモノトス

二、関電第七九〔不詳〕三号酒井大佐ノ意見ハ当方ニ於テモ同意ナリ

天、北、上、南、山スミ

三六

秘

昭和一〇年六月二六日

電　報

参謀次長宛　　北平輔佐官

土肥原少将ヨリ

宋哲元ハ中央ノ罷免ニ依リ極度ニ気ヲ腐ラシ自暴自棄ニ陥リ本日午後三時半北平出発自動車ニテ天津ニ向ヘリ

関、天、上、奉、南スミ

三七

秘

昭和一〇年六月二四日

電　報

参謀次長宛　　天津軍参謀長

二十二日王克敏ト会見セリ

「北支ノ政務ハ軍事、政治、財政、外交等広汎ノ権限ヲ委任セラルルニアラサレハ到底其実績ヲ挙ケ得サルヘシ」ト説キタル所「然リ特ニ北支ニ於テハ日本ト密ニ連絡妥協シテ事ニ当ラサレハ何事モ不可能ナルヘキコトハ南京ニ於ケル汪精衛以下大部ノ人々モ同感ナルカ支那ニハ目下政府以外ニ他ノ隠レタル大キナ勢力アリテ此作用スル所大ナルヲ以テ種々困難ヲ伴フ次第ナリ」ト色々ト弁明シ且「北支ニ於ケル軍事勢力ヲ除去シ逐次保安隊等ヲ以テ取換ヘル必要モアルヘキカ其際戦区保安隊モ一律ニ自由ニ為シ得ルヤ又外国租界等ニ根拠ヲ置ク不逞ノ輩ニ対スル日本側ノ協定ヲ期待シ得ヘキヤ」ト暗ニ日本ノ野望ヲ疑フヤノ口吻アリシヲ以テ「北支ノ軍事的勢力ヲ急速ニ撃退セントスルコトハ空想ニ近カルヘク又之ニ関聯シテ趙雷、劉佐周ノ如キ日本租界ノ亡命者等迄モ不逞カマシク考フルコトハ南京政権ノ手先タル君ノ考ヘ相ナコトナルヘキモ日本側ニ対スル不安ト斯様ナル認識不足トヲ以テ臨ムコトハ大ナル危険ナリ今次日本ノ支那ニ要望セシモノハ単ナル日本軍部ノ要求ニアラスシテ支那ノ謬レル対日政策ヲ根本的ニ是正スルノ必要ナルコトニ関シ日本国政府トシテ猛省ヲ促シタルモノニシテ軍部ノ投シタル石ハ単ニ其先駆タルコトニ過キス此点ハ十分重視スルノ必要アリ尚君ノ述ヘラレ

タル如キ政府以外ノ隠レタル勢力カ政治ヲ左右スル様テハ河北一省スラ其統治不可能ナルヘシ此際声丈ノ親日転向ヤ排日中止ノ空証文ハ聴テ又日本カラ面皮ヲ剝カルルコトトナルヘシ」ト述ヘタルニ「漸ク日本ノ決意ノ程ヲ理解セリ」トテ稍々安堵ノ色ヲ為シ「軍事委員分会、政務整理委員会等ハ逐次之ヲ廃止シテ先ツ河北省丈ヲ党部ノ力ナキ、軍隊ノ干渉ナキ平和ナル活動根拠地ニ作リ上ケ度」ト語レリ

彼トノ会談ノ感想ヲ述フレハ彼ノ北支及日本ニ対スル認識並内政改革ニ対スル決意ハマタ〳〵十分ノ「ツツカヒ」棒ヲ必要トスルコト明ナリ参考迄

（以上全文発表禁止）

關、上、北、南、廣スミ

三八

秘　至急

昭和一〇年六月二四日

電　報

参　謀　次　長　宛　　　　北　平　輔　佐　官

土肥原少将ヨリ

一、未タ会見セサルモ秦徳純側ニテハ内示セル要求事項ニ対シ研究中ニシテ南京政府ノ指令ヲ仰クヘキ件ヲ処理シツツアリ但シ撤退地域（爾後停戦地域ニ対シ此ノ名称ヲ用フ）ヨリ軍隊ノ撤退ハ既ニ着手中ニテ張家口ノ党部ノ活動ハ中止セシメアリ

正式会見ハ今明日中

二、張家口機関ヨリノ来電ニ依レハ張北附近軍隊ノ移動ヲ見ルモ張家口市内ハ極メテ平静ナリ

關、天、上、奉スミ

三九

秘

昭和一〇年六月二五日

電　報

参　謀　次　長　宛　　　　北　平　輔　佐　官

土肥原少将ヨリ

今朝王克敏ニ会見セル際察哈爾問題ハ秦徳純既ニ口頭ヲ以テ我要求承認ノ意ヲ示シタルカ中央ヨリ未タ何等回訓ナキ為正式回答ヲナシ得サル実情ヲ告ケ速ニ中央ヲシテ地方的ニ迅速ニ解決スヘク指令ヲ発スル様処置方申出テタル処直ニ快諾シ即時電報ヲ以テ督促スヘク約シタリ

關、天、上、奉、南スミ

四〇

秘　至急

昭和一〇年六月二五日

電　報

参　謀　次　長　宛

98

北平輔佐官

土肥原少将ヨリ

昨二十三日夜十時松井中佐、高橋少佐ト共ニ秦徳純宅ニテ（秘密保持上）正式交渉ヲ開始セリ

秦徳純ハ先ツ遺憾ノ意ヲ表シ要求第一、第二項ハ既ニ自発的ニ実行ノ手配ヲ為シ着々実行中ナリト述ヘ且要求セシ諸件ハ口頭ニテ承認セシモ文書ハ南京政府ノ訓電ヲ待ツノ已ムヲ得サルヲ告ケ諒解ヲ求メタルヲ以テ回訓アリ次第提出セシムルコトトセリ尚当方ニ於テハ文書回答ヲ促進スル為南京方面ニ対シテモ工作中ナリ

（交渉内容別電第五二二号ノ如シ）

尚今朝左ノ如ク新聞ニ発表セリ

「土肥原少将（松井中佐、高橋少佐同行）ハ二十三日夜秦徳純公館ニテ察哈爾当局ト会見察哈爾事件ニ関スル交渉ヲ開始セリ」

關、臺、天、上、奉、濟、漢、廣、山スミ

四一

秘

昭和一〇年六月二五日

電報

参謀次長宛　　北平輔佐官

第五二二号

交渉内容

一、日支親善ノ見地ヨリ将来察哈爾省内ニ於ケル日本側ノ合法的行動ニ対シ支障ヲ与フルコトナカラシムル為察哈爾当局ニ対シ左ノ要求ヲナス

(一) 撤退地域ノ件、但昌平、延慶延長線ノ東側及獨石口北側ヨリ龍門西北側又張家口北側ヲ経テ張北南側ニ亘ル線以北ノ「宋」軍部隊ハ之ヲ其ノ西南方ノ地域ニ移駐シ云々

(二) 排日機関解散ノ件

(三) 遺憾ノ意ヲ表スルコト並責任者ノ処罰ノ件

(四) 六月二十三日ヨリ二週間以内ニ完了

(五) 山東移民等中止ノ件

以上ノ各項ハ文書ヲ以テ承認ノ旨速カニ回答ヲ要ス

二、尚要求事項解釈トシテ

(一) 日満ノ対蒙工作ヲ承認シ特務機関ノ活動ヲ援助シ且移民等ヲ中止シ蒙古人圧迫ヲ停止スルヲ要ス

(二) 日満ノ経済発展及交通開発工作ニ協力ス例ヘハ張家口、多倫間其他満洲国北支那間ノ自動車鉄道交通等ノ援助ノ如シ

(三) 日本人ノ旅行ニ便宜ヲ与ヘ各種調査ヲ援助スルヲ要ス

(四) 軍事及政治顧問ヲ招聘ス

(五) 日本軍事諸施設（飛行場ノ設備、無線ノ設置等）ヲ援助スルヲ要ス

(六) 撤退地域ノ治安維持ハ停戦地域ニ準スル方法ニ拠ルヘシ

ヲ聴カセタル処是亦全部ヲ承認シ斯クテ善後交渉ノ一階梯ヲ終レリ

（本電　発表ヲ差控ヘラレ度）

關、臺、天、上、奉、濟、漢、南、廣、山スミ

秘

四二

昭和一〇年六月二五日

電報

参謀次長宛　　天津軍参謀長

王克敏ハ二十三日軍司令官(梅津美治郎)ヲ訪問シ既ニ中央軍等ハ期限附着々撤退中ナルモ北支今後ノ問題ハ如何ニ処置スルヤト問ヒタルヲ以テ唯約束実行ニ努力スルヲ要スルカ君ノ説ノ如ク排日的軍隊ハ逐次撤退中ナルモ其以外ニ国民党員、藍衣社、「CC」団等ノ秘密団体ヲ徹底的ニ排除セサレハ効果ナカルヘシト反駁セルニ「王」ハ国民党員カ北支ニ何人居ルカ数ヘ得ス又秘密団体モ発見セルモノハ大抵出発ヲ命シタルモ未発見ノモノカ幾何アルヤ知リ難シト答ヘタルヲ以テ尓後党部ノ活動ヲ封シ秘密団体ノ取締ニモ熱意ヲ以テ努力スレハ此等類似ノモノハ自然居タタマラナクナリ得ヘシト応酬シ且抑々北支ノ日支関係ヲ改善セラルルコトハ予ノ昨年天津着任以来深ク之ヲ痛感シ居タルモノニシテ黄郛トモ屡々之ヲ談シ居タルコトナルカ偶々今回ノ機会ニ北支ヲシテ一般民衆及各国居留民ノ為安住ノ平和郷タラシメントシテ根本的是正ヲ希望シタル次第ナリ若シ夫レ今回ノ処理徹底ヲ欠キ彼等排外機関団体等再ヒ活動ヲ起シ或ハ不祥事ヲ繰返スニ於テハ事態ハ今回ヨリ一層悪化シ要求ハ更ニ累加セラレ解決ハ益益困難トナル惧アル故此際断乎タル決意ヲ以テ今回限禍根ヲ徹底的ニ削除シ為シ得レハ其余慶ヲ全支ニ及シタキモノナリト述ヘラレタルニ「王」ハ御教示ニ基キ誠意努力スヘシトテ辞去セリ

関、北、上、南スミ

四三

秘　至急

昭和一〇年六月二七日

電報

参謀次長宛　　北平輔佐官

土肥原少将ヨリ

本二十七日午前十一時十五分察哈爾省代理主席秦徳純（雷壽榮随行ス）北平陸軍武官室ニ来タリ厳粛ニ遺憾ノ意ヲ表シ且我カ要求ニ対シ正式文書回答ヲ小官ニ提出シ玆ニ交渉ハ円満ナル解決ヲ告ケタリ

関、臺、天、北、奉、濟、漢、南、廣、山、混旅スミ

四四

極秘

昭和一〇年七月一〇日

電報

参謀次長宛　　天津軍参謀長

北支問題交渉ニ関シ何應欽ノ回答文書北平武官経由本九日受領ス南京、北平両武官ニ謝意ヲ表ス原文全部「タイプライタア」刷ニシテ何應欽ノ認印ヲ捺シアリ原文左ノ如シ

100

両協定成立に関する陸・海・外務電

逕啓者六月九日
酒井参謀長所提各事項均〔均？〕承諾之並自主的期其遂行特此通知此致
梅津司令官閣下
何應欽印
二十四年七月六日

（三）对于华北的反满抗日策动的日中军事交涉（其一）

资料名称： 北支に於ける反満抗日策動に基く日支軍の交渉　其の一

资料出处： 島田俊彦、稲葉正夫解説《現代史資料》8《日中戦争》1，株式会社みすず書房1973年発行，第60—64頁。

资料解说： 本资料记录了日军与何应钦达成《何梅协定》的背景和过程。在亲日报人胡恩溥、白逾桓相继被杀后，日本指责国民党进行排日活动，向国民政府施加压力。何应钦等人与日军谈判，最终被迫妥协。

支那特報第七号

一五　北支に於ける反満抗日策動に基く日支軍の交渉　其の一

（昭和十年六月十二日　軍令部）

華北に於ける日、満、支の関係は北支停戦協定〔塘沽〕の成立を転機として逐次調整緩和せらるる情勢を呈し居たるも其の内情は必ずしも然らず支那側の態度には兎角誠意を欠くこと多く概ね表面を糊塗して責任を回避せんとするのみならず表には親日を粧ひつつ陰に潜行的反日満策動を絶たず而して之等反日満運動の原動力と認めらるるものは旧東北系首領たる河北省主席于學忠及国民党部関係者竝に中央直系軍隊其の他藍衣社等にして之等は北支方面が過去一年余比較的静謐を保ち関東軍竝に天津軍等の注意を惹くこと少きに乗じ潜行的に活動し来りしが最近に至りては遂に其の鋒鋩を露はし露骨に反日満的行動を敢行するに至れり今最近に於ける之が実例にして且今次問題の発端をなせる事件を挙ぐれば左の如し

㈠　戦区内保安隊入換問題に対する于學忠の不誠意

昭和十年支那時局月報第四号〔註〕参照

㈡　天津日本租界に於ける親日満系支那新聞社長の暗殺事件

去る五月二日夜天津に於ける親日満竝に反蔣介石系有力者たる天津晨報社長白逾桓、国権社長胡恩溥の両名は同地日本租界に於て夫夫暗殺せられたるが而も其の兇行の裏面には支那官憲が之に関与し居るの嫌疑極めて濃厚なるものあり我が北支駐屯軍にて厳探せる結果によれば之が直接指導の中枢は実に在北平軍事委員分会、藍衣社、国民党、憲兵（中央系）にあること略確実と認めらるるに至れり

㈢　停戦区域を根拠とする孫永勤匪の満洲国擾乱

孫永勤の匪軍は昨年末以来北支停戦区域を根拠として屡長城の線を出入しつつ熱河省南部地方を擾乱せしを以て関東軍は屡之が掃蕩を行ひたるも巧に戦区内遵化附近に遁走し討伐の実績を挙げ得ず一方遵化附近の支那官憲は我軍の討伐を援助せざるのみか却て匪軍に援助を与へたる形跡あり拠て関東軍は五月十七日に至り愈長城を越えて其の禍根を芟除するに決し此の旨北平陸軍武官〔高橋坦〕をして同地軍事分会に通告すると共に杉原混成旅団をして同月二十日朝来行動を開始し二十四日中に徹底的討伐を敢行したる上月末長城外に引揚げたり

其の後我陸軍の調査によれば孫匪に対し于學忠は直接之を操縦し居たること確実なるものの如し

60

(四) 中央系の反日満義勇軍支持と中央軍官学校鮮人学生収容

長城附近より満洲国内に亘り各地に反満義勇軍なるものありて陰に反満抗日の策謀を続け治安の攪乱に努めつつあるは周知のことなるが最近関東軍にては北支軍事分会委員長何應欽より蔣何連名にて右義勇軍に対し発給せる委任状を押収したりと云ふ

又南京政府は中央軍官学校洛陽分校に特別班を設け鮮人学生を収容し之を将来反満抗日の具に用ゆる目的を以て教育中にて昨年及本年春多数の卒業生を出し更に本年度も新入生を入れ教育を継続しあるものの如し、拠て帝国出先官憲は本年五月中旬南京政府当局に抗議し之が廃止を慫慂したるも支那側は言を左右に托して之に応ぜず

右の如く最近支那側の態度は表面は兎も角内心に於ては依然反日満的雰囲気の瀰漫し居るを窺ふに足る

一方関東軍及支那駐屯軍に於ては予てより斯かる支那側上下の二重政策が従来続行されつつあるに憤慨し之が是正の必要を痛感し居たりしに偶々前記白、胡両名の暗殺事件あり時恰も参謀長会議の為上京中なりしを以て参謀長[酒井隆]は中央部と諒解を遂げ帰任の上調査を進め之が確証を摑んで五月二十九日酒井支那駐屯軍参謀長は高橋[坦]北平駐在公使館附武官輔佐官と共に関東軍及支那駐屯軍を代表して北平政務整理委員会代理者兪秘書長[兪家驥]及軍事委員会北平分会委員長何應欽と会見し反満抗日暗殺等対日軍挑戦行為に関し何人が指導しありや何人が責任を負ふやを糾弾したる上左の如き警告並に要求を行へり

(イ) 警　告

1、支那側官憲の主動に依る対満陰謀の実行、長城附近支那義勇軍援助、対日「テロ」等は停戦協定の破壊行為にして而も其の発動の根拠地は北平、天津にあり斯くの如くんば日本軍は遂に再び長城線を越えて進出するの必要を生ずるのみならず北平、天津の両地を実質的に停戦地区に包含せしむるの必要を惹起すべし

2、胡、白の暗殺は白等が日本軍の使用人たるに鑑み北清事変、天津還附に関する交換公文を蹂躙するものにして歴然たる排外行動たるのみならず実に我が日本に対する挑戦なり排外的行為を実行する結果の重大なることは北清事変及満洲事変に照し明白なり

今後斯かる行為が行はれ或は行はるることを予知するに於ては日本軍は条約の権限に基き自衛上必要と信ずる行動を執ることあるべし尚之に関して発生すべき事態に就ては日本軍は其の責を負はず

(ロ) 要望条項（要点）

1、蔣介石の対日二重政策の放棄

2、最小限右実行機関たる憲兵第三団及類似の団体、軍事委員会政治訓練処、国民党部及藍衣社の北支撤退

3、右諸機関の「バック」たる第二師第二十五師の撤退

4、事件の直接間接の関係者たる蔣孝先（憲兵第三団長）丁正（同副団長）曾擴情（政治訓練処長）何一飛（藍衣社平津辦事処長）の罷免

5、于學忠（河北省政府主席）の罷免

右に対し兪秘書長は早速黄郛に電報し其の結果を報告すべしと答へ何應欽は関係者の罷免等は自己の権限にて可能の処置を執るべく其の他は調査の上是非日支関係の改善を期し度しと述べたり次で五

月三十一日川越〔茂〕天津総領事亦于學忠に対し軍側抗議を支援する意味の厳重抗議を提出せり

右交渉開始せらるるや支那側は極度に狼狽し蒋介石、張學良、汪精衛、黄郛、何應欽等は本問題を繞つて盛んに内部的交渉を行ふと共に窮余の策として日本側に対し諸種の内交渉を試みたり即ち唐有壬は汪精衛の意を受けて我が上海、南京武官等に対し支那側の内部的事情の困難と彼等の苦衷とを述べて要求の緩和を哀訴し黄郛、殷同、李擇一等は我が軍側と南京政府及蒋介石の間に立ちて奔走し何應欽亦自ら在北支日本側との妥協交渉に当れり更に五月三十一日中国公使蒋作賓は南京政府の訓令に基き廣田外相を訪問日本側要望条項中

㈠　于學忠の罷免の件は内政問題として近く解決を計ることに決定しあること

㈡　党部及藍衣社の北支撤退につきては党部は省政府と共に保定に移転すべきも藍衣社なるものは支那側にては其の存在を認め居らざること

㈢　平津地方の停戦地区編入（支那側は帝国が直に平津地方を停戦地区に入れんとするものと誤解し居たるが如し）につきては到底承服し難きこと

等を述べ陸軍側の条件緩和方斡旋を懇請したるも外務大臣は陸軍側と協議の結果本件は外交交渉によることなく軍部出先と交渉し局地的解決を計るを可とする旨回答せり

又蒋介石は偶々重慶溯江の途にある我が第三〔百武源吾〕艦隊司令長官に対し会見を申込む（会見は実行されず）等極力本交渉を穏便に解決するに努むると共に一方対内的には六月三日張學良を漢口より成都に招致して善後問題を議し又各官憲をして厳重に新聞報道を取締らしめ以て事態の悪化を防止するに努めたり

状況斯の如くなるを以て酒井駐屯軍参謀長は此の際一層支那側に対し我が方態度を徹底し解決を促進せしむるを有利と認め六月四日再び北平に至り高橋武官と共に何應欽と会見せり此の会見に於ても何は自ら誠意を以て時局の収拾に当りつつある苦心を述べ已に処理せる事項として左記を挙げ極力軍側の要求緩和を懇請せり

1、河北省政府及天津市政府に対し犯人逮捕命令発出（当方要求になし）

2、于學忠に対し県長民団等の匪賊援助に関し調査を命ず（当方要求になし）

3、蒋孝先、丁正、曾擴情三名を六月一日附罷免せり

4、憲兵第三団特務処（処員二十数名）を解消す

5、于學忠及張廷諤の罷免を要請す

6、天津市党部の解散及省党部の対外活動停止及特務人員罷免に関し建議す

7、第廿五師学生訓練班を解散す（当方要求になし）

然れども右は何應欽が北平軍事分会委員長たる権限内にて処理したるものにして蒋介石乃至南京政府に於ては如何なる処置をとるべきや何等正式回答に接せず一方時日の遷延は流言蜚語の簇出を生じ徒らに時局を尖鋭化する虞あり玆に於て我が陸軍中央部に於ては速かに事件の解決を計り以て局面の悪化を防止する見地より六月五日北支交渉問題処理要綱を策定し、海軍、外務両当局の同意を経て夫

62

々出先へ訓電せり

其の要旨を概説すれば〔全文は本書六五ページにある〕

本問題は北支停戦協定竝に天津還附に関する日清交換公文に基き専ら支那駐屯軍竝に関東軍をして北支政権を対象として地方的に交渉を進め且つ出来る丈け速に解決を計らしむると同時に此の機会を利用し外務当局を通じ全支に亙る排日の禁絶を要望せんとするにあり

之がため先づ従来出先軍部より支那側に要求しつつありし条項中実行容易なるものは之を時限要求事項とし比較的困難視さるるものは之を希望として右要求と同時に回答を求むることを立前とし其の細目に関しては現地交渉の状況により適宜変更し得る如くし又期限に就ては概ね北支駐屯軍交代兵上陸期を利用することとし出先軍部の裁量に委ねたり

右に基き出先陸軍は（天津軍を主体とし関東軍参謀及北上中の公使館附陸軍武官以下山海關、北平等の各地駐在武官参加す）概ね別表の如き要求（要求希望に分つこと無く一括要求事項として）をなすに決し六月九日酒井天津軍参謀長及高橋北平武官は何應欽と会見相談的に逐条先方実行の能否を糺したる上支那側の事情を斟酌しつつ而も特に期限を付すること無く之が実行を迫りたるため何應欽も自己権限の範囲に属することは全部容認すべきも他は中央に請訓の上十二日迄に回答すべく申出でたり

尚本件解決には当初より兵力の使用は絶対避くるを立前とせるも関東軍に於ては本交渉背後の支援となす意味に於て六月七日歩兵一ケ大隊及騎兵旅団（人員約五〇〇）を山海關に川岸部隊は出来得る丈多数古北口に飛行隊二ケ中隊を錦州に夫々集結を命じ情況の変化によりては停戦地区内に進出の準備を整へしめ天津軍にありても万一の場合を考慮し天津、唐山各一ケ大隊は新部隊到着次第交代し得る様準備を整へしめ（其の結果は分散せる兵力を両所に集結することとなり支那側に対し相当脅威を及ぼす）且右両大隊中各一ケ中隊をして即刻北平に進出し得るの姿勢にあらしめしが九日楊村附近に於ける于學忠軍の我軍用電柱焼却事件あり天津軍は之に対し厳重に抗議すると共に天津待機中の一ケ中隊を十一日北平に増派せり

一方支那側は今回の事件に対する日本側の態度極めて強硬にして速かに要望事項を全面的に容認し本件解決を計るにあらざれば如何なる事態発生するや予測し難き情勢なるを観取し蔣介石以下南京政府当局に於ては愈々意を決し何應欽に訓電して六月十日午後六時高橋武官へ左記要旨を正式回答せしめたり

1、十日附命令を以て河北省内党部の即日撤退を開始せしむ

2、第五十一軍は明十一日より鉄路輸送を開始し二十五日完了予定を以て河北省外に撤退せしむべし

3、第二師第二十五師を河北省外に移駐せしむるに決定せり

4、国民政府は近く全国に対し排外排日を禁止すべく命令を発することに決定せり

右に関し何應欽は更に次の如く附言せり

1、五十一軍は概ね三日以内に北寧沿線を去らしめ又対日不法行為なき様厳に訓戒す

2、中央軍は数日中に北平を去り先づ長辛店に移動約一ケ月にて省外に移駐せしむ

3、従来約束せる爾他の事項も確実に実行せしむ

右の如く支那側は全面的に我が要求を容れたるを以て本事件も愈愈解決に向ひたるものの如し

〔註〕 支那時局月報第四号中の「戦区内保安隊入換問題に対する于學忠の不誠意」を叙述した部分は本「現代史資料」第七巻『満洲事変』中の「停戦協定を中心とする北支諸懸案の現況」「第六、保安隊問題に就て」（五八二～五八四頁）と全く同一内容である。

（四）对于华北的反满抗日策动的日中军事交涉（其二）

资料名称：北支に於ける反満抗日策動に基く日支軍の交渉　其の二

资料出处：島田俊彦、稲葉正夫解説《現代史資料》8《日中戦争》1，株式会社みすず書房1973年発行，第68—72頁。

资料解说：本资料记录中日达成《何梅协定》后，日方继续提出诸多强硬的要求事项，而中国方面则一味退让的事实。还记录了西南地方政府对于中央政府妥协政策的质疑以及中央政府的应对。

支那特報第一一号

一七　北支に於ける反満抗日策動に基く日支両軍の交渉　其の二

（昭和十年七月三日　軍令部）

北支に於ける反満抗日策動に基く日支両軍の交渉　其の二

六月五日北支交渉問題処理要綱決定せらるるや我海軍に於ても万一の場合警備上遺憾なきを期すべく夫々関係の向に於て厳重警戒する処あり即ち

㈠　旅順要港部司令官は六月九日第十五駆逐隊の二艦（藤、蔦）を旅順より天津に派遣し同方面の警備に服せしむ（六月二十二日天津発帰投）

㈡　第三艦隊長官〔及川古志郎〕は六月十日麾下艦船部隊に対し此の際特に情勢の推移に留意し任務達成に遺憾なきを期すべき旨示達す

其の後支那側は六月十日我要望を全部容認したるが猶ほ第五十一軍、中央直系軍（第二師第二十五師及憲兵第三団）の下級幹部及党部、藍衣社関係員中には北支撤退に対し不平を抱くものあり何應欽は之等周囲の状況に依り自己身辺の危険を感じたると容認事項を文書を以て回答すべしとの我陸軍側要求に対し中央政府側に難色あるを看取して自己の立場を失ふを顧慮せるものの如く六月十三日夜突如北平発津浦線にて南下せり

之が為翌十四日鮑文樾は軍事委員会北平分会委員長代理として高橋武官を訪問し何應欽の南下を通報すると共に華北問題に付何の口約せる処は同人責任を以て実行する旨誓言する所あり

其の実行概要左の如し

事　項	処　理　概　要
于學忠の罷免	(イ)　六月六日国民政府命令を以て于學忠を河北省政府主席より川陝甘辺区剿匪総司令に転ず (ロ)　一時張厚琬を主席代理に任ぜるも六月二十五日更めて商震を河北省政府委員兼主席に任命す
蔣孝先（憲兵第三団長）の罷免	六月二日附にて罷免す
丁正（憲兵第三団附）の	六月一日附にて罷免す

罷免	
曾擴情（軍委分会訓練処処長）の罷免	六月一日附にて罷免す
河北省政府の保定移転	六月三日中央よりの指令により移転す
天津市政府首脳部の交迭	(イ) 六月四日行政院会議にて天津を行政院直轄の特別市とし天津市長張廷諤を免じ王克敏を天津特別市長に任じ王就任迄商震をして代理せしむ (ロ) 其の後王克敏政務整理委員長代理に就任することとなり六月二十五日附を以て王克敏の天津特別市長を取消し程克を新に任命七月一日就任す (ハ) 天津公安局長は六月十日于學忠系の李俊襄辞職し劉嗣栄（日本士官学校出身）新に就任す
第五十一軍（于學忠部）中央系軍（第二師第二十五師憲兵第三団）の河北省外撤退	(イ) 六月八日臨時中央政治会議の結果第五十一軍及中央系軍の河北省外移駐を決定す (ロ) 六月九日第百十一師(于學忠部)憲兵第三団河北省外撤退を開始す (ハ) 六月十日商震部(第百三十九師、第百四十一師、第百四十二師）于學忠部と接防の為平津一帯に移駐し来る (ニ) 商震天津警備司令に就任す（六月十三日津沽保安司令と改称） （註） 明治三十五年七月十二日の天津還附に關する日清交換公文を以て支那軍隊は天津各国軍隊駐屯地より二十支里以内に駐屯を許され居らず天津警備司令の名称は妥当ならざるを以てなり (ホ) 憲兵第三団漢口に移駐を了す (ヘ) 六月十一日中央系軍（第二師第二十五師）第百十八師（于學忠部）河北省外移駐を開始す (ト) 六月十八日北平軍委分会直属の自動車隊鄭州（河南省）に移駐を了す (チ) 于學忠部中央系軍（第二師第二十五師）河北省外撤退を了す (リ) 六月二十五日北平軍委分会より天津軍宛「第五十一軍第二師第二十五師憲兵第三団及其の他中央系軍は本日迄に全部省外撤退」の旨通報し来る
河北省内国民党部の河北省外撤退	(イ) 河北省党部は六月三日省政府と共に保定に移転を開始し六月七日完

	了す六月十日更に漢口に移転す (ロ) 河北省党部北平天津の両市党部は中央執行委員会の命により六月十一日より一切の工作を中止す（事実上の省外撤退）
藍衣社の河北省外撤退	情報によれば省外撤退方を発令藍衣社河北辦事処処長何一飛以下幹部は南京に去りたりと云ふ但し支那側は当初より藍衣社なるものの存在を認め居らず
排日機関と目せらるる各種訓練処等の撤廃	一、憲兵第三団特務処（処員三十名）は我態度に鑑み何應欽の命に依り支那側自発的に解散す 二、第二十五師学生訓練班 我態度に鑑み何應欽の命により支那側自発的に解散す 三、軍委分会政治訓練処 六月八日何應欽の命に依り撤廃せらる
排日団体の解散及排日策動の禁止	(イ) 六月八日何應欽は河北省各級官署に日支国交を害する秘密機関は之を厳重取締り存在を許さざる旨達示す (ロ) 六月十日附を以て国民政府は排外言論行為を禁止する「友邦務敦睦誼令」（後述）なるものを発布す
天津日本租界に於ける親日満系支那新聞記者暗殺犯人の捜索逮捕	我態度に鑑み支那側は自発的に何應欽より河北省政府及天津市政府に捜索逮捕を令す（犯人は未だ逮捕に至らず）
戦区内県長及民団等の抗日満匪賊に対する援助	我態度に鑑み支那側は自発的に何應欽より河北省政府に援助事実の有無の調査を命ぜり

（備　考）

一、友邦務敦睦誼令（所謂排日禁止令）

六月十一日国民政府公報第一七六四号発令

我国自立の道は対内的には明朗なる政治を行ひ文化を促進し以て国力の充実を求むるにあり対外的には国際信義を確守し国際和平を共同維持するにあり而して隣邦との親善の最肝要なることは中央より屡々言明せし処なり、凡そ我国民は友邦に対しては努めて親睦を敦くし排外及悪感を挑発すべき言論行為あるべからず

又特に此の目的を以て如何なる団体をも組織し国交を妨碍すべからず

茲に特に重ねて禁令を公布す、各自は厳に之を遵守すべし、若し違反するものは厳罰に処す

二、北支駐屯軍に在りては密偵及飛行機（満洲航空運輸株式会社機三機）を以て支那側の我要望に対する実行を監視せる処概ね誓約通り実施されたるを確認せり

其の後我要望に対する回答を覚書とする件につきては現地及南京方面にて陸軍外務両官憲より屡次督促の結果不日支那側は北平軍委分会委員長の名を以て簡単に「今次の北支問題に関し日本軍の申出に掛る要望事項は全部承諾実行すべし」との一札を入るる運びとなれり

於玆六月二十八日北支及察哈爾省問題（支那特報第十三号参照〔七三頁以下〕）の一段落を機とし支那駐屯軍司令官〔梅津美治郎〕及有吉大使は各左記の如き声明を発せり

㈠　支那駐屯軍司令官声明

北支及察哈爾に続発せる一部支那官民の不法行為に対する交渉に関し幸にも支那軍憲我公明なる要求を受諾し将に其の履行を見んとしあるは同慶の至にして其の誠意を認め暫く確約実行の推移を注視し局面の好転を期待せんとす

抑今次交渉に際し我軍要望の主眼とせるは炳乎たる停戦協定の条章と儼乎たる彼我軍憲の誓約とに照鑑し之が違犯の責任を糾弾し攪乱の禍痕を芟除し互に信義を重んじ和平に努め以て北支に於ける事態の康寧を期し惹て満洲に対する脅威と日支親善の障碍との除去に資せんとするに在り苟くも徒に事態を拡大し若くは妄に内政に干与せんとするが如きは断じて考慮しあらざりし所なりとす

惟ふに日支真の親善提携は帝国文武官民の斉しく希望する所なるも此事たる単なる表面的形式的辞令のみを以ては到底庶幾し得べき所以に非ずして這次表面化せる不祥事件の如き其の淵源する所深きものあるを想見せしむるは遺憾に堪へざる次第なり然るに過日国府更めて全支排外排日禁絶の布告を発したるは叙上禍痕の排除に一歩を進めたるものとして慶すべく其の一時的便法に止まらざらんことを冀ふ特に帝国に於て既に其の独立を承認支持せる満洲国と共同防衛を全うすべく将又接満地域に於ける治安の維持に重大なる関心を有する日本国軍の立場としては尠くも同地方の各方面に於て爾今一切に亘り抗日反満行為の絶滅せられむことを庶幾して已まざるなり

右声明す

㈡　有吉大使声明

一、這回北支及察哈爾事件に関し帝国軍憲は停戦協定等に基き支那軍憲に対し公正なる要望を提出せる処支那軍憲に於て該要望を容れ事態好転を見つつあるは同慶の至なり

今次支那駐屯軍司令官の声明に於ても期待せられあるが如く支那側に於て此の上共当該方面の和平維持に努力せられむこと希望に堪へず

二、尚日支両国国交の円満を期せんが為には単に地方的に止まらず全支に亘り排日風潮の一掃を期するの要ある処今日未だ該風潮絶滅の域に達せず吾人は此の機会に改めて支那側に於て今回発布の邦交敦睦令等を充分に活用し排日風潮の禁絶に今一段の努力を払われむことを切実に要望するものなり

尚支那側に在りては本交渉開始時より国民政府の実質的主権者たる蒋介石は剿共督戦に藉口し成都を動かず交渉の衝には何應欽、汪兆銘等をして当らしめつつあり一方南京政府は極度に言論を取締り本交渉に基く排日思潮の瀰漫を阻止し以て事態の拡大化を戒めつつあり従つて本年初頭以来盛に唱道せられある日支親善に対する影響は今の処少きものの如し

又事毎に中央の処置に対し非難の声を挙ぐる西南側は本問題に対しても亦国民党西南執行部の名を以て六月二十二日中央党部国民政府宛左記の通電を発し次で廣東省及廣州市党部も之に響応し略同様趣旨の通電を発せり

近来日偽大軍紛々入関の際我政府は日本側要求に従ひ察哈爾河北両省疆吏を罷免し河北駐屯軍全部を撤退省党部を取消し愛国運動を禁止する等事異常に出で挙国惶惑す同人等遙か南疆に在り消息遅滞し当初之を疑ふと共に政府には必ずや禦侮救乏の定計あるも事外交に関するを以て明示に便ならざるものと思惟し居たり然るに近日に至り国家主権の毀損抛棄民族人格の切断喪失の事実化せるを伝へ聞き憂慮の余り沈黙するを得ざるに至れり惟ふに一切無抵抗の下に東北四省を喪失し塘沽協定を成立し自縄自縛の通郵通車を行ひ我方は着々譲歩し先方は寸を得て尺を進み遂に今日に於ては黄河以北は我領土に非ざるが如き形勢に迄馴致せしめたるが斯て限ある我領土を以て日本人の飽くなき誅求を満すを得んや同人等愚昧にして華北事変が塘沽協定を根拠として発生せるものなりや否や知らざるも曩に政府は塘沽協定には断じて附帯的秘密条件及政治問題なき旨声明し居る次第もあり旁々聞く処によれば日本は藍衣社が租界の秩序擾乱することを口実に遂に横暴にも無理なる要求を為したる由なる処曩に胡漢民が王寵惠を通じ藍衣社を解散し社会の安寧を保たんことを当局に要請せるに拘らず今日迄之を実行せざりし為遂に日本人に口実を与ふるに至れり今や危急存亡の秋に際し中央に果して対策ありや否や速に国民に対し明白に宣示せられんことを望む

右に対し中央側は「西南こそ日本軍部と勾結劃策し居るに非ずや」と反駁せる処西南は再び

「中央は嘗て委曲求全の策を採りたることあるも隠忍自重犠牲を最少限度に止めんと応付に苦心尽力し居る次第にして領土主権維持一貫政策は須臾も変る所なしとの由なるが遼〔遼寧〕、吉〔吉林〕、黒〔黒龍江〕、熱〔熱河〕（東四省）を抛棄し領土保全の言ふべきなく察哈爾平津の官吏を更迭し駐防軍を撤退し剰へ当部を取消尚主権を維持するものと云ふべきや中央としては再び同志国民を欺くことなく速かに死中活を求むる方策を樹つべく若し毅然抵抗を決意するに於ては我等は勿論全国必ずや一致奮起すべし」

と逆襲電を発せり

（五）关于《华北交涉问题处理要纲》的外务与陆军之间的协调

资料名称：《北支交涉問題処理要綱》に関する外務陸軍間折衝

资料出处：島田俊彦、稲葉正夫解説《現代史資料》8《日中戦争》1，株式会社みすず書房1973年発行，第65—67頁。

资料解说：记录了《何梅协定》签署前，日本外务省同军方所进行的一系列协调行动，目标是向国民政府施加压力以达成日方要求事项，并确定日方所提要求的具体条文。

一六　「北支交渉問題処理要綱」に関する外務陸軍間折衝（「昭和十年度外務省執務報告」中より）

五月二十九日出先軍代表の要望は大要前記㈢（五月二十九日、六月四日および九日の軍の折衝内容をさす。前項参照）の通なる処其の後軍中央部より外務側に対し左記の如き六月五日附「北支交渉問題処理要綱」を提出し来れり

左　記

北支交渉問題処理要綱

昭和一〇年六月五日

方　針

北支交渉問題処理に方りては北支停〔塘沽〕戦協定竝天津還附に関する日清交換公文に基き専ら支那駐屯軍竝関東軍をして北支政権を対象として地方的に交渉を促進せしめ成るべく迅速なる解決を期す

本交渉の機会を利用し政府は全支に亘る排日の禁絶に力む

要　領

其一、支那駐屯軍竝北平武官をして北支政権に対し左の如く処理せしむ

但現地の情勢に応じ之に即応せしむる如く更に対策を講ずることと必要なる場合あることを予期す

第一、要求事項

一、憲兵第三団、軍事委員分会政治訓練所、事件関係国民党部、及排日団体の平津撤退竝之等団体専〔責?〕任者の罷免

二、于學忠の河北省主席罷免

第二、右要求事項貫徹の為め支那側に期限を附して諾否の回答を要求す

右回答期限に就ては北支駐屯軍交代兵上陸期日を考慮して之を定む

第三、左記事項を支那側に希望し右要求回答と同時回答を促す

一、平津地方駐屯の第五十一軍竝中央直系軍は保定以南に移駐す

二、平津地方に於て国民党部及藍衣社其他秘密団体の反満抗日的一切の策動を禁絶す　今後策動の事実を認むるときは日本軍に於て随時適宜の処置を講ずることあるを承認す

其二、本交渉の機会を利用し外務当局は全支に亘る排日的行為に関

し支那側の反省を促し排日諸団体の解決を促進し其実質的転向を助長して日支懸案解決の為め有利なる情勢を展開する如く至急左記処置を行ふ

一、全支に亘る排日的行為に関し南京政府に警告す

二、南京政府をして国民党部及藍衣社に対し反満抗日運動の弾圧を命令すべきを要求す

其三、在支各地武官は前記交渉に対し協力す

右軍側原案に付打合の結果下記の如く修正の上六月七日外務及陸軍側出先に対し右に依り措置すべき旨訓電せり

北支交渉問題処理要綱

方　針

北支交渉問題処理に方りては北支停戦協定に基き専ら関東軍及其の友軍たる支那駐屯軍をして北支政権を対象として地方的に交渉を促進せしめ成るべく迅速なる解決を期す

尚我租界内に於ける胡白二氏の暗殺事件に関する天津総領事〔川越茂〕の抗議を側面より援助する為支那駐屯軍は関係排日団体の厳重取締を要求す

本交渉の機会を利用し外務当局に於て全支に亘る排日の禁絶に努めむことを外務省側に対し希望す

要　領

其一、支那駐屯軍並北平武官をして北支政権に対し左の如く処理せしむ但現地の情勢に応じ之に即応せしむる如く更に対策を講ずること必要なる場合あることを予期す

66

第一、要求事項

一、憲兵第三団、軍事委員分会政治訓練所、事件関係国民党部、及排日団体の平津撤退並之等団体責任者の罷免

二、于學忠の河北省主席罷免

第二、右要求事項貫徹の為め支那側に期限を附して諾否の回答を要求す

右回答期限に就ては北支駐屯軍交代兵士上陸期日を考慮して之を定む

第三、左記事項を支那側に希望し右要求回答と同時回答を促す

一、平津地方駐屯の第五十一軍並中央直系軍は保定以南に移駐す

二、平津地方に於て国民党部及藍衣社其他秘密団体の反満抗日的一切の策動を禁絶す今後策動の事実を認むるときは日本軍に於て随時適宜の処置を講ずることあるを承認す

其二、本交渉の機会を利用し外務当局に於て全支に亘る排日的行為に関し支那側の反省を促し排日諸団体の解散を促進し其実質的転向を助長して日支懸案解決の為め有利なる情勢を展開する如く適当の処置を行ふことを外務省側に対し希望す

其三、在支各地武官は前記交渉に対し協力す

原案改訂の要点其の理由は大要左の通りなり

一、軍側原案方針第一項は「……北支停戦協定並天津還附に関する日清交換公文に基き専ら支那駐屯軍並関東軍をして……解決を期す」とある処明治三十五年七月十二日〔註〕附往翰第九項軍の使用人に対する処罰権及所謂弾圧治罪権（同往翰第四項等）が軍

指揮官の権限事項なること明かなるも斯かる権限の行使が日支間の取極に依り認められたる関係上支那側の右取極違反に関する交渉は専ら外務省側に於てなすべきものにして前記「日清交換公文に基き」云々は此の点に付誤解を生ずる虞あることを考慮し之を削除すると共に念の為「尚我方租界内に於ける……要求す」を追加せり

二、軍側原案方針第二項「本交渉の機会を利用し政府は全支に亘る排日の禁絶に力む」を「本交渉の機会を利用し外務当局に於て全支に亘る排日の禁絶に努めむことを外務省側に対し希望す」と修正せり

三、軍側原案要領其二、末尾「……する如く至急左記処置を行ふ」を「……する如く左記処置を行ふことを外務省側に対し希望す」と修正せり

四、軍側原案には左記として一、全支に亘る排日に関し南京政府に警告す及二、南京政府をして国民党部及藍衣社に対し反満抗日運動の弾圧を命令すべきを要求すの二項目掲記しありたるが右二項目に付ては今般に於ける事態の推移等をも考慮し適当修正又は追加の必要を生ずることあるべしとのことに軍側との意見合致し差当り要領第二の末尾を「……展開する如く適当の処置を行ふことを外務省側に対し希望す」とせり

尚右全般的排日取締の点に関聯し六月七日出先外務官憲宛支那側関係筋に対し此の上共排日策動の取締をなす様要求方訓電せり

〔註〕一九〇二年（明治三十五年）天津還附に関する日清交換公文中「交通線（註、北平・山海関間）に沿ひて設べき哨所指揮官の裁判権（通常之を弾圧治罪権と称し他の公文により鉄道線路、電信線、駐紮外国人及所有物品に対する支那側の犯罪の捜査、逮捕、裁判の諸権は外国軍に在ることを規定せるものである。）に及ぶべき旨を双方承認したり」と規定されている。

（六）宋哲元的天津访问

资料名称： 宋哲元の天津詣で

资料出处： 寺平忠輔著《蘆溝橋事件——日本の悲劇》，読売新聞社 1970 年版，第 19—21 頁。

资料解说： 记载了在日军压力之下，宋哲元在天津等地的活动情况，注重其应对华北局势和折冲处置对日本关系等问题。

第一章　宋哲元政権の生い立ち

宋哲元の天津詣で

見るからに象のように大きく、そしてドッシリした感じのする将軍、それが宋哲元である。

私が初めて彼に会ったのは、昭和十年の春まだ浅い二月だった。所は天津の日本租界、中原公司の筋向い、梅津軍司令官の官邸においてである。この日彼が、なぜ日本側を訪れて来たか、まず、その動機について説明しよう。

前年十一月、彼の部下、馮治安の部隊が突如、熱河省を侵犯し、大灘西方二十キロ、断木梁という部落に進出して来たことがある。この報を聞いた関東軍司令部は——けしからん、かりそめにも満州国の領域を犯すような輩は、この際徹底的にうちのめしてしまえ——早速、古北口方面長城線一帯の警備を担当していた、永見俊徳大佐の歩兵第二十五連隊を断木梁に派遣した。

不意を食った二十九軍は、さんざん痛めつけられ、なだれをうって退却を始めた。だが関東軍はいっかな追撃の手を緩めようとしない。そのまま突き進んで、あるいは宋哲元の本拠、張家口まで突き崩してしまうのではないかとまで、危ぶまれてきた。宋哲元は万策つきて、片腕と頼む政治幕僚の蕭振瀛を、天津軍司令官梅津少将のもとに派遣し、事態解決を訴えてきた。これに対して軍司令官は答えた。

「関東軍が満州国の、国土防衛の見地から、こうした行動に出たことは、我々にも肯かれます。したがって、立場を異にする天津軍がその行動に関し、とやかく制肘を加えることは出来ません。しかし貴軍がもし、熱河侵犯の非をさとり、これに対して遺憾の意を表明し、将来断じて満州国を犯さない確約をされますなら、私はあなたの誠意を関東軍に通じ、軍事行動もこの辺で打ち切ったらどうかという程度の口添えをしない事もありません」

蕭振瀛は、非常に喜んで「これでようやく救われました」と中国流の鞠躬三拝をくりかえし、勇躍、張家口へ

冀察政務委員会委員長，29軍軍長　宋哲元

帰った。

永見部隊の急追はピタリと止まり、兵は再び熱河の奥地に反転していった。

——何はさておき、早速、天津軍にお礼に行かなくっては——というので、宋哲元自らの出馬になったのである。

列車が天津に着いたとたん、盲腸を患らって手術をうけた宋哲元は、ちょうどそのころ、馬もろとも転倒して重傷を負い、最近退院したばかりの梅津軍司令官と、旭街の官邸において会見した。

その日、空はきれいに晴れ渡っていたが華北の二月、底冷えする寒い日だった。

宋哲元は緋のじゅうたんにぬかずいて、いんぎん丁重な謝辞を述べた後「中日両国は兄弟の国です。これを機会に今後どうか、一層親善の誼みを深め、特に緊密な連繋とご援助、ご協力をお願い申し上げます」と懇請した。

傍に侍していた軍参謀長酒井隆大佐は「閣下のお言葉、誠に同感のいたりです。唯今おっしゃったご方針をもって、施政万端指導していかれたら、それこそ素晴しい明朗華北が出来上るでしょう。いかがです閣下、この際意を決して、花の都、北京の檜舞台に乗り出していらっしゃいませんか」お世辞ともつかず煽動ともつかぬ言葉をもって、彼に探りを入れてみた。

すると宋哲元、たちまち面を輝かせ「最近、華北五省連盟の結成という問題が、巷間盛んに話題に上っております。誠に結構な構想でして、これは是非とも実現させなければならぬ重要問題だと思います。ただ、私ごとき田夫野人、とてもその任に当り得る器ではございません」陳覚生という若い男が、流暢にこれを通訳した。

そもそもこの五省連盟というのは、綏遠、察哈爾、山西、河北、山東の五省を打って一丸とし、満州国と中華民国の中間に介在し、連省自治をもって、両国間の緩衝地帯的役割を果そうというのが狙いであって、土肥原賢二少将の発案だといわれているが、中国側でも当時、これと同じ説をなす者が、そこここに現われていた。

一介の武弁、宋哲元にしてこの言葉があるという事は、我々の真に意想外とするところであって、彼が退出して行った後、参謀長は私の方を振り返り「宋哲元というオヤジは、あれで案外色気があるね。僕がまだ何も言い出さない先に、自分の方から五省連盟なんかかつぎ出してくるんだからね。全くどうかと思うよ。いやじゃあませんか」。この「いやじゃありませんか」というのは、当時の流行語で、参謀長はこれを、口ぐせみたいに使っていた。

この席には、高級参謀川口清健中佐と、情報参謀大木良枝少佐が同席していたが、二人は「宋哲元は図体もとび離れて大きいが、中身も相当大ものらしいぞ。何というか、こう茫洋たるところがあって、しかもドッシリ肚が据っとる」

「とにかく、華北のダークホースですね」そんな会話を取りかわしていた。

（七）黑马出场

资料名称：ダークホースの登場

资料出处：寺平忠輔著《蘆溝橋事件——日本の悲劇》，読売新聞社 1970 年版，第 23—25 頁。

资料解说：宋哲元在华北局势日趋恶化的形势下，出任冀察政务委员会委员长等职，日军称宋哲元为「黑马」（ダークホース）。本资料记录了宋哲元对日方步步紧逼的被动应对，以及土肥原及日本特务机关持续对宋施加压力、企图促使其脱离南京国民政府的相关情况。

23　宋哲元政権の生い立ち

ダークホースの登場

その後に乗り込んで来たのが察哈爾のダークホース、宋哲元である。彼は忽ちに冀察綏靖主任、兼京津衛戍司令に就任した。

さきの梅津・何応欽協定の場合もそうだったが、今度の宋哲元引出し工作にも、その背後に土肥原少将の画策が、大きく動いていた事は否めない。彼は六月二十八日、土肥原・秦徳純協定を結んで、新たに京綏鉄道以北の察哈爾省内に、非武装地帯を設定した。塘沽協定による非武装地帯が、更に察哈爾の奥地まで拡大されたわけである。断木梁の侵犯なんか、今後やろうと思っても絶対に出来ないように、封ぜられてしまったのである。

土肥原少将はもともと関東軍の特務機関長だった。しかし昭和十年十月には、本格的に天津に乗り込んで来て、日本租界の常磐ホテルに神輿を据え、華北工作に本腰を入れ始めた。その努力の結晶として昭和十年十一月二十五日、殷汝耕を長官とする冀東防共自治政府が成立した。次に宋哲元に働きかけ、なんとかして彼に独立政権を樹立させようと、日夜工作に腐心した。

そのころの宋哲元の心境を卑俗な言葉で表わすなら「フグは食いたし命は惜しし」というのが、そのまま当てはまるのではなかろうか。彼は現在の軍事的地位の他に、さらに政治的権勢をもつかみたかった。今、土肥原工作に乗ずれば、その目的が達せられる事は必定である。しかし一方、南京の蒋介石から睨まれるのが心配の種だった。そこで彼は、冀東解消という条件を土肥原少将に提出し、これを南京側への手土産として、自らを華北の主権者として認めてもらおう、という画策を持ち始めた。

あたかもよし、南京行政院の本会議では、華北を今のままで放っておいたら、日本側がまた、どのようなかいらい政権をデッチ上げないとも限らない。そこで、十二月十二日、冀察政務委員会設置法案を、満場一致で可決し、その委員長に宋哲元を任命してしまった。

世間往々にして、冀察政権は日本軍部のデッチ上げ政権だという風評が高い。しかし満州国や冀東政権の場合とは趣を異にし、少なくとも形の上においては、南京政府が自主的、合法的にこしらえ上げた、地方行政機関たる事に間違いはなかった。

山東や山西、綏遠あたりまでを含めた五省連盟の首領になりたいという、宋哲元最初の構想には遠く及ばなかったが、いよいよ十二月十八日、北京外交大楼でその成立典礼をあげてみると、冀察、即ち河北、察哈爾の二省だけではあるが、彼としては決してまんざらではなかったようである。

宋哲元は馮玉祥の旧部下であって、蒋介石の直系軍ではない。だから蒋介石の考えとしては、どうせ日本軍にたたかれるなら、まずこう傍系軍を矢面に立て、子飼いの直系軍はなるべく後々まで温存しておこう、という気持が多分に動いたかもわからない。換言すれば、宋哲元は華北の防壁として、巧みに南京側に利用された形でもあった。

したがって華北で発生したトラブルは外交問題であれ、一応まず冀察に持っていって交渉してもらいたい。情勢不利とさとった場合、南京側はいつでも日本に対し、「それは冀察が悪いのです」と言い開きの出来る立場を保留して置きたかったのだ。

こうなってくると宋哲元としてもまた、自らヌエ的存在にならざるを得ない。実質的には日本側に組していた方が得策だったが、名分上では何といっても、南京から離れる事は困難だった。

蘆溝橋事件、とくにその不拡大交渉の経緯を本質的に究明するためには、こうした複雑な関係をのみ込んでおくことが先決問題である。

——おひざ元の日本軍のご機嫌をとり結ぶことの方が、遙か遠い南京に対するそれよりも優先しなければならない。——この観念にとらわれていたればこそ、宋哲元は委員長就任に当っての宣言に、まず「日本との外交関係の調節」をその第一項に述べ、さらに「徹底的に赤化工作を防止する」件を、第二の目標として取り上げている。

さてこの冀察政権の実体をうかがってみると、これはだれが何といっても、二十九軍を主体とする軍閥である事に間違いはなかった。すなわち委員長は軍長の宋哲元だし、北京市長は副軍長秦徳純、天津市長は三十八師長張自忠、そして河北省長は三十七師長馮治安が担当している。さらに察哈爾省長は一四三師長劉汝明というように、すべてがそれぞれ軍閥の兼業のようになっていた。

（八）宋哲元的种种烦恼

资料名称：宋哲元の悩みの種

资料出处：寺平忠輔著《蘆溝橋事件——日本の悲劇》，読売新聞社 1970 年版，第 25—27 頁。

资料解说：1936 年前后，日本大规模增强其华北驻屯军，向国民政府及华北地方当局施加强大压力。在此形势下，主政华北的宋哲元，既要保持同南京中央政府的关系，更穷于应对日军不间断的挑衅。宋哲元的诸多烦恼，是卢沟桥事变前华北政局的缩影。

25　宋哲元政権の生い立ち

宋哲元の悩みの種

もともと南京が冀察の主導権を宋哲元に委ねたのは、彼の政治的手腕や力量を買った訳では決してなく、ただ単に、華北における一番の勢力者だからという、中国在来の行き方以外何の理由もなかった。だから蔣介石もこの客軍を、逐次南京側に靡かせようと骨は折ったが、日本側は日本側で、これを日満側に近づけるべく工作にこれ努めた。しかし、あちらにもよく、こちらにもよいという政策は、簡単にいくものではない。宋哲元は双方の板ばさみ的立場から、次第次第に自分を窮地に追い込んでいかなければならなかった。

その第一は、張家口の東方にある竜烟鉄鉱の開発問題である。日本側はこの開発権の譲渡を冀察に迫った。宋哲元はいたって気軽にこれを取り扱い、これに承諾を与えてしまった。

ところが蔣介石は「資源の開発誠に結構、だが日本側にノシをつけて差し上げてしまうという事は筋が通らぬ。日本の独占企業にはしたくない。あくまで中日合弁という方針をもって交渉せよ」と訓令してきた。身体は大きいが気は至って小さな宋哲元だった。彼の苦慮懊悩は、まず、この辺りから始まったようである。

第二点は津石鉄道敷設問題である。昭和十一年の秋ぐち、天津軍は宋哲元に対して、この敷設権の移譲方を交渉した。目下準備されつつある滄石線の一部を変更し、天津から石家荘への短距離コースを、日本側自らの手で着工したいとの申し出である。これが出来ると山西の石炭や綿花が、極めてスムーズに塘沽の港に運び出せるというのが狙いだった。

昭和十一年十一月、宋哲元と田代軍司令官との間に、この事に関する下交渉がまとまった。ところが蔣介石からの飛電は、いたく宋哲元をおどろかした。「津石鉄道の敷設などはもっての外である。これは明らかに日本の戦略鉄道ではないか。奉天で乗車した日本軍は、そっくりそのまま、天津経由太原へでも鄭州へでも、一気呵成に持って行ける。こういう亡国鉄道は私の目の黒い間、絶対敷設することはまかりならぬ」と突ッパネてきた。

さらに第三点は、華北に駐留する日本軍の、兵営敷地問題である。

昭和十一年五月、日本は冀察政権の後楯としての実力を充実し、また関東軍の関内容喙を封止しようという見地から、従来、歩兵十ヶ中隊しかなかった華北駐屯軍の兵力を増強する事となり、新たに河辺正三少将を長とする歩兵一ヶ旅団、他に砲兵一ヶ連隊を北京、山海関の間に駐留させることとなった。新設連隊の真新しい軍旗二旒が華北の広野に翻った時、日本の居留民は安堵の胸をなでおろし、「これで、ようやく枕を高くして寝る事が出来ます」と、軍を迎えた。

兵力の増強、これは北清事変議定書による、駐兵権に準拠した事なので、中国側が格別これに異議をとなえる筋合いではなかった。ところが兵力の増強に付帯して、兵舎の敷地が必要になってくる事は当然である。

宋哲元や北寧鉄路局長陳覚生は、豊台付近の兵営敷地問題に対して「責任をもって必ず何とか致します。決してご心配には及びません」と明言し、極めて協調的、友好的な態度を示していた。現に豊台における一木大隊の兵舎は、狭隘ではあったが、北寧鉄路の用地をさいて、とくに日本側に無償貸与してくれたものであった。だが、ここは狭隘であるばかりでなく、環境上訓練にいたって不便なため、改めて郊外の適当の地に、兵営敷地を求めようとして、冀察側との間に正式交渉が開始された。候補地は豊台と蘆溝橋の中間地区である。

この交渉の矢面に立った秦徳純は、河北省長馮治安の意見に引きずられ、拒絶の理由として、土地所有者である農民が反対していると申し立ててきた。軍は早速現地住民について、直接実情を調査したところ、民衆の反対は大したものではなく、むしろ喜んで買収に応じたい意向のものが、かなり多いことが確かめられた。そこで軍はますます強硬にこの交渉を進めた。

ところが馮治安はこれに対応するため、宛平県長王冷斉に命じ、高圧的に民衆から陳情書を取ったりして、活発な反対運動を展開した。この時彼等が宣伝のために作為した言葉が、「日本軍は蘆溝橋付近に一千エーカーの土地を要求し、飛行場を建設しようとたくらんでいる」という文句である。軍は、飛行場の建設など、夢にも考えた事はない。この点、軍参謀長橋本群少将も「これこそまったく事実無根、完全に中国側一流のデマである」ときびしく反論している。

ところがこの宣伝は、大きな波紋を描いて、南京方面に響いていった。その結果「日本、とくにその軍に対して土地を提供する者は、理由の如何を問わず、中国を売り、中国を滅ぼすものである」との言葉をもって応酬が始められた。この問題は、とうとう完全にデッドロックに乗り上げたのである。

宋哲元としては、日本側の再三再四の督促に対し、なんらの回答の出来ない、苦しい立場に追い込まれてしまった。

（九）中共对抗九一八的企划

资料名称：中共逆九・一八を企っ

资料出处：寺平忠輔著《蘆溝橋事件——日本の悲劇》，読売新聞社 1970 年版，第 27—30 頁。

资料解说：从日本的观察角度记录了中共面对 1931 年九一八事变后的民族危机，积极掌握西安事变之后的形势，努力推动抗日民族统一战线，并具体记录了中共提出「抗日救国」口号以及向南京「五届三中全会」提出的五项要求与四项保证诸多史实，也反映了日本当局对于抗战力量的聚集的关注与忧虑。

27　宋哲元政権の生い立ち

中共逆九・一八を企つ

ここで我々は、そのころの中国側の全般的空気に焦点をあててみる必要がある。

昭和六年九月十八日、柳条溝の満鉄線爆破が契機となって、張学良は満州を追われ、その後落莫の身を外遊に、あるいは辺境西安の地に、懊悩の日を過さなければならなかった。この間彼の胸中には、絶えず——何とかして九・一八の恨みを晴らし、満州の失地を回復する方法はないものか——という気持が動かぬ日はなかっただろうと思われる。

思い詰めた彼はついに、昭和十一年八月のなかば、身、西北剿匪副司令という任にある事も忘れ、中共側と歓を通じ、単身陝西省膚施の本拠に乗り込んでいった。そして周恩来と会見し、持論とする抗日統一戦線論を説きまくった。

一方、中共そのものは、江西省で旗挙げして以来すでに十年、この間の歴史は、蒋介石からたたきのめされた痛手以外の何ものでもない。何とかしてこの鋭鋒を回避しなければ将来の大成は望み得ない。内戦を抗日に転換する工作、これこそ中共の生きる唯一つの道であると考え、しばしば、「中国人不打中国人」を呼号し、また昭和十年の八・一宣言以来、数次にわたって「抗日救国」の声明を発してきた。だから張学良と中共との了解は極めてスムーズに取り結ぶことが出来たが、さていかにしたら蒋介石を抗日陣営に抱き込む事が出来るかという問題、これがきわめて難かしかった。

何となれば蒋介石の持論は、彼等とは全く対蹠的であって、まず第一に内戦を片付けてしまおう。すなわち体内の病気を治す事が先決であって、身体に病患を抱きながら、どうして外敵に当る事が出来よう。また、かりにこれに当ったとしたところで、全力をそこに結集する事が出来ず、結局外敵には敗れ、あわせて自らの身を滅ぼす、という事を堅く信じていたからである。ところが学良畢生の大芝居が功を奏し、昭和十一年十二月十二日、ついにかの西安事件をひき起し、蒋介石を軟禁する工作が成功したのである。

蒋介石の手記「西安半月記」を見ると、当時の実況がこまごまと述べられているが、この事あって以来、彼は心ならずも、逐次容共態勢に傾かなければならない立場に置かれたのである。

越えて昭和十二年二月十五日、南京で第三次中央執監委員会全体会議が開催された。通常「三中全会」と呼ばれているが、中共側はこの会議に、次のようなお手盛り議案を上程してきた。

今や日寇猖獗、民族の存亡一髪千鈞の際に在り。希くは三中全会は次の各項を国策と定め、即時これを採択せられん事、切望にたえず。

一、一切の内戦を停止し、国力を結集して一致外敵に当る。

二、言論、集会、結社の自由を認め、一切の政治犯人を釈放する。

三、各党、各派、各軍、各界の代表会議を召集し、全国の衆智を聚め、一致救国に邁進する。

四、対日抗戦に徹し、一切の準備工作を迅速に完成する。

五、人民生活の改善向上をはかる。

もし右の国策が確立せられるならば、中共は三中全会に対し、次の保障をなすに吝でない。

一、国民政府に対する武力抗争を即時中止する。

二、政治、軍事の両面にわたり、一切の行動は南京政府、及び軍事委員会の指示に従う。

三、中共地区内に普選を採用し、民主制度を実行に移す。

四、地主の土地没収政策を放棄し、一意抗日民族統一戦線の強化に努力する。

国難方に旺なり。三中全会は中共の忠誠心を容れ、緊密にこれと提携合作し、民族救亡の偉業に向って、一路邁進せらるるよう、ここに切願す。

この提案の奥底には、大きな構想が秘められていた。即ち——内戦を抗日に転換し、蒋介石を日本側と闘わせる。この間、中共は逐次その実勢力を扶植拡充し、やがて蒋介石の疲弊に乗じ、一気に天下を取るごとく計画を推し進める——というのである。これが中共側当初からの、一貫した方針であった事は、疑いをはさむ余地はない。こう見来たる時、西安事件には、ひとり蒋介石の死活がかけられていたばかりでなく、実に「アジアの命運」がこれに支配されたと見る事も、あながち牽強附会の解釈ではなかろう。

慧眼な蒋介石は、早くも中共のこの魂胆を看破した。その結果、この提案は、三中全会ではついに採択をみるに至らなかったが、この年の三月五日、西安において中共代表周恩来と、中央執行委員張冲とが会談した際、南京側の名分を立てるという条件の下に、実質上の国共合作が成立したのである。

30

これより先、西安事件と相前後して、蒙彊においては関東軍参謀田中隆吉中佐の画策した謀略、いわゆる百霊廟事件が勃発した。しかしこれは惨たんたる失敗に終って、わが小浜氏善大佐のごときは恨みをのんで乱軍の中に陣没するありさま。ところがこの一戦が中国側に対し「日本軍怖るるに足らず」との観念を植つけた事は大きかった。彼等の胸中には俄然、抗日必成という意識が勃然として燃え上ってきた。ちょうどこのころから、彼の「逆九・一八」という言葉が呼号され始めたのである。

すなわち「日本何する者ぞ。今度こそ満州事変の逆を行ない、九月十八日の怨を晴らすべく、中国側から積極的に事を構え、これを動機として日本の勢力を中国大陸から一掃してしまえ」という叫びが高まったのである。

こうした空気が急速に、中国全土に広がり始めたものだから、冀察の総師宋哲元の立場が、非常に苦しいものになってきたのも、誠に無理からぬところである。

（十）松室机关的创设

资料名称： 松室機関の創設

资料出处： 寺平忠輔著《蘆溝橋事件——日本の悲劇》，読売新聞社 1970 年版，第 32—33 頁。

资料解说： 1936 年 4 月日军在北平设置以松室孝良少将为机关长的北平特务机关，其核心目标就是担负「指导」即控制中方华北政务委员会的职责，最终实现侵吞整个华北的大目标。本资料记录了松室特务机关成立、编组诸情况，其下设「顾问」部，划分为军事、外交、经济、建设、交通各组，还记载了各部人员的活动，特别是参与炮制《华北处理要纲》等情况。

32

第二章　北京特務機関と冀察の人々

松室機関の創設

冀察政務委員会が成立した翌年、つまり昭和十一年四月はじめ、日本軍はこの政権と緊密に提携し、またそれが健全な発達をとげるよう内面指導するため、北京東交民巷(トンチャオミンシャン)・台吉廠頭条胡同(ホートン)七号に、北京陸軍機関を設置した。特務機関という名は、諜報(ちょうほう)だとか謀略だとか、穏かならぬ意味に解されがちなので、軍はそうした点にも心をくばり、陸軍機関と名をつけたのである。だが中国側でも日本側でも、みんながこれを特務機関、特務機関と呼びならしたので、結局、いつの間にか、その方が一般の通り名のようになってしまった。

初代の機関長には、国軍切っての中国通、松室孝良少将が任命された。少将は大正十二、三年ごろから、すでに馮玉祥(ひょうぎょくしょう)と親交を結んでおり、その絶大な信頼のもと、ついに先方からの名ざしで西北軍の高等顧問に迎えられた。その任につくや、企画するところ、西北の産業は開発され、交通は発達し、とりわけ軍の訓練のごときはまったく面目を一新する状態だった。

したがって戦いは百戦百勝、向うところ敵なきありさまで、馮玉祥は顧問を尊敬し、万般の施策、その指授によらないものはなかった。後年、顧問解任帰国の後、馮軍は反蔣作戦遂行のため、河南省境まで進出したが、彼等はなおも「我に松室顧問あり」と揚言し、これを戦勢の誇示に利用したほどである。

今回冀察政権が樹立され、委員長として、宋哲元が登場した。彼は馮玉祥四天王の一人であり、従来松室顧問とはきわめて親しい間柄だった。また馮治安にせよ張自忠にせよ、冀察の枢要幹部は均しく馮玉祥の旧部下であって、一人として松室顧問の指導をうけない者はなかった。だから松室少将の北京特務機関長就任は冀察側としても名機関長を得たとし、宋哲元の胸中には——これならきっとうまくやっていける——という自信が、満ち満ちていたに違いない。

少将は機関の編成に当り、隷下に顧問部を設け、それを軍事、外交、経済、建設、交通の諸部門に分ち、これを通じて冀察との提携を緊密に進めることとした。軍事方面は元北京陸軍大学兵学教官桜井徳太郎少佐、外務畑からは矢野征記氏を、また逓信畑からは逓信局長佐谷台二氏が選ばれた。

機関開設の冒頭、機関長はまず部下全員を集めて次のような訓示をした。「我々はこのたび、国家国軍を代表して北京に駐在し、冀察政権の指導を担当する事となった。冀察指導の根本方針、これを一言にして尽せば、我我は全力を挙げて彼との親睦提携を図り、彼の腹中にとび込んでこれを日本の味方に惹きつけてしまう。これが唯一の狙いである。四囲の情勢最悪の場合でも、彼をして絶対中立の態度を保たせなければならぬ。かりそめにも冀察を敵に回すような事態に立ち至ったなら、機関の存在はその意義を失い、我々の工作はその価値ゼロという事になってしまう」解散した後、若い機関員達は元気に「要するにわれわれはこれから冀察相手に、大いに乾杯乾杯をやらんければいかんというわけだな」と軽口をたたいている者すらあった。

北京特務機関のあった東交民巷

（十一）日中战争前的日中关系问题摘录

资料名称：日中戦争までの日中関係より抄録

资料出处：葛西純一編訳《新資料・蘆溝橋事件》，成祥出版社 1975 年発行，第 112—129 頁。

资料解说：本资料介绍了热河战役前后日军向华北地区扩张的诸多史实。包括日军和期待收复失地的东北军之间的冲突，中国政府方面的退让，中日关于通邮等一系列问题的交涉，以及《何梅协定》的签署等。

ったというから、二百数十名の日本人が兇刃の犠牲となったわけであった。私の氏名はもちろんこの発表のなかになかった。

土肥原賢二刊行会編『日中友好の捨石　秘録　土肥原賢二』

第三章　日中戦争までの日中関係より抄録

芙蓉書房　昭和四十九年十一月十五日　発行

張学良の失地回復工作

（葛西注＝張学良は昭和11・12・12の容共反蔣事件——西安事件首謀者として南京国府に拘禁、三十八年後の今日も台湾某所に軟禁されている由。なお本稿には冀東防共自治政権、冀察政権という華北地方の親日政権の情勢が記述されている）

一九三二（昭和七年）満洲建国後の日中交流は、中国本土の蔣介石と北支を代表する張学良の対日反抗に対する日本の強圧、または宣撫工作の交錯であった。

先ず満洲より追われた張学良は、最も満洲に近い熱河省に地歩を進めて、失地回復の足がかりとするあらゆる工作を進めていた。

たまたま熱河省長湯玉麟が満洲建国に参加しながらも最終決断に迷い、洞ケ峠をきめこんでいる現況に着目し、一九三三年七月の朝陽寺事件（関東軍の石本嘱託が熱河義勇軍に錦朝鉄道列車中で連行、後に殺害された事件）につけこんで、張学良は国民政府命令と称して自己の東北軍約四万を八月に古北口方面（葛西注＝古北口は映画『白蘭の歌』で後に有名となる満鉄承古線の長城寄り終点）から熱河省に進入させて、湯玉麟に黙認させるに至った。

このような張学良の強硬態度を反映して、満洲と中国本土との国境山海関においても日中衝突事件が続いて発生した。

それは学良直系の何柱国軍の第九旅と日本守備隊との衝突事件であった。日本は北清事変に関する議定書（一九〇一年）に基づいて、フランス、イタリア軍と共に小部隊を駐屯させていたが、三回に渉る衝突が起こり、一九三三年（昭和八年）一月三日、遂に日本軍は錦州の第八師団（西義一師団長）を中核として兵力を整備し、海軍の協力を得て攻撃を開始し、完全に山海関を占領して何柱国軍を駆逐し、石河の線で対峙することになった。

この事件の発生については、何柱国軍がたびたび治安を攪乱する行動に出たので、落合守備隊長、が謀略を用いて何柱国軍に挑戦したという説があるが（橋場賢三さんの山海関事件の真実）、参謀本部編の「満洲事変史」によると、次のように記されている。

中国側は第二項（日本軍が南門を一時保持する提案）の受諾を拒否したが、折衝の末、ついに翌二日午前四時五十分になり、漸く南門の明け渡しを受諾した。ところが同日午前九時三十分、第九旅論参謀長から、正午に何柱国旅長が北平から山海関に到着するから、日本軍への南門警備委任は暫く保留してほしいと申入れて来た。しかし落合隊長はこれを拒絶し、中国側に厳重抗議したので、中国側は旅長帰還まで南門を日本軍の監視区域にふくませることを受諾した。そこで午前十時五十分頃、日本守備隊の一小隊が南門の守備交代を実行しようとしたところ、中国側は約束にそむき、多数の手榴弾を投げて来たので日本側に三名の死傷者を出した。ところが、一月四日付で中国側から日本側に提出された通告文には、中国側の拒絶により、南門明渡しが未解決のうちに日本軍が攻撃を開始したと述べられている。

この当時の日中両国第一線の激突が何れに責任があるか不明のまま、戦闘行動にまで進展する過程を端的に示しているものというべきである。（葛西注＝本件を含めて、現地の小部隊間における日中交渉では、従来一度も双方の問題としてとり上げられたことはないが、通訳、訳文の技術に重大な欠陥があったのではないか、と考えられる。これは私の関東軍二年八か月余、中共軍七年八か月余の通訳、訳文の体験からの推察である）

関東軍、熱河から長城線へ

前項のような張学良軍の反日行動は、日を逐ってエスカレートし、満洲領内の熱河省への圧迫が加わると、関東軍がだまっていないことは当然であった。

一九三二年（昭和七年）十二月に渡満した第六師団は、当初北の警備任務についていたが、第三次山海関事件の頃より遼西（奉天の西方地区）に移動し、将来の第八師団と共に熱河作戦の準備に本格的に取り組むことになった。

一九三三年（昭和八年）一月二十七日、武藤関東軍司令官は熱河作戦の意義を訓示して曰く、（葛西注＝以下、片仮名部分を平仮名に直した）

「熱河省の形勢は日に険悪の度を加え、満洲国礎強化確立のため、今や放任を許さざるの情勢を呈し、関東軍の作戦行動上点晴の要機は正に迫れり。

そもそも熱河省のことたる、もとより満洲国内問題にして、何んら国際的意義を伴わざるに拘らず、その粛清平定は直ちに反満抗日分子のため、致命的打撃たるがため、強いて熱河と北支とを混同視して、正規軍を省内に進入せしめ、ことさらに声を大にして、帝国に侵略的意図があるが如く宣伝し、以って全世界の視聴牽制にこれ努め、関東軍の熱河に対する施策は、一挙手一投足の微といえど国際監視の目標たり」

関東軍はこのようにあくまで満洲国の国内問題であると主張している。

しかし、関内（長城線以南）の河北省に進入することについては大事をとり、二十九日に再び河北省への進入禁止の訓示を出している。これは天皇の御意向を体してのものであった。曰わく、

「熱河経略は純然たる満洲国内問題にして、対支戦争を惹起するは、国策として之を採らざる処なり。別命なき限り、長城を越えて河北省内に作戦すべからざるを示しある所以、またここに存す。諸官宜しく隷下及び指揮下諸団隊に厳達し、熱河省は満洲領域にして軍の自由に行動し得べ

き疆(境)域なるも、長城を隔つる河北省は中華民国の領域にして、大命あるに非ざれば、軍として作戦行動を許されざる地域たるをわきまえ、局地の情況若くは戦術的利害等に眩惑し、大局を誤まり、国策に反する行動を戒むべく遺憾なきを期すべし。右に関し大元帥陛下御軫念遊ばさるを拝聞し、恐懼重ねて訓示す」

このようにして関東軍は慎重な構えをとりつつも第六、第八の精強師団を並列して長城線への進撃を開始したのであった。

中国側はこの事態に対処すべく、一九三三年一月末、南京において蔣介石、段棋瑞、張学良の三者会談を行ない、中央軍を北上させ、その総指揮を日本の陸大出身の楊杰に任せた。蔣は共産軍討伐を理由に自ら日本と対決することを避けた。

北上した中央軍は五個師約五万といわれ、後に古北口方面で第八師団に頑強に抵抗した。

このようにして戦機熟し、関東軍は二月下旬から行動を起こし、三月上旬には赤峰、承徳、冷口などを完全占領し、一応熱河省内の中国軍の掃蕩は終了し、長城線の主要関門を確保した。しかし、二個師団を基幹とする関東軍は、中央軍の戦線加入による数倍の中国軍に対しては兵力過小であり、各所に関東軍の弱点をつく中国軍の侵入が見られるようになり、関東軍もその源を断つ意味から長城線を越えて灤河東方地区に進出し、遂に長城線を越えてのいわゆる関内作戦に転換せざるを得なくなった。

このいわゆる灤東作戦は、一九三三年(昭和八年)四月十日から十九日までの十日間、撤兵完了までの二十三日まで二週間を費やしている。

この情勢を見て蒋介石はいかなる構想をもったか。彼は共産軍討伐に三回失敗し、武漢三鎮に立てこもるソビエト区をとることができなかった。内外に敵を控えた蒋介石は二者択一の方針に迷った末、日本との妥協の道を選んだ。

「安内、攘外」の蒋のスローガンは、外敵をうつために先ず国内を安定するという方針であろうか、彼は三月初旬漢口から保定まで北上したが、ここに止まり、種々の策案をなし、先ず対日最強硬論者の張学良を北平軍事委員会分会長の職から追い、腹心の何応欽に交代させた。

そして三月末汪兆銘（葛西注＝精衛は号）が行政院長に就任し、蒋介石は軍事委員長、参謀総長を兼ねて中共討伐軍の最高指揮官となって政治と軍事の分離をはかると共に、対日融和政策に転換して来た。汪は「一面抵抗、一面交渉」の対日政策により蒋介石と歩調を合わせ、先ず共産党との調整をはかり、対日軍備の整頓をする時間をかせいだのであった。

北平に来た何応欽は、三月半ばより雑多な中国軍を統一指揮し、古北口方面の守りを固めて、関東軍にしばしば反撃しつつ、平津方面に主力を集結して時間をかせいでいた。この時の関東軍の兵力は二個師団であり、中国軍は中央軍の主力だけでも二十個師であったという。

関東軍はこの兵力差より、しばしば中央軍が熱河省内に侵入するので、ここに謀略手段により対蒋介石批判派である従来の華北軍閥将領に働きかけ、彼らに反蒋機運を醸成させる工作をやることになった。（以下略）

天皇の鶴の一声

さて関東軍は、最初の武藤軍司令官の訓示に反し、行きがかり上長城を越えて関内への作戦、いわゆる灤東作戦を強力に推進し、四月中旬には怒濤の進撃を続け灤河の線に進出したが、武藤軍司令官は天皇の御意向もあり、控え目に進撃の限度を指定していた。しかし板垣奉天特務機関長は、張敬堯の反蔣クーデターの時期を四月二十日頃と定め、これに呼応して宋哲元軍が動いて北平の中央軍の脱出を阻止するから、関東軍の陽動作戦を継続してほしいと要望することしきりであった。そこで関東軍は古北口南北地区での陽動攻撃や密雲の爆撃を行ない、奉天特務機関の工作に策応していたのであるが、四月十八日夜半百八十度転換し、一斉に長城に帰還すべしとの命令を翌十九日急遽下達した。けだし、天皇の強硬なる意図が参謀本部を動かしたのである。

この間の事情は次のようにいわれている。

天皇が真崎参謀次長を呼び、

「関東軍は未だ灤河の線より撤退しないのか」

と御下問があり、真崎次長は恐懼御前を退下して、軍司令官宛の親書を特使に届けさせ、重ねて、

「速やかに兵を撤退せねば、奉勅命令が下るであろう」

と秘密電報を小磯参謀長宛に打ったことによるといわれている。

関東軍はこの鶴の一声に屈服し、大命によらざる中国本土進出を中止したのであった。当時は、

真相は一切極秘であったので、作戦中の関東軍将兵はもとより、内外一般の人々に奇異の感じを与えたといわれている。

天皇の意図がこのように強硬であったのは、最大の要因として国際連盟の動向があったと思われる。

日本はこの年、一九三三年三月二十七日に遂に国際連盟脱退を通告したのであったが、国際連盟は満洲国の問題には熱心であったが、華北の問題には必ずしも介入しようとせず、冷淡であった。

しかし、天皇としては国際関係紛糾の際、これでもか、これでもかと押す関東軍の独走態勢にブレーキをかけられたのだと思われる。

停戦への兆

中国はその後華北の戦闘の処理に困窮し、国際連盟にくりかえし提訴したが、連盟は満洲国の不承認を決定しただけで、華北問題を顧みてくれなかった。そこで中国は、知日派の湯爾和、雷寿栄、王克敏などを通じて日本の出先と接触を保ち、四月末には陳儀軍政部次長が根本博駐在武官と上海で停戦について打診し、歩みよりの可能性が出てきた。

こうした動きの中で、中国側は黄郛を主班とする駐平政務整理委員会の設置を決定し、日本側との交渉の窓口をつくった。黄郛は日本の陸地測量部修技所出身の知日派であった。

ところが、日本軍の方の内幕も複雑であった。関東軍は大義名分が立てば停戦の意志があったが、

関東軍の派遣した板垣天津特務機関は、

「中国の時間かせぎの手に乗るな」

という意向で反対したし、北平の永津駐在武官も強硬に反対意見をもっており、中国軍の密雲方面への撤退を求むべしとの意志を表明していた。

このような情勢を背景に、中国軍の相も変らぬ挑戦的態度の持続を眼前に見ている関東軍の作戦課は、再び強硬態度に立ち帰り、

「わが軍の灤河撤退後、敵は再び灤東地区に進入し、挑戦的態度を持続しつつあり、故にこれに鉄鎚的打撃を加えざるべからず」

との決心の下に灤東地区への再進出を決意した。これには前回にこりて、東京の中央部の意向を充分に打診するため、小磯参謀長が上京して折衝にあたり、灤東地区進出の許可を得たことが大いに与って力があったのであろう。

一九三三年（昭和八年）五月三日、再び灤東地区への進撃命令が第六、第八師団並に軍直轄部隊に下された。（関作命第五〇三号）この間において関東軍参謀部内の作戦課と停戦案に傾いていた情報課の間に多くの論争が交されたといわれている。

関東軍の隷下部隊は、命令一下直ちに行動を開始し、第六師団は破竹の勢で進撃を続け、五月十二日灤河を渡ってよせ集めの中国軍を西方に圧迫した。古北口方面の第八師団も五月十三日に石匣鎮を占領し、北平上空への威嚇飛行を行った。そして五月十八日には密雲北方地区に進出した。

（以下略）

五月二十五日、何応欽が正式に任命した停戦全権委員を密雲に派し、永津武官立会の下に西義一第八師団長との間に関東軍覚書に基く停戦案が文書を以て提示された。その内容は次の通りである。

一、中国軍は速かに延慶、順義、宝坻、寧河、芦台を通ずる線以南及び以西に一律に後退し、以後同線を越えて前進することなきこと。

二、中国軍が第一項に従うならば日本軍は現在線を越えて追撃せず。

三、日本軍は第一項の順守を確認した後、自主的に概ね長城の線に帰還する。

四、日本軍は誠意認識の第一歩として、随時飛行偵察及び必要の人員を派して中国軍の撤退状況を視察する。但し中国側はこれに保護と便宜を与えること。

続いて日中両軍の停戦本交渉が、五月三十日、三十一日の両日、白河口の塘沽で行なわれた。日本側代表は関東軍岡村参謀副長、以下喜多、永津、遠藤（三郎）などであり、中国側代表は北平軍事委員会分会総参議、熊斌中将以下の人々であった。

協定内容は、前述の密雲協定事項の他に治安維持事項を次の通り加えたものであった。

長城線以南にして、第一項に示す線以北及び以東の地域における治安維持は、中国側警察機関これに任ず。右機関のためには、日本軍の感情を刺激するが如き武力団体を用いることなきこと。

これに対し熊斌中将より、

「中国軍は既に後方に撤退して誠意を示しているから、非武装地帯を早く現状に回復してもらいたい。また日本軍撤退地区内で治安を乱す武力組織に、中国軍が必要な処置を行なう時は日本軍は誤解しないでもらいたい」

という条件をつけたが、日本軍は一切回答せず、調印後の懇談にゆずることにした。

このようにして塘沽停戦協定は締結され、武藤関東軍司令官は六月五日、作戦部隊の主力の帰還に関する命令を下達し関内作戦を終了したが、日本軍は河北省の東北部に有力な拠点を作ったことになったのである。

停戦後の外交交渉

北平には中山詳一書記官が駐在していたが、軍事協定成立後、内田康哉外相の指令に基き、黄郛を長とする駐平政務整理委員会を相手に外交交渉を開始し、次のような大会議により根本問題を処理して行った。

第一次大連会議（一九三三年七月三日〜五日）

北平会議（一九三三年十一月七日〜九日）

第二次大連会議（一九三四年七月二十三日〜二十四日）

以上の会議においては、日本側の交渉団体は関東軍であり、政治事項でも外務省側は主導権がなかったといわれている。

右の外交交渉で最も問題となった点を解説すると次の通りであった。

「戦区」の接収問題

両軍の立入を禁止された地域を「戦区」という言葉で表現されているが、この地域には土匪団がはびこっていたし、関東軍が後援していた丁強軍（李際春軍）、石友三軍などが拠点をもっていたのでこれらの整理に手間どった。八月末までには概ね整理されたが、中央軍側の工作と関東軍側の工作が入り乱れ、土匪の介在と相俟って治安は大混乱であった。

通車問題

北平——奉天間の北寧鉄道を復旧し満洲、中国側双方乗り込みの列車を運行させることであり、二か月以上も中絶した列車の運行は、八月十三日から開始するようになった。しかしこの列車は、山海関で双方が乗り換えるものであった。

北平会議で最も問題であったのは、北平から奉天直通の国際列車を運行することであった。中国は満洲国を承認していないので、この問題は基本的な国策に関係があり大いに紛糾した。結局東亜通運公司組合という第三機関を作り、満洲側奉山鉄路と中国側北寧鉄路側から半額宛出資して資本金百万元とし、双方損益共折半という形で運営することにし、直通列車を毎日一回、北平、奉天双方から一列車を運転する（乗務員は山海関で乗り換え）ということで決定し、七月一日から運行が開始された。しかしこの問題は、南京の中央政府会議で中国側の反対気勢が高まっていた。

航空路線の設定

中国軍の撤退状況を監視するための航空観察に端を発する満洲——中国本土間のいわゆる通空の

問題は最も困難であった。

一九三四年五月に関東軍は、華北航空公司という日中合弁会社を設立し、中国側に飛行場や施設を現物出資させ、関東軍側は満洲航空から飛行機と操縦士を提供させ、四月より錦州線、六月から承徳線を発足させ共に北平への乗り入れをやって、中国側に漸次了承させる方針をとったので、中国側はしばしば厳重な抗議を行ったが、黙殺していたようである。

その後天津会議で合弁の日中の比率（中国側五五パーセントまで日本譲歩）、飛行区域（中国側平津地方のみ、日本は華北全域を主張）などで遂に合意に達せず決裂した。

しかし、その後関東軍は各地の地方政権を相手に通空の実現をはかり、綏遠省の傅作儀相手に綏遠、包頭方面への軍用機乗入れを承認させた。後に支那事変直前、満洲航空の包頭格納庫が破壊されるという事件が起こり、この問題は後々まで尾を引いていたのであった。

通郵問題

中国の満洲国不承認主義により、この問題は最も紛糾した問題であった。

満洲国は当然独自の郵政を進めたので国民政府は、一九三二年（昭和七年）七月、全満の郵便局閉鎖と撤退を断行した。そして約二年間、満洲、中国間の通郵は停止されていたのであるが、一九三四年になり英、米などの列強が、東、西の国際郵便ルートの要衝満洲国との通郵の必要を感じ、国際連盟理事会で検討が始まった。そして満洲国承認と切り離して満洲国経由の郵便料を連盟で支払うことになり、解決した。

中国側では満洲国切手の承諾を伴う一切の、通郵を極度に忌避し、もめにもめた。しかし最後に汪兆銘外交部長以下の北平入りに伴い、対日融和方針に則り、関東軍案を呑んだのであった。

右の関東軍案とは、通郵事務は両国の郵政機関が実施し、満洲国という文字を表示しない新切手を使用し、料金は両国の郵政庁が決定する。また在来の切手を貼ってあっても、正規の料金を納付したと認められるものは不足税を徴集しないというものであった。

最も政治的に困難であった通郵問題が一応解決したので、その後一九三四年に通電、通関問題も漸次解決した。しかし、中国側の満洲国不承認原則の下にあらゆる会談は難渋を極めたのであった。

（以下略）

梅津・何応欽協定

昭和十年頃は、蒋政府は日中親善外交をやる方針であった。

ところが満洲に近い華北では国境線が近く、前述のような日中衝突事件が頻発していたので、北支軍閥の抗日意識は強く盛り上がり、昭和十年一月から五月までに華北で発生した反日満事件は大小五十数件に及んだそうだ。

これは張学良系の河北省主席于学忠と中央直系の藍衣社などの尖鋭分子がその原動力となっていた。

昭和九年以来、塘沽協定で非武装地域が出来たが、実際はこの非武装地帯は非常な混乱状態であり、この地区に孫匪（孫永勤匪軍）が根拠をおき、関東軍の守る熱河省境を越えて撹乱工作をやり、関東軍も手を焼いていた。

そこで昭和十年五月末関東軍は停戦協定に基づくと称し一旦混成旅団を派遣して、この孫匪を一掃した後、直ちに関外に引き上げた。このとき于学忠は孫匪に協力的態度をとったといわれている。次いで親日的な天津の「国権報」と「振報」という新聞社の社長が同年五月初めに暗殺された。上海の藍衣社のテロであったといわれた。

右の二件を重視した天津駐屯軍（軍司令官梅津美治郎中将）は酒井隆参謀長を主任とし、

一、中国側官憲による対満陰謀、対日テロなどは停戦協定違反であり、その根拠地が北平、天津であるからこの地区も実質上停戦区域に包含させる必要を生じるであろう。

二、両社長の暗殺は一九〇二年の天津還付に関する交換公文違反であり、日本は条約に基き、自衛上必要とする行動をとることがあるであろう。

三、憲兵、政治訓練所、国民党部、藍衣社の華北よりの撤退と責任者の罷免。

四、于学忠河北省主席の罷免、とその指揮下第五十一軍の保定以南への移駐。

このように再度に渉る天津軍の強硬な要求に堪えかね、かつ国民政府との板ばさみになった何応欽は、六月十三日南京に逃避したが、翌六月十四日鮑文樾が軍事委員、北平分会委員長代理として何の口約を責任をもって実行すると申し入れ、その後「去る六月九日天津軍より提案のすべての事項を承認し、自主的に之を実行する」という通知書が天津軍に出されてこの件は落着した。

梅津・何応欽協定はこのように一片の通知書だけで後はすべて口頭で行なわれたが、天津軍は中央軍、于学忠軍を河北省から駆逐し、対日満反抗分子を一掃したのである。

土肥原・秦徳純協定

天津軍の梅津・何応欽協定に引き続き、関東軍も熱河西南方国境地帯の度重なる中国側の反満的事件に業をにやして、当時北平にいた土肥原奉天特務機関長をして一工作を実施させた。

この頃チャハル省方面の主要なる対満反抗事件は次の通りである。

一、第一次張北事件

天津軍川口参謀、池田外務書記生一行に対する暴行事件。

二、第一次熱西事件

熱河省豊寧県付近に宋哲元軍の一部が進出し、関東軍の第八師団の一部と衝突した事件。

三、第二次張北事件

内蒙アハカの特務機関員、大月、大井、山本氏ら四人が張北南門で脅迫された事件。

関東軍は、熱河省と接触地区であるチャハル省から宋哲元軍を駆逐する意図をもっており、土肥原奉天特務機関長に松井張家口特務機関長、高橋北平駐在武官と協力して、先ず宋哲元軍を黄河以南に撤退させるように要求することを指示した。

中国側は、まず宋哲元をチャハル省主席、並に隷下第二十九軍長より罷免し、民政庁長秦徳純をして主席を代行せしめること、及び張北の第百三十二師を退去南下させることを通告して来た。

そこで土肥原奉天特務機関長は、宋哲元の代行秦徳純を相手に交渉を開始し、次のような要望をした。

一、張家口——張北南側以北にわたる宋部隊の南方への移駐。

二、排日機関の解散。

三、遺憾の意の表明、責任者の処罰。

期限は六月二十三日より二週間以内。

なお要望事項として、

一、蒙古人圧迫の停止。

二、日本人旅行者の援助。

三、日本軍事施設（飛行場、無電台など）の援助。

四、軍事及政治顧問の招聘。

五、撤退地域の治安維持は停戦地区に準ずる。

六月二十七日、秦徳純主席代行は北平武官に対し、正式文書をもって日本側要求を承認した。これがいわゆる土肥原・秦徳純協定である。宋哲元軍はこの協定に基き、長城以北から撤退し、二十九軍やその他の部隊は北平方面に集結した。

この頃になると北平に于学忠の追放、何応欽の南下により蔣介石の代理者はいなくなった。土肥原奉天特務機関長は華北自治工作を推進した結果、この年の十二月殷汝耕をして冀東自治政権を成立させ、また暫く遅れて南京中央政府の命により、宋哲元の冀察政権も誕生して、一応土肥原さん

が関東軍の与望を担っての北支工作は終結を告げたのであった。（陸軍少将今井武夫氏の項了）

（十二）天津琐闻

资料名称： 天津鎖聞

资料出处： 島田俊彦、稲葉正夫解説《現代史資料》8《日中戦争》1，株式会社みすず書房1973年発行，第137—143頁。

资料解说： 本资料从社会舆论与各方动向角度，记载了卢沟桥事变前日本进行的「华北工作」和扶植傀儡政权等活动，以及中国方面的反响和动态。

二六　天津鎖聞

天津特報第一号

（昭和十一年一月二十三日　在天津　久保田[久晴]海軍大佐）

一、政情概観

一度冀察政務委員会なるもの生れ出でたる以上兎も角も之が動向を看視すると共に機宜好意的指導を与へて速かに日満支協調の実を挙げしめ所謂華北を明朗化せしめんとするは今や我対北支政策として一元化を見たるものと謂ふべく現地方面に於ても「華北を気永く見るべし」との空気は漸次拡認[ママ]されつつある処なるが他面には支那浪人乃至失意の支那政客者流中現状に慊焉たらず冀察政権を目するに軍閥の再出現となし高速自治の出現或は中央より完全の離脱、又は飽迄国民党排撃主張等各々従来よりの関係を辿り夫々自己的立場に於て所謂同床異夢的暗躍に蹈[踊?]る群像少なからず且つ之等は相当執拗なるも元々何れも日本軍部側の了解なくしては自己の希望工作の実現を期し得られざるものとして何とかして軍側に近付かんと齷齪しあるものの如し、土肥原少将の如きも之等の空気に対して決して好意を有し居らず斯かる輩が自己本意の仮に然らずとするも極めて大局を考へざる短見よりして徒に勢にかられ不軌なる行動に出づるあらば之全く国策に反するのみならず百害ありて一利なしと評し自分は例へ軟弱の評ありとも現在の行方が一番最良と信じ居り今少し気永き目を以て視て行く必要ありと考へ居り軍主脳部間亦同一趣旨の下に一元的了解を遂げ居るを以て別に意に介せざるも若し彼等の言辞に惑はさるるものあらば一大事なるを以て特に此点には留意しある旨洩らし居れり

事実政務委員会の動向は成立後日猶浅く陣容亦未だ整はざるのみならず各種関係よりして各方面に亘り急激なる積極化を見せ居らざるを以て所謂反動派側より見れば兎角に誠意を云為され易く従て各種の形に於て当分は潜行的自治促進運動は其跡を絶たざるべし要之速かに地方人心の安定を計るは目下の要素[ママ]にして政治運動的色彩を速に捨て産業経済発展に資すべき具体的工作の実現により人心の転換を計る一方例へ小なりとも民衆福祉増進を如実に示すことは即ち民衆に対する自治の何たるをか自覚せしむる良手段なりと思考せらる之が為めには所謂経済独立化等の要素の伴ふべきは当然なる処先般過津せる根本[博]歩兵大佐の南京政府に対する視察談として同政府要人は既に北支の特種性は十分之を認め居り日本にして真に支那の主

権を云為せざるに於ては提携上或程度のことは決して躊躇するものに非ず蔣は自己が現職に在る間に（憲法等の制定を見ざる間に）凡てを決行処理付けたき意向あり云々と語られしが果して真なりとせば（華北に対して宋には南京政府は大なる信頼を有せざる趣は外務電が別に之を伝へ居るあり）支那中央より今少し積極的に誠意と認め易き様の許容を自発的に出し我が先手を打つあらば少くも現地的には好結果を生み所謂不満に基因する派生的事端発生の因を少くするものに非ずやとも愚考せらる

二、冀察政務委員会に就て

成立以来の動向を見るに平津両市長、北寧、平綏両鉄路局長平津の各電政収税諸機関主脳部等を皆宋派を以て固め次で衛戌司令部組織を改め平津二処に分ち之又自派を配し之等によりて先づ自派活動部の陣容を固め次に一月十一日に経済委員会を更に二十日には外交委員会を組織したる外目下民意暢達並に諮詢機関たらしむべく地方参議会を籌備中（河北自治協会なる名の下に之等手盛の官製民意暢達機関には反対の旨の声明早くも新聞紙上に表はれたり）に在り以上を目して宋派の地盤獲得乃至自治の擬体となすものあるも事実智識階級は勿論一般民衆中真に自治の何たるかを解するもの少なき現状に於ては政務委員会存立の過渡的産物としては蓋し止むを得ざるべく要は今後之等の運用並に実績の如何によるものにして永き目で見んとせば暫くは之等の推移を注視するの寛度を必要とすべし

土肥原少将は宋に対して屡々所謂軍閥政治たるの悪評を受けざる様且つ其結果が派生的事端惹起の因をなすものなるを以て所謂明朗政治の実現に努力すべき旨注意を与へ居れりと右に対し宋は先づ地方民心安定上治安の維持に全力を尽し併せて参議会によりて民意を聞き善処する旨又将来委員会公報を発行して出来得る限り財政を公開し尚審計院式機関を新設して日系専門顧問によりて財政収支の公正を計り漸を追うて日支提携による各種事業の計画及実施並に之が完成に進み度く企図しありとの抱負を語れる趣なり

冀察政務委員会が旧軍事分会の引継の分として中央政府と了解済みなりと云ふ財源に就て陳覺生の言として信ずべき筋よりの聞込みによれば（出所の関係上部外極秘）

月額　一〇〇万元（財政部が関税の内より特に分与する分）
〃　一五〇万元（河北省塩税収入月一八〇万元の内より外債担保一六、八万元及其他の経費を除く額）
〃　一〇〇万元（中央より発給の軍費）
月額　一七、五万元（統税其他より）
〃　五万元（平綏鉄路収入より）
以上合計月額　三八七、五万元（年四六五〇万元）

にして従来張學良の東北系軍には月二五〇万元商震軍には五万元を与え居り之を継続することになり居るも之等是非中央発給のことにしたし云々と右にして事実とせば従来河北省より中央へ送附額年約五千万元と称されあり大体近似額となるべく東北軍への送金中止を断行し得て財政の公正なる運用を見ば将来相当の余裕を生ずべく之等を以て真の華北開発に資さば所謂明朗化も望みなきに非ざるべし然れども現地支那側当局が自己本位の人気取的乃至糊塗的小策を弄し功を急ぐに至らんか自ら統制を失し浪費多くして効少きに終るべく彼の大策士の定評ある蕭〔振瀛〕天津市長の如き就任早々矢継ぎ早に公安局員を以てする鉄道旅客の荷物検査撤廃、登録者に限る阿片の公売、

地方的小雑税八種の撤廃等の如きを実施せるは之に属すべく他面には又北寧鉄路改善策、塘沽天津間自動車道路の建設乃至軽油動車運行計画、工業塩の対日輸出問題等の擡頭あり所謂経済開発問題としての幾分の動きと視られざるに非らざるも今後の要は一貫せる主義の下に大局に即する且つ統制ある発展開発に動かざるべからず之が為には真摯周密なる諸調査に立脚し機宜の指導に俟つを可とす之が道程としては速かに委員会に公平且優秀なる邦人の専門的顧問の採用にあるべし宋自身も之が必要を認むると共に希望し且つ採用を約しありて右撰択は軍部に一任しありと聞く（註、現に逓信省よりも勅任官級顧問派遣の下話しもありと尚満鉄方面鉄道関係の専門家も既に来津中なり）

三、冀察、冀東両機関の関係に就て

冀東自治政府の存在は冀察政務委員会の好まざる処なるべきも元元両者誕生前には一脉の相通ずるものありしにも不拘愈々出現に当りては両者主脳部立場、地の利其他の状況よりして一は旗色鮮明に中央離脱、一は不鮮明態度に甘んじ現在の存在となりしものなり前者は地域狭少僅かに廿二縣を統轄するに不拘地の利並に財源上好位置を占む（長蘆塩の産出地の大部を占め且つ海岸線を有する等）る関係上実際問題として冀察としては冀東を自家に合流せしめ度は勿論なり従て昨今頻りに宋派[註1]は天津軍乃至土肥原少将を介し之が合流を慫慂希望し居り彼の冀北六縣（現に満洲国李守信軍駐在）に蒙古保安隊を置くことを認めたるが如きは之と交換に冀東政府の合流を希望せるに外ならざりしが如し然れども軍部側としては冀東が地の利に拠り現実的に中央より離脱し自治を実施し其施政上に改善努力し好果実現に努めつゝある以上寧ろ[ママ]冀察をして冀東を手本とし漸次之と同一方針に出でしむるの指南車たらしむべく指導（大蔵省系日系財政顧問、外交、交通等の諸専門家をして直接間接に指導しあり）しあり従て今遽かに冀東を冀察に合流せしむるには賛せざるは明かにして冀察の動向にして冀東の「レベル」に達するを待て後合流せしむるも遅きに非ずとなすものの如く宋側の合流希望の折衝は今遽かに実効を収めざるべし

四、冀東自治政府の状況概要

現政府は通州（北平より自動車にて約一時間）孔子廟内に在り、外交、保安、秘書の三処及〔民政〕財政、教育、建設の四庁を有し冀東二十二県（大体戦区協定地区なれども若干ハミ出しあり）を統轄す（小官一月十二日桑原[重遠]北平武官と共に現地を視察せり）将来重要一点たる同政府の財源と見るべきものは関税、塩税等の旧国税及旧省税、開灤の礦産税、北寧鉄路収入の一部等其主要なるものなるべし

現在関税は対外関係等複雑なる為め暫く之には手を付け居らず塩税は大なる収入なるも冀察政権との関係至大にして先般来之が取得割に就て両者折衝中なりしが信ずべき筋よりの聞込みによれば最近冀東二十二県の塩消費税の全部即月額二十五万元（年三〇〇万元）を取得することに両者諒解なれりと、旧省税は年約三〇〇万元（あるも現在にては既に旧省政府より三月末の分は前取りされあり今直ちに収税を扣[控]へありと）開灤礦産税は開灤本社が天津に在り且つ従来よりの収税機関たる冀察綏統税局が北平に在る関係上之が接収は今直ちに困難なりと其他関塩税を除く旧国税は年約五〇〇万以上あり又先般冀察政権との諒解なりて北寧鉄路収入中冀東区域通過の分

として月額十万元の分与を受けあるを以て現在同政府政費月額約三十万元は将来以上収入にて十分支出し得べし尤も同政府設立後直ちに徴税機関を設け徴税を画したるも前述の如く旧国省税は多く三月迄の前取りされある関係上更に徴収をなすは結局二重課税となり地方民心に悪影響あるを以て之を差抑へたる為め目下諸税実収入は極めて少く十二月末には政費約二十万元の不足をみたりと従て差当りの財源捻出の一手段として先般来の密輸取締り等に染手し延ては既電〔註2〕の如き暴行事件等を惹起せるものなるが元来条約国間に於てすら税関官吏にのみ合法的徴税乃至検査臨検が認められ居る次第なるに生れたての一機関の保安隊の如き何等之等公認の権限なきものが領海外に迄出で臨検押収等を行ふが如きは公正の立場よりして看過し得ざる処にして彼の厦門〔註3〕事件の次第もあり同政権将来の為め斯かる不法手段（例へ知らざるとも）に出づることなき様善く当事者に教示注意を与ふる様山海關特務機関長〔竹下義晴陸軍大佐〕にも申入れ置けり

殷汝耕談によれば政費以外の豊富なる剰余金（少くも半年以後には豊富となると）は挙げて産業開発に振向け保安隊の改良と相俟つて農業に重きを置き次に水利を図り交通を改善し住民福祉実現の手本たらしめんとし之等に関する具体的諸調査は天津軍司令部に依頼中にして鉄道に就ては古北口より通州を経て唐山に到るものにつき既に満鉄専門家の実地調査を終れりとて将来に対する意気込みを述べ居れり

尚坊間伝ふる処によれば新年度よりは年約一千二百万元（註、前述の塩省税、関塩税以外の国税、北寧鉄路収入の合計は約以上と符合す）の諸収入中政費約四〇〇万を扣〔控〕除し剰余八〇〇万元中より保安隊改善費、各県経費の増加等を除き約六〇〇万元を以て産業経済開発に資すべしと

五、当方面各部の動向に就て

(イ) 天　津　軍

小官来津頃迄は兎角に関東軍、天津軍の意図一ならず二途に出づるものありとの評ありしも其後両軍首脳部乃至陸軍中央部派遣の諸官間数次の折衝協議の結果現在に於ては中央方針通り一元化せること確実なりと観測す現に永見参謀長〔俊徳〕が特に小官に『北支時局指導要領』（一月二十二日司令官の承認を経て案として中央に提示せし極秘案にして内容要点は小官より随時観測として電報せし所と一致し居り要するに中央の意志を体し自重静観と共に冀東冀察両政権に対し合理的指導を与へ所謂自治の本体を自然に自覚せしむると共に人民福祉増進の産業経済開発に導くに在り軍閥□〔一字不明〕慾に終らしめず人民の福利に重点を置く、又部外策謀家の不軌なる行動を厳重に排撃し且つ自治精神の五省へ拡大化等に対しては急ぐことなく自然の動向推移に俟ち無理をなさず経済産業工作は各種専門家を網羅する顧問網の慎重なる調査に俟つ等極めて合理的穏健妥当と思惟せらるるものなり）を本稿執筆中（二十四日）極めて「フランクリー」に内示されたるにて其誤りならざりしを裏書きせり

右の次第なるを以て従来の如く兎角に其立場立場により個々勝手なる工作に出づるの弊は漸次改善され行くものと認む尚土肥原、茂川（元の大迫機関）両機関も天津軍司令官統制下に一元的に動くこととなり司令官に於て之を区〔處〕署することとなるに至るべき旨永見参謀長は洩し居れり

140

天津軍が旧くより各種の（兵要は勿論なり）諸調査を其調査班をして実施せしめ居たるは周知の事実なるも昨年八、九月以来は特に華北の経済、外交、交通、産業等に対する専門的諸調査に着手する為め各種専門的嘱託をして之に当らしめあり現に経済方面には大蔵省系有数の専門家を又外交関係には外務省系専門家を（多くは関東軍方面より差遣兼務せしめ居るが如し）産業調査には満鉄方面の人士を又交通通信関係には満鉄、電々会社等の専門家を配しあり一方逓信省よりは自発的に昨年十一月より長岡外電課長、白井技師外三名依命来津目下軍の嘱託の形式にて参加しあり夫々各部門に亘り真摯なる調査を継続中にして将来地方開発工作上必ずや資する処大なるものあるべきを思はしむ

（参考）

永見天津軍新参謀長は赴任以来三ケ月間は自己の意見を発表せずと云ひ連日各方面専門家よりの意見を徴し或は自らの研究を加へ居るも表面黙々として厳重に時局推移看視〔マヽ〕の態度を持しあり策士を以て鳴る蕭天津市長の如きも取付きなくて困り居るとの評さへあり軍の厳正なる態度保持表示上には大に効あるものの如し

(ロ)　天津総領事館

軍との連絡は良し総領事〔川越茂〕自身も時々軍司令官に所信を披瀝され居り司令部幹部の所謂評判なるもの亦大に良し

総領事の対華北意見としては速に之を明朗化する要あり之が為めには経済工作の実現化にありとなし其の実行には先第一に華北財政権独立を必要とし関税は暫く之を措き塩税其他の国税にして中央に納入する分（河北丈にて年約五千万元）の内より少くも三、四千万元を地方開発の資とし鉄道に約一五〇〇万礦山に約一〇〇万、産業主として畜産及棉花の改良に五〇〇万残りを港湾諸施設に振向くることとし日本側としては右に要する諸材料売込み乃至現物投資を以て之に臨むを可とすとの意見なり

去る一月九日南京政府より差遣の孫鉄道部長来津総領事を訪問せる際同部長より対華北政策如何につき質問ありし時総領事は前述同様の意見を述べたるに対し孫は中央に納入さるる四、五千万元は殆んど東北軍の共匪討伐費に当てあり之を中止するは困難なりと述べたるに対し総領事は当方面に現存せざる東北軍の軍費を従来の義理合を其儘華北より搾取するは不合理なりと応酬し孫も一言なかりし模様なりしと聞けり

(ハ)　大迫機関に就て

従来兎角の評ありしは陸軍部内者も之を認めあり現に土肥原も亦酒井前参謀長（之は種々なる関係もあるべし）も之を口にし過去の動向につき評を下し居れり十二月下旬大迫〔通貞〕大佐は旅行の名目にて何時とはなしに当地を去り之を機として同機関は大体天津軍の統制下に行動することとなり現在は主任者として茂川〔秀和〕歩兵大尉（奉天事件当時情報の担任関東軍司令部に勤務し居り小官も熟知の間柄なり昨年半迄陸軍省官房に在り相当中央の空気も了解し居り誠に善き人物にして又頗る公平なり）之に当り居れり従来同機関に出入せし各方面部外者に対し行懸り上遽かに凡てを解消することには困難あるべきも新参謀長の意見とし従来よりの関係者は全部一新の方針なりと云ふに照らすも将又軍の動向の項に叙述の次第もあり在来の如き批判を受くる行動には出でざるべしと観測す

(ニ) 海軍の天津進出と天津軍の態度

海軍の天津進出に就ては元々中央陸海外各部に於ける了解の上とは云へ所謂従来よりの陸対海軍の気持より天津軍に於ても当初は確かに之を喜ばざりしもの幾分ありしが如し奉天事件当時満洲に於ける経験もあり両者提携の完璧を期する為めには相当の苦心と努力を要するものあるべきを思ひ小官としては凡てを超越し誠意を披瀝し何事も淡白率直を旨とし自然の間に疎通を計る様応酬しあり当初は駐天海軍部でも出来るに非ずやなど半分冗談としても之等の言を洩せしものありしが現在に於ては相当了解しあり勿論土地柄機微なる関係もあり小官は当初より殊更に海軍進出を広告するが如き挙を避け只海軍として立場を明かならしむるに必要ある以外は可成扣目勝に行動し漸を追て完全提携完成を目途して善処しつつあり但し満洲に於けるが如き不快を認めず

寧ろ日に増し親和を加へあり又小生の立場をよく了解し呉れあり現に各方面に便宜を心よく供与し呉れ居るのみならず協調的観念も漸加し来り現に去る十六日軍縮会議脱退に関し在郷軍人会主催の民団公会堂の講演会には軍人会希望により小官より「脱退に伴ふ国民の覚悟」なる講演を行ひ陸軍側よりも特に池田中佐[純久]参謀を派し「世界の動き」と題し助演せしめ大に気勢を添へしめたる如き又近くは既叙の通り永見参謀長の極めて率直「フランクリー」なる態度の如き其一半を物語り得るものと信ず真の海陸協同の実を挙ぐる為め今後共益々善処せんとす

(ホ) 満鉄(在天津機関)に就て

天津仏蘭西租界の最大新式建築たる新華大楼(支那人所有ビルディング)の五階全部を借切り事務所に充て職員の増員と共に大に陣容を整へ注目をひきあり然れども未だ具体的事業には着手し居らず将来に資すべく産業、経済、交通等諸般に亘る調査を続行しつつあり特に地質、礦産方面調査には専門員二十八、九名来洋し居り其一部は天津軍嘱託として華北各地に亘る調査に当り居れり

石本理事[憲治]の談に、将来開灤炭鉱に対する対策の一として少くも同炭の華北方面地売販路に抗する要あり所謂「ローカル」炭の利用を考へざるべからずとなし目下北平西方の齊堂炭鉱(無、有両煙炭)に着目且つ具体的調査を進めつつありと、尚同理事は意見として将来少くも北支海面航運界より英国の勢力を減殺する為め本邦就航汽船の合同強化を計り(大連汽船、日清汽船の名を洩せり)当分損益を度外視し英と猛競争を行ひ彼に勝つことは対華北策の一とも考ふと本件に関しては更に研究せしめ度しと語り居れり

(ヘ) 大阪商船に就て

杉坂天津支店長(杉坂海軍少将[悌二郎]の令第)は将来の対華北策の一として白河に於ける邦人独自の「ライター」会社確立の要を認め之が実現方につき研究画策中(本社も相当気乗しありと)にして其要旨とする処は従来の如く外、支人側の「ライター」を当にするは将来の発展上にも将又有事に際しても困難あるを以て或必要程度に於て邦人専用的のものを存置せしめんとするに在り但し徒に資本の大は必ずしも利あらず研究の結果先づ資金五〇万円程度に止むと即従来邦人側にて専ら利用しある「ライター」会社(支那)たる天津航業(持船八)義興公司(持船一二)及邦人只一人の「ライター」所有者塘沽の北島与多郎(持船二)三者の持船計二二隻中より両社より

約二〇万円に相当する現物（優秀船ライター四）出資をなさしめ大阪商船より一五万円を前記北島より現物と合して一五万円計五〇万円を以て操業せんとするにあり日本側三〇万円支那側二〇万円の割合とせるは例へ合辦と云ふも凡て出資高の関係上日本側にて「リード」し得る立場を採らんとせんが為なりと以上に対し支那側よりは各持船全部加入を希望しあり上述の次第もあり目下尚研究中なりと云ふ

(ト) 北支海岸測量並に諸調査問題に就て

将来の対華北産業開発は勿論一般的明朗化実現に対しても将又人文福祉増進の点より見るも諸調査の重要基調たるべき北支沿岸一帯の精確且つ信頼すべき海図及水路図誌の必要欠くべからざる点に就ては小官旅要在勤当時よく痛感卑見具陳せし次第なるが幸にも中央に於ても同感の趣にて近く実現の内意なる旨小官赴津に当り藤原〔喜代間〕中佐来旅の際承知せる処なるが当方面に於ても漸次各方面共其必要を認め来り天津軍側に於ても同感にして将来支那側よりも其必要を自発的に発唱せしむる様軍側にも土肥原少将等とも話合ひあり

海軍独自の立場より又他の追従を許さざる本測量事業の如きは対華北の動向に徴するも一日も早く染手する方有利なりと認めらる本年四月より戦区協定地区海面丈にても先づ着手の由なるに就ては可成早目に駐満海軍部或は旅要対関東軍（山海關特務機関を含む）間の交渉状況等当方へも通報を得度尚同地区に就ては新に冀東自治政府なるものを考慮に入るる要ありと被存念の為め

（終）

送附先、海軍省、三F

写送附先、旅要、駐満、北平

〔註1〕チャハル（察哈爾）省内張家口以北の六県をいう。この六県とチャハル省内の漢人地帯である「察南」との間には昭和十年の八月五日に張家口で結ばれた松井〔源之助〕張允栄協定によって一線が画され、それより以北は蒙人保安隊が、以南は漢人保安隊が治安維持に当ることになった。

〔註2〕一九三六年一月冀東沿海の留守營で発生した日本人密輸業者と保安隊との衝突事件

〔註3〕一九三五年五月十日発生の厦門税関監視船「専条」の日本船臨検問題

天津鎖閧（久保田海軍大佐）

四、日本二二六事件前后的国策及其华北政策

（一）华北处理要纲

资料名称：北支処理要綱

资料出处：JACAR（アジア歴史資料センター）Ref.B02030154300《帝国ノ対支外交政策関係一件》第六卷（A-1-1-0-10-006）（外務省外交史料館），第8—10頁。

资料解说：1936年1月13日的《华北处理要纲》（第一次），以分离华北为宗旨，制订出各项具体措施。尤重要的是决定「处理华北由中国驻屯军司令官负责」，驻华北各特务机关、外交机构，都应「策应」或「接受中国驻屯军司令官的指挥」，统一对于华北的全面侵略。以这一要纲为基础，其后多次补充修订，构成日本侵吞华北的系统性规划。

極秘

電信寫

昭和11　五七六　暗　濟南　發　亞

本省　一月十二日夜着

廣田外務大臣　西田總領事

第二號ノ四（極秘扱）

(四)張ハ御指摘ノ諸點ニ付テハ自分ノ職責上速ニ合理的措置ヲ講シ度ク延長線問題ハ改メテ關係當局ト商議ノ考ナリ博山膠鐵ニ付テハ自分ノ見込ニテハ膠鐵側ハ五、六十萬元ニテ可ナリト言ヒ居ルヤノ趣ナルカ鐵道部ノ調査ト關係方面ヨリノ上申ニ基キ速ニ措置シ度キ考ナリト答ヘタルニ付本官ヨリ膠鐵價格ハ銀價昂騰當時膠濟路側ハ八十萬元ト見積リ居リ膠鐵ト關係アル中日側ニテハ百萬元位迄充補ノ意嚮アリタル様ニテ今更五、六十萬元ヲ云々スル筈無カルヘク假令八十萬元トスルモ銀價下落ノ今日中日側ニテハ俄ニ同意シ難カルヘシト述ヘタルニ張ハ兎ニ角八十萬元以上ハ出セサルヘシト答ヘ居タリ

(五)尚同日本官答訪ノ際蔣介石ノ對共產黨妥協說及抗日武裝準備說等ニ言及シタルニ張ハ前者ハ全ク事實無根ニシテ現ニ過般自分モ同席ノ中央幹部會議ノ際ニモ蔣ハ共產黨ハ飽迄モ剿滅ヲ期スヘキ旨述ヘタルニ徵スルモ明カナリ又後者ニ付テハ軍隊整理ノコトアランモ抗日ノ準備トハ考ヘラレサル次第ナリト述ヘタリ

支。北平、天津、青島、南京、漢口、廣東ヘ轉電セリ

支ヨリ上海ヘ轉報アリタシ

支那駐屯軍司令官ニ對スル指示

北支處理要綱　昭和十一、一、一三、　陸軍省

方針

北支處理ノ主眼ハ北支民衆ヲ中心トスル自治ノ完成ヲ援助シ以テ其ノ安居樂業ヲ得セシメ且日滿兩國トノ關係ヲ調整シ相互ノ福祉ヲ增進セシムルニアリ

之カ爲新政治機構ヲ支持シ之ヲ指導誘掖シテ其機能ノ強化擴充ヲ期ス

要綱

一、自治ノ區域ハ北支五省ヲ目途トスルモ徒ラニ地域ノ擴大ニ焦慮スルコトナク第二項以下ノ要領ニ則リ徐ニ先ツ冀察二省及平津二市ノ自治ノ完成ヲ期シ爾他三省ヲシテ自ラ進ンテ之ニ合流セシムル如クスルモノトス

冀察政務委員會ニ對スル指導ハ當分宋哲元ヲ通シテ之ヲ行ヒ民衆

は（イ）

外務省

10.12

は（イ）

ノ自治運動ニシテ公正妥當ナルモノハ之ヲ抱容セシメツツ逐次其ノ實質的自治ヲ具現セシメ北支五省ノ自治ノ基礎ヲ確立ス

冀東自治政府ニ對シテハ冀察政務委員會ノ自治機能未タ充分ナラサル間其ノ獨立性ヲ支持シ冀察ノ自治概ネ信頼スルニ至ラハ成ルヘク速ニ之ニ合流セシムルモノトス

二、自治ノ程度ハ成ル可ク擴汎ナル自由ヲ獲得セシムルヲ可トスルモ差當リ南京政權ヲシテ反日滿的政策ヲ遂行スルノ餘地ナカラシムル狀態ヲ目途トシテ之ヲ促進シ其他ハ漸進的ニ之ヲ行ヒ急激ニ獨立的權限ノ獲得ヲ庶幾スルカ如キハ之ヲ避クルモノトス。

三、自治機能強化ニ對スル指導ハ財政經濟特ニ金融、軍事及一般民衆指導ニ重點ヲ指向シ且大局ヲ把握シ細部ハ努メテ之ヲ支那側ニ委シ自ラ實行ノ責ニ任セシム

特ニ指導ニ當リ滿洲國ト同樣ノ獨立國家ヲ育成シ或ハ滿洲國ノ延長ヲ具現スルモノト認メラルルカ如キ施策ハ實施セサルモノトス

外務省

10,12

は（イ）

從テ日本人顧問ハ政務委員會ノ各委員會內及第二十九軍內ニ限リ且少數限度ニ止メ之等顧問其他公共事業産業開發等ニ要スル人的物的融通ハ已ムヲ得サルモノノ外ナルヘク日本內地ニ之ヲ求ム

經濟進出ハ民間資本ノ自由進出ニ據ルヲ本旨トシ且共存共榮ノ主義ヲ如實ニ具現スル如ク指導スルモノトス

四　對內蒙工作ハ依然從來ノ趣旨ニ基キ繼續スヘキコト固ヨリナルモ冀察政務委員會ノ自治強化及山西綏遠兩省ニ對スル自治擴大ノ爲ノ工作ノ進展ヲ阻害スルノ虞アル施策ハ當分之ヲ差控ヘ蒙人勢力ノ南漸ハ適宜之ニ制限ヲ加フルモノトス

之カ爲對內蒙工作ハ其範圍ヲ概シテ外長城線以外北ニ限定シ且東部綏遠四蒙旗ノ地域ニ波及セシメサルモノトス。

五　北支處理ハ支那駐屯軍司令官ノ任スル所ニシテ直接冀察冀東兩當局ヲ對象トシテ實施スルヲ本則トシ且飽ク迄內面的指導ヲ主旨トス又經濟進出ニ對シテハ軍ハ主動ノ地位ニ立ツコトナク側面的ニ

外務省

10.12

之ヲ指導スルモノトス
但當分ノ間冀察政務委員會指導ノ爲一機關ヲ北平ニ置キ支那駐屯軍司令官ノ區處（自治機構ノ指導並ニ顧問ノ統制等）ヲ受ケシム
關東軍及北支各機關ハ右工作ニ協力スルモノトス
其ノ他在支各武官ハ右工作ニ策應シ特ニ大使館附武官及南京駐在武官ハ適時南京政權ニ對シ北支自治ノ必然性ヲ理解セシムルト共ニ自治權限六項目ノ承認ヲ強要シ少クモ自治ヲ妨害スルカ如キ策動ヲ禁遏セシムルモノトス

六、本處理要綱ノ實施ニ當リテハ前項各機關ハ適宜外務海軍各出先官憲ト密ニ連絡スルモノトス。

は（イ）

外務省

10.12

（二）第一次华北处理要纲

资料名称： 第一次北支処理要綱

资料出处： 島田俊彦、稲葉正夫解説《現代史資料》8《日中戦争》1，株式会社みすず書房 1973 年発行，第 349—350 頁。

资料解说： 本资料是日军在 1936 年 1 月制定的对华北的方针文件，是《华北处理要纲》的整理版。

五〇　第一次北支処理要綱

昭和十一年一月十三日

（〈　〉内は陸軍省軍事課案）

方　針

北支処理の主眼は北支民衆を中心とする自治の完成を援助し以て其安居楽業を得せしめ且日満両国との関係を調整し相互の福祉を増進せしむるに在り

之が為新政治機構を支持し之を指導誘掖して其の機能の強化拡充を期す〈るものとす〉

要　綱

一、自治の区域は北支五省を目途とする〈を要する〉も徒らに地域の拡大に焦慮することなく第二項以下の要領に則り徐に先づ冀察二省及平津二市の自治の完成を期し爾他三省をして自ら進んで之に合流せしむる如くするものとす

冀察政務委員会に対する指導は当分宋哲元を通じて之を行ひ民衆の自治運動にして公正妥当なるものは之を抱容せしめつつ〈「民衆の自治運動……之を抱容せしめつつ」は軍事課の増補〉逐次其の実質的自治を具現せしめ北支五省の自治の基礎を確立す

冀東自治政府に対しては冀察政務委員会の自治機能未だ充分ならざる間其独立性を支持し〈其強化を図り〉冀察の自治概ね信頼するに至らば成るべく速に之に合流せしむるものとす

二、自治の程度は成るべく広汎なる自由を獲得せしむるを可とするも差当り南京政権をして反日満的政策を遂行するの余地なからしむる状態を目途として之を促進し其他は漸進的に之を行ひ急激〈且過度〉に独立〈国〉的権限の獲得を庶幾するが如きは之を避くるものとす

三、自治機能強化に関する指導は財政経済特に金融、軍事及一般民衆指導〈の三点〉に重点を指向し且大局を把握し細部は努めて之を支那側に委し自ら実行の責に任ぜしむ

特に指導に当り満洲国と同様の独立国家を育成し或は満洲国の延長を顕現するものと認めらるるが如き施策は実施せざるものとす

従て日本人顧問〈の数〉は政務委員会の各委員会内及第二十九軍内に限り且少数限度に止め之等顧問〈「之等顧問」は軍事課の増補〉

其他公共事業産業開発等に要する人的財的融通は已むを得ざるものの外成るべく日本内地に之を求む

経済進出は〈統制経済に依らず〉民間資本の自由進出に拠るを本旨とし且〈本旨とするも〉共存共栄の主義を如実に具現する如く指導するものとす

四、対内蒙工作は〈関東軍に於て〉依然従来の趣旨〈方針〉に基き継続すべきこと固よりなるも冀察政務委員会の自治強化及山西綏遠両省に対する自治拡大の為の工作の進展を阻害するの虞ある施策は当分之を差控へ蒙人勢力の南漸は適宜之に制限を加ふるものとす

之が為対内蒙工作は其範囲を概して外長城線以北に限定し且東部綏遠四蒙旗の地域に波及せしめざるものとす

五、北支処理は支那駐屯軍司令官の任ずる所にして直接冀察冀東両当局を対象として実施するを本則とし且飽く迄内面的指導を主旨とす又経済進出に対しては軍は主動の地位に立つことなく側面的に之を指導するものとす〈「し且飽く迄……指導するものと」は軍事課の増補〉

但当分の間冀察政務委員会指導の為一機関を北平に置き〈専ら〉支那駐屯軍司令官の区処〈自治機構の指導並顧問の統制等〉を受けしむ

関東軍及在北支各機関は右工作に協力するものとす

其他在支各武官は右工作に策応し特に〈「其他在支各武官は……特に」は軍事課の増補〉大使館附武官及南京駐在武官は〈右工作に策応し〉適時南京政権に対し北支自治の必然性を理解せしむると共に〈自治権限六項目の承認を強要し〉少くも自治を妨害するが如き策動を禁遏せしむるものとす

六、本処理要綱の実施に当りては前項各機関は適宜外務海軍各出先官憲と密に連絡するものとす〈この項目は原案にない。〉

（三）帝国国防方针（第三次修改）

资料名称：帝国国防方針（昭和十一年）

资料出处：JACAR（アジア歴史資料センター）Ref.C14061005000、Ref.C14061005100《帝国国防方針（昭十一）》（防衛省防衛研究所）。

资料解说：1936 年初，日军统帅部对《国防方针》与《用兵纲领》进行第三次修改，于 6 月 3 日通过并得到天皇批准。这次修改对后来发动更大规模战争有着极重要的指导作用。第一条《总纲》，为「帝国国防之本义，基于建国以来之皇谟，常以大义为本，加倍彰显国威」，比较 1923 年第二次改定的「帝国国防之本义在于保障帝国的自主独立」等内容，更富于进攻性、侵略性。第二条要求「整备武备」，以武力为对外政策之根本，「在一旦有事之际，便可先机制敌，迅速达成战争目的」。还决定「鉴于本国国情，必须努力强化初战威力，此至为重要」。所说的国情，指其岛国及资源小国的特点，需要在军事战略上重视初战和速决战，坚持「初战必胜」原则。关于长期战争即持久战争问题，此前第二次修改曾从国民生活与物资补充着眼，强调「一有缓急，应以攻势作战将敌击破于领土之外，迅速了结战争局势」，立足点在于速决战；而本次改订强调：「未来的战争大有长期继续之虞，必须作好承受这一状况的认识与准备。」明确转向为长期持久作战，这在日军战略思想史上具有转折性意义。第三条规定了关于战争对手的序位问题，强调美国和苏联是对日本具有威胁力的首要对手，要同时作好对中国、英国的战争准备。但无论是对美、对苏作战，都必须以中国国土为作战基地，控制中国是日本对外战争的基本前提。第四条规定了国家武装力量的发展规模和速度，要使陆海军势力达到世界第一流水平。该《帝国国防方针》及其历次修订，已受到中国研究界的关注与介绍，是分析卢沟桥事变的基础性资料。

宮崎 ㊙

昭和十一年度

帝国国防方针

参謀本部

帝國國防方針

帝國國防方針

第一　帝國國防ノ本義ハ建國以來ノ皇謨ニ基キ常ニ大義ヲ本トシ倍々國威ヲ顯彰シ國利民福ノ增進ヲ保障スルニ在リ

第二　帝國國防ノ方針ハ帝國國防ノ本義ニ基キ名實共ニ東亞ノ安定勢力タルヘキ國力殊ニ武備ヲ整ヘ且外交之ニ適ヒ以テ國家ノ發展ヲ確保シ一朝有事ニ際シテハ機先

ヲ制シテ速ニ戰爭ノ目的ヲ達成スルニ在リ

而シテ帝國ハ其ノ國情ニ鑑ミ勉メテ作戰初動ノ威力ヲ强大ナラシムルコト特ニ緊要ナリ尚將來ノ戰爭ハ長期ニ亙ル虞大ナルモノアルヲ以テ之ニ堪フルノ覺悟ト準備トヲ必要トス

第三 帝國ノ國防ハ帝國國防ノ本義ニ鑑ミ我ト衝突ノ可能性大ニシテ且强大ナル國力殊ニ武備ヲ有スル

米國、露國「ソヴィエト」聯邦ヲ示ス以下之ニ倣ソヲ目標トシ併セテ支那中華民國ヲ示ス以下之ニ倣フ、英國ニ備フ

之カ為帝國ノ國防ニ要スル兵力ハ東亞大陸竝西太平洋ヲ制シ帝國國防ノ方針ニ基ク要求ヲ充足シ得ルモノナルヲ要ス其ノ標準別紙ノ如シ

別紙

帝國國防ニ要スル兵力

陸軍

一、戰爭ノ初期ニ於ケル所要兵力ハ概ネ師團五十箇ヲ基幹トスルモノトス而シテ其ノ特ニ最モ速ニ實現ヲ要スル主要事項次ノ如シ

(イ)航空兵力ハ先ツ戰時概ネ百四十中隊ヲ整備ス但シ將來更ニ飛躍的ニ擴充スルノ要アリ

（ロ）在滿兵力ハ高定員制師團少クモ六箇ヲ基幹トスルモノヲ平時ヨリ充實ス

（ハ）常設師團ヲ二十箇トス

二　戰爭ノ繼續ニ伴フ所要ノ兵力ハ別ニ之ヲ整備ス

三　以上ノ兵力ハ將來情勢ニ應シ機宜改訂ヲ要スルモノトス

海軍

一　外戰部隊ハ左ノ兵力ヲ基幹トシ之ニ適應スル補助兵力ヲ配ス

主力艦十二隻

航空母艦十隻

巡洋艦二十八隻

水雷戰隊六隊（旗艦六隻 驅逐艦九十六隻）

潜水戰隊七隊（旗艦七隻 潜水艦七十隻）

二　内戰部隊所要兵力ハ航空機及艦齡超過艦ヲ以テスルノ外必要ナル

艦艇ヲ新造充實ス

三　外戰部隊及內戰部隊ニ充當スヘキ常備基地航空兵力ヲ六十五隊トス

四　外戰部隊ノ基幹兵力ニ充ツヘキ艦艇ハ主力艦艦齡二十六年迄、航空母艦及巡洋艦艦齡二十年迄、驅逐艦艦齡十六年迄、潛水艦艦齡十三年迄トス

右艦齡ヲ經過シタル艦艇ハ代艦ヲ得テ所要期間之ヲ外戰部隊ノ補助

兵力及内戰部隊ニ充ツ

五　以上ノ兵力ハ今後十ヶ年ノ保有量ヲ目途トス但シ將來情勢ニ應シ機宜改訂ヲ要スルモノトス

（四）国防国策大纲

资料名称：国防国策大綱

资料出处：島田俊彦、稲葉正夫解説《現代史資料》8《日中戦争》1，株式会社みすず書房1973年発行，第357頁。

资料解说：1936年二二六事件后，参谋本部提出《国防国策大纲》草案，强调：「一、皇国在经济方面的要求，期待于中国及南洋之处虽多，然满洲国实为对苏联之军事、政治据点。当前国策之重点在于完成满洲国之建设，俾使苏联放弃远东之攻势。一、皇国之国策首先在于确立东亚保护、指导者之地位，为此，必须具备排除白人压迫东亚之实力。一、为对抗苏联及英、美之压迫，充实所需之军备，特别是航空军备，以及在日、满及华北范围内完成持久战争之一切准备，至关重要。」规定建设以满洲殖民地为基地、建立日、「满」、华北一体的政治战略架构，发展以航空兵器为中心的军备体系，完成对抗苏、美、英并征服中国的战争体制。

五四　国防国策大綱

（昭和十一年六月三十日　参謀本部第二課）

一、皇国の国策は先づ東亜の保護指導者たる地位を確立するにあり之が為東亜に加はるべき白人の圧迫を排除する実力を要す

二、蘇国及英米の圧迫に対抗する為には所要の兵備特に航空兵力を充実すると共に日満及北支を範囲とし戦争を持久し得る万般の準備を完了すること肝要なり

三、先づ蘇国の屈伏に全力を傾注す、而して戦争持久の準備に就て欠くる所多き今日英米少くも米国との親善関係を保持するに非れば対蘇戦争の実行は至難なり

又我兵備充実に当りては外交的手段に依り蘇国の対抗手段の緩和に努む

四、兵備充実成り且戦争持久の準備概ね完了せば蘇国の極東攻勢政策を断念せしむる為積極的工作を開始し迅速に其目的の達成を期す而して戦争に至らずして我目的を達成することは最も希望する所なり

五、蘇国屈服せば適時之と親善関係を結び進で英国の東亜に於る勢力を駆逐す

好機を捉へ実力を以て東亜に於る其根拠地を奪取し一挙被圧迫東亜諸民族を独立せしめ且「ニューギニア」濠洲及「ニュージーランド」を我領土とす此際米国の参戦を覚悟すと雖も成し得る限り其中立を維持せしむることに努力す

六、日支親善は東亜経営の核心にして支那の新建設は我国の天職なり然れども白人の圧迫に対し十分なる実力無くして其実現は至難なり

対蘇戦争の為現下の対支政治的工作は南洋方面の諸工作と共に英米殊に米国との親善関係を保持し得る範囲に制限するを要す此間新支那建設の根本的準備に力を払ふ

日満北支を範囲とする戦争持久の準備成り蘇国を屈伏せば堂々積極的工作を開始す

七、蘇英を屈せば日支親善の基礎始めて堅し即ち東亜諸国を指導し之と協同して実力の飛躍的進展を策し次で来るべき米国との大決勝戦に備ふ

（五）国策基准

资料名称： 國策ノ基準

资料出处： JACAR（アジア歴史資料センター）Ref.B02030157900《帝国ノ対支外交政策関係一件》第六卷（A-1-1-095）（外務省外交史料館），第146—151頁。

资料解说： 日本军部于1936年8月7日经由「五相会议」制定《国策基准》和《帝国外交方针》，再度确认对外的进攻性战争原则。《基准》规定：「根本国策在于国防与外交相配合，确保帝国在东亚大陆地位的同时，向南方海洋方面发展。」正式确立了北南并进的扩张大战略，实欲吞并整个东半球，并不惜与苏、美、英诸强国直接对峙。该《基准》对战争的方式与步骤作了周密的设计：「……以渐进的和平手段争取我之势力扩大，要完成满洲国的建设，以期待国力的充实与强化。」反映出日军的「以战养战」和「总体战」的战略特色。

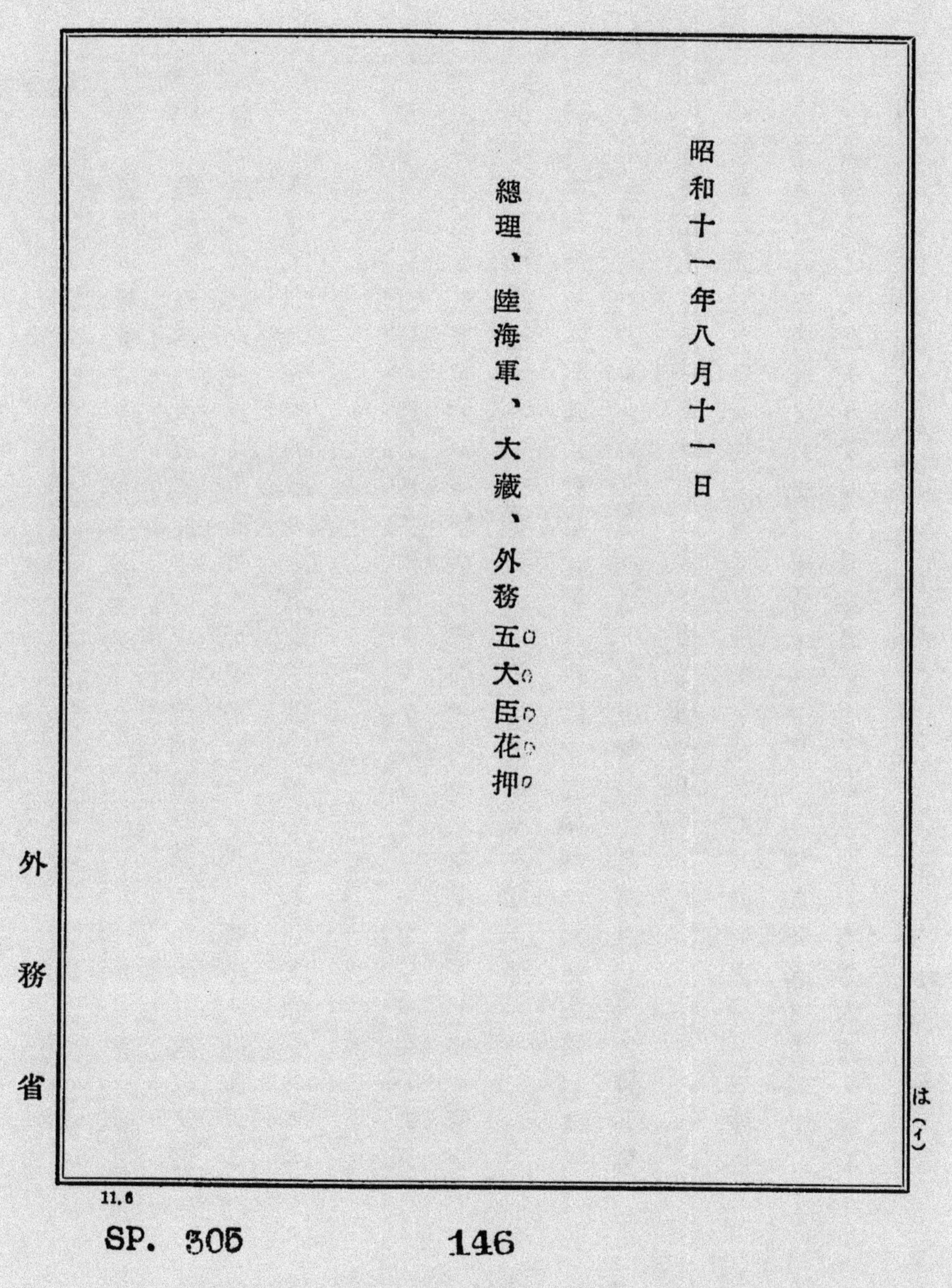

昭和十一年八月十一日

總理、陸海軍、大藏、外務五大臣花押

外務省

は（イ）

11.6

SP. 305　146

は(イ)

国策ノ基準

一、國家經綸ノ基本ハ大義名分ニ即シテ内國礎ヲ鞏固ニシ外國運ノ發展ヲ遂ゲ帝國ガ名實共ニ東亞ノ安定勢力トナリテ東洋ノ平和ヲ確保シ世界人類ノ安寧福祉ニ貢獻シテ玆ニ肇國ノ理想ヲ顯現スルニアリ

帝國内外ノ情勢ニ鑑ミ當ニ帝國トシテ確立スベキ根本國策ハ外交國防相俟ツテ東亞大陸ニ於ケル帝國ノ地歩ヲ確保スルト共ニ南方海洋ニ進出發展スルニ在リテ其ノ基準大綱ハ左記ニ據ル

㈠東亞ニ於ケル列强ノ覇道政策ヲ排除シ眞個共存共榮主義ニヨリ互ニ慶福ヲ頒タントスルハ即チ皇道精神ノ具現ニシテ我對外發展政策上常ニ一貫セシムベキ指導精神ナリ

㈡國家ノ安泰ヲ期シ其ノ發展ヲ擁護シ以テ名實共ニ東亞ノ安定勢力タルベキ帝國ノ地位ヲ確保スルニ要スル國防軍備ヲ充實ス

㈢滿洲國ノ健全ナル發達ト日滿國防ノ安固ヲ期シ北方蘇國ノ脅威

外務省

11.6
SP. 305

147

は(イ)

ヲ除去スルト共ニ英米ニ備ヘ日滿支三國ノ緊密ナル提携ヲ具現シテ我カ經濟的發展ヲ策スルヲ以テ大陸ニ對スル政策ノ基調トス而シテ之ガ遂行ニ方リテハ列國トノ友好關係ニ留意ス

(四)南方海洋殊ニ外南洋方面ニ對シ我民族的經濟的發展ヲ策シ努メテ他國ニ對スル刺戟ヲ避ケツツ漸進的和平的手段ニヨリ我勢力ノ進出ヲ計リ以テ滿洲國ノ完成ト相俟ッテ國力ノ充實强化ヲ期ス

二、右根本國策ヲ樞軸トシテ内外各般ノ政策ヲ統一調整シ現下ノ情勢ニ照應スル庶政一新ヲ期ス要綱左ノ如シ

(一)國防軍備ハ

(イ)陸軍軍備ハ蘇國ノ極東ニ使用シ得ル兵力ニ對抗スルヲ目途トシ特ニ其在極東兵力ニ對シ開戰初頭一撃ヲ加ヘ得ル如ク在滿鮮兵力ヲ充實ス

(ロ)海軍軍備ハ米國海軍ニ對シ西太平洋ノ制海權ヲ確保スルニ足

外務省

ル兵力ヲ整備充實ス

(二)我外交方策ハ一ニ根本國策ノ圓滿ナル遂行ヲ本義トシテ之ヲ綜合刷新シ軍部ハ外交機關ノ活動ヲ有利且圓滿ニ進捗セシムル爲内面的援助ニ勉メ表面的工作ヲ避ク

(三)政治行政機構ノ刷新改善及財政經濟政策ノ確立其ノ他各般ノ施設運營ヲシテ右根本國策ニ適應セシムルカ爲左記事項ニ關シテハ適當ノ措置ヲ講ズ

(イ)國内輿論ヲ指導統一シ非常時局打開ニ關スル國民ノ覺悟ヲ鞏固ナラシム

(ロ)國策ノ遂行上必要ナル産業竝ニ重要ナル貿易ノ振興ヲ期スル爲行政機構竝ニ經濟組織ニ適切ナル改善ヲ加フ

(ハ)國民生活ノ安定、國民體力ノ増强、國民思想ノ健全化ニ就キ適切ナル措置ヲ講ズ

(ニ)航空竝ニ海運事業躍進ノ爲適當ナル方策ヲ講ズ

は(イ)

外務省

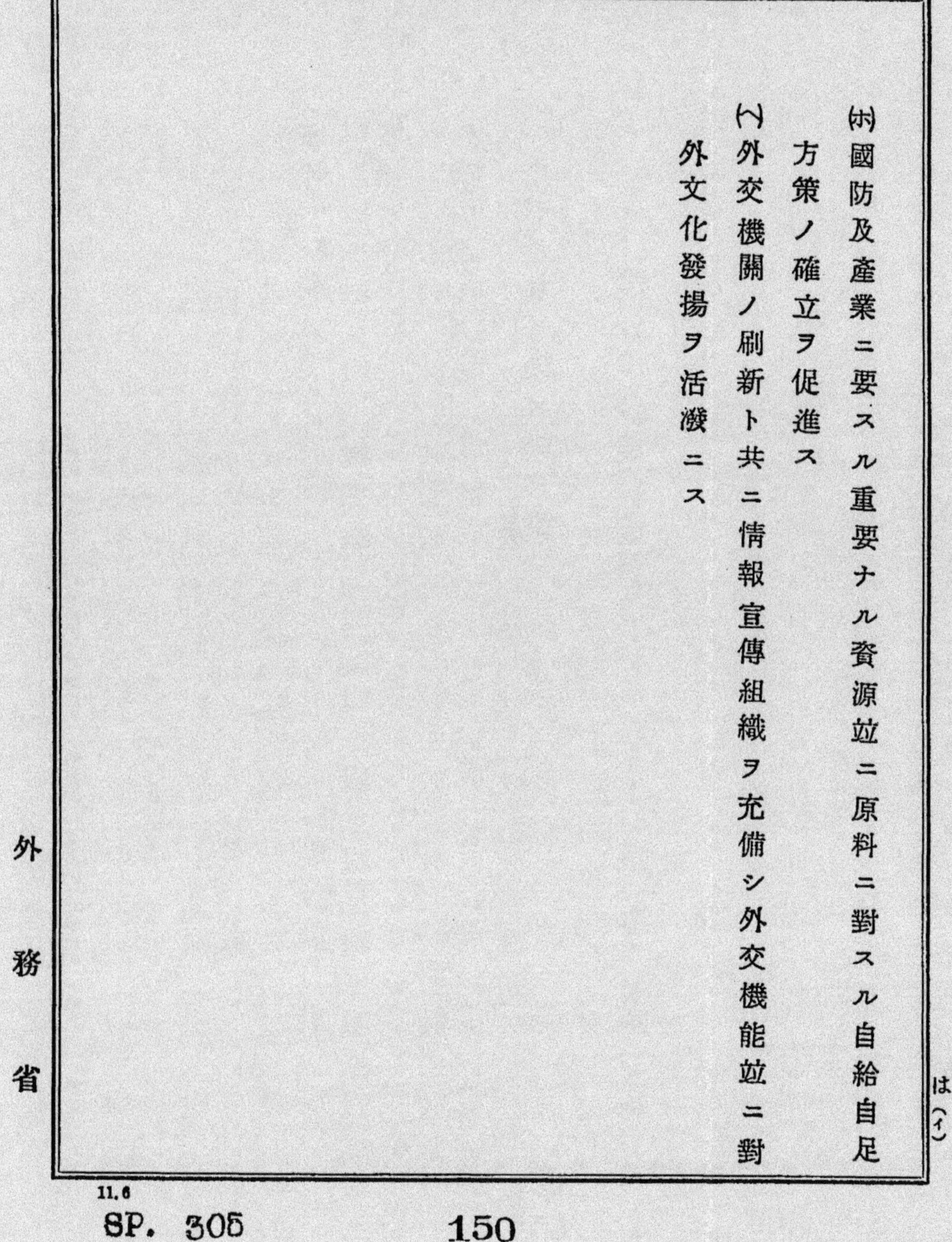

(ホ)國防及產業ニ要スル重要ナル資源竝ニ原料ニ對スル自給自足方策ノ確立ヲ促進ス

(ヘ)外交機關ノ刷新ト共ニ情報宣傳組織ヲ充備シ外交機能竝ニ對外文化發揚ヲ活潑ニス

は(イ)

外務省

11.6
SP. 305　150

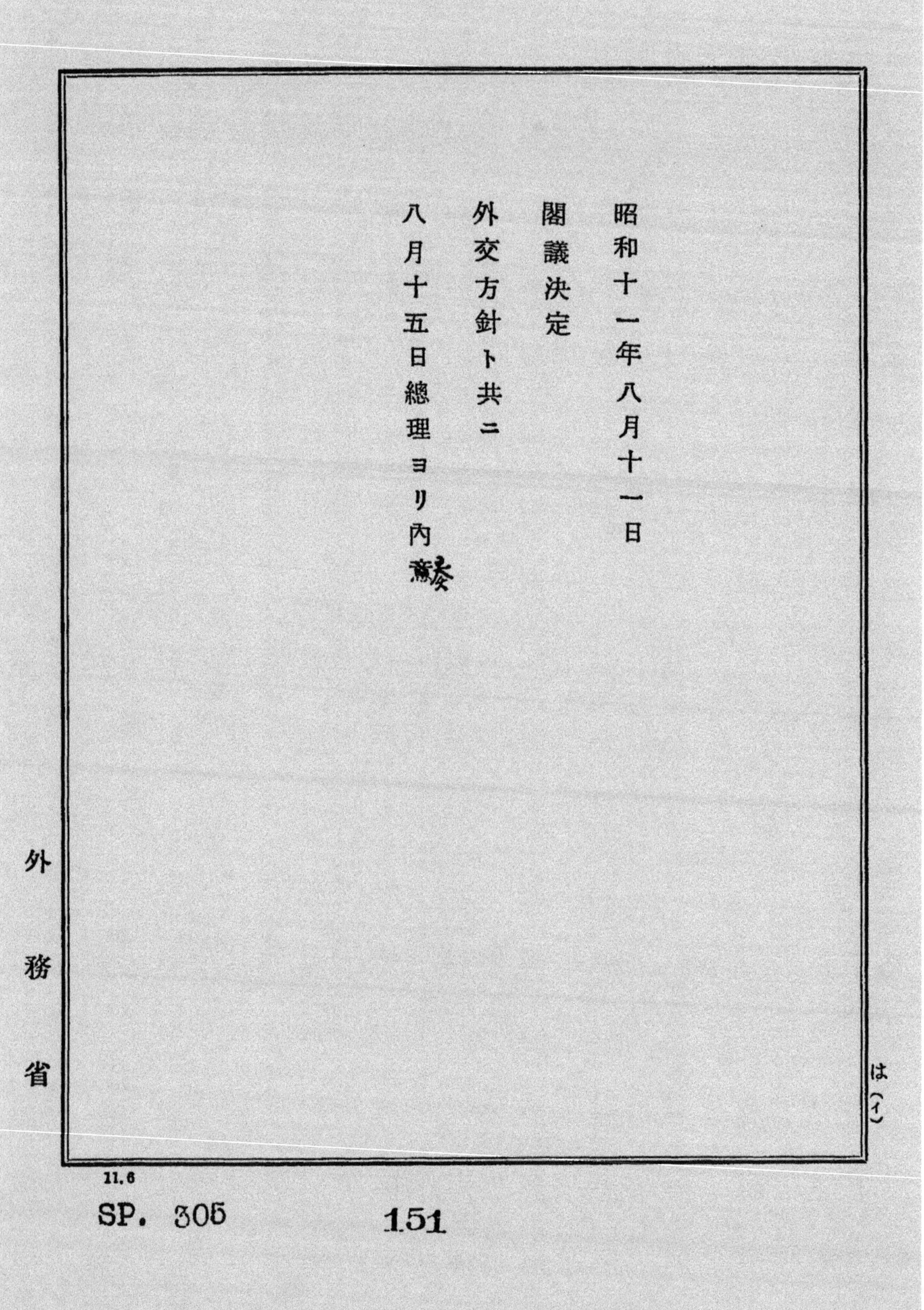

昭和十一年八月十一日
閣議決定
外交方針ト共ニ
八月十五日總理ヨリ内奏

外務省

は(イ)

11.6
SP. 305

151

（六）对华时局对策

资料名称：对支時局対策（参謀本部，1936 年 9 月 15 日）

资料出处：防衛庁防衛研修所戦史室編《戦史叢書·支那事変陸軍作戦 1》，朝雲新聞社 1975 年版，第 91—94 頁。

资料解说：1936 年 9 月 15 日日本参谋本部制定《对华时局对策》，授与驻屯军动用武力的权限：「假如发生有关帝国军队威信的事件时，中国驻屯军应果断立即给予惩罚……日军的进攻行动应神速机敏，在最短的时间内给中国军队以闪电般打击，以力争最低限度要求，就地解决问题。」几天之后，日军便正式侵占了北平西南要地丰台。

対支時局対策

昭一一、九、一五
参　謀　本　部

一 中南支方面ニ対シテハ現下ノ状勢ニ於テハ陸軍ヲ以テスル実力行使ヲ行フコトナシ

二 抗日行為北支ニ波及スルニ対シ事前ニ不祥事件ノ勃発ヲ予防スル為時機ヲ見テ一師団ヲ満洲ニ派遣シ錦州附近ニ待機セシム

三 万一北支ニ於テ帝国軍ノ威信ニ関スル如キ事件発生シタル場合ニハ支那駐屯軍ハ断乎立テ膺懲ス　此際前掲一師団及関東軍司令官隷下部隊ノ一部ヲ支那駐屯軍ニ増加ス　之カ指揮ニ関シテハ別ニ定ム

有ノ場合軍ハ行動ヲ神速機敏ニシ最短時間ニ電撃ヲ与ヘ最小限度ノ要求ヲ以テ問題ヲ局地的ニ解決ス

四 爾余ノ関東軍ハ対「ソ」作戦準備ニ万全ヲ期ス

海軍第三艦隊は、北海事件調査のため、南遣部隊を派遣し、二十四日、ようやく現地調査を終えた。

九月十八日、北支では、満州事変勃発五周年の日、北平南方郊外豊台において、中国兵が日本軍の行進を妨害する第二次豊台事件が起こった。第一次豊台事件（七月二十六日、中国兵約二〇名が日本軍兵営に侵入し、日本軍将校等に侮辱、暴行を加えた）以来不満の鬱積していた日本軍は中国軍兵営を包囲し、険悪な状況となったが、交渉により事態を解決した(15)。

翌十九日、漢口で、領事館巡査吉岡庭二郎の射殺事件が突発した。第三艦隊は、ただちに所要の艦艇を漢口に集中し、特別陸戦隊を増援して居留民の保護に当たらせ、上海特別陸戦隊の兵力を増強した。軍令部は、二十日、「漢口事件処理方針」を作成し、成都事件と一括外交交渉により処理する方針のもと、居留民保護を主限として行動すると定めた。事態拡大のおそれある場合の兵力行使準備の件は、北海事件処理方針と同様である(8)。

ところが二十三日、第三艦隊旗艦「出雲」の田港朝光一等水兵が上海租界日本人街で射殺される事件が起こった。海軍中央部は、警備兵力の拡充をはかるため、ただちに艦艇および特別陸戦隊を上海方面に増派した。また中国空軍拡充の実情にかんがみ、第十一航空隊を編成して台北に集中した(8)。

軍令部は、二十四日、排日侮日の屡次の暴虐にかんがみ、これを契機に断固たる国家的決意を堅め強硬な態度をもって善後処置に当たり、差し当たりわが断固たる決意を表示しかつ今後の波及に備えることとし、次のような「時局処理方針」を決定した(8)。（抜粋）

一　対支膺懲ノ国家的決意ヲ確立スルヲ要ス

二　GF〔聯合艦隊〕ハ不取敢佐世保方面ニ行動セシム

三　対支作戦準備ヲ促進ス

四　現在続行中ノ対支交渉ヲ促進シ且適時期限付回答ヲ要求ス

五　前項ニ対スル支那側ノ態度ニ依ッテハ河北、山東及青島ノ保障占領ヲ行フ　情況ニ依リ海南島モ保障占領ス

六　対支作戦ハ極力局限シ且持久戦ヲ予期ス　之カ為中支及南支居留民ハ情況ニ応シ機ヲ失セス撤退セシム

但シ上海ハ現地保護ス

軍令部は、右の「国家的決意」を確立するよう右方面と協議したが容易にまとまらなかった。

九月二十六日、陸、海、外務の関係局長会議で、次の点に関し意見が一致した(8)。

㈠　外交折衝ヲ進メ蒋介石ノ帰京ヲ促進ス

許　川、蒋両者膝ヲ交ヘテ談合セハ割合ヨク議纏リ行クモノト判断ス

㈡　若シ蒋介石帰京ヲ遷延セハ最後通牒ニ依リ之ヲ強要ス

㈢　若シ肯セサレハ実力行使ノ手段ニ出ツ

十月八日、蒋介石が廬山から南京に帰り川越大使との会談に応じたので、実力行使も、最後通牒の提示も取りやめとなった(8)。

しかし、その後も対日テロ、軍用電信線の破壊、日本漁船にたいする不法射撃等の事件や排日侮日行為は跡を絶たなかった。成都、北海事件は、国交調整交渉決裂後も折衝を続け、十二月三十日外交交渉により解決した(8)。

注目すべきことは、この事件を通じ海軍の採った措置、用兵思想が、翌年発生した北支事変における海軍の志向を示していることである。

これより先、成都事件が勃発すると、日本政府は、事件の背後に中国政府の差し金があると判断し、この際、国民政府を相手に、頻発する排日侮日的諸事件をあげて、国民政府や国民党の対日態度の是正を要求し、そのうえで事件の細目交渉を行う態度をとることとした(8)。

有田外相は、九月五日、川越大使に次の方針（要旨）で交渉するよう訓令した(48)。（第一次訓令）

一　国民政府は邦交敦睦令等の精神をみずから蹂躙した重大な責任を自覚し、たとえば重要懸案（航空連絡、輸入税引き下げ等）の即時解決、北支問題の解決などにより誠意を披瀝する措置をとるよう要求する

二　排日運動の根本的解決、たとえば排日禁止命令の徹底、排日団体の解散、いっさいの排日教科書の改訂、排日言論の取り締まり等具体的事項にわたり実行を約束させる

三　事件自体の解決—陳謝、責任者の処罰、犯人及び連累者並びに煽動者の厳罰、賠償

九月八日から、予備折衝を始め、川越大使、須磨南京総領事は、張群外交部長、徐謨外交部政務次長、高宗武外交部亜州司長らと、ほとんど連日、南京で交渉を続けた(48)。

十九日、須磨総領事は高宗武に、北支五省の自治、共同防共、関税引き下げ、日支航空路の即時開設、日本人顧問の招聘、不逞鮮人の取り締まりの六項目を申し入れ、二十二日までの期限付き回答を求めた(48)。

これに対し張外交部長の態度も強硬で、二十三日、川越大使に回答したが、全体的にはほとんど日本側の要求をいれず、更に、㈠塘沽、上海両停戦協定の取り消し、㈡冀東政府の解消、㈢華北自由飛行の停止、㈣密輸停止と中国側の取り締まりの自由回復、㈤察東および綏遠北部における偽軍（徳王の蒙古軍）の解散、の五項目を提出し、これを日本側提案と同時に協議することを求めた。このため、日本側をはなはだしく刺激し、会談は、二十三日、行き詰まりとなった。この日、上海で日本水兵射殺事件が起こった。海軍は、相次ぐテロ事件と中国側の態度に最も重大な関心をもち、ことに日本側との接触を回避するため南京を離れ廬山に滞在を続けているようにみえる蔣介石の態度に憤激した(48)。

そこで陸、海、外三省の協議により、十月二日、有田外相は、蔣介石の南京帰還をまって、川越大使と蔣介石との間で会談し、まず日本側提案の根本的要件である国交調整問題と排日取締問題の大綱について蔣介石の承認

をとったのち、張群との間で細目について協議するよう、川越大使に訓令した(48)。（第二次訓令）

訓令の内容のうち国交調整問題については、(一) 日支軍事同盟に至る発端としての北支五省の防共協定および赤化防止を目的とする一般協定の締結、(二) 北支の特殊性を認め北支五省に特別の政治組織たとえば特政会のごときものを創設するとともに右組織に対し財政、産業、交通等に関する権限を与えること、(三) 福岡、上海間航空連絡、(四) 関税引き下げなどであり、排日取締問題は、今までの交渉で中国側の同意している事項の即時実行を要求するものであった(48)。

十月八日、川越・蔣介石の会談では、中国側は日本側と十分誠意をもって話し合うという発言があった。一方、須磨総領事は、ほとんど連日中国側と交渉を続け、十一月十一日ごろには、中国側の妥協案もほぼ明らかになった(48)。

ところが十一月十四日、内蒙古政府軍が平綏線方面に進出を開始し、陳誠指揮下の傅作儀軍と衝突する事件が勃発した。（綏遠事件又は綏東事件という）内蒙軍の背後に関東軍ありとみた中国側は、にわかに強硬かつ高姿勢となり、綏遠事件が解決せぬ限り全面的決裂も辞さぬという態度をしめした。十二月三日、ようやく川越・張会談が実現したが、交渉は全く進展せず、かえって中国側は、青島における日本陸戦隊の行動（日本人紡績工場で中国人労働者がストライキを行ったので、十二月三日、海軍陸戦隊約七六〇名が青島に上陸、事態収拾後、二十三日撤収）を非難した。この日をもって国交調整交渉は打ち切りとなった(48)。

（七）军备充实计划大纲

资料名称：軍備充実計画の大綱（陸軍省，1936 年 11 月 26 日）

资料出处：防衛庁防衛研修所戦史室編《戦史叢書・大本営陸軍部 1》，朝雲新聞社 1967 年版，第 403—406 頁。

资料解说：1936 年 11 月 26 日由陆军省正式颁布《军备充实计划大纲》，详细规定：「一、战时兵力，至 1942（昭和十七）年度之前整备大约四十个师团及相应之各种部队，建飞行队约 140 中队及其相应之各种部队。二、平时兵力，到昭和十七年度为止整备大约在满十个师团，日本本土及朝鲜十七个师团及其相应之各种部队，飞行 140 中队及相应之各种部队，同时改进有关补充、动员、教育、补给、卫生等措施。三、关于整备作战器材，大致于昭和十二年以至昭和十七年度间在增加兵力、改善编制之同时，整备好大部分所需要的作战器材……」。

軍備充実計画の大綱

陸軍中央部は、昭和十二年度以降実施すべき本格的軍備充実に関し、軍、師団の参謀長を招致して、次のように異例の内示を行なった。(13)

軍備充実計画ノ大綱　　昭和一一・一一・二六
陸軍省

第一　要旨

一　戦時兵力

昭和十七年度迄ニ概ネ約四十師団及之ニ応スル諸部隊並ニ飛行隊約百四十中隊及之ニ応スル諸部隊ヲ整備ス

筆者注　四一コ師団、一四二中隊であるが、機密事項なので概略が示された。

二　平時兵力

昭和十七年度迄ニ概ネ在満十師団内地及朝鮮十七師団及之ニ応スル部隊並ニ飛行一四〇中隊及之ニ応スル部隊ヲ整備スルト共ニ補充、動員、教育、補給、衛生等ノ諸施設ヲ増備ス

三　作戦資材ノ整備

昭和十二年度乃至概ネ昭和十七年度間ニ戦時兵力ノ増加編制整備ノ改善ニ伴フ所要作戦資材ノ大部ヲ整備ス

第二　地上部隊ノ戦時兵力及編制

一　戦略単位ノ改編

昭和十四年四月　現制師団ヨリ歩兵一聯隊及野砲兵一大隊ヲ減少シ所謂三単位制師団ニ改編シ且之ニ関連シテ歩兵旅団司令部ヲ廃止スルト共ニ師団歩兵司令部及師団砲兵司

令部ヲ新設ス

二　新設部隊

年計（筆者注　年度動員計画）ニ比シ昭和十七年度迄ニ新設スル主要部隊左ノ如シ

独立速射砲隊

自動車牽引十五榴聯隊

装甲作業機ヲ装備セル独立工兵聯隊

台湾工兵隊

防空気球隊

装甲列車隊

三　戦時兵力増加部隊

師団数ノ増加ニ伴ヒ軍司令部ノ数ヲ増加シ且之ニ関連シテ野戦部隊中ノ軍直属部隊並ニ守備部隊、特種部隊、留守部隊等ノ全般ニ亘リ若干ノ戦時兵力ヲ増加ス

四　編制装備ノ改善

作戦資材ノ整備ニ伴ヒ逐次ニ編制装備ヲ左ノ如ク改善ス

1　特設師団ハ一部ノ外常設師団ト概ネ同一ノ編制装備ヲ取ラシム

2　各部隊ヲ通シ通信、対空、対瓦斯（ガス）、対戦車及自衛装備ヲ向上ス

3　歩兵聯隊内ノ大隊ヲ三中隊、機関銃一中隊、歩兵砲一小隊編制ニ改メ又聯隊全般ニ亘リ重火器及軽機関銃等ノ装備ヲ向上ス

4　騎兵部隊全般ニ亘リ軽機関銃、重火器及装甲車ノ装備ヲ向上ス

5　野砲兵聯隊内ノ大隊ヲ野砲兵二中隊、十榴一中隊編制ニ改ム

6　野戦重砲兵旅団司令部及同旅団輜重隊ヲ廃止ス

7　補給機関ヲ整備スルト共ニ給養装備ヲ改善ス

8　防衛部隊特ニ地上部隊ノ編制ヲ強化シ且其装備ヲ向上ス

第三　師団ノ平時編制ノ大要

一　内地師団

師団ハ師団司令部、歩兵団、司令部歩兵三聯隊（聯隊ハ三大隊、歩兵砲一隊、通信隊一隊、大隊ハ歩兵三中隊、機関銃一中隊、歩兵砲隊ハ聯隊砲、大隊砲、速射砲ヨリ成ル）、騎兵一聯隊（二中隊、機関銃一中隊ヲ基幹トス）、砲兵司令部、野（山）砲兵一聯隊（聯隊ハ三大隊、大隊ハ野砲及十榴混成二中隊又ハ山砲二中隊）、工兵一聯隊（三中隊但シ一部ハ二中隊）、通信一隊、輜重兵一聯隊（輓（駄）馬二中隊但シ一部ハ更ニ自動車一中隊）ヨリ成リ且軽装甲車訓練所ヲ附ス

二　朝鮮師団

高定員制トシ砲兵聯隊ハ三大隊（九中隊）、工兵聯隊ハ二中隊、輜重兵聯隊ハ輓馬一中隊、自動車一中隊トスル外概

ネ内地師団ニ同シ

三　満洲師団

高定員制トシ砲兵聯隊ハ三大隊（九中隊）、工兵聯隊ハ二中隊、輜重兵聯隊ハ輓（駄）馬二中隊トスル外概ネ内地師団ニ同シ

師団ハ永駐制トシ内地ニ留守部隊ヲ設クルコトナシ

第四　在満地上兵備ノ充実

一　昭和十二年度以降逐次左ノ如ク兵力ヲ増加シ概ネ昭和十七年度迄ニ整備ヲ完了ス其ノ一部ハ内地部隊ノ移駐ニ依ル

二　在満師団ハ三単位高定員制師団概ネ十箇トシ又師団ノ増加ニ伴ヒ戦車、山砲、野戦重砲、高射砲、工兵、鉄道、電信、自動車等ノ軍直属部隊ヲ増設シ且現在満部隊中ノ一部ヲ整理ス

三　下士官候補者、無線要員等ノ教育施設、憲兵、病院、補給諸廠等ヲ拡充ス

四　飛行場施設、教育訓練施設、通信施設及永駐ニ伴フ諸施設ヲ拡充ス

五　兵事事務、軍馬補充及技術実験機関ヲ新設ス

第五　内地兵備ノ改善

一　昭和十四年四月師団ヲ三単位制ニ改編シ概ネ内地師団一四箇、朝鮮高定員師団三箇計十七箇トシ又歩兵旅団司令部及野戦重砲兵旅団司令部ヲ廃止ス

二　昭和十二年度以降逐次左ノ如ク編制及制度ヲ改善シ概ネ昭和十七年度迄ニ整備ヲ完了ス

三　歩兵第七十三乃至七十八聯隊ノ国境守備隊ノ大部ヲ廃止ス

四　高射砲聯隊及電信聯隊ヲ改編増設シ又工兵戊中隊ヲ統合シテ独立工兵聯隊若干ヲ新設ス

五　朝鮮、台湾及満洲ニ在ル主要部隊ニ対スル動員及召集業務ヲ担任スヘキ部隊ヲ内地ニ新設ス

六　各部隊ヲ通シ編制装備ヲ改善向上ス

七　将校生徒、将校候補者、下士官候補者等ノ採用数ヲ増加シ各種補充学校ヲ増強ス

八、九、十（筆者略）

十一　師団司令部及聯隊区司令部ノ内容ヲ充実シ兵事及動員事務ヲ刷新ス

十二　軍事技術及兵器製造、補給機関ヲ充実ス

十三、十四、十五（筆者略）

第六　航空兵備

一　昭和十二年度以降昭和十七年度迄ニ内地、朝鮮、台湾及満洲ニ既設部隊ヲ合シ約百四十中隊ニ増設ス

二　飛行大部隊ノ指揮、運用ニ任スヘキ機関ノ編制装備ヲ拡充ス

三　空中勤務部隊ノ訓練及戦力向上ノ為飛行諸部隊ノ編制ヲ

空中勤務、地上勤務ノ二種ニ区分改編ス

四　地上直協専任部隊及防空飛行隊ヲ編成ス

五、六、七、八（筆者略）

九　航空本部、航空技術研究所、航空廠及之ニ伴フ諸施設ヲ拡充ス

十、十一（筆者略）

第七　作戦資材ノ整備

平戦時兵力ノ増加及編制装備ノ改善充実ニ伴フ所要ノ作戦資材ノ大部ヲ昭和十二年度以降概ネ昭和十七年度迄ニ整備スルト共ニ軍需動員能力ノ向上ヲ期ス

（八）中国驻屯宪兵队服务规定案

资料名称：支那駐屯憲兵隊服務規定案（昭和十一年）

资料出处：北博昭編・解説《十五年戦争重要文献シリーズ》⑦《支那駐屯憲兵隊関係盧溝橋事件期資料》，不二出版 1992 年版，第 1—5 頁。

资料解说：在 1936 年日本华北驻屯军增强前后，日军对其驻屯军宪兵队进行整建。由本规定案确立的驻屯军宪兵队的统率、任务、职责等诸多内容，反映出日军正在全力整合其在华北地区的各类军事力量。

Ⅰ　盧溝橋事件前

1　支那駐屯憲兵隊服務規定案……〔昭和十一年・月不詳〕

支那駐屯憲兵隊服務規程案

1

支那駐屯憲兵隊服務規程

第一條 本規程ハ支那駐屯軍勤務令第二十九條ニ基キ支那駐屯憲兵隊ノ服務ニ關シ必要トスル事項ヲ規定スルモノトス

本規程ニ定メサル事項ハ關係法令及諸條規等ニ據ルモノトス

第二條 憲兵隊長ハ軍司令官ニ隷シ部下軍隊ヲ統率シ主トシテ支那駐屯軍ノ駐屯地域ニ於ケル保安及軍事警察ヲ掌ル

憲兵ハ業務遂行上必要ナル事項ニ付内地朝鮮臺灣及満洲ニ於ケル關係機關ト密ニ連絡スルモノトス

第三條 憲兵ハ各駐屯地ニ於ケル警備ニ關シテハ其地警備ニ任スル部隊ノ長ノ區處ヲ

承クルモノトス

第四條　憲兵ハ作戰警備ニ關係アル情報及資料ノ蒐集ニ努ムルモノトス

第五條　憲兵ハ治安ニ害アル各種ノ陰謀ヲ排除シ且不逞及反動分子ノ行動ヲ嚴ニ監察シ危害ノ警防ニ努ムルモノトス

第六條　憲兵ハ駐屯地ノ特殊環境ニ鑑ミ軍隊ニ危害ヲ加ヘ又ハ不良ノ影響ヲ及ホス虞アル事象ニ注意シ之カ警防ニ努ムルモノトス

第七條　憲兵ハ直接治安又ハ軍事ニ關係ナキ行政警察司法警察ニ就テハ領事館職員ト密接ニ連絡

第八條　憲兵ハ軍ノ有スル各種權益ノ保護取締

ニ関シテハ関係機関ト密接ナル連繋ヲ保持シ其ノ萬全ヲ期スルモノトス

第九條　憲兵隊長ハ服務ニ関スル細則ヲ定メ軍司令官ノ認可ヲ受クルモノトス

5

（九）对苏战争指导计划大纲

资料名称：対ソ戦争指導計画大綱

资料出处：島田俊彦、稲葉正夫解説《現代史資料》8《日中戦争》1，株式会社みすず書房 1973 年発行，第 686—690 頁。

资料解说：本资料是 1936 年 8 月日本参谋本部第二课制定的针对苏联的「战争计划」。卢沟桥事变前后，日军一直以积极准备对苏作战为口实，麻痹中方的注意力，强化华北地区日军的训练与演习。

一七 対ソ戦争指導計画大綱

（昭和十一年八月 参謀本部第二課）

第一 戦争目的

東亜平和確立の為日満両国に対する蘇聯邦武力の脅威を排除するに在り之が為蘇聯邦に対しては

一 沿海州（ウスリー河黒龍江右岸地区）北樺太を割譲せしむ

二 大蒙古国の建設を認めしむ

更に英米支が蘇側に立て参戦せる場合には

(一) 米に対し比島の完全独立を認めしむ

(二) 英に対し香港並租界を支那に返還せしむ

(三) 支那に対しては大蒙古国の建設を認めしむ

第二 戦争指導方針

一 「ソ」国のみを敵とすることに全幅の努力を払ふ戦争初頭に於ける軍事的大成功は之が為にも最も肝要なり

開戦と共に在極東の敵を殲滅して所要の疆域を占領し爾後主として航空機及蒙古人、白系露人等による敵後方の擾乱更に進で本国内に動乱を誘発せしめ敵を屈服せしむ 対「ソ」戦争に要する軍隊資材は成るべく平時より大陸に準備するは勿論速に満洲国の工業力を増進し攻勢終末点進出後は大陸の力により戦争を持久し得るに至らしむるを要す

二 英米の中立を維持せしむる為にも支那との開戦を避くること極めて緊要なり

若し開戦の已むなき場合と雖極力其時機を遷延して対「ソ」作戦一段落後たらしむること肝要なり又作戦範囲は勉めて之を制限す

三 米英との開戦は戦争を至難ならしむ然れども万一全般の形勢不利にして交戦の已むなきに至らば極東に偏在する我国の地位を利用し断乎として戦を継続す之が為日満北支を範囲とし戦争の持久を計る為め速に万般の準備を為さざるべからず

四 外交の方針は列国の中立を維持せしむるに在り殊に英国をして欧洲以外を顧る能はざらしむることに努む

五 開戦と共に国民的興奮を利用して戦争に有利なる如く所要の国内改造を決行し戦争持久の基礎を確実ならしむ

第三 戦争指導機関

其一 要綱

686

一　戦争指導の為統帥は大本営　戦時政治は政府之を担任し両者の統一調和を必要とする事項は相互に協議決定したる後各々共担任事項に付御裁可を仰ぎ実行す事重要にして戦争の運命に重大なる関係を有する事項は御前会議を開催して決定す

御前会議に列席する者は当面の問題に関する責任者にして而も最少限のものとし議長を設けず

政府と大本営との見解を異にする場合には聖断に依る此際御前会議を開催するを例とす

参謀総長、軍令部総長、内閣総理大臣、枢密院議長、特命に依る皇族、元帥等を以て戦争指導に関する最高御諮詢府を作り大元帥陛下の諮詢に応ず右の外戦争指導の為最高会議若くは国防会議に類する機関を設くることなし

二　大本営の編制及勤務は左の事項を改正するを要す

㈠　陸軍大臣は作戦に関与せず

㈡　人事は大本営に

㈢　野戦航空部長官

㈣　報道部の改廃

三　政府の組織は根本的に改正を加へ戦争遂行に最も有利なる如くす

政府には輔弼の責に任ずる国務大臣は最少限とし総理大臣、陸軍、海軍、外務、内務、大蔵、商工諸大臣のみとし其他は行政各部の長官たるに止む

政府の改組に伴ひ行政、経済、金融等の組織にも根本的の改正を加ふると共に国家総動員機関を附設す国家総動員機関は目下研究中のものを準用し若干の修正を加ふ

四　戦争指導に関する組織左図の如し

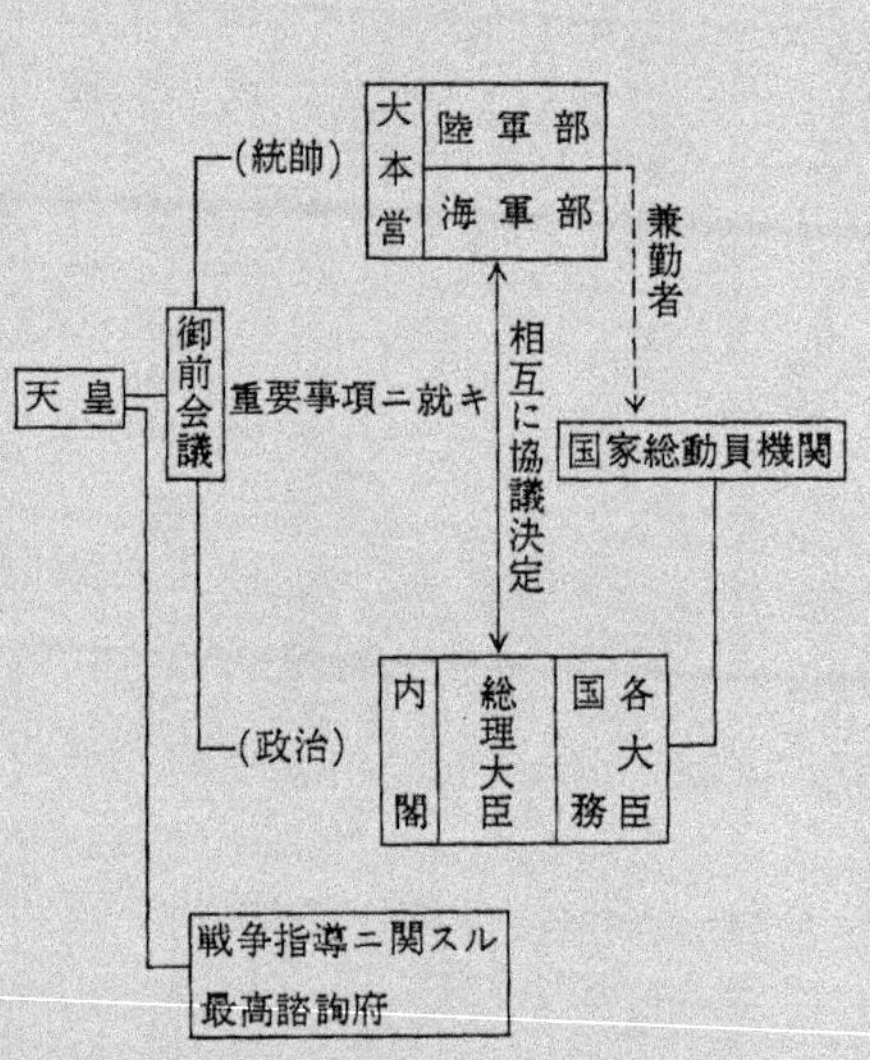

其二　細　説

第一　御前会議

御前会議に関する史的観察

日清戦役中の御前会議　広島大本営構内に軍議所あり　明治天皇は毎日午前九時岡沢侍従武官長を従へて軍議所に出御諸般の報告を聞召され又軍議を御聴き遊ばされたり

当時大本営の軍議に出席し帷幄に参じたる者左の如し

参謀総長　熾仁親王・参謀次長兼兵站総監川上操六・野戦監督長官　野田豁通・運輸通信長官　寺内正毅・野戦衛生長官　石黒忠悳其他陸海軍参謀　二名・管理部長　一名（此三名は御用の時のみ呼出さる）・陸軍大臣　大山巌・海軍大臣　西郷従道・海軍軍令部長樺山資紀・侍従武官長兼軍事内局長　岡澤精（議席に列せず御傍に侍立するのみ）・内閣総理大臣　伊藤博文・外務大臣　陸奥宗光等（渡辺幾治郎著　明治天皇と軍事二二〇頁）

日露戦争の際開戦を決し給へる御前会議

明治三十七年二月四日午後　列席者、伊藤、山縣、松方、井上等諸元老・大山参謀総長、桂内閣総理大臣、山本海軍大臣、小村外務大臣、寺内陸軍大臣、曾根大蔵大臣

開催の動議　桂総理の奏請に依る

戦争中に於ける御前会議（渡辺幾治郎著明治天皇と軍事三三六頁所掲）

対露宣戦布告の翌二月十一日大本営を宮中に設け　明治天皇は大元帥として臨御戦地其他より来る諸報告を聞召され軍備を御親裁し給へり　諸報告は通例表御座所に於て聞召されしも重要なる報告はその都度御前会議を開いて之を聞召され奏請事項は衆議に諮つてその可否を決し給へり御前会議は鳳凰の間に於て開催せらるるを常とし別に定日なく概して毎週一回位なり

参列者は通常　桂内閣総理大臣、小村外務大臣、山縣元帥、伊藤枢相等

陸軍部よりは陸軍大臣及参謀総長、作戦主任参謀、運輸通信長官

海軍部よりは海軍大臣及軍令部長、次長、幕僚二名

必要に際して出席せる者　大蔵大臣、陸海軍部其他の職員

明治三十七年三月十三日以後　皇太子殿下大本営附とならせらるや毎回御出席遊ばされたり

天皇臨御の際は岡澤侍従武官長が常に陪侍せり天皇は多くの場合可否を仰せ給ふことなく黙して衆議を聞召され奏請に対しては可の鈐璽あらせらるるを常とせり

観　察

上記の如く過去戦役に於ける御前会議中には戦況の報告を主とせる者多く所謂戦争指導に関し論議せられし場合は稀なるものの如し

而して戦況報告を主とするものは吾人の云ふ御前会議とは性質の異なるものなるも戦況報告後兎角対策を論議せられ易く従つて戦争指導の会議となり此際出席者を制限するに非れば政府をして統帥に容喙せしむるの危険性大なり故に将来は戦況報告を主とする御前会議と戦争指導を主とするものを判然区別し後者のためにはその出席者を制限し厳密なる手続を採るを要す

此種御前会議を開催するを要する場合の一例左の如し

一　開　戦

開戦の時機、方法の決定

第三国に対する処置の決定

二　戦争指導の為の重要方策決定

平素より策定せられたる戦争計画の検討特に

外交方針

宣伝方策

謀　略

688

三　第三国をして敵側に参戦せしむる虞ある用兵行動を採らんとする場合

四　軍需に対する軍部の要求が政府の能力を超過する場合

五　講和並戦後の経営のため

講和の時期、条件

休戦と講和との関係

戦後経営の根本方針

此種御前会議に出席し得る者左の如し

統帥部を代表して参謀総長、軍令部総長、陸軍大臣、海軍大臣

政府を代表して総理大臣、問題の性質に応じ内務大臣、外務大臣、大蔵大臣、商工大臣

第二　大本営の編制及勤務令に関する歴史

一　陸海軍の関係に就て

明治初年設置せられたる参軍は陸海両軍の統一を図るを以て任とし参謀総長亦其職責を襲ひ明治二十六年勅命を以て発布せられし大本営条例には「参謀総長は陸海軍の大作戦を計画す」る如く規定せられあり然れども本件は海軍の大に不満とせる所にして同三十二年より三十六年に至る間陸海軍の間に終始紛争を続け明治三十六年勤務令の改正せらるるに及び始めて参謀総長と軍令部長と同等の地位を以て帷幄に参劃するに至り次で三十七年現制の如く改正せられ昭和八年も亦之を踏襲せり

二　大本営の編制に就て

1　明治二十五年以来研究せられ二十六年日清の開戦に及で急遽之が制定を見たるものにして海軍は最初陸海軍大臣を大本営内に入ることに就き不同意を表明せしも陸軍の主張により遂に之に同意するに至り後明治三十七年日露戦争に於ける編制制定せられたり

2　日露戦後屡々改正案を立てられ青島戦役間海軍の必要に依り一部の改正を行はれしも陸軍に在りては改正案のみ立案せられ実行するに至らず

3　大正十一年戦時編制の改正に伴ひ大本営亦改正の必要を認められしも異論多く制定の運びに至らず

大正十五年末に至り漸く陸軍部内の議一定し海軍の同意を得陸軍部のみ改正を決行せりその要点は兵站総監の下に兵器長官を設置せるに在り

4　昭和八年時局重大なりと認められ大本営編制の内容を改善充実し有事の際遺憾なからしむるため左記要綱に基き改正せられたり

陸軍幕僚人員実際の必要に応じ増加充実す次長充用範囲を拡大す、教育総監部職員との連繋を密にす、兵站総監部の人員を充実す、報道部を設く、諜報機関を編制内に明示す

第三　日露戦役間に於ける陸軍中央統轄機関の状態

一　参謀本部　参謀本部職員の主力を以て大本営を編成し其の一部を以て参謀本部留守部を設置せり留守部に於ては常務を処理するものにして開戦当初に於ては相当の業務存せしも逐次減少するに従ひ其の人員をも縮少せり復員前に於ては行賞の関係上全部を大本営に編入せり

兵站総監直轄たる各長官部を参謀本部構内に設けたるも各長官は陸軍省の局長を兼任せるを以て多くは陸軍省に於て執務せり

二　教育総監部　戦争間依然業務を継続せるも開戦と同時に其の職

員は逐次他に転出して陸軍省の職員等を以て兼職せり而して戦地の負傷者等内地に帰還するに及び其中の快癒せる者を以て当部の職員に充て此の如くして職員を充足せり

三　陸軍省　開戦後逐次職員を増加せしも編制上特異の変化を生ぜざりしものの如し

第四　統帥部の任務

其一　対「ソ」戦争

陸　軍

(1) 開戦劈頭空陸に於て世界を瞠目せしむるに足る軍事的成功を収むることを努む

(2) 成るべく短期間に攻勢終末点に進出し爾後地上部隊は持久を策し主として航空部隊を活動せしめ其他の手段の併用により敵国屈伏の根拠を確立す

(3) 北樺太を占領し同地方に在る石油資源を利用し得しむ

(4) 占領地方の統治を行ひ占領地方民をして「ソ」政権の桎梏より解放すると共に占領地の産業を開発す

(5) 平時より行はれある内蒙古工作を強化し成し得れば外蒙をして「ソ」より離叛せしめ此方面より敵の側面を脅威すると共に大蒙古建設の基礎を確立す

(6) 内地防衛の核心となり国民を指導して防空に当る

(7) 支那及米国に対し何時たりとも開戦し得るの態勢を保持す

海　軍

(1) 陸軍と協力して敵海軍根拠地を攻略す

(2) 朝鮮海峡の航通を確保す

(3) 西太平洋を確実に制し南洋方面との通商路を維持す

(4) 米国に対し何時たりとも開戦し得るの態勢を保持す

其二　対支戦争

対「ソ」戦争中に支那が敵国に参加せる場合に於ける統帥部の任務左の如し

陸　軍

(1) 戦争の持久を保持するに必要なる資源を獲得するに足る最小限度の範囲に於て一挙敵の政治的中心を覆滅し抗日政権を駆逐して一般民衆を誤れる指導者より解放す之が為用兵の範囲は北支、山東、要すれば中支、已むを得ざれば南支とす又成るべく一般民衆を敵とせざることに努む

(2) 所要の地域を占領せば支那民衆の為に幸福なる占領地統治を行ひ出征軍は為し得る限り現地に於て自活し得るの途を講ず

海　軍

所要の陸軍作戦に協力す

其三　対米戦争

対「ソ」戦争中に米国が敵国に参加せる場合に於ける統帥部の任務左の如し

陸　軍

海軍と協力し成るべく短期間にフィリッピン及ガムを占領す

海　軍

敵主力艦隊を撃破すると共にフィリッピン及ガム占領の為陸軍に協力す

690

（十）对华实行策

资料名称：对支实行策

资料出处：島田俊彦、稲葉正夫解説《現代史資料》8《日中戦争》1，株式会社みすず書房 1973 年発行，第 366—367 頁。

资料解说：本资料是 1936 年 8 月 11 日日本高层省、部间就对华问题通过的纲领性文件。文件提出，考虑到对苏作战态势的要求，在华北问题上要循序渐进，先着眼于冀、察两省的分治，逐步推向整个华北，避免急进政策导致与中国的冲突，顾及南京政府的「面子」，并促进中日间各项「悬案」的解决，促使中国答应日本要求。

五八　対支実行策

（昭和十一年八月十一日関係諸省間決定）

昭和十一年八月七日決定の「帝国外交方針」に遵拠し対支政策に関し差当り執るべき施策左の通。

一、対北支施策

北支処理の主眼は該地域を防共親日満の特殊地帯たらしめ併せて国防資源の獲得並に交通施設の拡充に資し一は以て蘇聯の侵寇に備へ他は以て日満支三国提携共助実現の基礎たらしむるに在り。

右親日満的地帯は北支五省を以て目途とすべきも徒に地域の拡大若は理想的分治の一挙完成に焦慮するは却て紛糾を増し目的を達成する所以に非るのみならず、速に対蘇態勢を有利ならしめんとする考慮に反するの結果となる虞あるを以て、先づ徐に冀察二省の分治完成に専念し爾他三省殊に山東に対しては防共親日及日満支経済提携を主眼とする諸般の工作に努む。分治の形式に就ては名目の如何に拘泥することなく、実質を取ることに着眼し南京政権の面子をも考慮し同政権をして其の授権の形式下に実際上北支聯省分治を承認せしむること得策なりとす。（別紙第二次北支処理要綱参照）

尚我方としては前記南京の授権を認むることは右を南京政権に対する政治上の手として利用し之に依り南京側との懸引に付最大限度の効果を収めんとするものなるを以て、之が処理に当りては中央及出先は一体となり緩急機宜の措置に出で飽迄厳正なる態度を持し仮にも支那側をして之に乗じ所謂二重政策等を弄する余地なからしむること肝要なり。

二、南京政権に対する施策

南京政権に対しては漸次反蘇的態度を執り帝国と近接する如く具体的に促進を計り特に北支事態の改善に対しては同政権をして自ら進むで努力せざるべからざる如く施策するものとす。右施策に当りては南京政権の面子を考慮し同政権をして国民の手前抗日標榜の已むなきに至らしむるが如き措置を避くると共に支那民衆を対象とし如実に共存共栄を具現するが如き経済工作に力を注ぐ一方、前記一、対北支施策の急速実現を終始念頭に置き必要に依りては与ふるに利益を以てし仍つて以て南京政権をして我方に依存するの已むなきに至らしむるが如くすること必要なりとす。但し南京政権の政策を是正せしむることなくして、之が基礎を強化せしむるが如き措置は執らざるものとす。

㈠ 防共軍事協定の締結

(イ) 本協定締結の為両国軍事専門家より成る秘密専門委員会を組織す

(ロ) 専門委員会は防共協定の施行範囲、協定の内容、目的達成の為の手段等に付協議す

㈡ 日支軍事同盟の締結

第三国よりの侵寇に対する攻守同盟締結の目的を以て日支両国同数の専門委員より成る秘密専門委員会を組織す

㈢ 日支懸案の解決促進

(イ) 最高政治顧問の傭聘

国民政府に最高の邦人政治顧問を傭聘せしめ国民政府の内治外交等の枢機に参劃せしむ

(ロ) 軍事顧問の傭聘

軍事顧問及軍事教官を傭聘せしむ

(ハ) 日支航空聯絡の開始

日支航空聯絡の急速実現を期す。右目的達成の為には北支航空会社を設立するの外臺湾福建間飛行、上海福岡間試験飛行等の方法を利用し南京側をして応諾に導くものとす

(ニ) 日支互恵関税協定の締結

冀東特殊貿易の廃止及排日的高関税の低下に関する関係省打合の方針に基き日支互恵税率協定の急速実現を期す。之が為要すれば日支共同の専門委員会の組織方提議す

㈣ 日支経済提携の促進

支那民衆を対象として日支共存共栄を如実に具現するが如き経済提携工作を進め以て支那政局の動向如何に依り影響せられざる日支不可分関係の構成を期す。

本項南京政権に対する施策は必しも前項対北支施策と併行し同時解決を期せんとするものに非ず、緩急時宜に応じて工作し以て之が解決を期するを要す。尚右施策に当りては要すれば南京政権及党部の機構、人的要素等に付必要の調整を加へしむ。

三、其の他の地方政権に対する施策

地方的政権に対する我方施策は此等局地的政権を親日的ならしむることに依り我方権益の伸張を期すると共に右に依り南京政権の対日態度を更改せしむるを以て主たる目的とす。従つて特に統一を助長し又は分立を計る目的を以て地方政権を援助するが如き政策は之を執らざるものとす。

前記方針の下に局地的政権に対し執るべき実行策左の如し。

㈠ 南支に対する経済的進出（例へば福建、廣東、廣西省等の資源開発。廣汕鉄道、日暹航空聯絡、福州臺北間航空聯絡等）

㈡ 辺境に対する調査（四川、甘粛、新疆、青海等に対する資源調査隊の派遣等）

四、内蒙方面に対しては親日満を基調とする蒙古人の蒙古建設を指導し以て対蘇態勢を調整す。而して之が工作に方りては成るべく内密且内面的に行ひ対蘇及対支政策との協調に留意す。

（十一）第二次华北处理要纲

资料名称：第二次北支処理要綱

资料出处：島田俊彦、稲葉正夫解説《現代史資料》8《日中戦争》1，株式会社みすず書房1973年発行，第368—371頁。

资料解说：由日本各相关省、部于1936年8月11日通过，是日本华北扩张政策的代表性史料之一。文件规定要以扶植地方傀儡政权为方针，实现分离并掌控华北的目标，还规定了各项具体措施。

五九　第二次北支処理要綱

（昭和十一年八月十一日関係諸省間決定）

方　針

一、北支処理の主眼は北支民衆を本位とする分治政治の完成を援助し該地域に確固たる防共親日満の地帯を建設せしめ併せて国防資源の獲得竝に交通施設の拡充に資し以て一は蘇国の侵寇に備へ一は日満支三国提携共助実現の基礎たらしむるに在り

二、右目的達成の為には該地政権に対する内面指導に依ると共に之と併行し南京政権をして北支の特殊性を確認し北支の分治を牽制するが如き施措をなさず進むで北支政権に対し特殊且包括的なる分治の権限を賦与せしむる様施策するものとす

要　綱

一、分治の内容

分治の内容は前記方針に基き北支政権をして財政産業交通等諸般の事項に付実質上の権限を行使せしめ北支民衆の安居楽業竝に日満支三国の提携共助を目的とする政治上及経済上各般の施措に関し南京政権其の他の排日的工作により影響を受けざるが如き状態に在らしむるを以て目途とす。特に該地域に於ける支那領土権を否認し又は南京政権より離脱せる独立国家を育成し或は満洲国の延長を具現するを以て帝国の目的たるが如く解せらるる行動は厳に之を避くるを要す

二、分治の地域

分治の地域は窮極に於て北支五省を目途とするも徒に地域の拡大に焦慮するは却て我方所期の目的を達する所以に非ざるを以て先づ冀察二省の明朗化（経済の開発及民心の安定）と分治の完成とに主力を傾倒す。尚爾他三省に対しては第五項に基き施策するものとす。

三、冀察政権の指導

冀察政権の指導に当りては最も公明なる態度を以て臨み該政権の機構を改善し其の人的浄化刷新を計ると共に特に財政、経済、軍事等百般の事総て軍閥的秕政を清算して明朗なる地域を構成し民心の把握に努めしむるを要す

右内面指導と共に南京政権に対する工作に依り同政権をして帝国の対北支政策に協力せしむる如く施策する等南京政権利用策をも併用し両々相俟つて成果の向上に努むるを要す

四、冀東自治政府の指導

冀東自治政府の指導に當りては特に其の内政の向上に努めしめ同政權をして冀察政權に對する範たらしむるに着意するを要するも同時に冀東自治政府は結局単独に存立し得ざるものなる点をも考慮に容れ北支五省分治結成の障害となるが如き施策は之をなさざるを要す

冀察政權の分治機能信頼するに足るに至らば冀東地域は之を冀察政權下の特別区として同政權に合流せしむるものとす

五、山東、山西及綏遠諸政權の指導

山東に對し強ひて之を冀察側に合流せしむるが如き工作を行ふは却て其の對日依存を困難ならしめ延て其の存在をも危くするの惧多きを以て之を慎み防共親日及日滿支經濟提携を主眼とする諸般の工作に依り帝國との聯帶關係を一層密接ならしむること並に成るべく南京政權其の他の妨害を排除して將來の分治を容易ならしむることに着意して之を指導するものとす。

山西及綏遠に關しては右に準ず。而して此等両政權に對する指導は内蒙工作との調和を必要とすること勿論なるも同時に對支政策の円滿なる遂行に留意し該省政權を駆逐し又は之を内蒙政權に隷属せしむるが如き施策は之を行はざるものとす

六、北支經濟開發は民間資本の自由進出を本旨とする我方權益の伸暢に依り日支人の一致せる經濟的利益を基礎とする日支不可分の事態を構成し、平戰両時に於ける北支の親日態度保持に資せしむるを以て目的とす特に國防上必要なる軍需資源(鉄、石炭、塩等)の開發並に之に關聯する交通電力等の施設は要すれば特殊資本に依り速に之が實現を圖るものとす

尚經濟開發に當りては第三國をして北支に於ける我特殊地位並に權益を尊重せしむると共に第三國の既得權益は之を尊重し要すれば此等諸國の施設と合同經營し又は其の資本材料等をも利用する等第三國特に英米との提携共助に留意するものとす

附　録(昭和十一年八月十一日關係諸省間決定)

一、別紙第一は「第二次北支處理要綱」の趣旨に基き差當り冀察政權側(冀東政權亦之に準ず)をして執らしむべき措置の限度を例示せるものなり

一、別紙第二は北支に於ける國防資源中速に開發を計るべきものを例示せるものなり從て其の具體的事項に付ては今後調査の上改案を必要とするものあるべく又之が實現に當りては所要資金の調達の關係を考慮するものとす

別紙第一

一、關税の處理

關税の處理は外債負担部分及海關維持費を除きたる河北省關税收入(已むを得ざれば内債負担部分をも控除することを得)を收得するを目的とし冀察政權をして南京政權との話合に依り之を實現せしむるを原則とす若し南京政權が飽く迄右話合に依る接收を拒否する場合に於ては窮極の處置として海關監督を通じ海關行政の實質を掌握し依て以て關余の收得を圖るものとす但し如何なる場合に於ても海關の實力的接收、海關人事に關する實力干渉、海關組織の分離又

は統一破壊、特殊関税制度及地帯の設定竝に外債負担部分の抑留積立等は之を為さざるものとす

二、金融対策

窮極の目標は南京側金融支配より脱却せる北支の中央金庫を設立するに在りと雖も北支金融の現情、南京政権の通貨金融政策、其の他の諸情勢は直に右目的を達成し難きものあるに鑑み河北省銀行の如き北支既存金融機関に付其の内容を調査の上適当と認められたるものを漸を追て育成強化し以て名実兼備せる冀察の中央金庫の基礎を構成することを差当りの目途とす

三、関税以外の中央税権の処理

塩税統税其の他中央税権に付ては概ね第一項関税処理の原則的接収方法に倣ひ以て中央税権統一の破壊及二重課税の発生を避け収入の接収を旨とする一方外債負担部分に触れざることとす

四、交通通信等

交通通信等に関しては差当り既存施設の統合改善を図るを主旨とし分治の限度に付ては具体的問題の進展に伴ひ考慮すべきも概ね地方的行政に関するものと全国的行政に関するものとに分ち前者に付ては出来得る限り広汎なる権限を要求せしむるも後者に付ては南京政権側の交通通信機関との連絡上の便宜をも考慮に容れ統一の破壊を避くるものとす（鉄道に関しては支那に於ける鉄道統一に関する華府会議決議参照）

別紙第二

第一、国防資源

一、鉄　礦

先づ龍烟鉄坑及河北省に於ける有望なる諸鉄坑を開発す

右は差当り興中公司をして実施せしめ満鉄をして之に協力せしむ

礦石として輸出すべきや或は製鉄の上輸出すべきやは本邦内地外地満洲等に於ける斯業との調整竝企業者の採算関係其他に依り決定す

山東省金嶺鎮鉄坑は既に我が利権関係あるを以て前記冀察両省に於ける鉄坑開発の進度を見たる上之が開発を決定することとす

二、「コークス」用炭礦

津石鉄道建設にも関聯し対日輸出を目的とし井陘炭坑に日本資本を注入し日支合辧とし其の増産を期す

山東省黒山炭坑を中心とし附近小炭坑の統合経営を誘導す

開灤炭坑に関しては龍烟鉄坑の開発及北支製鉄事業の便宜をも考慮し窮極に於て日英支合辧事業たらしむる如く指導に努む之が為前記井陘炭及博山炭の増産をも適宜利用するものとす

三、塩

長蘆塩竝に山東塩の改良増産を図る

製塩事業は支那人に依る民営に委するも我方より所要の資金竝に技術的援助を与ふるものとす

長蘆塩の改良増産及対日輸出は既定の方針に依り急速実現を期す

四、棉　花

先づ河北山東両省に於ける棉花の改良増産を図り逐次之を山西其他の地方に及ぼすものとす

改良増産は農民の自覚と北支当局の指導奨励に俟つべきも我方よりも所要の資金及技術的援助を与ふるを要す

尚既定方針に従ひ興中公司の設立すべき棉花倉庫公司及運輸公司をして棉花の取引輸送等に関し産棉事業の発達の為協力せしむ

五、液体燃料

北支就中山西省に於ける石炭を利用し我方の技術及資本の援助に依り石炭液化事業を促進す

六、羊　毛

緬羊の改良増殖に依り羊毛の増産を図る

先づ察哈爾、河北、山東省に於て実施し逐次綏遠其の他西北地方に及ぼすものとす

緬羊の改良増殖は功を急ぐことなく差当り技術的指導に重点を置く

第二、其の他の国防施設

前記国防資源の開発を促進し併せて戦時之が確保を遺憾なからしむる為北支に於ける交通機関の整備拡充を策し就中龍烟鉄坑及井陘炭坑の開発に伴ふ鉄道の建設及改良竝に必要に応じ関係港湾の改良等の急速なる実現を期す

尚国防的経済的見地よりすれば夫々平綏線の改良及西部延長竝山東鉄道の延長を重要とするを以て之等に付ても逐次実現を期す

（十二）对华政策之检讨案

资料名称： 对支政策の検討（案）

资料出处： 島田俊彦、稲葉正夫解説《現代史資料》8《日中戦争》1，株式会社みすず書房1973年発行，第374—375頁。

资料解说： 本资料为1936年9月1日日本参谋本部第二课拟定的对日本对华政策的检讨。承认日本对华政策存在压迫性，认为如果不转换对华观念，则终将导致同南京政府的战争，而此时发动侵华战争，从国际局势来看对日本不利。反映了日军内部对于侵华战略的不同认识。

六一　対支政策の検討（案）

（昭和十一年九月一日　参謀本部第二課）

一、皇国の対外政策は国防国策大綱に於て已に明示せられあり即ち近き将来に於て皇国は名実伴ふ東亜の盟主たらざるべからず之が為国内革新と相俟ちて真に弱小諸民族を抱擁し幇助し彼等をして皇国の真の姿を知らしめ皇国を賛仰せしむるに足る仁愛侠義の政策を実行せざるべからず

二、今対支政策を此見地より考察するに

1、支那国民性と四億を擁する民族社会、換言すれば半法治たる支那国との分別を不知不識の間に混淆して政策を行ふことなきや

2、現代軍政権の分析に急にして裏面に於て軍政権を支持し徐ろに東亜民族の分裂を策する欧米の野望を考察することの足らざることなきや前者は其国民性が日本国民性と相容れざる点より理非を超越して軽侮し極端なるものに至りては動物的観察が支那知識の窮極の如く論ずるものあり之を直ちに政治的日支国家間の諸問題に移すが故帝国が其欧米依存主義の是正を要求しつつ我れ自ら彼を欧米依存に追ひ込む奇現象を招徠する如き結果となり誠に自省分別の足らざるものと謂ふべし、後者は前者と関連して民族相鬩ぐの謀計に陥り前者に於ける日本朝野の一大覚醒なくんば東亜聯盟の如き一口[呼]号に了らんのみ換言すれば欧米の恐るるところは日本の所謂対支仁愛政策にして彼らの最も希望する所は民族相鬩ぐ日本の感情圧迫政策なり

三、若し夫れ皇国が不断の圧迫政策によりて対支政策を進捗せしめんとせば

(1)　強制すべき理想を有せざるべからず

此理想は冒頭論ぜるが如く道義に立脚せる民族扶助にして此間感情的国民性論の介入を許さず凡有方面より之を扶け以て皇国の一大決勝戦を準備すべきこと恰も現満洲国に於て満軍を凡有手段により関東軍の友軍とするが如く不撓不屈の自省心と侠義仁愛の道徳的政策ならざるべからず

更に具体的に論ずれば我対支政策は日本的独我心を排除し日本的利益のみに終始する小乗的諸工作を一掃すべきなり是を以て皇国々内満洲北支に於ける理想実現こそ対支政策の根源なるべく此理想実現なくして強制圧迫政策の如き意義なきを知るべし

(2) 此圧迫政策を強行せんとせば強制するに足る実力を有せざるべからず

結局に於て南京政府を撃破屈伏せしむるの覚悟を要す

イ、今対支戦争を開始するとせば彼我の形勢頗る不利と謂はざるべからず

（詳細略す）

ロ、対蘇戦争は英米の好意を有せざれば不可能に近し

（奈翁を亡ぼせるものは西班牙なるを反省せよ）

ハ、英米との関係良好なる場合対蘇戦争行はるるも支那の向背は我に対し決定的ならず

四、国防国策大綱に基く皇国の維新は全国力の合理的運用を要求す従て軍は独我小乗の見を棄て全国力の総動員に俟つべく外交の如き須く外交官に一任し軍は軍自体の職分に邁進し若し対支観察に於て研究に於て外交官より優れたるものあれば之を外交官に教へ与へ以て外交を援助すべき也

試みに支那側より対日観察せんか軍あり軍の中に陸海あり而して外交官あり何れに従ふべきか其去就に迷ふ反面彼等の最も得意とする反間苦肉の計に陥ることあるべく由来外交は一元なり然るに外務軍務に岐るる其因由固より已むを得ざるものありしが軍も今日に於ては自省して外務使臣を助け其職分を奪ふが如きことなき様深く謹まざるべからず

五、結　論

対支政策の根源は一、満洲国の王道楽土的建設、二、日本民族の仁愛侠義の道徳的政策、三、報復を要求するが如き打算政策の打破

四、支那を繞る欧米勢力の撃滅準備是れ也而して出先軍部は常に一旦緩急の場合に即応する純作戦的調査偵諜業務を主任務とすること当然ならざるべからず

（十三）关于增兵之关东军对策

资料名称： 增兵は関東軍対策

资料出处： 読売新聞社編《昭和史の天皇》15，読売新聞社 1965 年発行，第 276—284 頁。

资料解说： 增兵华北是日本军政当局共同确定的，但也使关东军对于华北地区的影响力发生变化，需要协调关东军与华北驻屯军之间的权责关系。本资料记载了 1936 年日军增兵华北前后，日军高层和关东军之间有关增兵问题的协调内幕。

増兵は関東軍対策

昭和十一年五月十六日付け、朝日新聞夕刊の一面トップ記事を見よう。五段抜きの大見出しは伝える。「北支駐屯軍強化発表」

「支那駐屯軍司令官は五月一日から新たに親補職となり田代（皖一郎）中将が新司令官として来たる十九日天津着任の予定となっているが、同時に駐屯軍の今回の交代期に際して若干の兵力増加が実施せらるることになり、支那駐屯軍の陣容がここに一新されることになったので、陸軍省では十五日午前十一時半、右に関し左のごとき公表並びに増強実施についての当局談を発表した。

陸軍省公表＝今般支那駐屯軍はその定期交代期において若干の兵力増加を実施せらるることとなれり。

陸軍当局談。近時北支の情勢ことに抗日を標榜する共産軍の脅威、平津（北京、天津）地方における共産党及び抗日団体の策動等は帝国のために洵に憂慮にたえない。

しかも平津、冀東就中北寧鉄路沿線の在留邦人の数は近年頓に激増しているのである。しかるに支那駐屯軍現有の兵力はきわめて僅少であって、万一の場合その任務の遂行を全うすることは頗る困難である。

従って今次必要最小限度の増兵を行なうこととなったわけである。

右増兵は北清事変議定書に基づく帝国の駐兵権に根拠を置き、軍本来の任務達成を遺憾なからしむるものであって、もとより北支における支那の主権を侵し、または列国の既得権益を害するものではない。かえって北支の平和を招来し、究極において北支と日満、その他列国との関係を調整するものと信ずる次第である。

北平特派員発＝北平駐屯〇〇隊先発〇〇〇名は十五日午前五時半居留民の盛大な歓迎裡に北平に到着した」

また、この紙面では、有田八郎外相によって起用された――その裏面では陸軍から強くその登用を希望された前天津総領事の川越茂駐華大使の親任式が同日午前十一時、皇居において行なわれたことを報じている。

気骨ある〝知支派〟外交官の登場と北支駐屯軍強化の報が並ぶこの紙面は、中国に関心を持つ人たちにどのような印象をもって迎えられたのだろう。

ちなみに、この夕刊はこの陸軍省発表のため、締め切り時間を大幅に遅らせたものとみられ、号外として発行されたことを伝えている。

ところで、支那駐屯軍の強化の理由は陸軍省公表でみる限り、第一の目的は防共であり、第二は居留民の保護である。だがそれだけだろうか。実は本当の目的は別のところにあったのである。それはすでに述べてきたように、なにかと口実を設けては華北工作に口をはさんでくる関東軍に対し、関東軍は本来の姿である対ソ体制をより固めればよいのであって、それをおろそかにするような華北工作はつつしむべきだということなのである。

つまり北支問題については、支那駐屯軍を増強するから、居留民の保護その他心配はない。だから手を引けというわけで、この趣旨のもとに参謀本部は、昭和十一年一月十三日、いわゆる「第一次北支処理要綱」を「支那駐屯軍司令官に対する指示」として与え、このなかで「北支処理は支那駐屯軍司令官の任ずる所にして」と明示したのである。だから駐屯軍の増強は対関東軍対策の第二弾ということになる。

278

そしてこれと並行して、昭和十年末に華北に設立された冀東防共政府、冀察政務委員会の二つの政権と提携、協力する目的で「北京陸軍機関」を発足させたのである。ことさらに陸軍機関としたのは、同機関員だった故寺平忠輔大尉の回想によると「特務機関とすると、諜報だとか謀略だとか、穏やかならぬ意味に解されがちなので、軍はそうした点にも心をくばった」のだそうだが、中国側も日本側も特務機関と呼びならわしていたので、それが一般の通り名になったという。

それはともかく、駐屯軍増強が関東軍に対するクサビの役割であったという点を、もうすこし丁寧にみよう。まず、昭和十一年五月六日、参謀総長閑院宮載仁親王が植田謙吉関東軍司令官、田代皖一郎支那駐屯軍司令官に与えた極秘扱いの指示がある。四項から成り、第一は、駐屯軍司令官が指揮下の軍隊を駐屯せしめうる区域は、渤海湾より北平（北京）に至る鉄道沿線。第二は、停戦協定（塘沽、梅津・何応欽）地域の治安維持で、必要の場合は同地域内での兵力の行使を認める。第三は、満州防衛に必要なとき、関東軍は一部兵力を長城線の外側近くに配置、行動できる。第四は、両軍司令官は、このような行動をするとき、あらかじめ参謀総長に報告せよ、という。

同じ日、支那駐屯軍司令官のみに出された参謀総長命令は、前の指示をなぞったものだが、満州国の防衛に直接必要なもの以外はすべて、支那駐屯軍司令官の責任であるというのが注目点である。

これでもまだ足りないと思ったのか、西尾寿造参謀次長（中将）は田代軍司令官に対し、口頭でこまごまと兵力増強の意味、任務など具体的に説明している。要約してみよう。

「一、今回の増兵の目的は、軍が暗黙の威力を（中国に）示して、帝国外交工作の刷新を図るものであり、同時に関東軍の負担を軽くするところにある。もちろん、北支において武力を行使する機会を増そうなどというものでないことは多言の要はない。

二、駐屯軍の兵を平時、常時、駐屯させる区域として渤海湾より北京に至る鉄道沿線と限定したのは、日がたつにつれて、今回の増兵の目的（居留民保護と停戦協定の中国の履行監視）を忘れ、駐兵区域を逸脱してしまうおそれが多いからである。この駐兵区域内にある主要都市（天津、北京など）でいったん事が起こって、居留民の生命財産が危険にさらされるような状況になったら、本国から天皇の命により軍隊を派遣するだろう。それが間に合わないような緊急事態の場合は独断、善処されたい。

三、停戦協定の履行監視は、もっぱら駐屯軍の任務であり、関東軍は長城線以北で対ソ戦準備に専念すべきである。

停戦協定の監視とは、中国軍の協定線内への進入の阻止であり、挑発や攪乱行為を未然に防ぐのは当然であり、武装団体が発生すれば、それに適宜措置しなければならない。

四、防共については十分心を配り、主として内面工作を用うべきだが、そのため兵力を使うのは下の下の策で、どうしても使わなければならないときは、最悪最後の手段と心得よ。

五、これは要するに、兵力増強はデモンストレーションで、武力を使うのが目的ではない。しかし第三国はこの行為に注目しているのだから、慎重に行動しなければならない。

六、したがって、万一、兵力を使用するような最悪の場合も考慮し、その研究をしておくこと。

七、だからといって、そうした作戦計画にかかずらわってはならない。あくまで軍隊の訓練は対ソ作戦に主眼を置き、対支作戦は補助的なものと考えるべきだろう」

まるで母親が子供にさとすていの、心配に心配を繰り返す訓示である。だったらなにも日増しに抗日、排日の波高まる中国に増強しなくてもよさそうなものである。実施すれば抗日運動はさらに一層強くなることが予想される。だが軍には軍内の家庭の事情がある。

こんどは参謀本部第一部長（作戦）として、この強化問題の責任者であった石原莞爾少将（のち中将）の回想をみよう。

それは参謀本部が昭和十四年、竹田宮恒徳王大尉を聞き手として作成した「石原莞爾中将回想応答録」である。

「（綏遠事件が、日支事変の直接的原因になったが、そのように事変を惹起するに至った国内的原因は）

強い政治力のなかったことが根本です。当時政党が地歩を失い、それに代わるべきものがなかったこと、すなわち陛下のご信任を受けて政治を指導する政治体がなかったことであります。

それと（軍）中央部が関東軍の北支に手を出すことをどうしてもやめさせ得なかったために、ついにその対策として天津軍（支那駐屯軍）を増強しましたことが、今次事変（日支事変）の原因となったので、この点について、石原は当時の責任を痛感している次第であります。

すなわち、当時天津軍の増強という方法によらず、統帥の威力により、関東軍に手を引かせるようにすればよかったろうと、責任者として自責の念にかられるのであります。

次に申し上げたいのは、北支における兵力の配置で、最初参謀本部は通州、北京、天津に重点を置き、これによって冀東防衛の態勢を確立するという案でありましたが、これに対し梅津（美治郎）陸軍次官よりは、条約上に照らして不可なりという強い反対がありまして、ついに軍事的意見が政治的意見に押されて、通州の代わりに豊台に兵を置くことになりましたが、これがついに本事変の直接動機になったと思います」

ここで重要な点が二つある。一つは、関東軍を北支介入から手を引かせるため、命令系統によって指示できなかったことだった。石原中将は、何度も述べてきたように満州事変の計画、実行者である。当時、関東軍作戦参謀（中佐）として板垣征四郎高級参謀（大佐）と共に、独断専行という軍人の〝特権〟を乱用して、満州事変をひき起こし、満州国を建設した最大の当事者である。だから、支那駐屯軍を強化せず、参謀本部の命令として関東軍に北支には手を出すなといったところで、関東軍参謀たちは「自分がルールを乱しておいて、いまさら何をいうか」とせせら笑ったことだろう。自縄自縛であり、〝禍福はあざなえるナワ〟のたぐいであった。

つまり、石原少将が参謀本部第一部長である限り、関東軍は参謀本部命令には木でハナをくくったような態度を示すだけで、支那駐屯軍増強、しかも軍司令官を関東軍司令官と同等の親補職にしたところで、本来の目的はから回りし、中国における兵力を増強したという事実だけがクローズアップされ、抗日運動に拍車をかける結果になったのだった。

もう一点は、増強した兵力の一部を、北京のノド元を扼する豊台になぜ配置したかの理由である。梅津陸軍次官が指摘したように、通州という地点は北清事変議定書で決められた駐兵地の北京—海岸間より北にはずれている。かつて、イギリスの駐屯兵が一時豊台にいたことがあるという事実から豊台駐屯が決定された。

そういえば、梅津次官は昭和九年三月から同十年八月まで支那駐屯軍司令官であり、少なくとも「梅津・何応欽協定」の表面上の責任者だったから華北の事情にも通じ、通州を拒否したのだろう。だが、日中の情勢は当時と比較にならぬほどのけわしさに変化していたのである。そうしたキメの細かさが軍首脳にはまったく欠けていたといわざるを得ない。北京と豊台の距離は約四キロ、東京と品川といった位置にあることを考えれば、中国の軍民がいかに猜疑の目をもってここにはいってきた第八中隊、つまり清水中隊の行動を見つめていたか、想像に難くない。

支那駐屯軍増強の裏側では、こうしたさまざまな問題が渦巻いていたが、ともかく増強兵力は北京付近に送り込まれた。すなわち、軍司令部は従前のように天津に置かれ、これまで駐屯軍は一個連隊ほどの兵力だったものがほぼ倍になったので、これを二つの連隊に分け、これを指揮する旅団司令部（旅団長・河辺正三少将）と支那駐屯歩兵第一連隊本部は北京に、同第二連隊は天津ならびにその周辺、軍司令部に直属する戦車隊、騎兵、砲兵連隊、工兵隊も北京、天津両地区の各所に配置された。

この駐屯軍の兵力は防衛庁戦史室にある参謀総長の指示による輸送計画から推算すると四千六百五十人になり、増強前の約二・五倍である。しかし、火力は、前は山砲という比較的弱かったものだけだったのに、こんどは戦車隊と砲兵連隊が加わったのだから、戦闘力は前の三倍から四倍に強化されたといっていいだろう。そして、清水中隊は第三大隊本部と共に豊台に駐屯したのだった。ちなみに、この当時、中国に置かれていた日本軍は、やはり居留民保護という名目で、上海に海軍陸戦隊が約二千五百人配置されていた。

一方、北支における中国側の配置は、通州における殷汝耕の冀東防共政府が約九千人の保安隊を擁していた。冀察政務委員会の方は、これはもともと委員長の宋哲元を軍長とする国民政府第二十九軍を主体とする〝軍閥政権〟であり、北京市長が副軍長の秦徳純、天津市長は第二十九軍三十八師（日本の師団にあたる）長の張自忠、そして、河北省長は三十七師長の馮治安、さらに察哈爾省長は百四十三師長の劉汝明であった。軍人が文官を兼ねていたわけだが、第二十九軍の総兵力は防衛庁戦史室編の「大本営陸軍部（1）」によると「歩兵四個師団、独立旅団三、騎兵師団一、騎兵旅団一で約七万五千人」となっている。

ここで、盧溝橋事件が発生したさい、一応事件の拡大防止につとめた「北京特務機関」の顔ぶれについても触れておいた方がいいだろう。なぜなら、支那駐屯軍は日中（主として冀察政務委員会）間の政治折衝はこの北京特務機関にまかせていたからである。

　前にも述べたが、北京特務機関は、支那駐屯軍の増強と関連して昭和十一年四月に新設された陸軍の機関で、初代機関長には冀察政務委員会委員長・宋哲元ともきわめて親しい間柄にあった中国通の松室孝良少将が当てられた。ところが、松室少将は軍の対中国強硬策に反対して昭和十一年十二月、ソ連通として知られた松井太久郎大佐と交代した。

　このとき、特務機関補佐官となった故寺平忠輔大尉の回想をみる。

「松室機関長は機関の編成に当たり、隷下に顧問部を設け、それを軍事、外交、経済、建設、交通の諸部門に分かち、これを通じて冀察（政務委員会）との提携を緊密に進めることとした。

軍事方面は、元北京陸軍大学兵学教官桜井徳太郎少佐、外務畑から矢野征記氏を、また逓信畑から逓信局長佐谷台二氏が選ばれた。

機関開設に当たって機関長は部下全員につぎのような訓示をしたという。

『われわれは、国家国軍を代表して北京に駐在し、冀察政権の指導を担当することとなった。冀察指導の根本方針を一言にしてつくせば、われわれは全力をあげて彼との親睦提携を図り、彼の腹中にとび込んでこれを日本の味方にひきつけてしまう。これが唯一のねらいである。

四囲の情勢最悪の場合でも、彼をして絶対中立の態度を保たさせなければならぬ。かりそめにも冀察を敵に回すような事態に立ち至ったなら、機関の存在はその意義を失い、われわれの工作はその価値ゼロということになってしまう』」

現在の華北、これはこの前私がいたころ（昭和七年から同十年まで支那駐屯軍付として勤務）の華北とはすっかり様相が変わっている。いやそれどころではない。去年（昭和十一年）第一次北支処理要綱が出たころの空気と、今日の空気との間にすら、もう大変な隔たりがあるではないか。

ことについ先月（昭和十二年二月）の三中全会以後というもの、抗日的空気は駸駸乎として、京津一帯に襲いかかっている。つまり、足元に火がついているのだ。五省連盟（華北五省を連盟させ、親日政権をつくる）の構想など練っている時期ではない。いかにして宋哲元一人を、わが掌中からのがさないようにするかが、北京機関として精いっぱいの仕事なのだ」――

（十四）昭和十一年度华北占领地统治计划书

资料名称： 昭和十一年度北支那占領地統治計畫書

资料出处： JACAR（アジア歴史資料センター）Ref.C01002726200 昭和十三年《陸満機密大日記》第2冊2/2（防衛省防衛研究所）。

资料解说： 该计划书由日本驻屯军司令部炮制，并由驻屯军司令官田代皖一郎于1936年9月23日向陆军大臣呈递。提出应继续准备充足兵力，择机占领河北、山东、山西、察哈尔各地，整备所需铁道等交通条件，制定各项经济措施，并要求规划好占领后的社会统治方式等等。其第一章第四条规定：日军「根据甲乙两种方案的作战行动与占领地统治，均由支那驻屯军司令官统一加以实施」。第五条规定：如果当地现有政权不肯依顺「我军之威力与意图」，「则加以打倒并另立新政权」。该计划书是日军占领丰台兵营后，继续挑动战争，准备侵占华北的重要档案资料。所附「警备兵力」配置、交通线路等图表，充分反映了日军占领华北计划之周密。

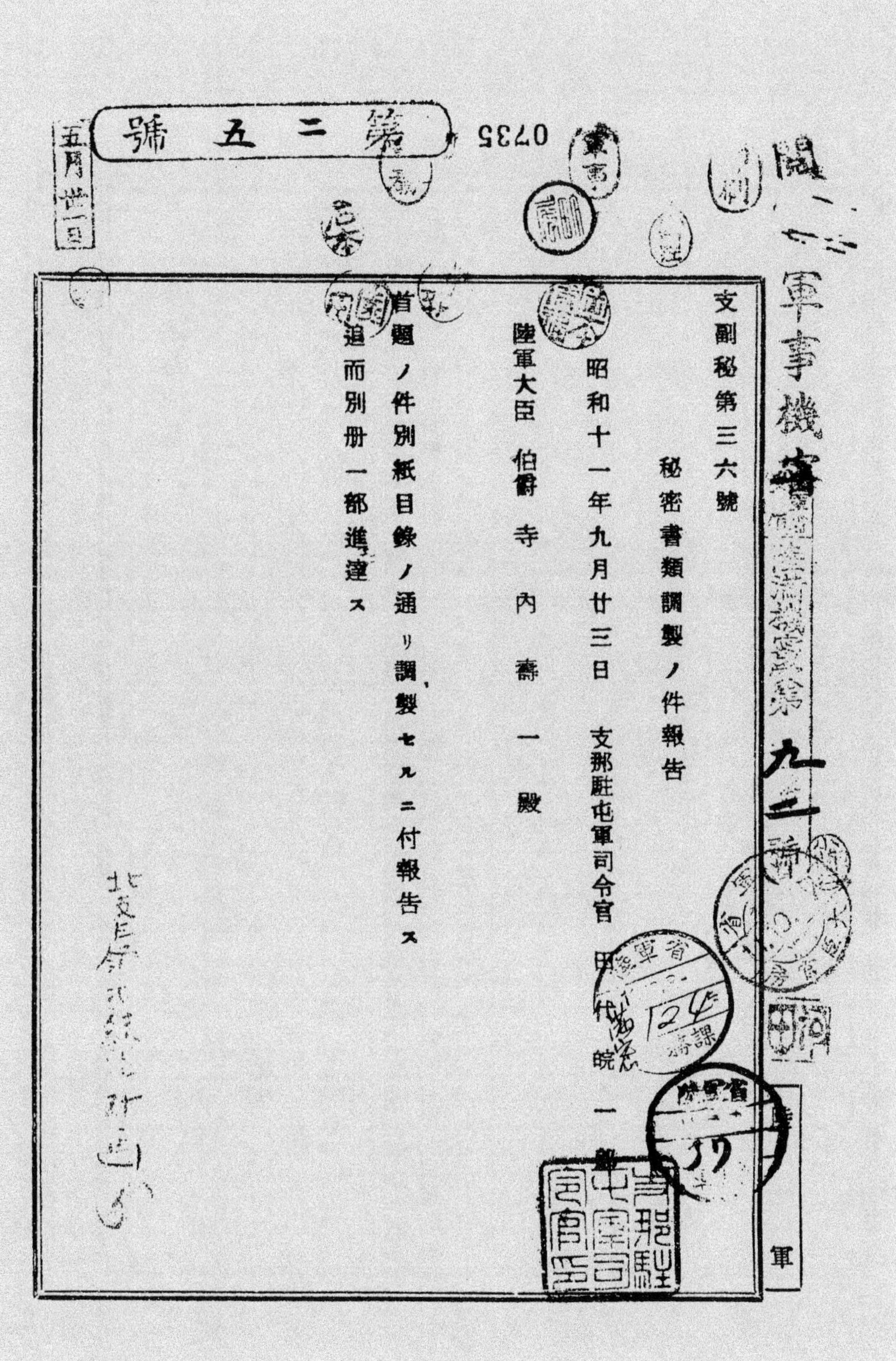

陸軍省受領　陸支密大日記　第二五號　0735

軍事機密　九二

支副秘第三六號

秘密書類調製ノ件報告

昭和十一年九月廿三日　支那駐屯軍司令官　田代皖一郎

陸軍大臣　伯爵　寺內壽一殿

首題ノ件別紙目錄ノ通リ調製セルニ付報告ス

追而別冊一部進達ス

軍事機密

陸軍

秘密書類調製目録

昭和十一年九月廿三日
支那駐屯軍司令部

調製年月日	件名	調製部數	配布區分
昭和十一年九月十五日	昭和十一年度北支那占領地統治計畫書	自第壹號至第〇號	第壹號進達第貳、參、四號參謀本部第五號關東軍第六號上海武官殘部ハ軍保管ス

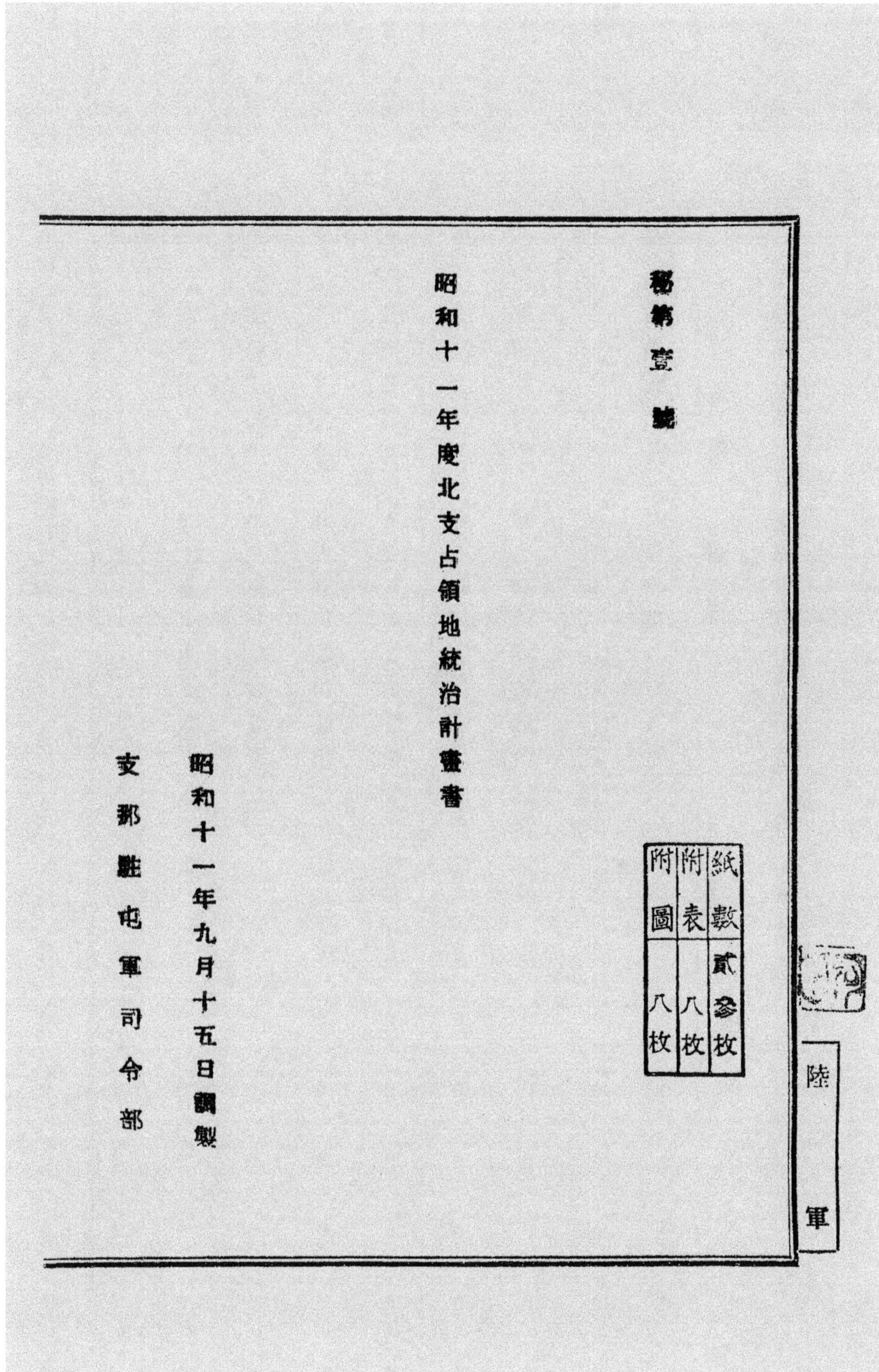
秘第壹號

昭和十一年度北支占領地統治計畫書

紙數 貳參枚
附表 八枚
附圖 八枚

陸軍

昭和十一年九月十五日調製

支那駐屯軍司令部

附表

附圖

陸軍

附圖第一其二　支那軍豫定配置圖（乙ノ場合）

附圖第二其一乃至其四

警備部隊豫定配置要圖

附圖第三　統制スヘキ道路、水路要圖

附圖第四　同　通信網要圖

陸軍

1

昭和十一年度北支占領地統治計畫書

第一章　總則

第一條　本計畫書ハ昭和八年九月參謀本部第二部調製支那占領地統治綱領案（以下綱領ト略稱ス）並昭和九年三月當軍調製北支占領地統治計畫（以下永久計畫ト略稱ス）ニ基キ昭和十一年度ニ應スル年度計畫ニ關スル事項ヲ定ムルモノトス

第二條　本計畫ハ左ノ場合ニ應スルモノトシテ計畫ス

其一甲案

㈠平津地方ヨリ平漢、津浦兩鐵道ニ沿ヒ黃河（隴海線）ノ線ニ向フ作戰ニ伴フ占領地統治

㈡山東出兵ノ場合ヲ顧慮シ膠濟及津浦沿線ヨリ隴海線ニ向

ヲ作戰ニ伴フ占領地統治

㈡平綏及正太沿線ヨリ山西省ニ向フ作戰ニ伴フ占領地統治

其二　乙案

㈠第一線ヲ以テ張家口、北平、天津ノ線附近ヲ守備スル場合ニ於テ其背後地（概ネ現冀東政府管區及外長城線以南察哈爾省中平綏線以北ノ地區）ニ對スル占領地統治

第三條　本計畫書ニ於テハ前條甲案ニ應スル如ク策定シ乙案ニ對シテハ其特異ノ點ノミヲ記載スルモノトス

第四條　本計畫書立案ノ基礎ヲ左ノ如ク想定ス

㈠對手國ハ甲案ノ場合ハ支那、乙案ノ場合ハ蘇支兩國トス

㈡甲乙兩案ノ場合共作戰竝占領地統治ハ支那駐屯軍司令官

5

ニ於テ統一實施スルモノトス

（三）外長城線以北ノ察哈爾省並綏遠省ニハ別個ノ作戰軍行動シ該方面ニ對シテハ該作戰軍ニ於テ別個ニ占領地統治ヲ實施スルモノトス

（四）現存スル北支諸政權ハ作戰行動開始前ヨリ所有手段ヲ盡シ南京政府ト分離シ我意圖ニ服從スル如ク工作スルモ恐ラク冀東政府（情況時ニ有利ナル場合ハ冀察政府）以外ハ我意ニ從フコト無ク我作戰軍ノ前進ニ伴ヒ瓦解シテ一時無政府狀態ニ陥ルモノト豫想ス

陸軍

第二章　統治要綱

第五條　昭和十一年度占領地統治ノ方針ハ速ニ統治地域内ノ治安ヲ確立シ以テ作戰軍ノ兵力節約ヲ期スルト共ニ我國防用資源ノ獲得ヲ容易ナラシメ兼テ滿洲國並内蒙方面ニ作戰スル軍ノ背後ヲ安全ナラシムルニアリ

之レカ爲現存スル支那側政權ハ軍ノ威力ニ依リ我意圖ニ合スル如ク指導シ服從ヲ肯セサルモノハ打倒シテ新政權ヲ擁立シ之ヲ助成シテ安寧秩序ヲ維持セシムルト共ニ我國ヲ中核トスル日滿支經濟「ブロツク」ヲ確立シ不足資源ノ獲得並國內生產品ノ販路擴張等ニ協力セシメ以テ戰爭遂行ニ支障ナカラシムルモノトス（綱領第三）

陸軍

5

第六條　綱領第五ニ示ス押收事務ヲ處理スル爲メ軍司令部ニ押收事務取扱委員ヲ設ク、其編成附表第一ノ如シ

押收スヘキ物件ハ永久計畫附錄第五ニ依ル

第七條　現在ノ北支諸政權中冀東政府ハ其儘持續セシメ冀察並山東省及山西省政府ノ如キモ成ルヘク我意圖ニ從フ如ク工作スルモ成功セサル場合ニ於テハ之ヲ打倒シテ新政權ヲ擁立スルモノトス此場合ニ於テハ一時政治機關ノ作用中絕スルニ至ルヲ以テ軍並各部隊ハ成ルヘク速ニ各地方每ニ臨時治安維持會ヲ設立シテ治安ノ維持ニ任セシメ逐次其內容ヲ改善スル如ク指導シ確實ナルモノハ漸次地方政權ニ擴充セシムルモノトス（綱領六）

陸軍

第三章　要　則

第八條　綱領第十三ニ揭クル占領地統治ニ際シ警備上海軍ト協力スヘキ地域ヲ左ノ如ク豫定ス而シテ警備ニ際シテハ陸上ハ陸軍、海面ハ海軍ニ於テ警備スルモノトス

塘沽港、青島港、秦皇島港

6

陸軍

第四章　統治地域及管區

第一款　統治地域

第九條　統治地域ヲ左ノ如ク定ム（綱領第一六）

甲案

(1)冀察地區

河北省、北平天津兩特別市、外長城線以南ノ察哈爾省、

黃河以北ノ河南省

(2)山東地區

山東省及青島特別市

(3)山西地區

山西省

7

8

乙案

現冀東政府管區並外長城線以東ノ察哈爾省中平綏線（含ム）以北ノ地區

第二款　警備管區及部隊

第十條　統治地域内ニ於ケル警備管區ノ設定區分ハ占領當時ノ情勢ニ依リ軍司令官之ヲ定ムヘキモ其概要ヲ豫定スルコト左ノ如シ（綱領第一七）

(1) 軍カ黄河（隴海線）ノ線ニ向ヒ作戰行動實施間

此場合ニ於テハ作戰初期黄河以東ノ山東省ト其他ノ地區トニ又隴海線ニ進出後ハ山東省ト其他ノ地區トニ兩分シ前者ハ山東上陸師團ノ兵站監（該師團ハ兵站部ヲ有スル

9

モノトス）後者ハ軍兵站監ニ於テ警備ヲ擔任ス

(2)軍カ所命ノ作戰目標ニ到達シ其作戰一段落ヲ告ケ主力ヲ以テ占領地域內ノ各要點ニ駐屯スルニ至レル場合

此場合ニ於テハ警備管區ヲ第十四條ニ掲クル新政權擁立地區ノ區分（冀察地區、山東地區、山西地區）ニ一致セシメ各地區內ニ駐屯スル部隊ノ高級指揮官ヲ以テ警備司令官トス

第十一條　統治ノ爲各警備管區ニ駐屯セシムヘキ我兵力ハ統治開始當時ノ全般的情勢ニ基キ決定セラルヘキモ之ヲ豫定スルコト左ノ如シ（綱領第一九、第二〇）

(1)前條(1)ノ場合

陸軍

軍兵站監並山東上陸師團兵站監ヲシテ兵站所屬ノ後備隊ヲ以テ警備ニ任セシム（所要兵力ハ軍兵站部ニ後備歩兵九大隊、同騎、砲、工兵各二中隊、陣地高射砲六隊、山東上陸師團兵站部ニ後備歩兵三大隊、同騎、砲、工兵各一中隊、陣地高射砲三隊トス）此場合直轄部隊ハ設ケサルモノトス（本計畫書第十八條參照）

(2) 前條(2)ノ場合

當時ノ情況就中軍司令官ノ隷下ニ存置セシメラルル兵力ノ大小並地域內治安維持ノ狀況等ヲ顧慮シ軍司令官之ヲ定ム

第五章　統治機關及新政權ノ指導

第一款　統治機關

第十二條　中央及地方統治部ノ編成ヲ附表第二其一其二ノ如ク豫定ス

第十三條　地方統治部ハ第十條(1)ノ場合ニ於テハ中央統治部直轄トシ同條(2)ノ場合ニ於テハ警備司令官ニ隸屬スルモノトス（綱領第二三）

第二款　新政權ノ指導

第十四條　在來政權ヲ助成シ或ハ新政權ヲ擁立スヘキ地區ノ區分ヲ左ノ如ク豫定シ占領當時ノ現況ニ應シ軍司令官ニ於テ要スレハ適宜變更決定スルモノトス（綱領第二十七）

11

陸軍

12

甲案ノ場合

冀察政府

河北省、北平天津兩特別市外長城線以南ノ察哈爾省並黄河以北ノ河南省ヲ其管區トシ現在ノ冀察政府カ我意圖ノ如ク行動スルトキハ之ヲ以テ統治機關トシ（冀東政府ヲ合併ス）然ラサルトキハ之ヲ打倒シ現冀東政府ヲ擴大シ之ヲ以テ統治機關トナス

政府所在地ヲ北平トス

山東省政府

山東省、青島特別市ヲ以テ山東省政府ノ管區トシ新政權ヲ擁立ス政府所在地ヲ濟南トス

山西省政府

管區ハ山西省一圓トシ新政權ヲ擁立ス

政府所在地ヲ太原トス

乙案ノ場合

概ネ現冀東政府ノ管區並外長城線以南ノ察哈爾省中平綏線以北ノ地區トシ現冀東政府ヲ以テ統治機關トス政府所在地ヲ唐山トス

第十五條　前記甲案ノ場合ニ於テ各地方政權ハ占領地統治開始當初ハ通常之ヲ各個ニ操縱シ情況之ヲ許スニ至リ彼此連衡シテ中央政權ヲ結成セシメ統一指導スルモノトス

13

第十六條　中央政權ノ組織ハ委員制トシ其細部ハ當時ノ情況ニ依

陸軍

リ之ヲ定ム（永久計畫第三〇乃至三四）

第三款　支那軍及其指導

第十七條　中央政權直轄部隊及省防軍ノ兵力編組ハ統治地域ノ一般情勢ニ依リ之レヲ定ムルモ其概要ヲ豫定スルコト附表第三其一ノ如ク其配置ヲ豫定スルコト附圖第一其一其二ノ如シ（綱領第三三永久計畫第四一）

第六章　警備及治安

第十八條　我警備部隊ヲ如何ニ配置スヘキヤハ状況ニ依ルモ其概要左ノ如シ（綱領第三五、第三六）

(1) 第十條(1)ノ場合

此場合ニ於テハ野戰軍ノ背後連絡線ノ確保ニ重點ヲ置キ警備部隊ハ兵站線路（鐵道）ニ沿ヒ分散配置シ以テ鐵道並其沿線附近ノ警備及治安維持ヲ主眼トス

兵力配備ノ豫定附圖第二其一乃至其四ノ如シ

鐵道警備兵力ノ不足ヲ補フタメ使用スヘキ支那側護路隊ノ人員並其補充要領附表第三其二ノ如シ

(2) 第十條(2)ノ場合

此際ハ統治地域全般ノ治安維持ヲ目的トシ左記要旨ニ依リ警備部隊ヲ配置ス

(イ)軍直轄部隊ハ概ネ軍司令部所在地（天津）ニ置ク

(ロ)警備司令官配屬部隊ハ主力ヲ省政府所在地（北平太原、濟南）ニ置キ所要ニ應シ一部ヲ警備管區內ノ重要地點ニ分置ス

(ハ)鐵道ノ警備ハ各警備管區每ニ其管內ニ在ル鐵道ニ對シ日本軍（所要ノ護路隊ヲ屬ス）ヲ以テ警備ス

第十九條　保安ノ爲支那側公安局ニ對スル邦人指導者ノ配置豫定ハ永久計畫第四八ノ如シ（綱領第三八）

第二〇條　占領直後保安ヒ軍ノ採ルヘキ處置ノ概要ハ永久計畫第

17

五二乃至五九ノ如シ

陸軍

陸軍

18

第七章　資源ノ獲得

第廿一條　軍需工業竝資源調達ノ爲軍司令官ニ於テ管理掌握スヘキ工場及事業場竝管理者配當ノ豫定ハ永久計畫附錄第十第十一ニ依ル（綱領第四四）

第廿二條　資源管制ノ要領ハ永久計畫第九八乃至第一〇〇ニ依ル（綱領第四一）

19

第八章　統治費及金融

第廿三條　占領地統治ニ要スル諸經費ハ自給自足セシムルヲ主眼トシ左ノ方法ニ依ルモノトス（綱領第四八）

㈠中央政權並其直轄部隊所要經費ハ鹽稅、關稅、鐵道收入其他從來中央政府ニ收納シアリシ諸稅並借入金、公債ノ發行等ニ依ル諸收入ニ就キ大本營ノ指示ニ依リ之ヲ支辨ス（綱領第五二）

㈡地方政權並省防軍所要經費ハ地方稅ニ依リ支辨ス但シ統治開始當初其他情況ニ依リ地方稅收不足ナル場合ニ於テハ大本營ノ指示ニ依リ前項ノ收入等ヲ以テ補助スルコトアリ（綱領第五三、永久計畫第一一〇）

陸軍

第廿四條　統治地域内ノ資金流出ヲ防止スルタメニ永久計畫第一一四ニ揭クル手段ノ外爲替送金ヲ伴ハサル輸出ノ制限ヲ實施ス（綱領第五四、永久計畫第一一四）

第廿五條　軍金融中樞機關トシテ日本銀行代理店ヲ附表第四其一ノ如ク設置シ尚一般金融回復ヲ速ナラシムル爲ニ朝鮮銀行ヲ進出セシメ其銀行券（金券）ノ流通ヲ圖ルモノトス

第廿六條　支那側金融中樞機關トシテ河北省銀行（乙案ノ場合ニハ冀東銀行）ヲ新政權ノ中央銀行トシ之ヲ中心トシテ金融機構ヲ組成ス

爾餘ノ銀行及發券機關（銀號、錢舖、當等）ノ既發兌換券ハナルヘク速ニ適當ナル交換率ヲ決定シ該銀行ヲ通シ

21

新中央银行券ヲ以テ回收整理ス（綱領第五六）

第廿七條　支那側中央銀行タル河北省銀行（乙案ノ場合ハ冀東銀行）ノ配置ヲ附表第四其二ノ如ク豫定ス（永久計畫第一一七）

陸軍

陸軍

第九章　運輸交通及通信

第廿八條　統治地域内ニ於ケル鐵道ハ軍司令官ニ於テ之ヲ管理ス

（綱領第五八）

右管理ノタメ軍配屬ノ鐵道聯隊長（乙案ノ場合ニ於テハ軍ニ配屬セラルヘキ鐵道關係將校）

「註」軍ニハ甲案ノ場合鐵道一聯隊ヲ、乙案ノ場合ニハ鐵道部隊ノ配屬ナク鐵道關係將校若干ヲ配屬セラルルモノト想定ス」

ヲ長トシ是ニ軍參謀並所要ノ邦人及支那人ノ鐵道職員ヲ屬シ鐵道管理部ヲ設ケ各鐵道ノ運用ヲナサシム

22

第廿九條　統治地域内ニ於ケル鐵道行政ハ現存ノ組織ヲ採用シ各

鐵道管理局ヲシテ軍鐵道管理部ノ命ヲ受ケ業務ニ從事セシム（綱領第五九）

然レトモ第一線ニ近キ鐵道ハ鐵道聯隊（乙案ノ場合ニハ軍工兵隊ノ一部）ヲ以テ運行ニ任セシメ又逃亡其他ニ依ル在來從業員ノ不足ハ內地鐵道及滿鐵等ノ從業員ヲ以テ編成セラルル鐵道管理班ヲ以テ之ヲ補フモノトス

第三〇條　占領鐵道ノ管理系統附表第五ノ如シ

第三一條　軍司令官ニ於テ利用ヲ統制スヘキ主要道路並水路（港灣ヲ含ム）附圖第三ノ如シ（綱領第六〇第六一）

第三二條　軍司令官ニ於テ管理スヘキ主要ナル有線及無線通信並海底線附圖第四ノ如シ（綱領第六二）

24

第三三條 北支ニアル中國航空會社（米支合辦）並歐亞航空會社（獨支合辦）ノ航空ハ中止セシメ之ニ代フルニ日支合辦ノ航空會社（近ク設置セラルル東方航空股份有限公司）ヲ以テス（綱領第六七）

陸軍

第十章　立法及司法

第三四條　立法及司法ニ關シテハ永久計畫第一五八乃至一六七ニ依ル

第三五條　軍法會議、同分廷並軍事法廷ノ設置ヲ豫定スルコト左ノ如シ

軍軍法會議　天津（乙案ノ場合ハ北平）

同　分廷　各師團司令部所在地（乙案ノ場合ハ設置セス）

軍事法廷　北平、濟南、太原（乙案ノ場合ハ唐山）

第十一章　外事

第三六條　占領地統治ニ關スル一切ノ涉外業務ハ中央統治部内ニ設クル外事部ヲシテ之ヲ處理セシムルモノトス（該部ハ兼ネテ支那側政權ノ涉外事務ヲ指導監督スルモノトス）

（綱領第七三、本計畫書第十二條）

第三七條　綱領第七四ニ掲クル中立國權益ノ回收ニ當リテハ國際紛争ヲ惹起セシメサル如ク考慮スルモノトス尚統治地域内ニ居住スル中立國ノ官民ニ對シテハ之ニ十分ナル保護ヲ與フルモノトス

第三八條　蘇聯ノ國籍ヲ有スル者並蘇聯ニ好意ヲ有スル中立國官民ニ對シテハ十分ナル監視ヲ行ヒ要スレハ之ニ退去ヲ命

陸軍

27

シ以テ其間諜的行爲ヲ阻止スルモノトス

陸軍

28

第十二章　宣撫

第三九條　占領地ニ於ケル言論統制ノタメ日本同盟通信社ヲ以テ內外通信ノ中核ヲ成形セシムルト共ニ現在ノ漢字新聞中左記ノモノヲ以テ軍ノ機關紙トシ宣傳及宣撫ニ用フルモノトス（乙案ノ場合ニハ天津、北平及唐山トス）（綱領第七八）

天津　庸報　益世報

北平　新興報　北京商報

濟南　山東民國日報

青島　大青島

太原　太原日報

29

唐山（乙案ノミ）　唐山工商日報

英字新聞ハ現存スルモノハ英米系統ニシテ之ヲ買收セシトスルモ應スル見込尠キヲ以テ占領地統治ニ際シ天津（乙案ノ際ハ唐山）ニ新ニ創刊スルモノトス

第四〇條　右ノ外宣撫及宣傳ニ關シテハ永久計畫ニ依ル

30

第十三章　其他

第四一條　警察、殖産興業、教育、宗教及衛生ニ關シテハ永久計畫ニ依ル

陸軍

附表第一

押収事務處理委員編成表

区分	所属	人員
委員長	軍副官部	高級副官　一
委員	参謀部第三課	参謀　一
		部附　一
	調査班	主計(正)　一
	經理部	主計(正)　一
	軍倉庫	主計(正)　一
附屬	參謀部	書記　二
		通譯　二
	經理部	計手　一
	軍倉庫	計手　一
備考	一、本委員ハ編成ハ一時的ニシテ委員ハ全部兼務トス	

附表第二其一

中央統治部編成表

軍

中

總務部		
庶務課	會計課	立法課

内政部					
財政課	治安課	交通課	商工課	農礦課	宣專課

編成要領

一、中央統治部長ハ松室少将トシ現在ノ松室公館ノ人員ヲ之ニ屬ス

二、各部ノ部長ハ現在ノ冀察及冀東政府顧問又ハ駐屯軍司令部顧問ヲ以テ之ニ充テ各課長並ニ課員ハ前記顧問ノ残余及満鉄

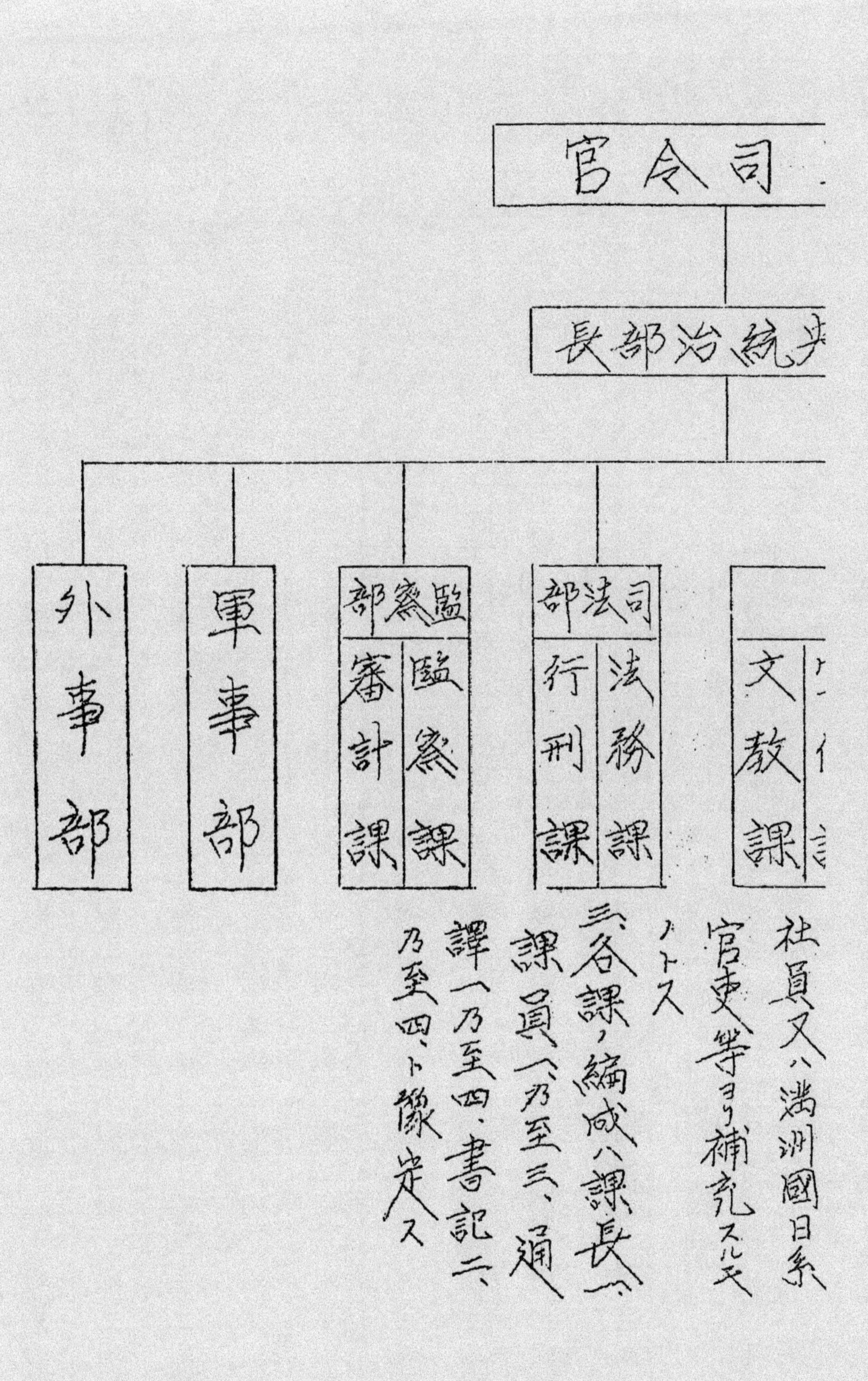
司令官
統治部長
外事部
軍事部
監察部
監察課
審計課
司法部
法務課
行刑課
文教課
社員又ハ満洲國日系官吏等ヨリ補充スルモノトス
三、各課ノ編成ハ課長一、課員一乃至三、通譯一乃至四、書記二乃至四ト豫定ス

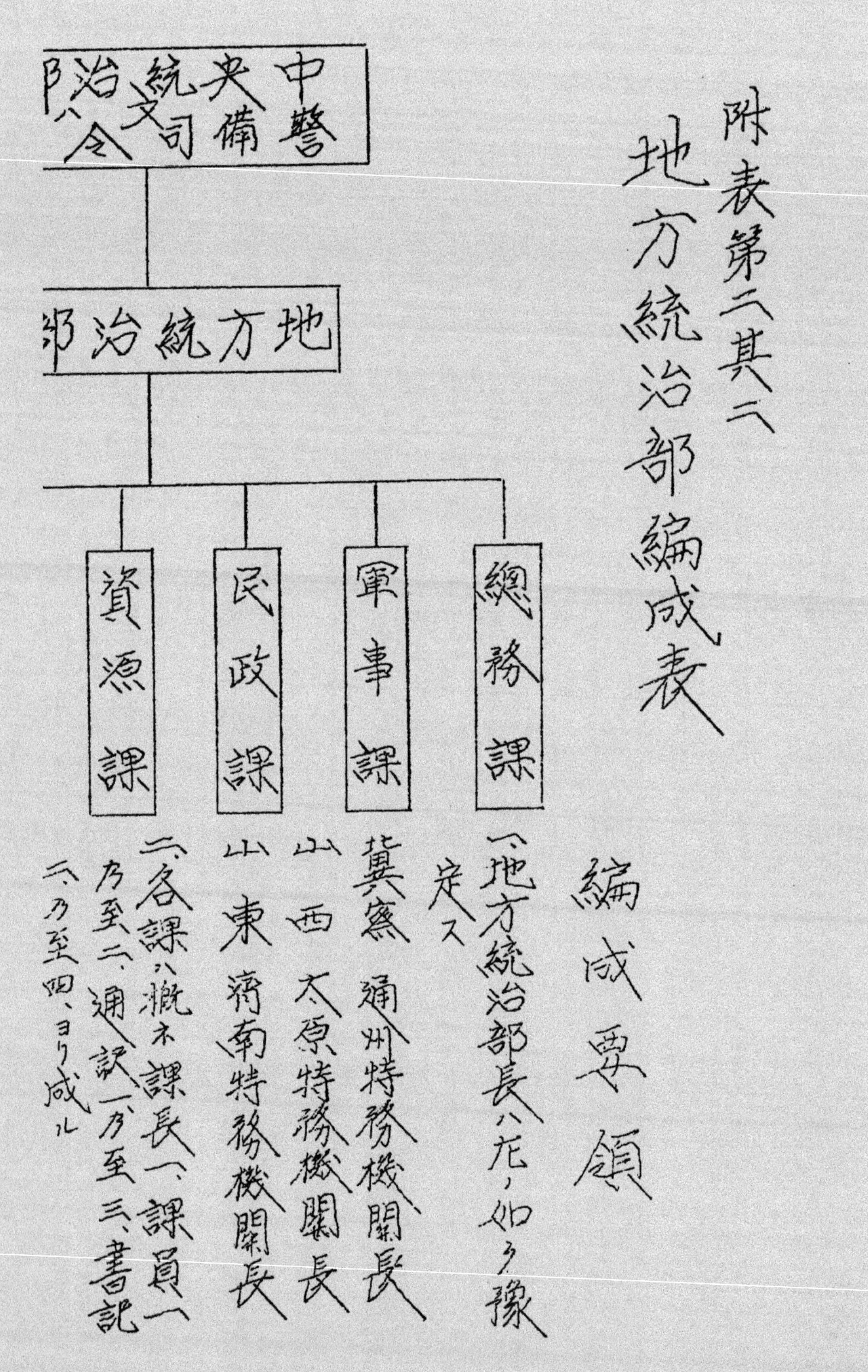

附表第二其二

地方統治部編成表

中央統治部ハ警備司令

地方統治部

總務課　軍事課　民政課　資源課

編成要領

一、地方統治部長ハ左ノ如ク豫定ス

冀察　通州特務機關長

山西　太原特務機關長

山東　濟南特務機關長

二、各課ハ概ネ課長一、課員一乃至二、通訳一乃至三、書記二乃至四、ヨリ成ル

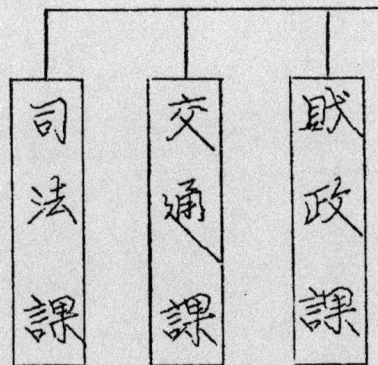

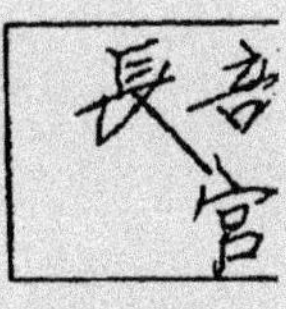

長

民政課

交通課

司法課

三、課長及課員ハ満鉄社員満洲國日系官吏等ヨリ補充スルモノトス

四、乙案ノ場合ニ於テハ地方統治部ヲ設ケス現在ノ縣顧問タル日本人ヲシテ各縣ノ指導ヲナサシム

附表第三其一

中央政權直轄部隊並省防軍兵力編組概要表

方針

一、日本軍ノ指導援助ノ許ニ兵匪ヲ討伐シ叛乱分子ヲ抑ヘ以テ治安ヲ維持シ交通線ヲ警備スルヲ以テ目的トス
二、兵力ハ目的達成ノ最少限トシテ大体ノ標準ヲ現在各省ニ在ル支那兵力ノ1/3乃至1/4トス
三、兵種ハ目的ニ鑑ミ歩兵ヲ主トス

区分		歩兵	騎兵	砲兵	摘要
中央政權直轄部隊		二旅	一團	一團	一、冀東政府ノ教導總隊ハ一旅トシテ上記ノ兵力中ニ含ミアリ
省防軍	冀察	九旅			一、冀東政府ノ保安四總隊ヲ四旅トシテ上記ノ兵力中ニ含ミアリ
	山西	八旅			
	山東	五旅			

備考

一、歩兵旅ノ編成ハ現冀東保安總隊ノ編成ニ準ス。但シ大隊ハ四大隊トス（大隊四 MG IA 各一中 人員約三千人）
二、騎兵一團ハ四中トス
三、砲兵一團ハ二大隊（六中）トシ野（山）砲二十四門トス
四、旅（團）及大隊ニハ満洲國軍ノ要領ニ依リ日本軍將校又ハ下士官ヲ附シ指導監督スルモノトス
五、乙案ノ場合ニ於テハ直轄部隊、省防軍ヲ合シテ保安五總隊トス

附表第三其二

支那鐵道護路隊所要人員並補充要領表

線路名	區間	平時護路隊人員 人員	平時護路隊人員 一粁當リ人員	戰時残留豫想人員 平時トノ比	戰時残留豫想人員 人員	戰時所要人員	戰時過不足數	補充ヲ要スル人員
北寧	北平—山海關	2,000	4.7	3/4	1,500	1,500	±0	約四千人
膠濟	青島—濟南	1,840	5.0	2/3	1,200	1,500	−300	
平綏	北平—豐鎮	750	1.8	1/2	370	1,500	−1,130	
津浦	天津—韓庄	1,880	3.0	1/2	900	1,500	−600	

平漢	正太
北平—黄河	石家荘—太原
2.000	96
3.0	0.4
1/2	1/2
1.000	50
1.500	1.500
—500	—1.450

戰時補充要領

一、不足四千人ハ冀東政府ノ第一乃至第四總隊（各〻六大隊ノ三千人）中ヨリ各二大隊（千人）宛選抜抽出シテ之ニ充ツルモノトス

備考

一、本表ノ戰時所要人員ハ附圖第二其四ノ配備ニ於ケル所要人員トス

二、本表ノ護路隊ハ日本軍守備大（中）隊ニ配屬シ其ノ指揮ノ許ニ服務スルモノトス

附表第四其一

軍金融中枢機関設置豫定表

軍金融中枢機関設置豫定表
北平、天津、青島、太原、張家口、済南、通州、（甲案ノ場合）
北平 天津、唐山、（乙案ノ場合）

備考
一、日本銀行代理店ハ正金銀行支店ヲ以テ之ニ充ツ 二、正金銀行ハ目下天津、北平、青島ニ支店ヲ有シ日銀ノ代理ヲナシアリ

附表第四其二

支那側中央銀行配置豫定表（甲案ノ場合）

	豫定位置	区分
河北省	北平	本店
	天津、唐山、秦皇島、塘沽、通州、保定、石家庄	支店
	滄州、南宮、大名、昌黎	出張所
山東省	青島、濟南、芝罘、滋陽、淄川	支店
	濰縣、臨沂、龍口、臨清	出張所
山西省	太原、大同、洪同、運城、澤州	支店
	離石、平定、襄垣	出張所
察哈爾省	張家口	支店
	懷来	出張所

河南省	新郷、彰徳	支店
	道口鎮	出張所
備考	（中央銀行ハ河北省銀行トシ冀東銀行ハ之ニ合併スルモノトス	

支那側中央銀行配置豫定表（乙案ノ場合）

豫定位置		区分
河北省（冀東地区）	唐山	本店
	秦皇島、塘沽	支店
	昌黎	分庫

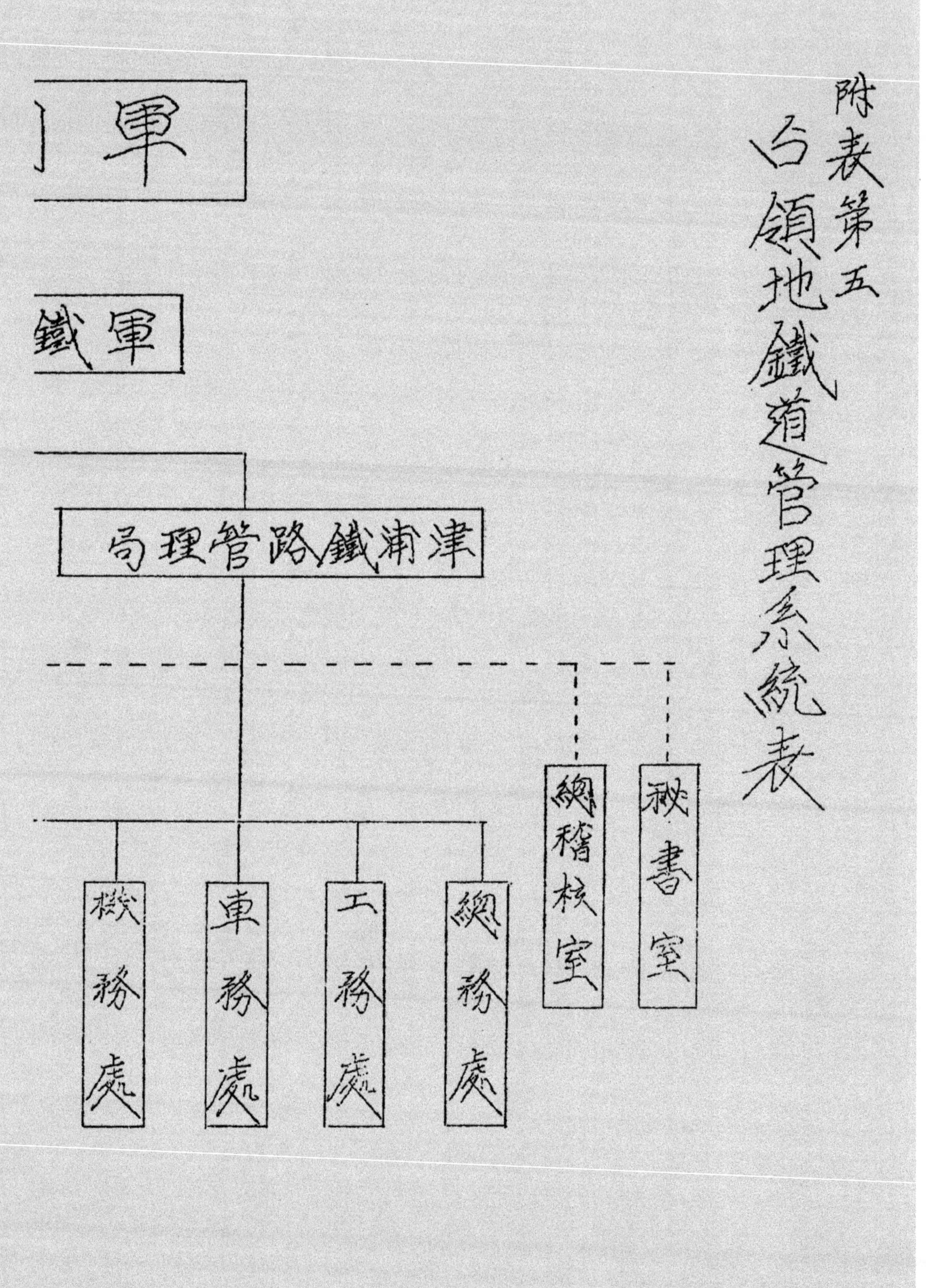
附表第五
占領地鐵道管理系統表
軍
鐵軍
津浦鐵路管理局
秘書室
總稽核室
總務處
工務處
車務處
機務處

官令司

部理管道

天津辦事処ヲ以テ管理局トナス

會計處

各種委員會

平漢鉄路管理局（駐平辦事処ヲ以テ管理局トナス）

北寧鉄路管理局（天津）

平綏鉄路管理局（北平）

膠済鉄路管理局（青島）

正太鉄路管理局（石家莊）

同蒲鉄路管理局（太原）

備考

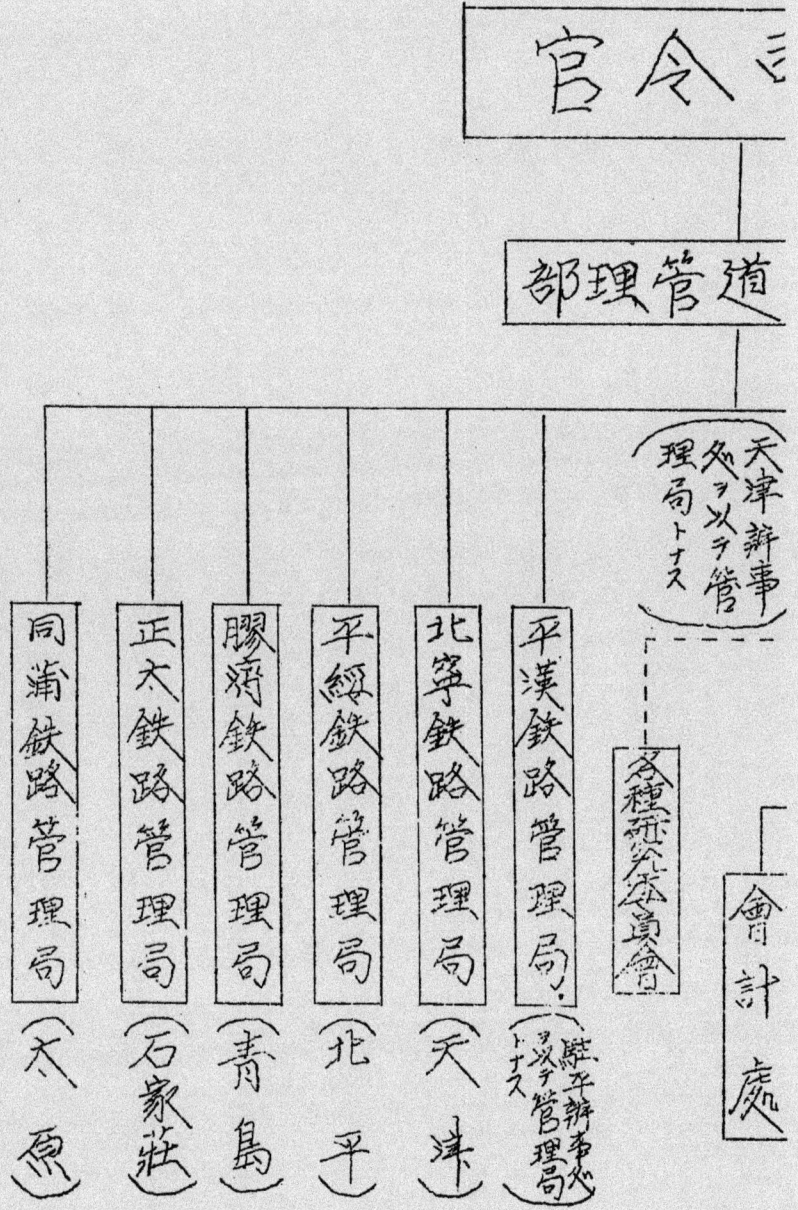

一、津浦線以外ノ管理局内ノ区分モ概ネ津浦線ノモノニ同シキヲ以テ省略シアリ

二、處内ノ各課ノ区分ハ之ヲ省略ス

分割撮影ターゲット

分割した部分の撮影順序	7 8 9 4 5 6 1 2 3
分割撮影した理由	A３判以上のため

上記のとおり分割撮影したことを証明する

8 年 12 月 10 日

主務者又は

撮影立会者　坂根嘉和（印）

附圖第一 其一

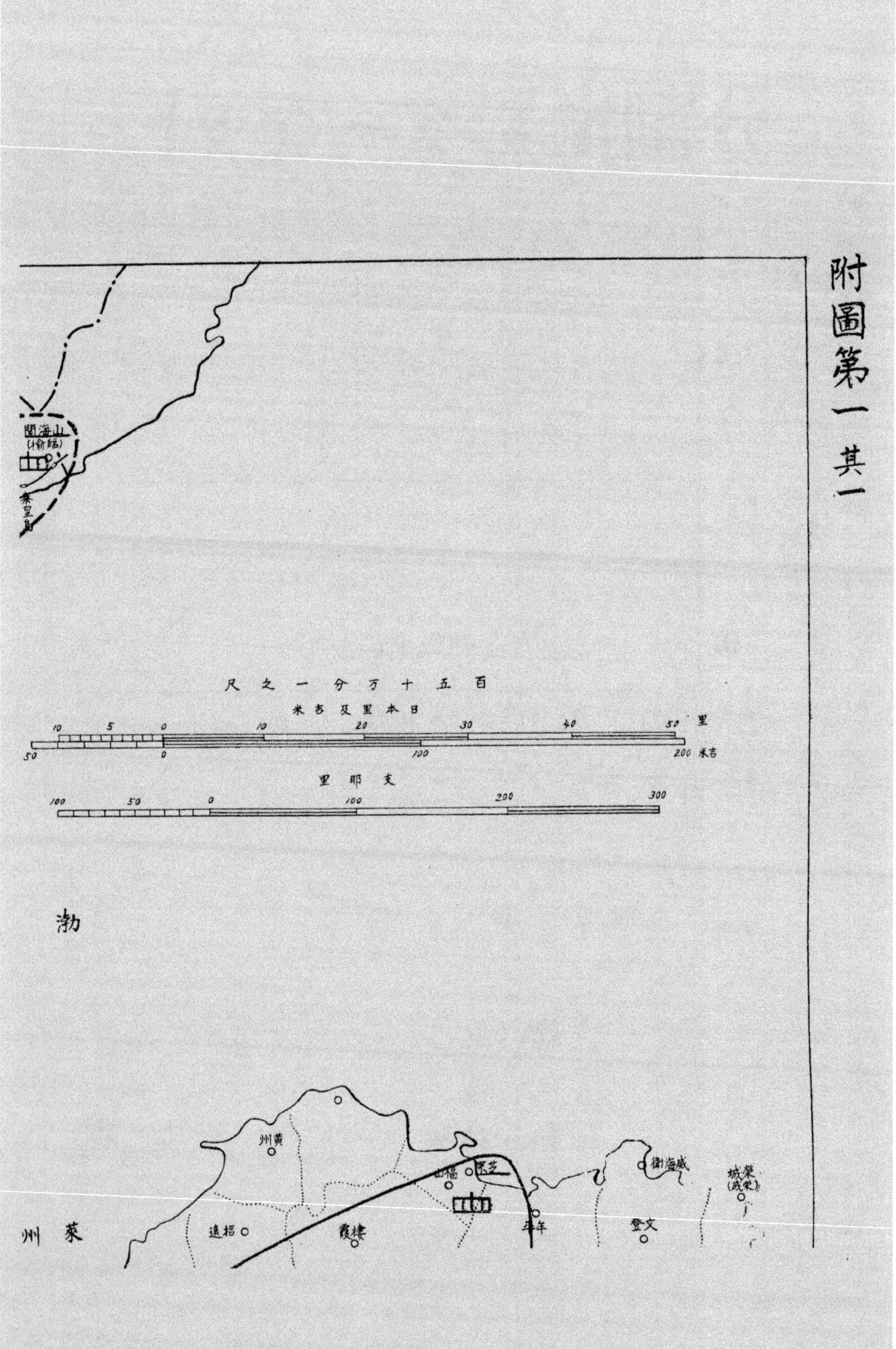

山海關
秦皇島
百五十万分之一尺
日本里及吉米
10 5 0 10 20 30 40 50 里
50 0 100 200 吉米
支那里
100 50 0 100 200 300
渤
萊州
黃州
福山
芝罘
威海衛
榮城
(成榮)
招遠
棲霞
牟平
文登

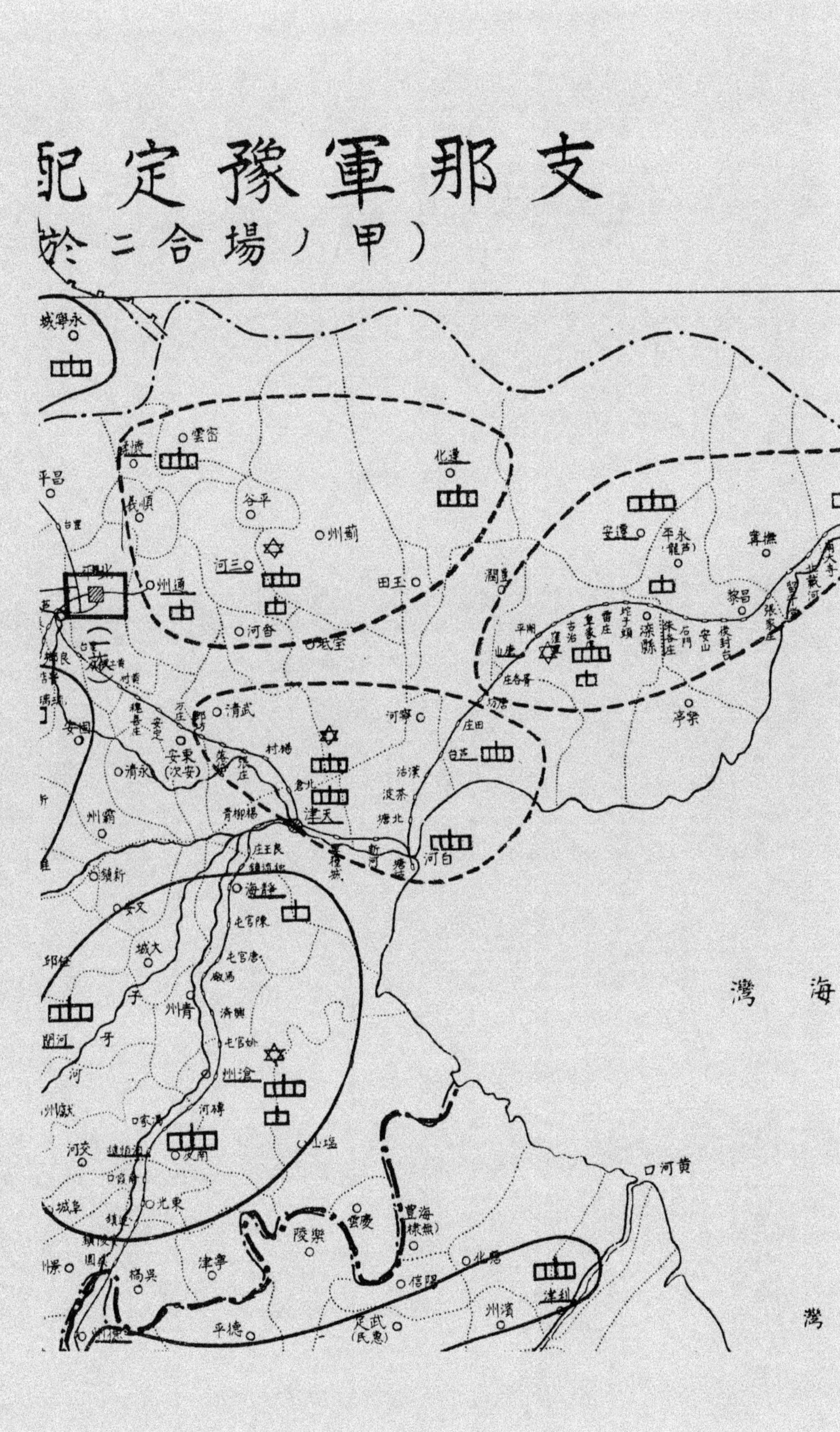
支那軍隊定配
（甲ノ場合ニ於
海灣
黃河口

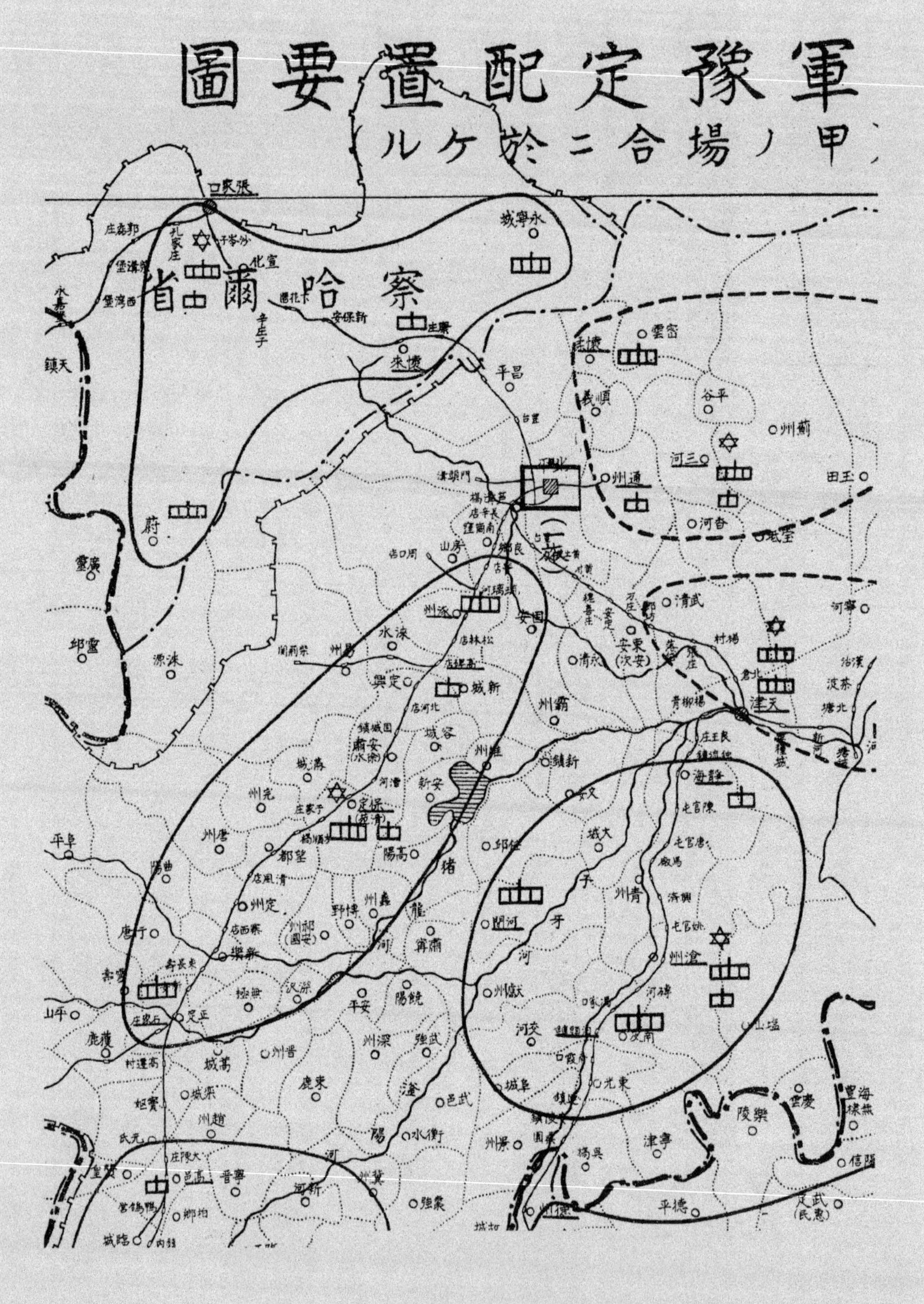
軍豫定配置要圖
(甲ノ場合ニ於ケル)
察哈爾省
張家口

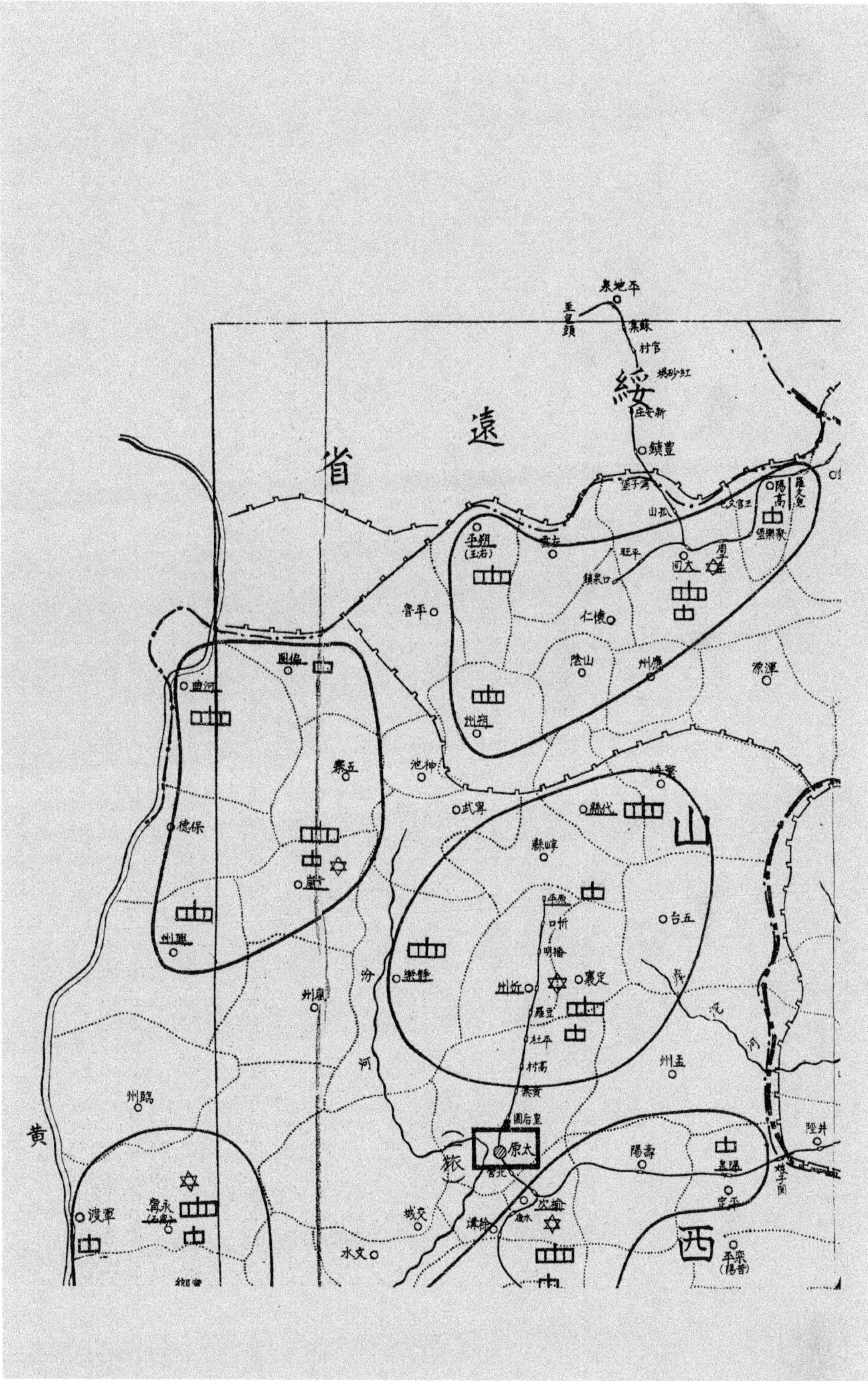
綏
遠
省
山
西
黄

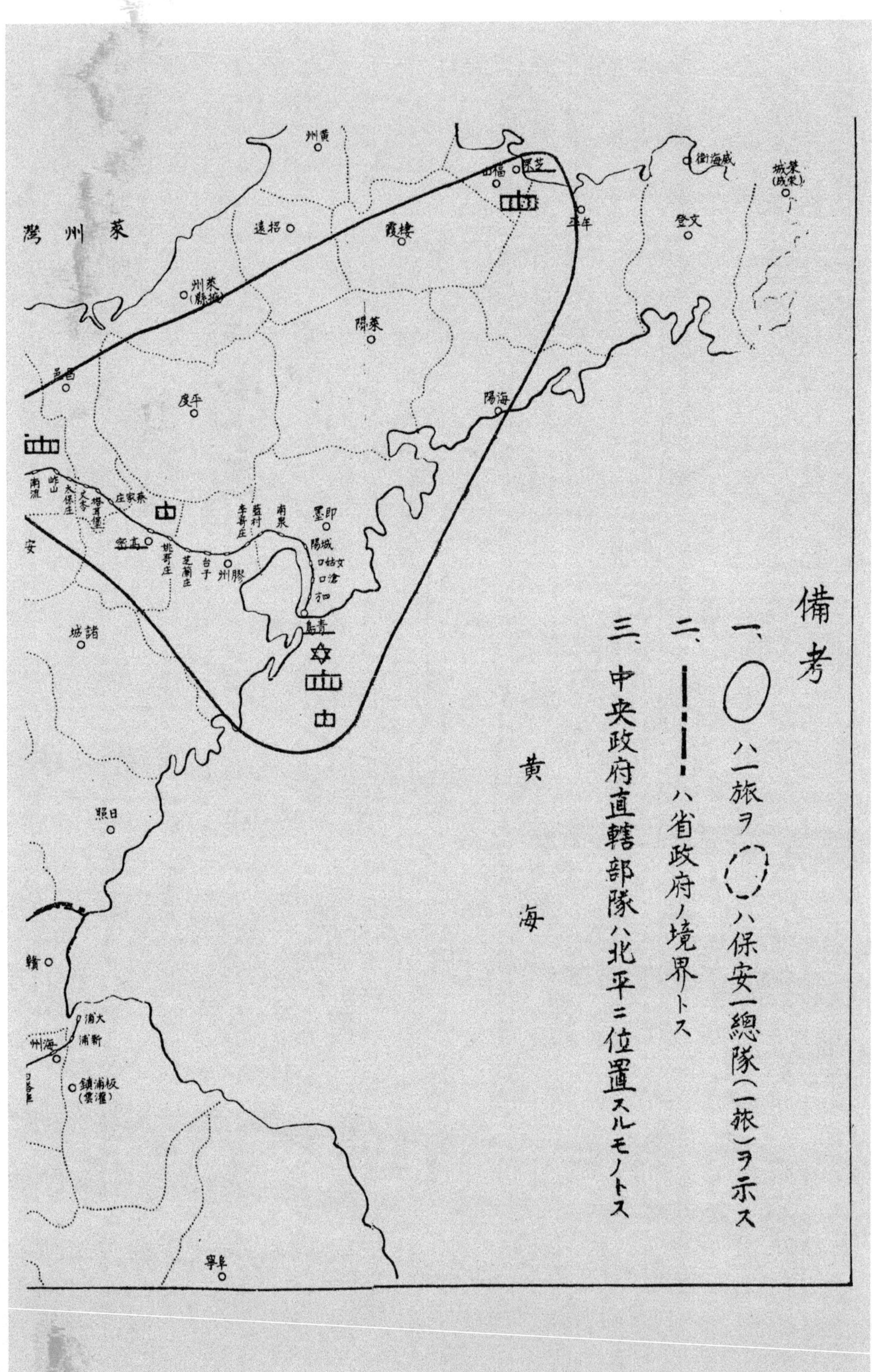
萊州灣
黄海
備考
一、〇ハ一旅ヲ〇ハ保安一總隊（一旅）ヲ示ス
二、—·—ハ省政府ノ境界トス
三、中央政府直轄部隊ハ北平ニ位置スルモノトス

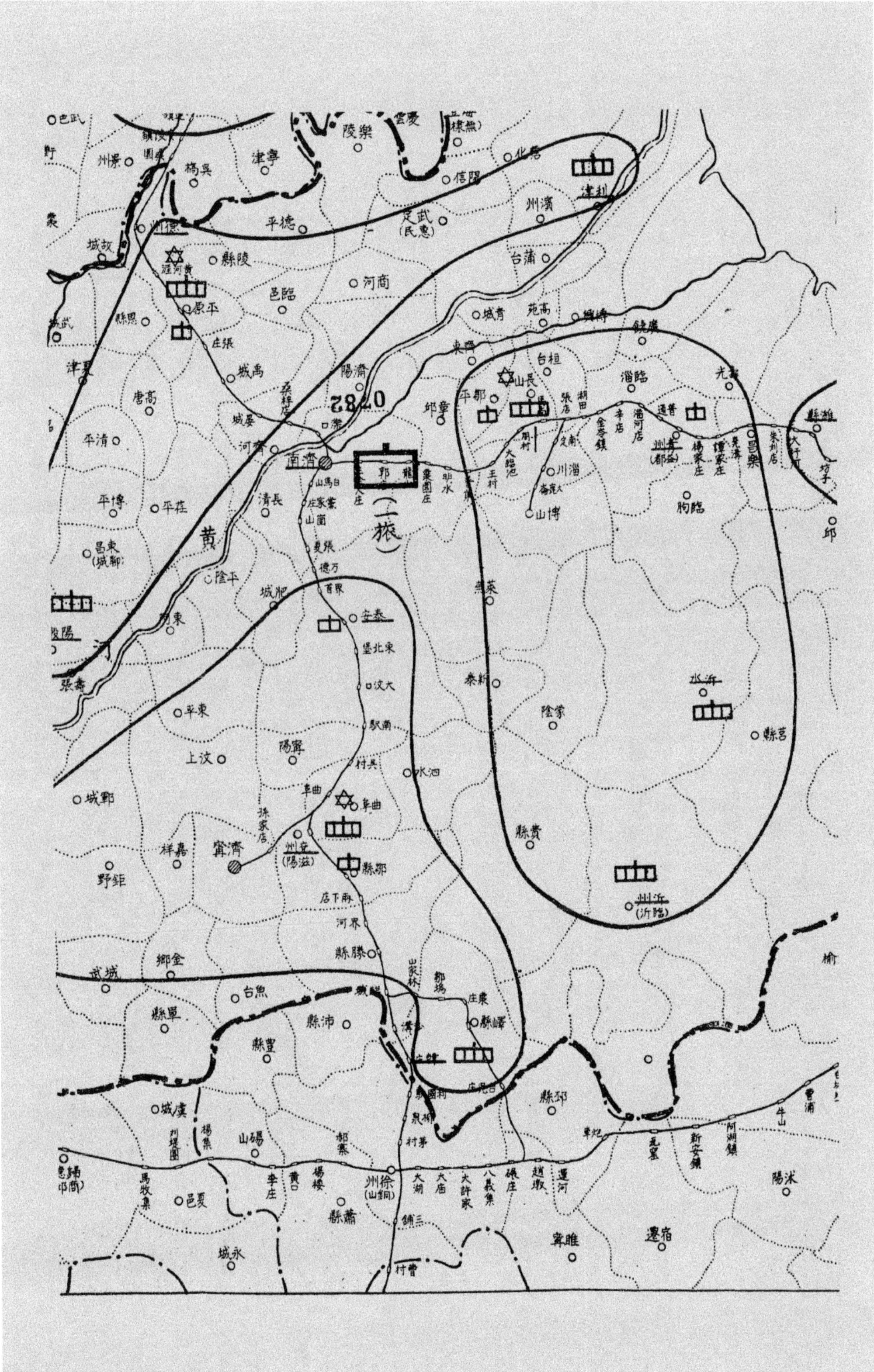

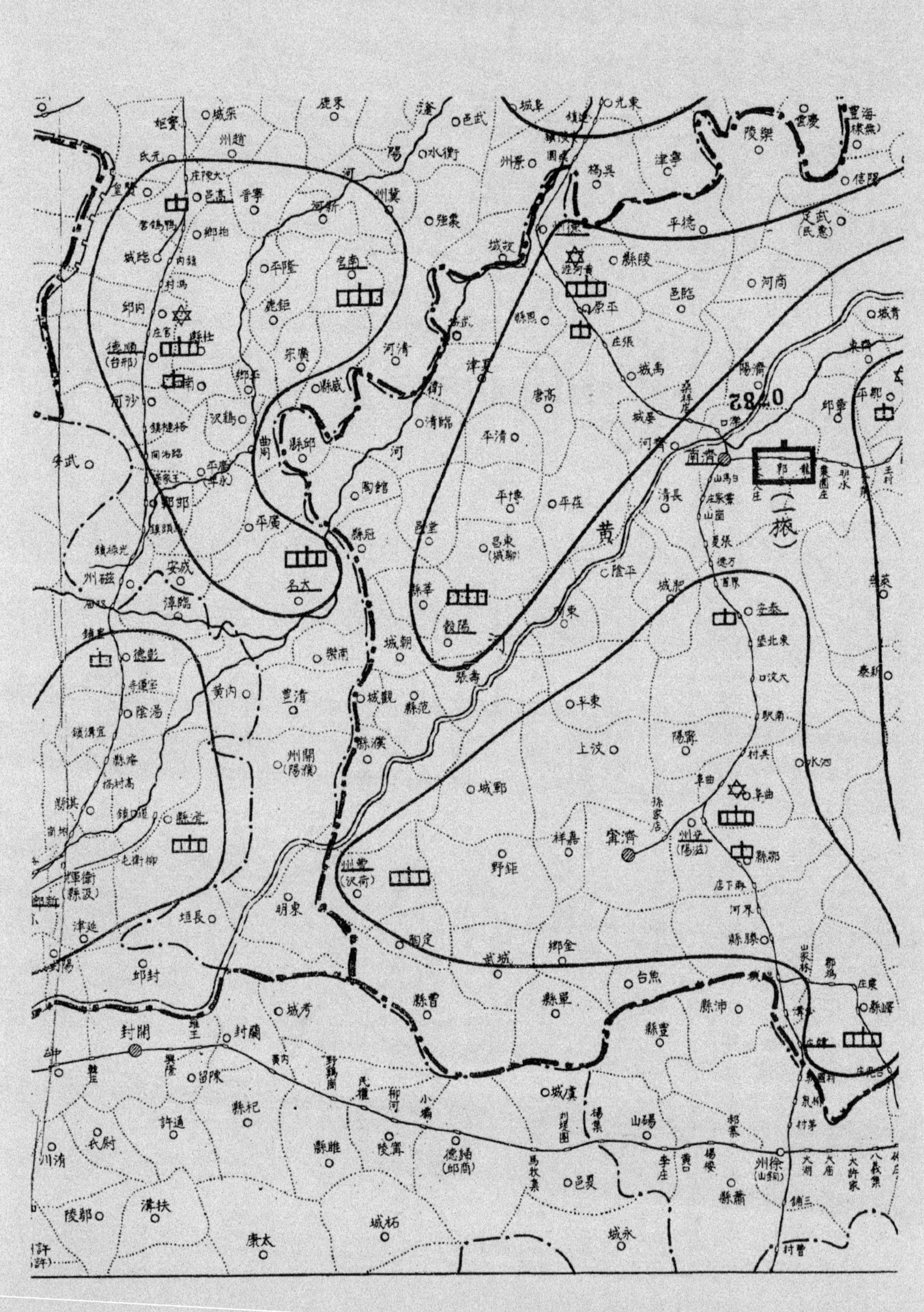

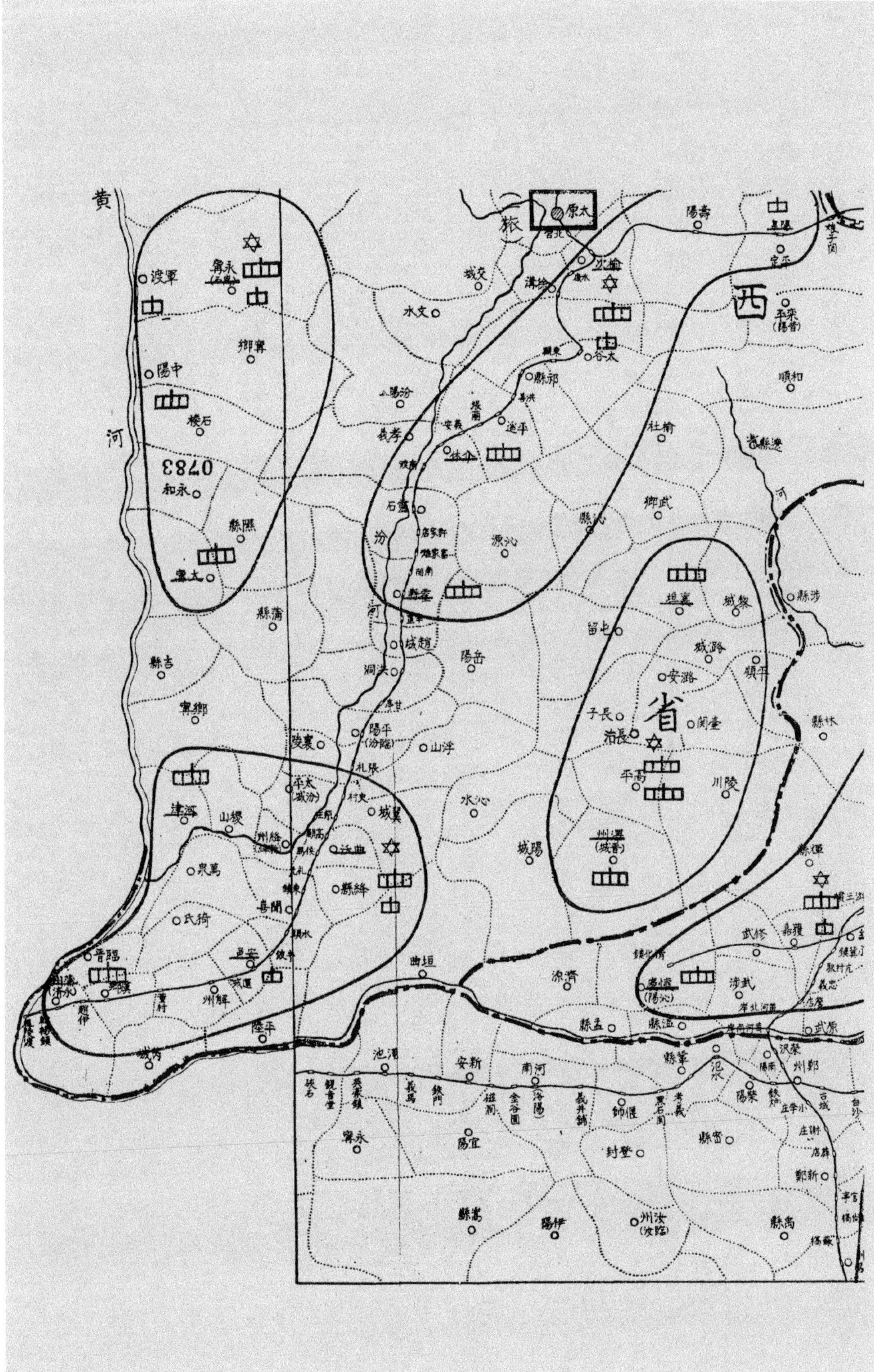
黄
河
西
省
0783

附圖第一其一

分割撮影ターゲット

分割した部分の撮影順序	5 6 3 4 1 2
分割撮影した理由	A３判以上のため

上記のとおり分割撮影したことを証明する

8 年 12 月 10 日

主務者又は

撮影立会者　坂根嘉和（印）

附圖第一其二

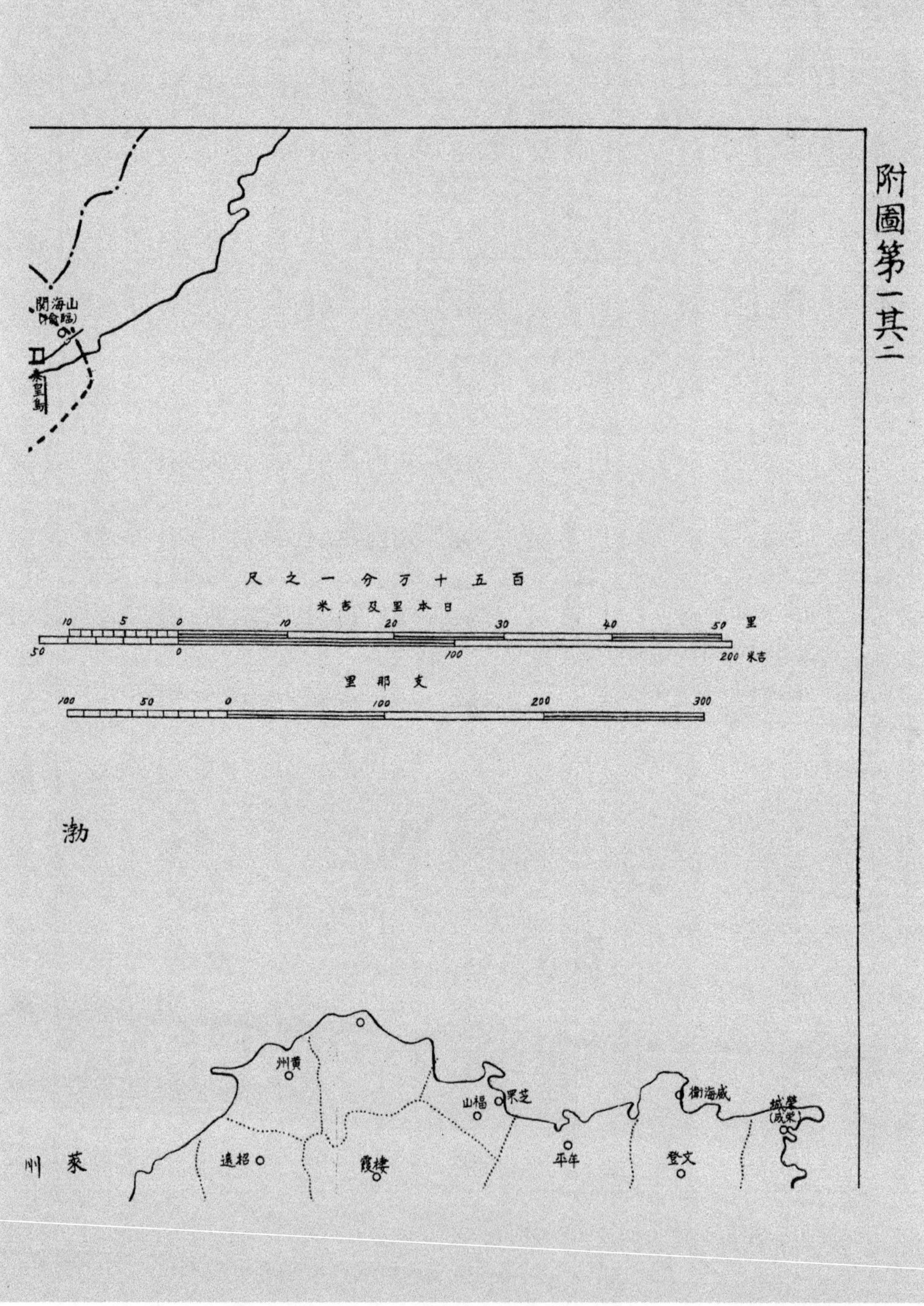
山海關
(榆臨)
秦皇島
百五十万分之一尺
日本里及吉米
10 5 0 10 20 30 40 50 里
50 0 100 200 吉米
支那里
100 50 0 100 200 300
渤
黄州
芝罘
福山
威海衛
壁城
(成榮)
萊州
招遠
棲霞
牟平
文登

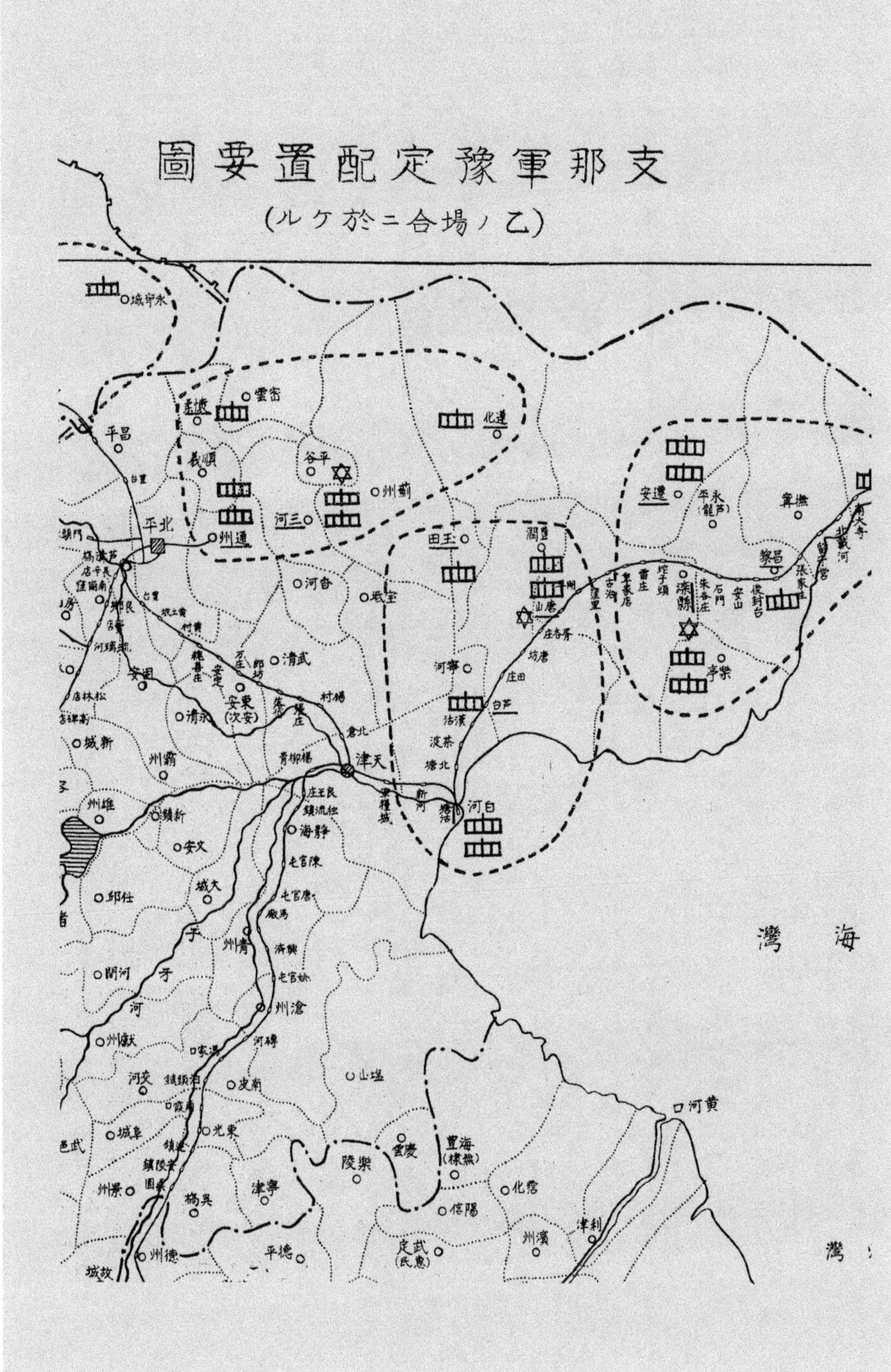
支那軍豫定配置要圖
（乙ノ場合ニ於ケル）

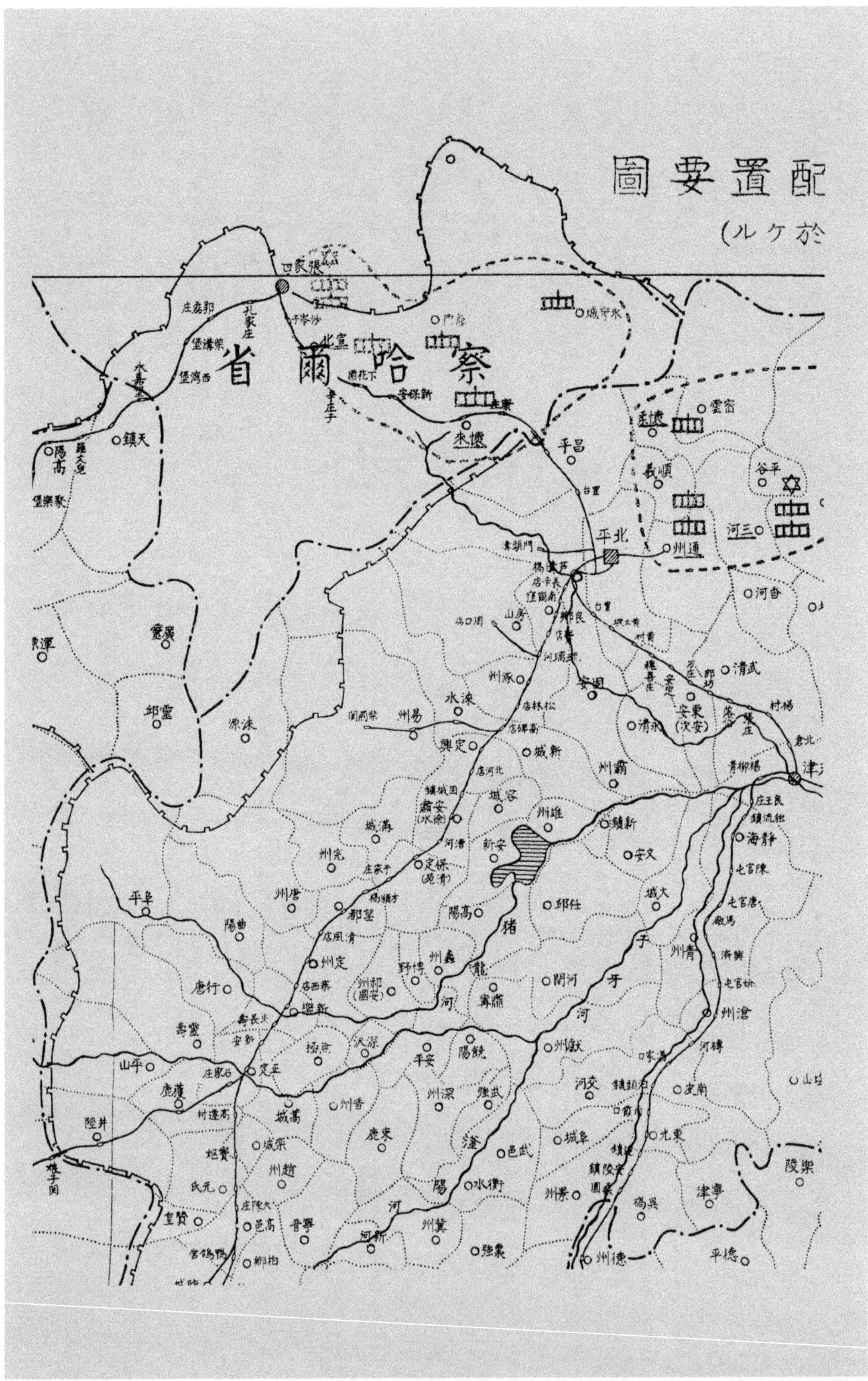
配置要圖
於ケル(
察哈爾省
張家口
北平
天津

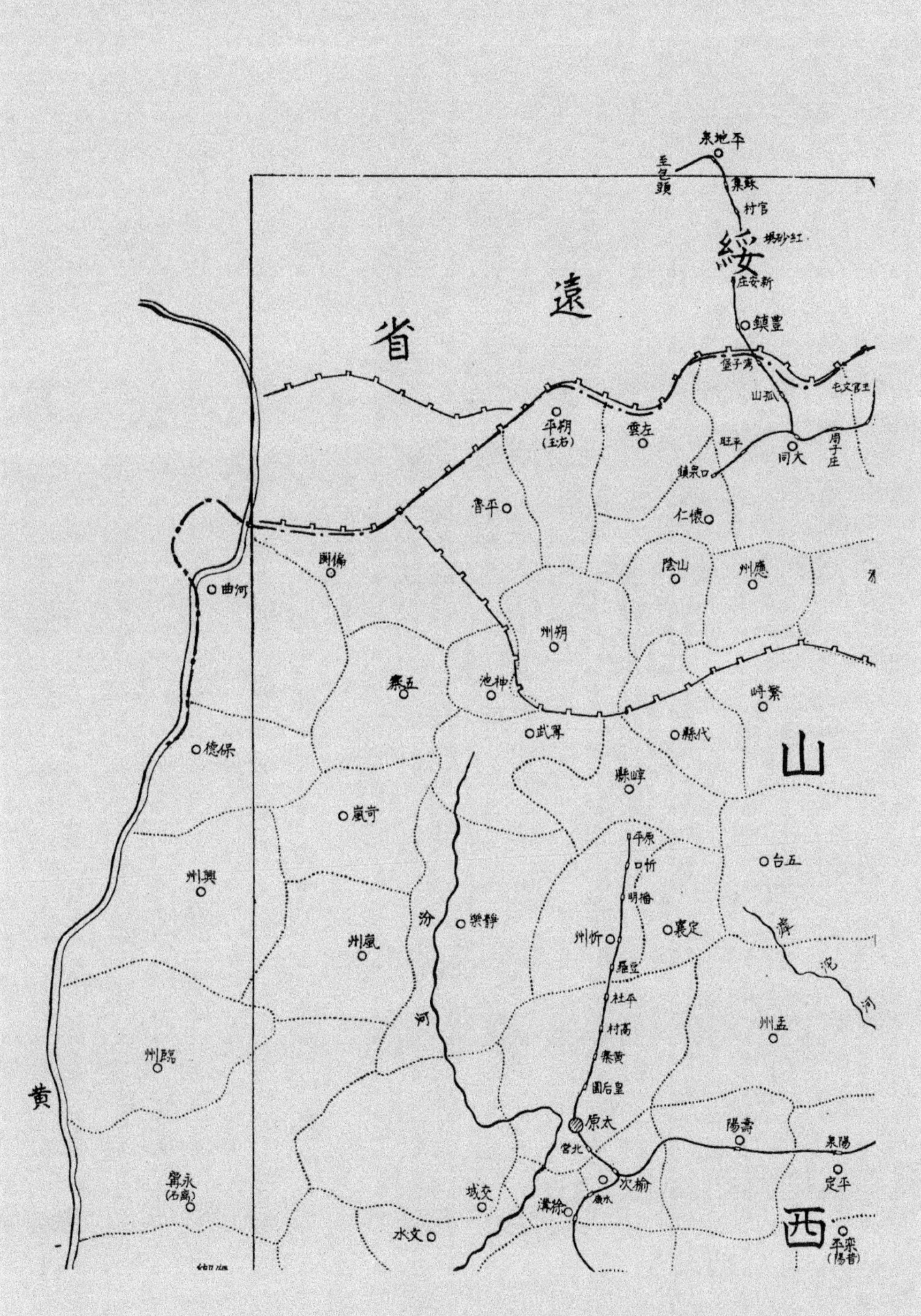
綏
遠
省
山
西
黃
汾
河

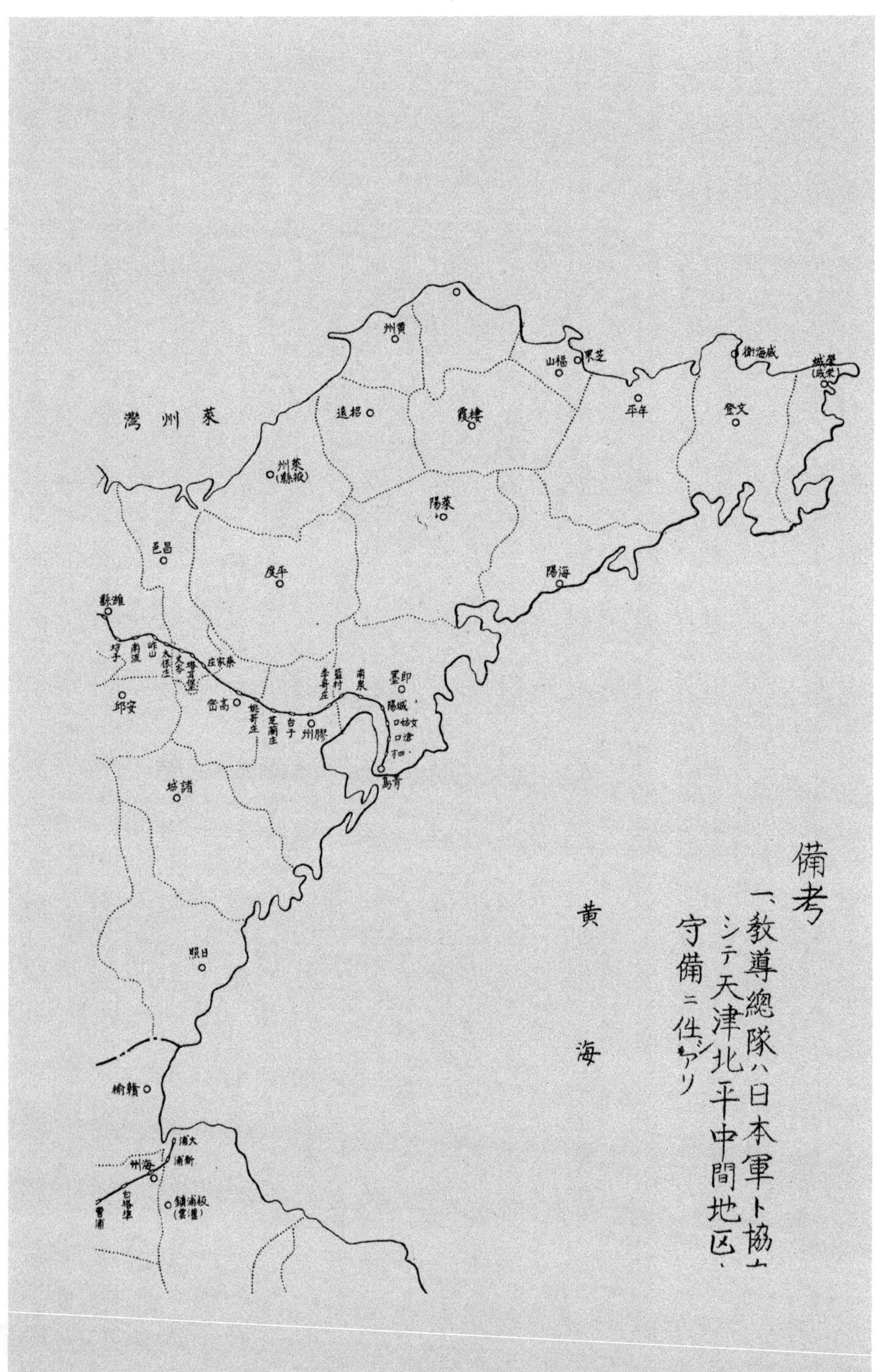
萊州灣
黃縣
招遠
棲霞
福山
芝罘
牟平
威海衛
文登
萊州
萊陽
昌邑
平度
海陽
濰縣
安邱
高密
膠州
即墨
青島
諸城
日照
黃
海
備考
一、教導總隊ハ日本軍ト協力シテ天津北平中間地区ノ守備ニ任ジアリ

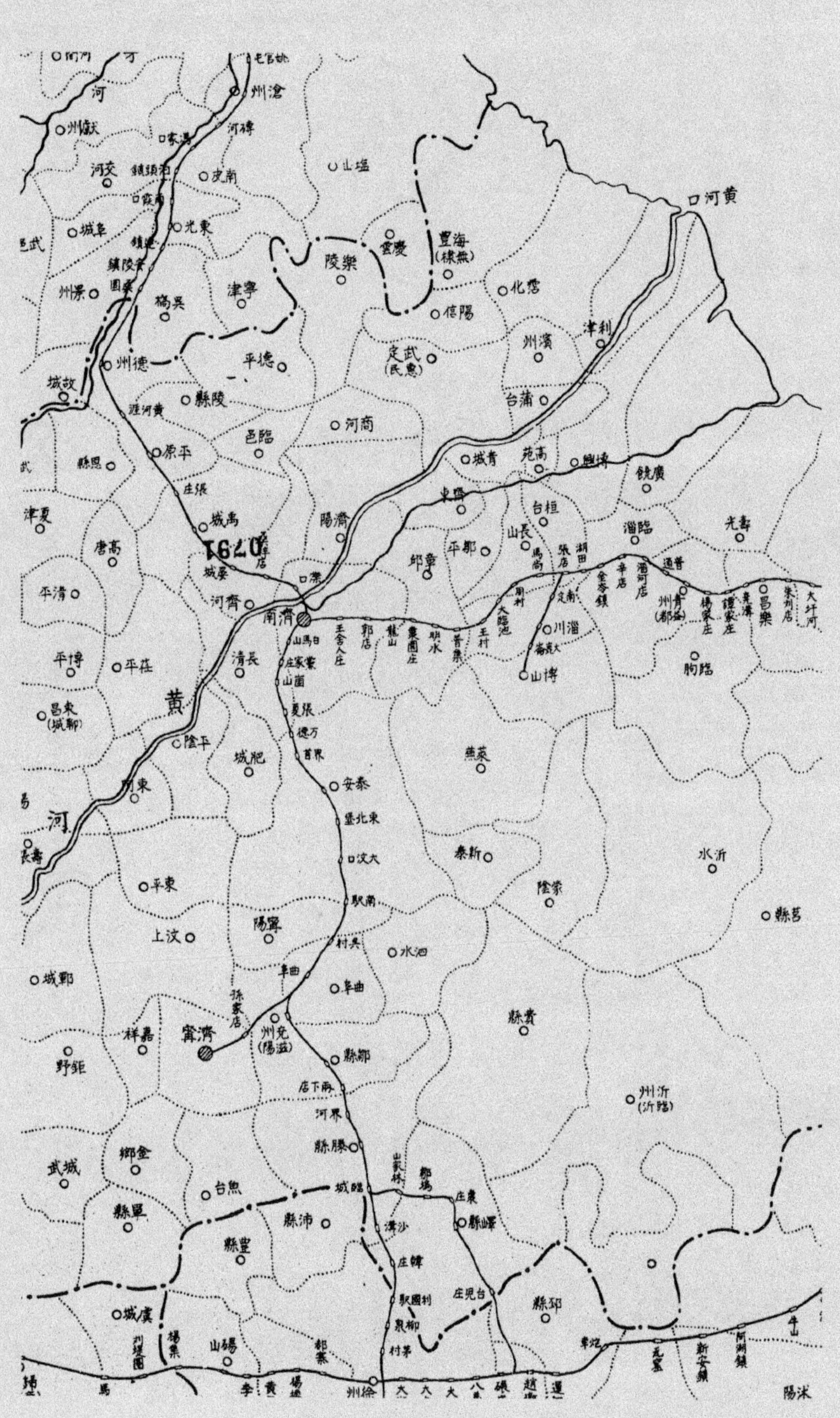
州滄
口河黃
陵樂
慶雲
津利
州濱
州德
縣陵
平德
河商
邑臨
南濟
陽濟
安泰
城肥
平東
上汶
陽寧
水泗
阜曲
寧濟
縣鄒
縣滕
縣沛
縣豐
縣單
武城
鄉金
城廣
州徐
州沂
水沂
縣莒
縣費
泰新
陰蒙
蕪萊
山博
川淄
淄臨
饒廣
光壽
樂昌
昫臨
河黃
T620

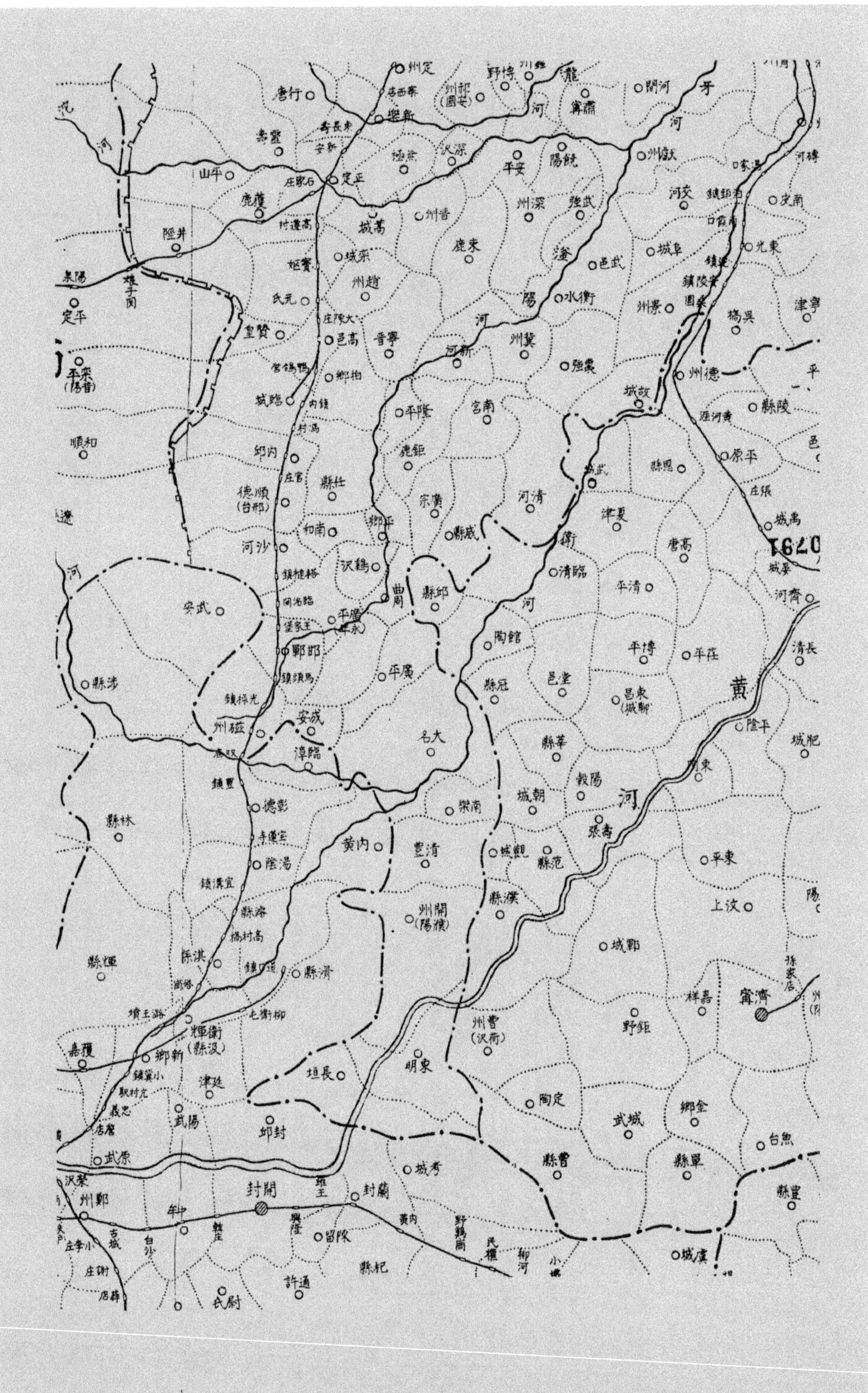

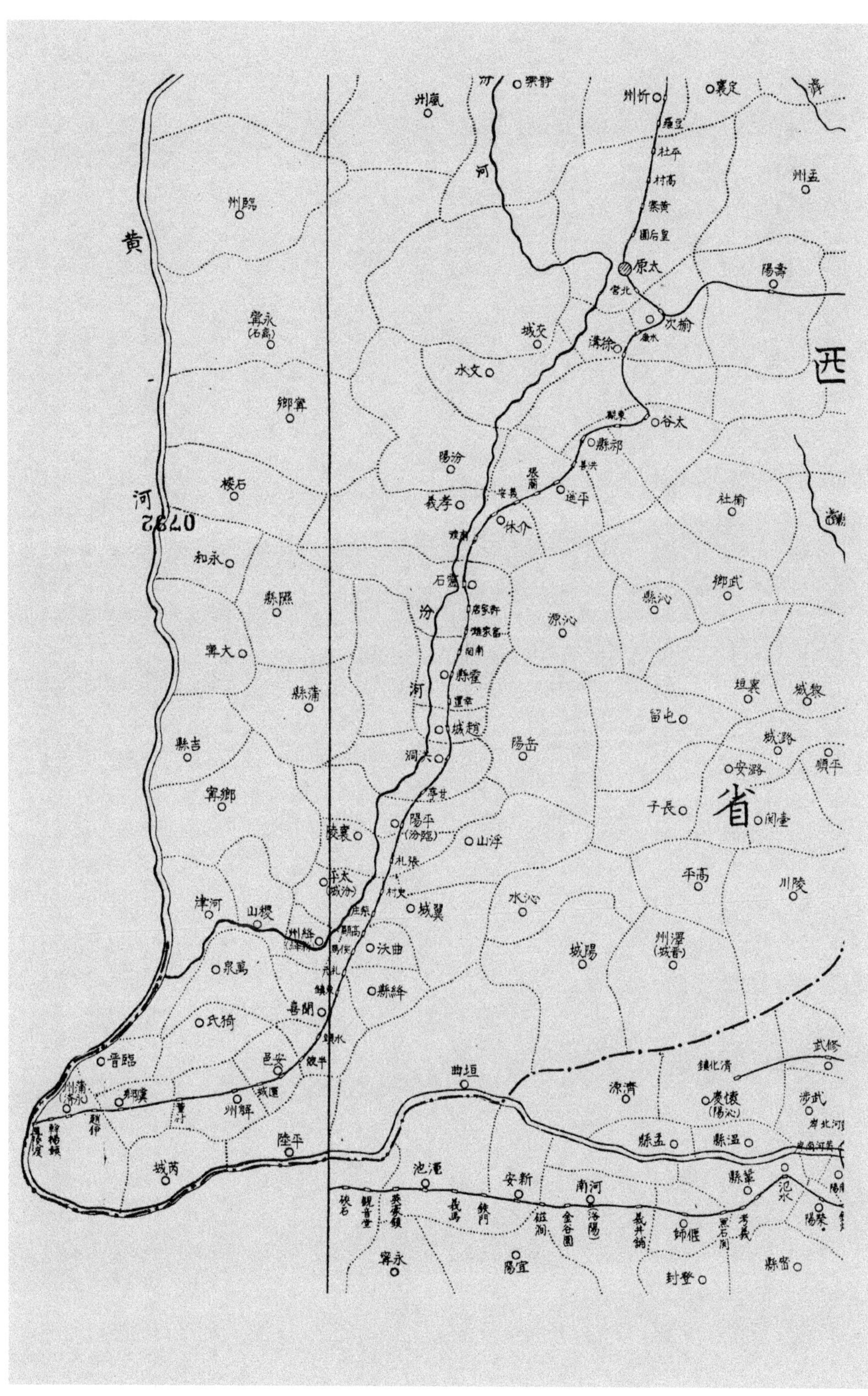

附圖第一其二

分割撮影ターゲット

分割した部分の撮影順序	5 6 3 4 1 2
分割撮影した理由	Ａ３判以上のため

上記のとおり分割撮影したことを証明する

8 年 12 月 10 日

主務者又は

撮影立会者　坂根嘉和

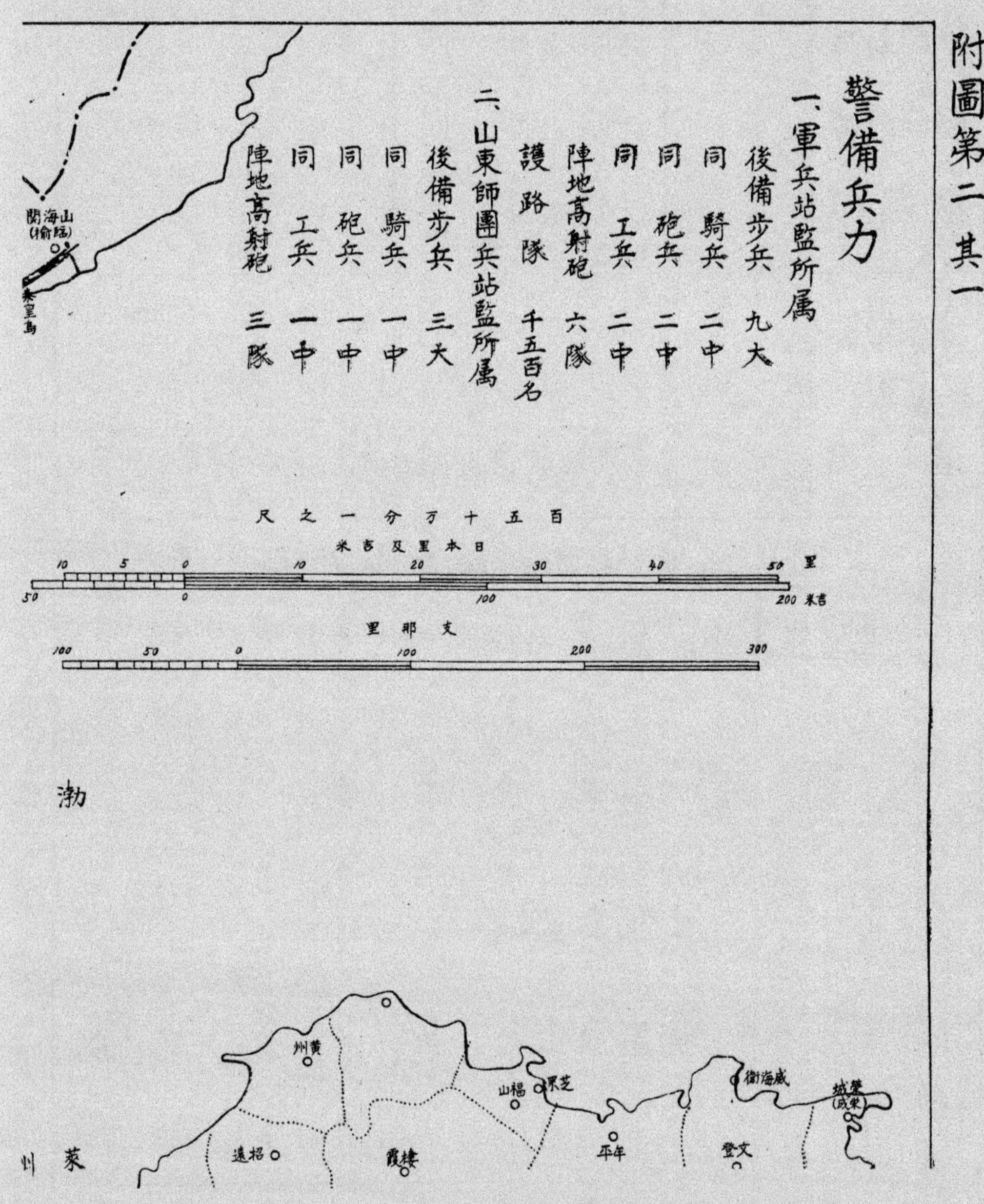
附圖第二 其一
警備兵力
一、軍兵站監所屬
後備步兵 九大
同 騎兵 二中
同 砲兵 二中
同 工兵 二中
陣地高射砲 六隊
護路隊 千五百名
二、山東師團兵站監所屬
後備步兵 三大
同 騎兵 一中
同 砲兵 一中
同 工兵 一中
陣地高射砲 三隊
百五十万分一之尺
日本里及吉米
支那里
山海關(榆關)
秦皇島
渤
萊州
黄州
芝罘
福山
威海衛
榮成(成榮)
招遠
棲霞
牟平
文登

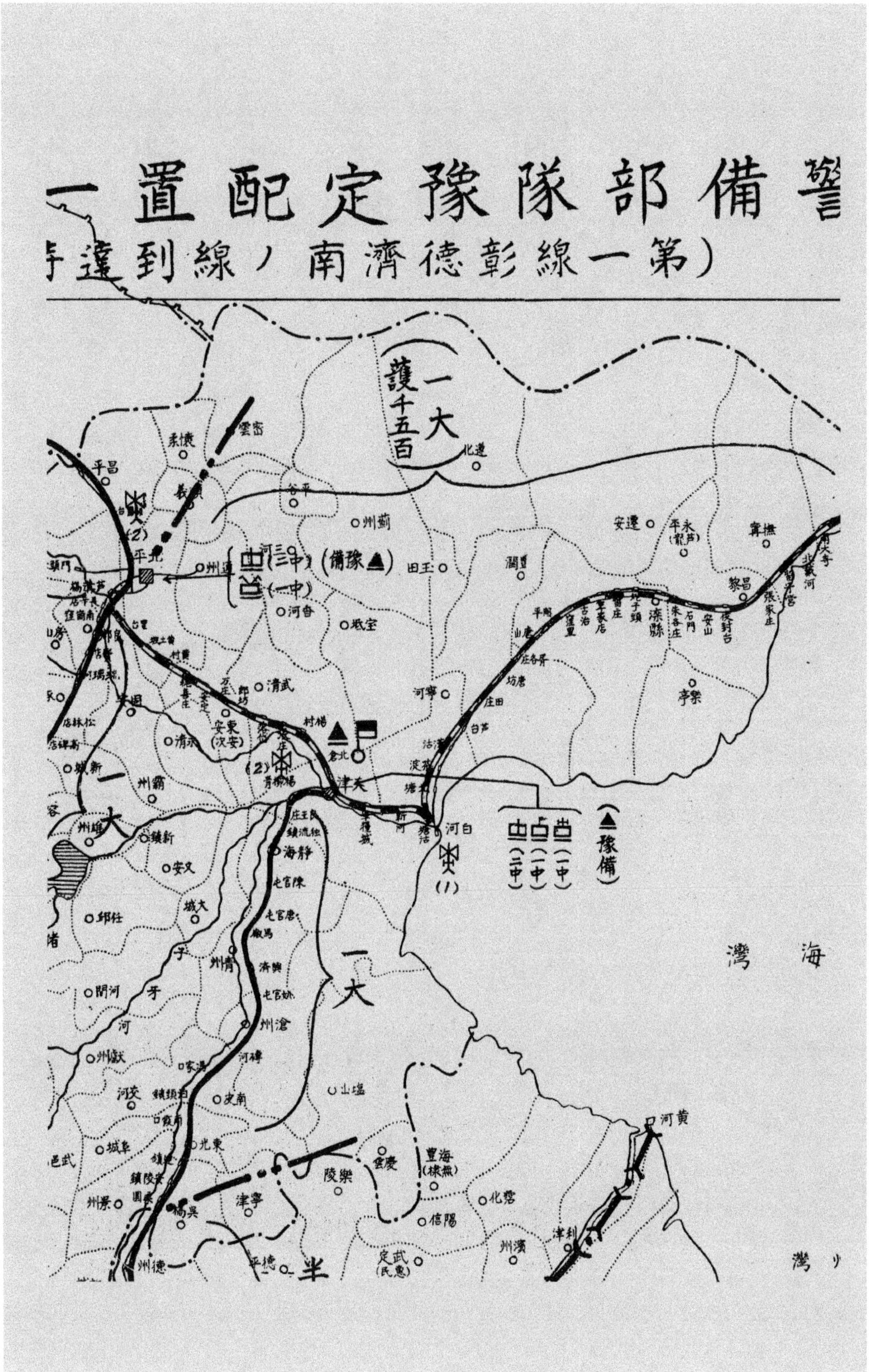
警備部隊隊豫定配置一
（第一線彰德濟南ノ線到達
天津
海灣

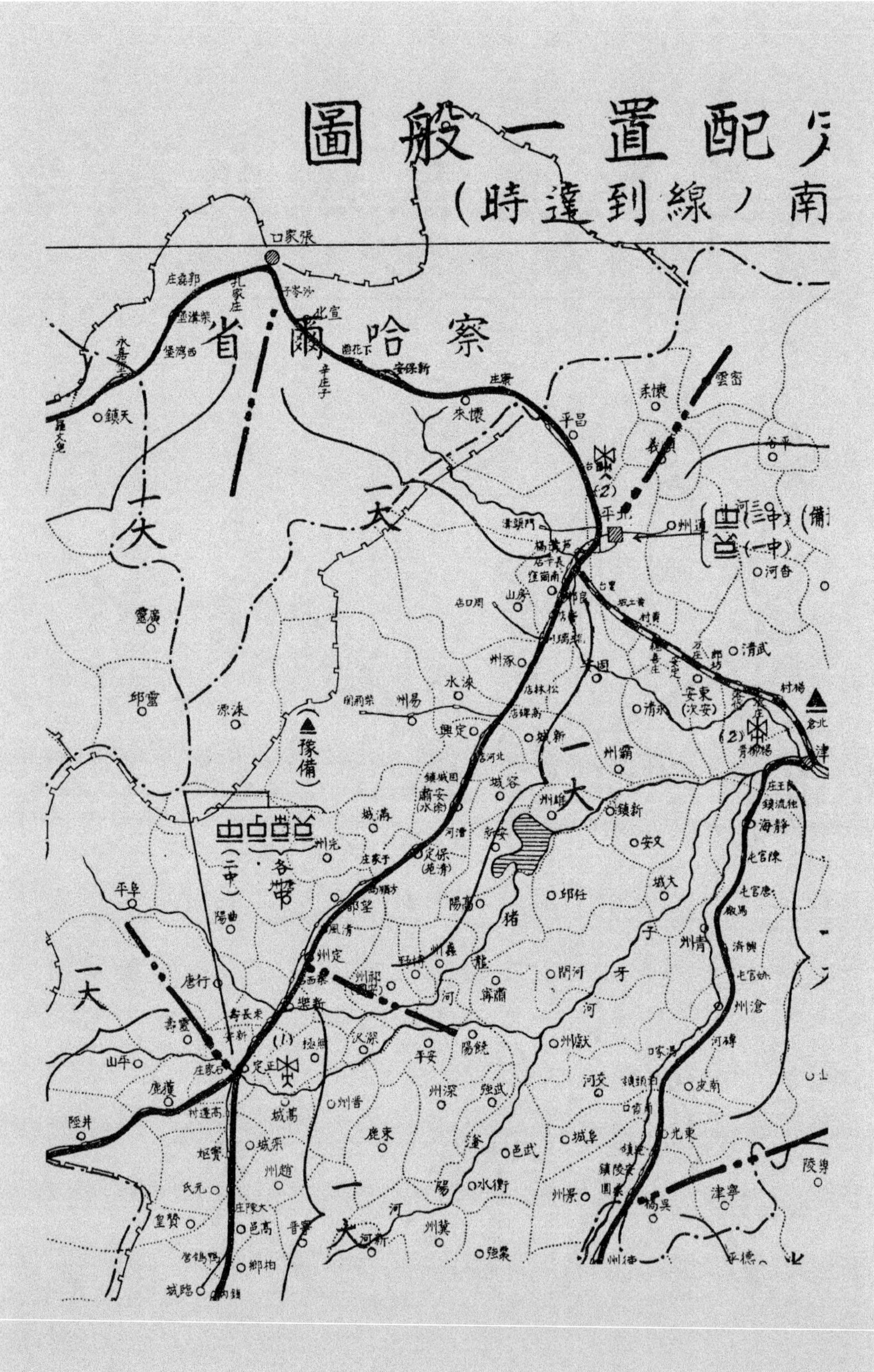
配置一般圖
南ノ線到達時）
張家口
察哈爾省
平昌
懷來
易州
定興
保定
定州
石家莊
新樂
滄州
正定

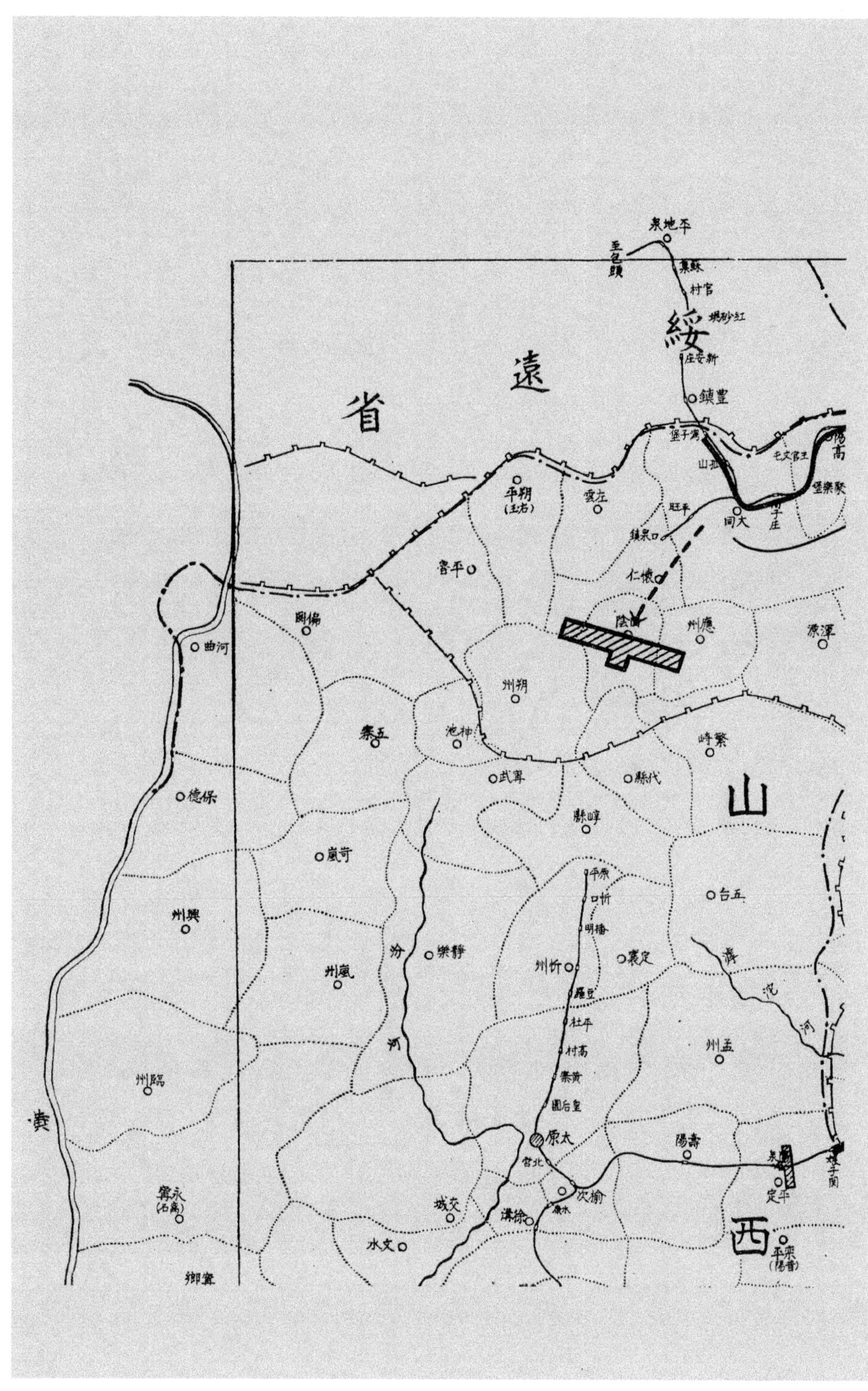

萊州灣
黃縣
招遠
棲霞
福山
芝罘
威海衛
牟平
文登
萊州(掖縣)
萊陽
海陽
平度
昌邑
濰縣
高密
膠州
即墨
青島
諸城
安邱
大
豫備隊
(半中)
(一中)
(一中)
(二中)
(2)
備考
一、警備部隊ハ兵站綱要百三十二後段ノ
兵站司令官ニ隷属セシメス兵站監ノ直轄
二、ハ後備大隊ニテ警備スル鉄道
三、ハ後備大隊ニ護路隊ヲ加ヘテ警
四、ハ後備大隊警備境界
五、ハ兵站監警備境界
黃海
六、第一線部隊
七、警備兵力ノ算定ハ左記ニ依ル
(1) 後備大隊ノミニテ守備スルモノ
一粁當リ五名ヲ標準トシ別ニ兵站監ハ若
豫備隊ヲ控置ス
(2) 後備大隊ニ護路隊ヲ加フルモノ
後備兵ハ一粁當リ二、五名ヲ標準トシ護
其一倍半トス
八、軍及山東師團兵站監ハ豫備隊タル歩兵及
以テ臨時裝甲列車ヲ前者ハ二列車後者ハ一
編成シ之ヲ青島、天津及石家莊ニ配置シ
行シテ直接保護及住民

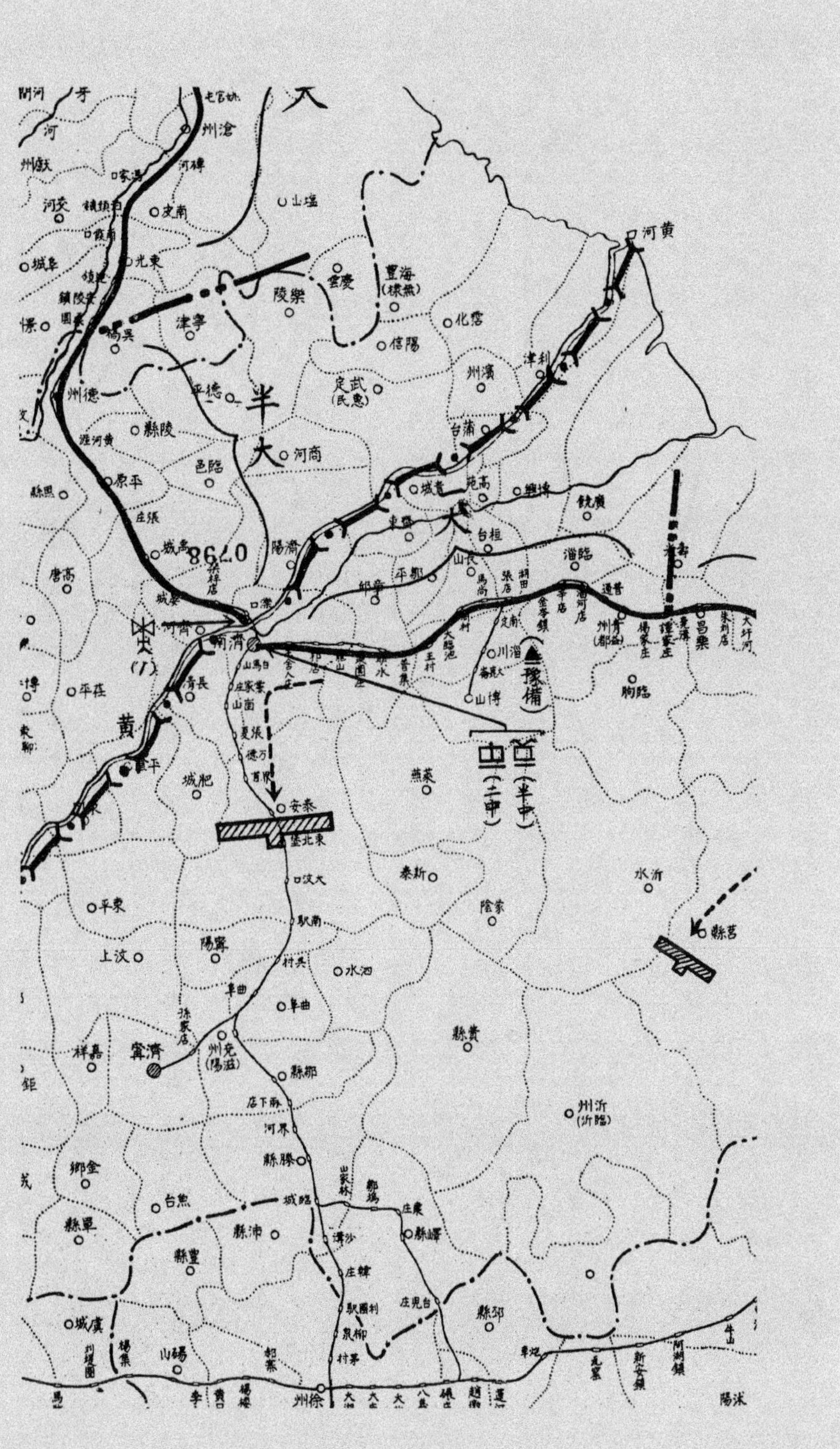
8640
濟南

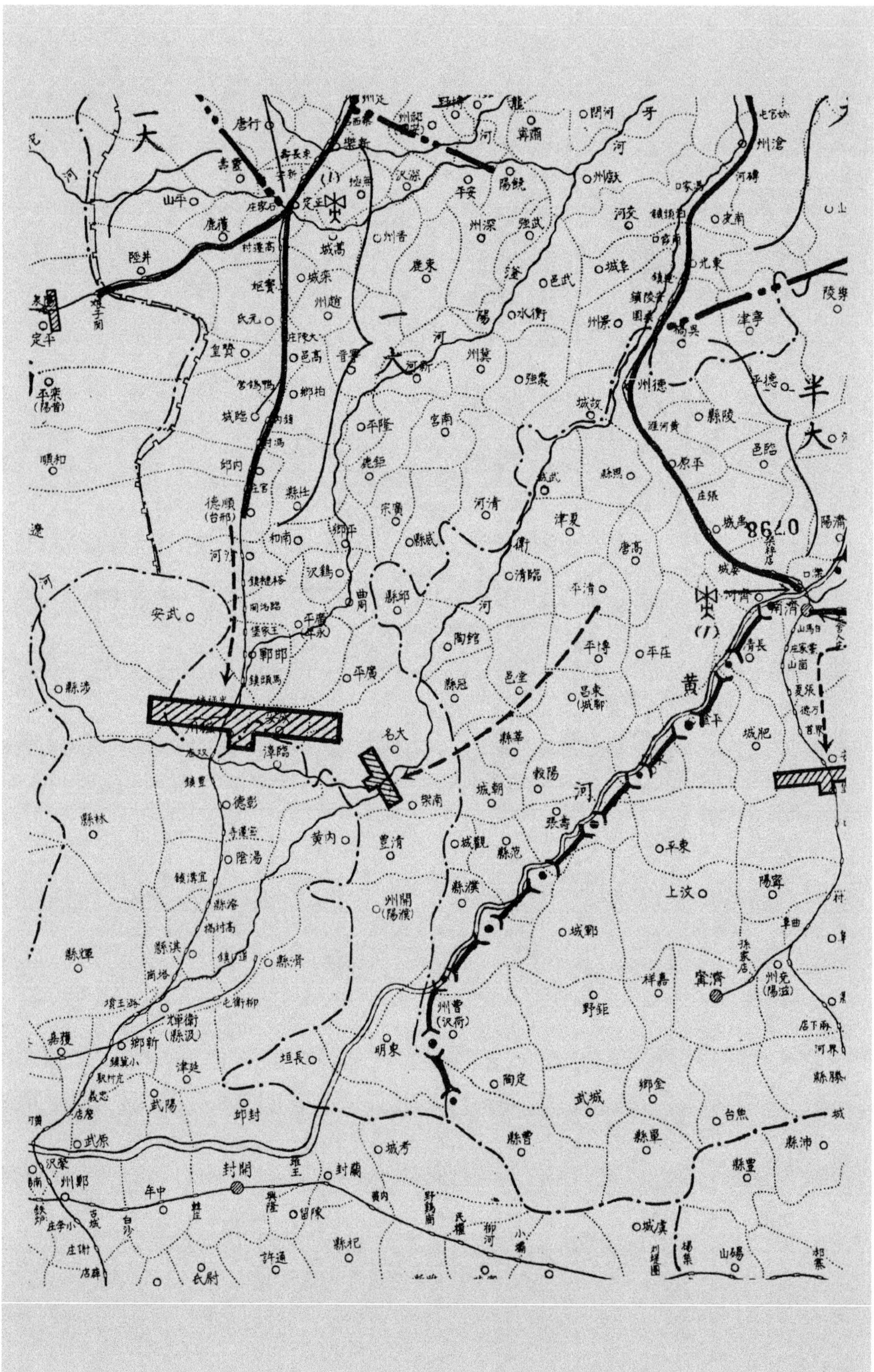

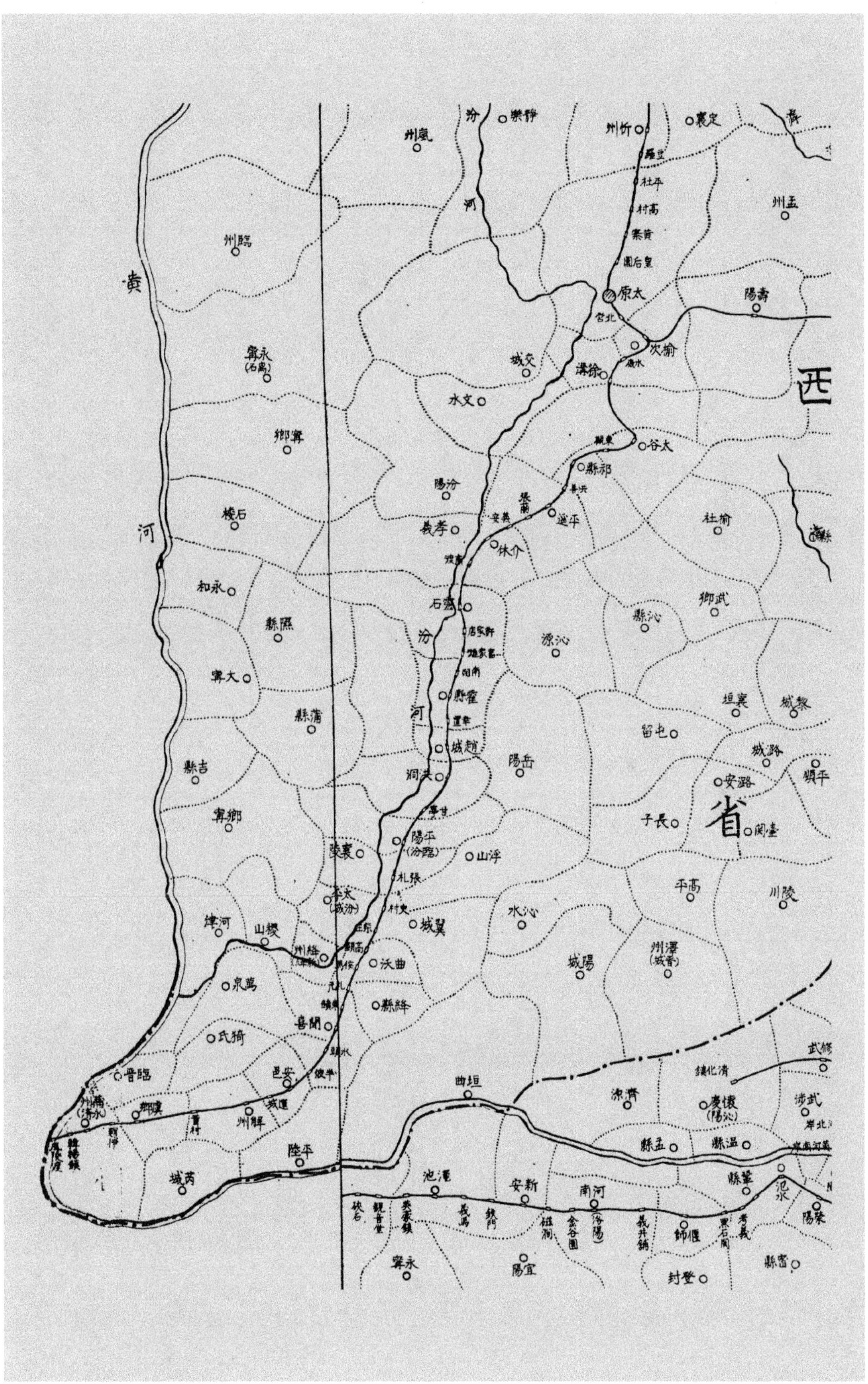

附圖第三其一

分割撮影ターゲット

分割した部分の撮影順序	3 4 1 2
分割撮影した理由	Ａ３判以上のため

上記のとおり分割撮影したことを証明する

8 年 12 月 10 日

主務者又は

撮影立会者　坂根嘉和

附圖第二其二

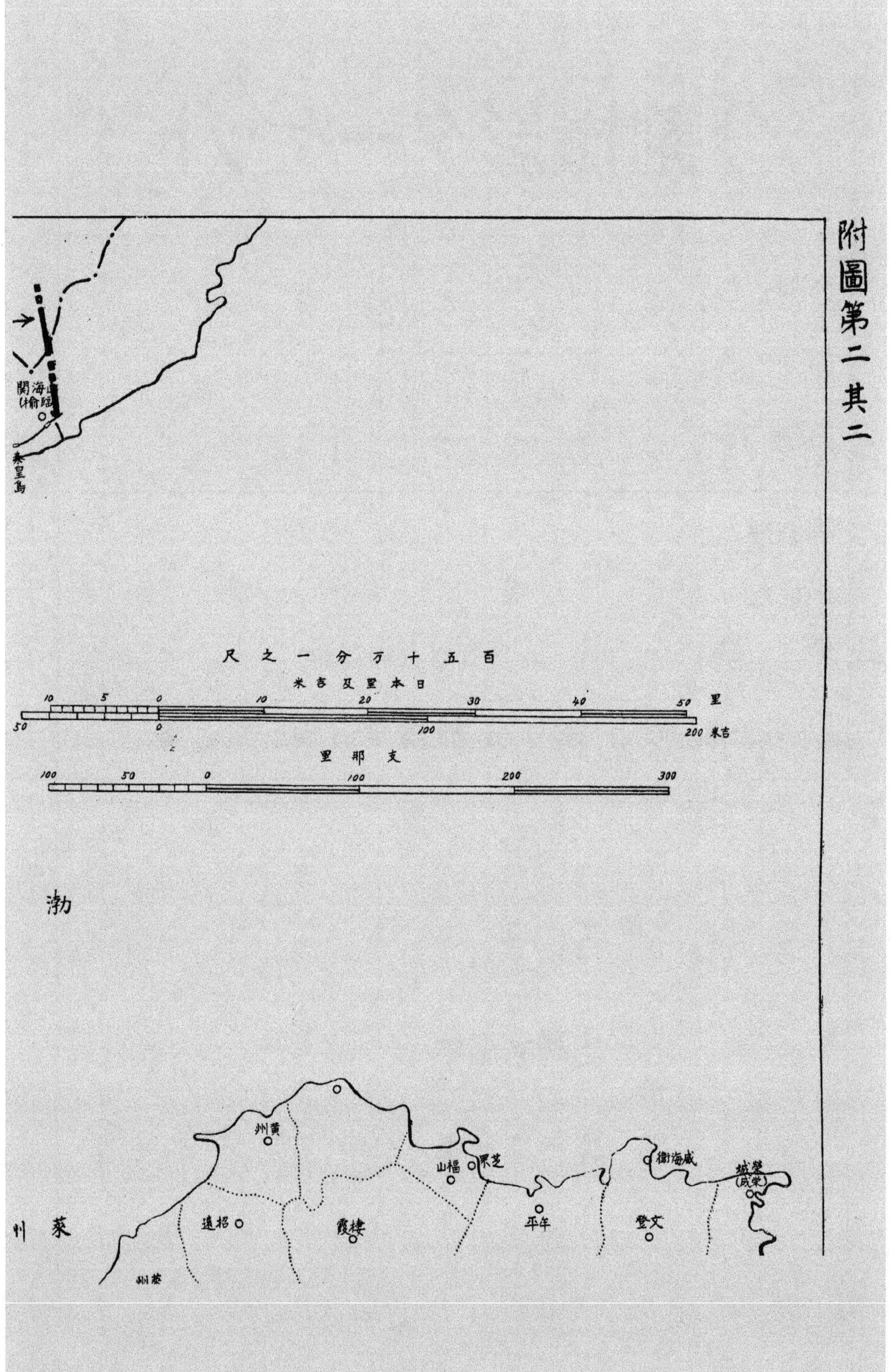
山海關(榆關)
秦皇島
百五十万分一之尺
日本里及吉米
里
吉米
支那里
渤
萊州
黄州
福山
芝罘
威海衛
榮城
招遠
棲霞
牟平
文登

警備部隊豫定配置圖
(第一線 彰德濟南ノ線到達時)
渤海灣

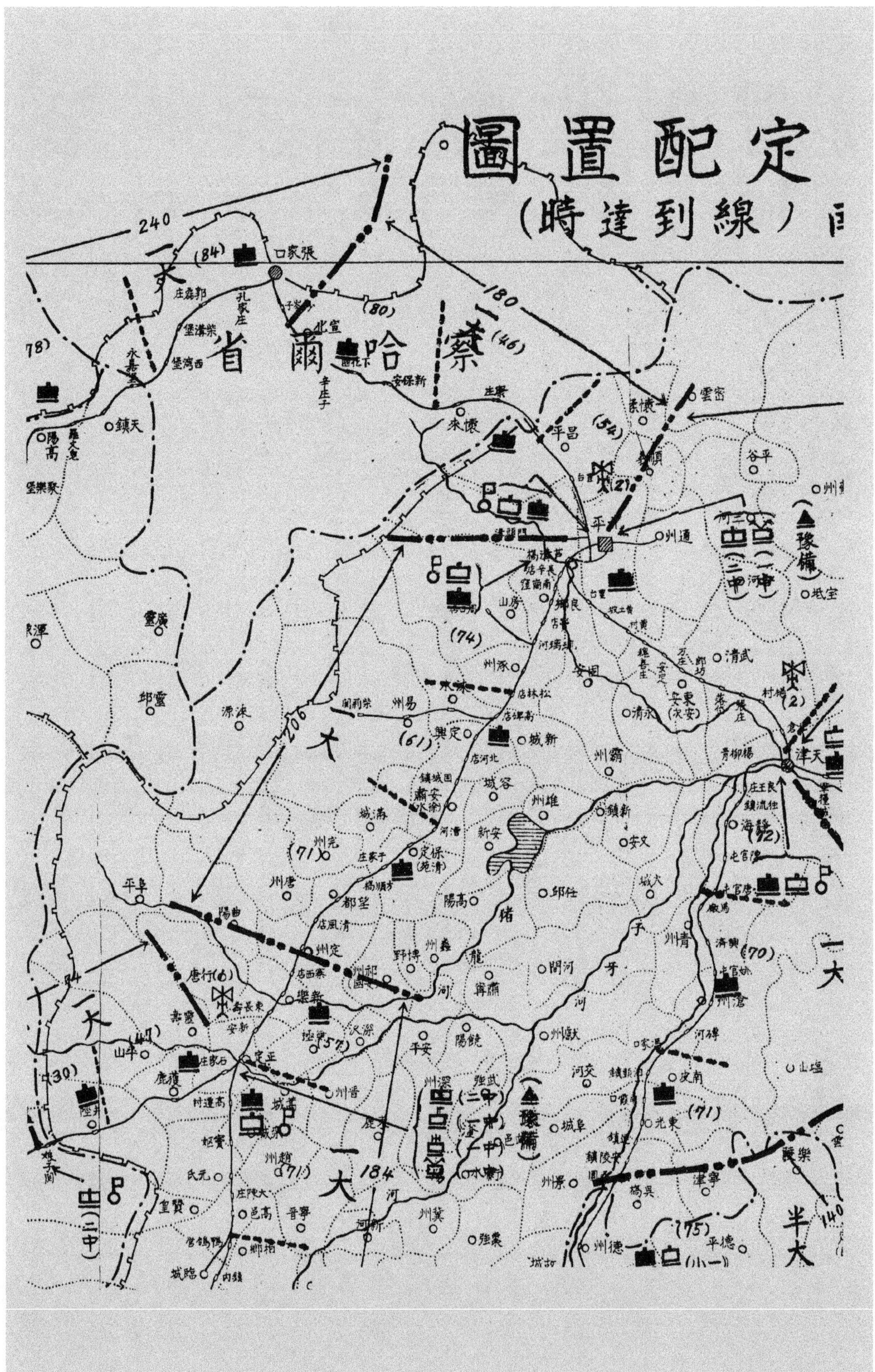

圖置配定
（時達到線）
察哈爾省

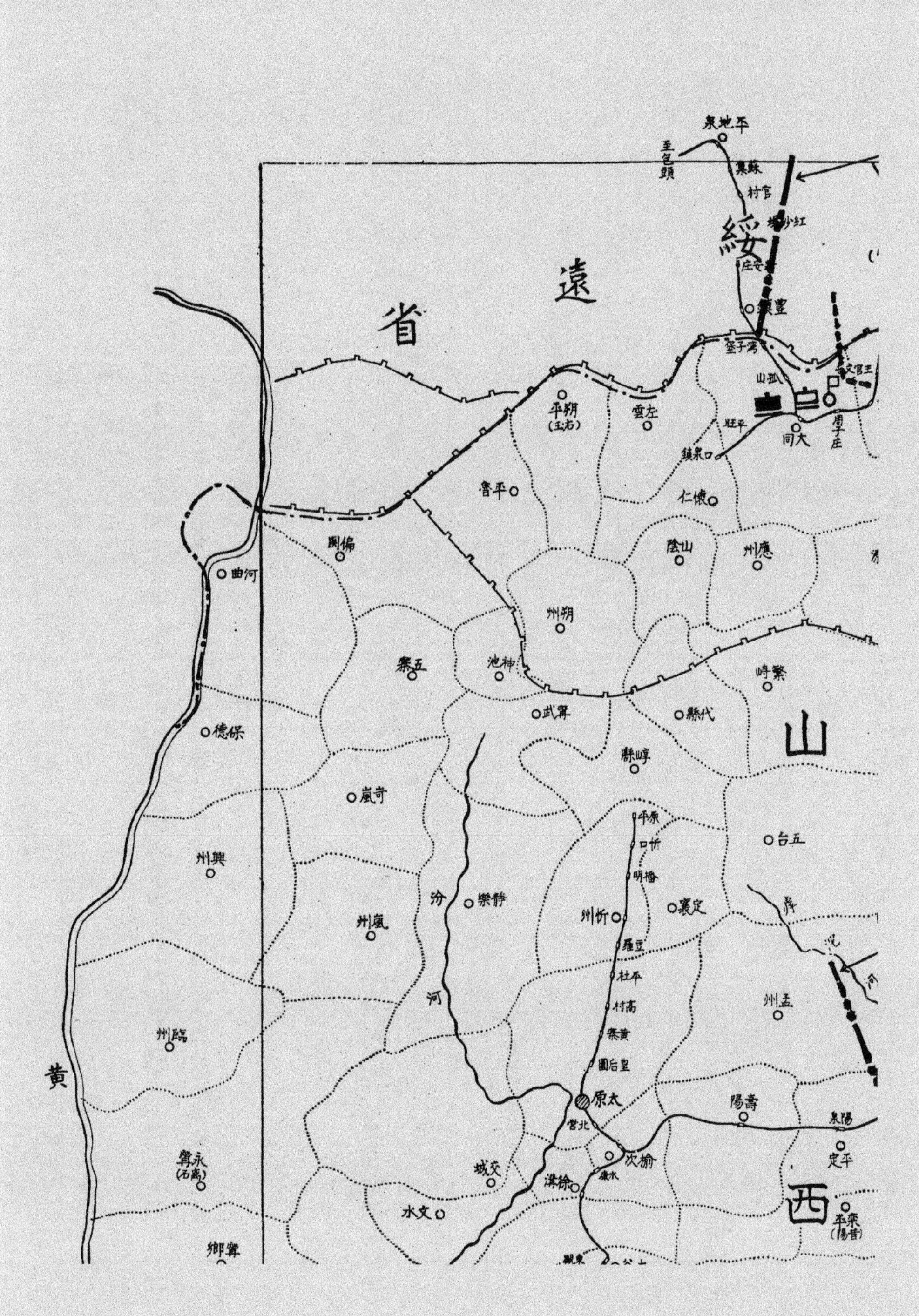
綏
遠
省
山
西
黄
汾
河
平地泉
大同
太原
朔州
忻州
偏關
河曲
保德
興州
臨縣
岢嵐
嵐縣
靜樂
五寨
神池
寧武
代縣
崞縣
繁峙
五台
定襄
孟縣
壽陽
陽泉
平定
榆次
徐溝
交城
文水
應州
山陰
懷仁
左雲
平魯
右玉
豐鎮
天鎮

備考
一、大隊警備區域ノ境界（ハ大隊豫備隊ニシテ一中隊ヲ示ス）
二、中隊警備區域ノ境界（ハ中隊豫備隊ニシテ一小隊乃至半小隊ヲ示ス）
三、数字ハ大隊（中隊）ノ擔任スル區域ノ長サ（粁）
四、大（中）隊長ハ豫備隊ト共ニ位置ス
五、中隊ノ配備ハ豫備隊ノ位置ノミヲ示シ中隊内ノ細部ノ配備ハ省略シアリ
六、資源警備ノタメ龍烟及金嶺鎮ノ鉄山並博山、井陘、大同ノ炭山ニハ所要ニ應シ附近警備部隊ヨリ一部ノ警備兵ヲ配置スル責トス
（豫備）
（一中）
（一中）
（二中）
海
198
(70)
(55)
(2)

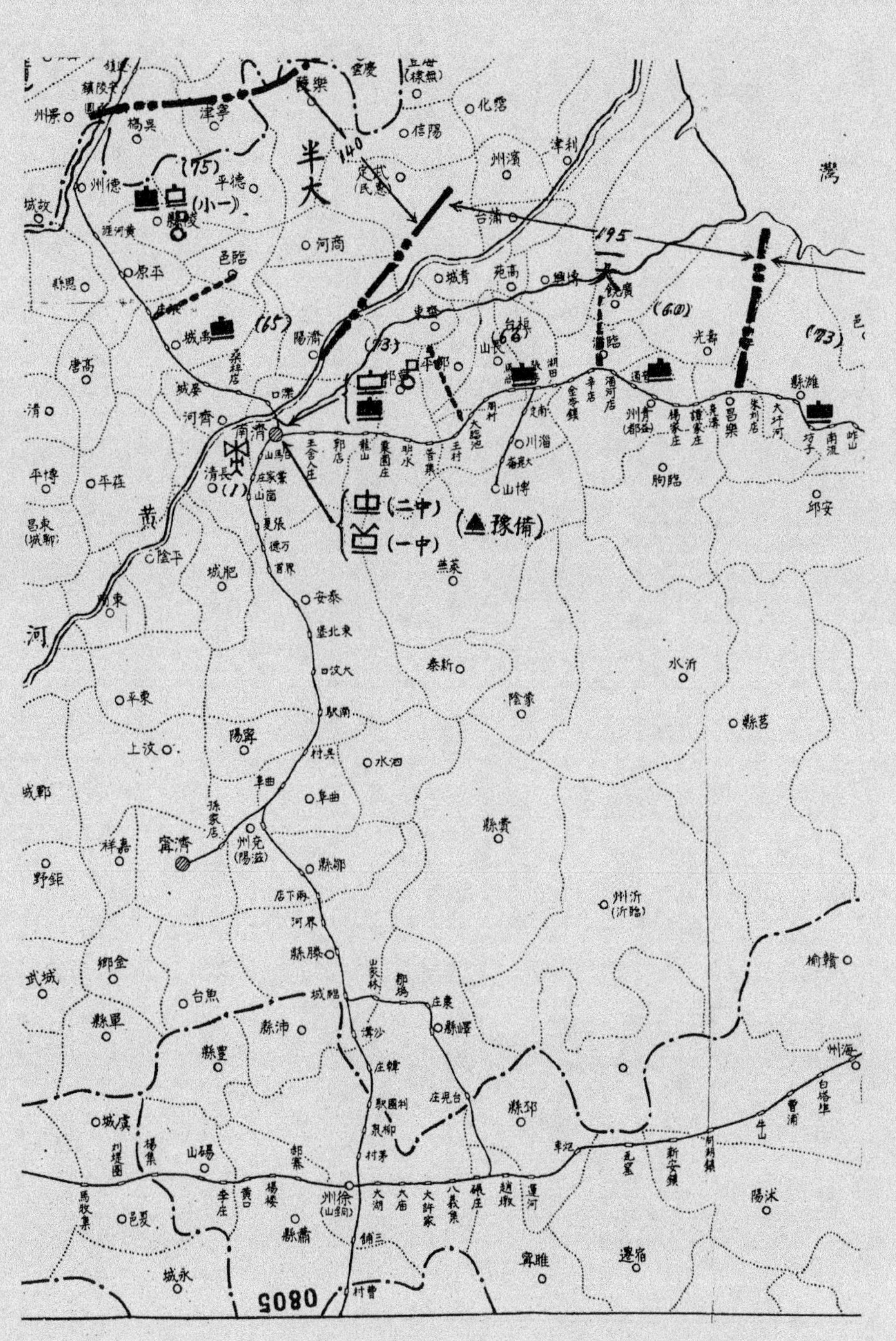

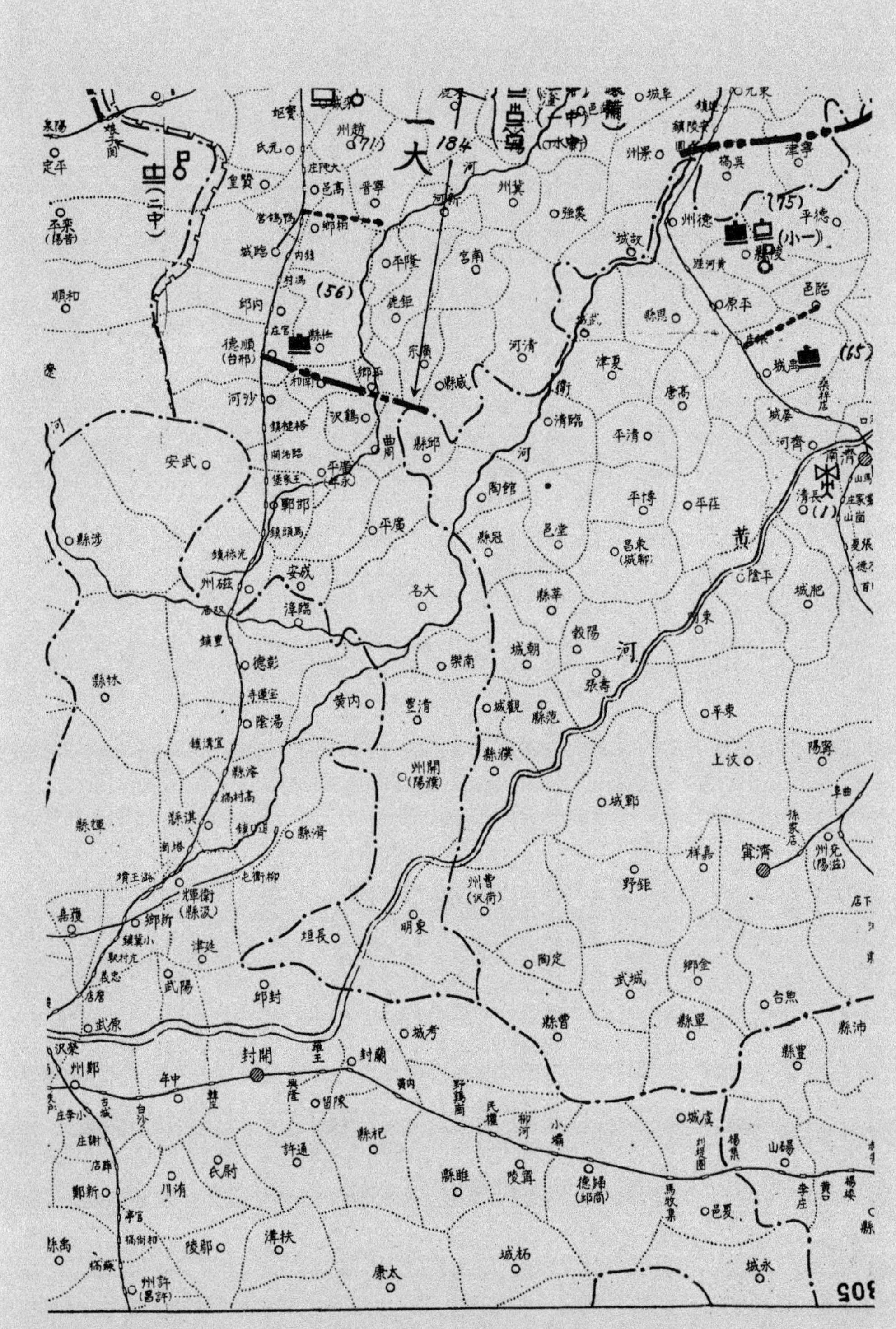

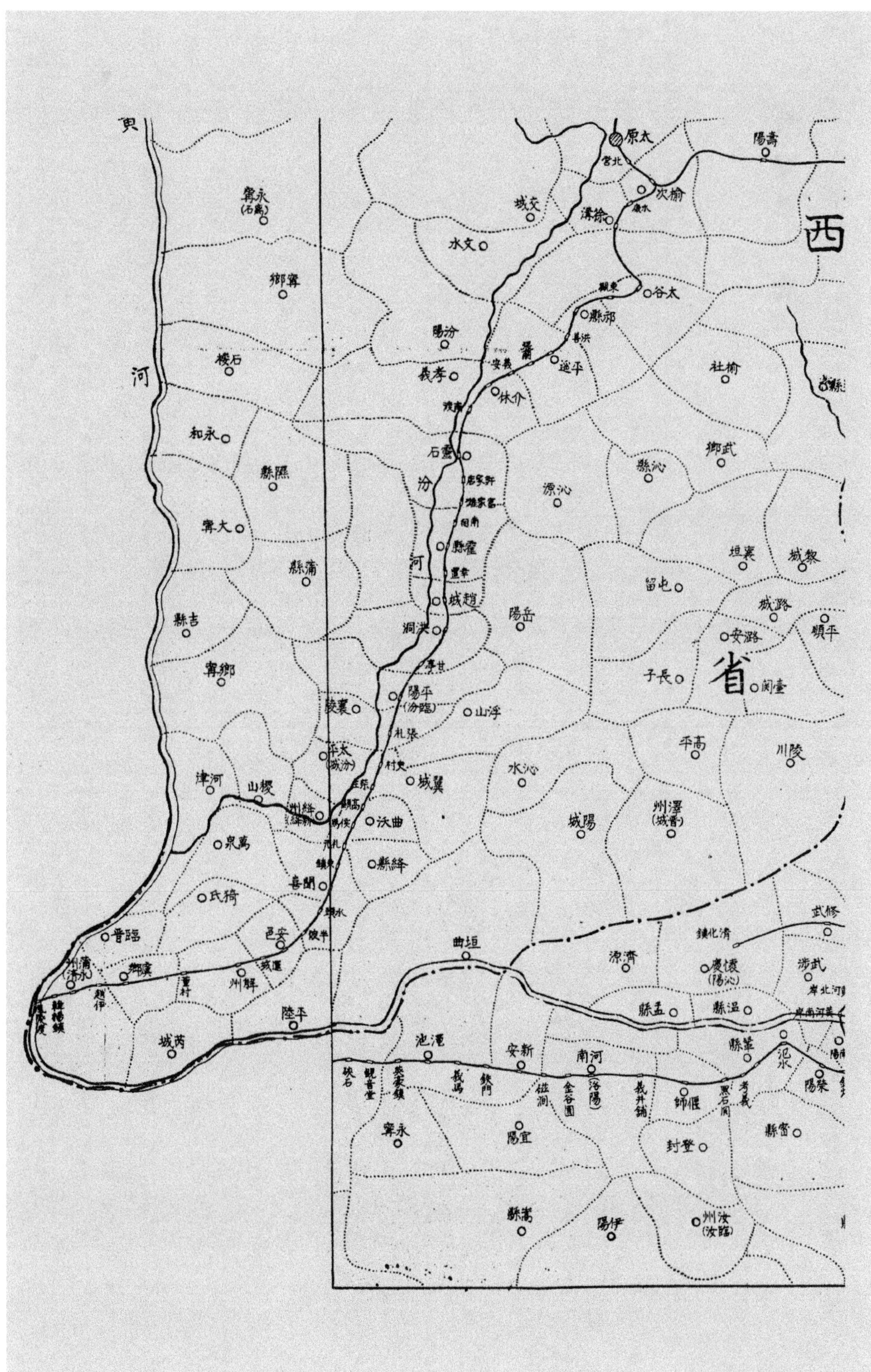
西
省
河
汾
河
太原
壽陽
榆次
徐溝
交城
文水
太谷
祁縣
汾陽
平遙
孝義
介休
榆社
靈石
武鄉
沁縣
沁源
霍縣
趙城
洪洞
岳陽
屯留
襄垣
黎城
路城
長子
潞安
平順
壺關
平陽
(臨汾)
浮山
襄陵
太平
(汾城)
翼城
沁水
高平
陵川
曲沃
絳州
稷山
河津
萬泉
絳縣
聞喜
猗氏
安邑
臨晉
蒲州
解州
平陸
芮城
垣曲
濟源
懷慶
(沁陽)
澤州
(晉城)
陽城
修武
孟縣
溫縣
澠池
新安
河南
(洛陽)
汜水
滎陽
永寧
宜陽
登封
嵩縣
伊陽
汝州
(臨汝)
密縣
偃師
永和
石樓
隰縣
大寧
蒲縣
吉縣
鄉寧
寧鄉

附圖第一一其二

分割撮影ターゲット

分割した部分の撮影順序	3 4 1 2
分割撮影した理由	A 3 判以上のため

上記のとおり分割撮影したことを証明する

8 年 12 月 10 日

主務者又は

撮影立会者　坂根嘉和

附圖第二 其三

警

警備兵力

軍兵站監所屬

後備步兵	九大
同 騎兵	二中
同 砲兵	二中
同 工兵	二中
陣地高射砲	六隊
護路隊	五千

山東師團兵站監所屬

後備步兵	三大
同 騎兵	一中
同 砲兵	一中
同 工兵	一中
陣地高射砲	三隊
護路隊	二千五百

百五十万分之一尺

日本里及吉米

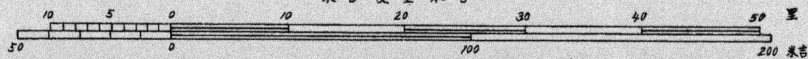

10 5 0 10 20 30 40 50 里

50 0 100 200 吉米

支那里

100 50 0 100 200 300

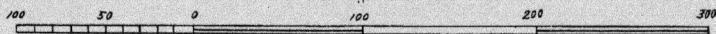

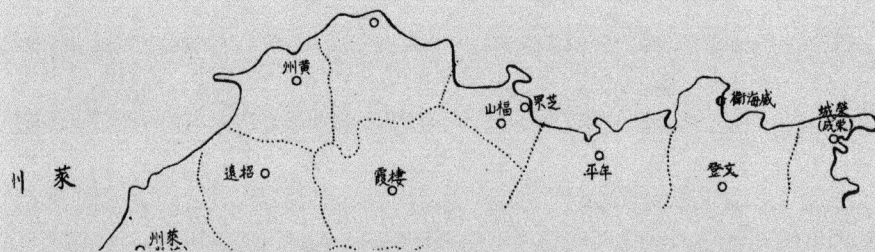

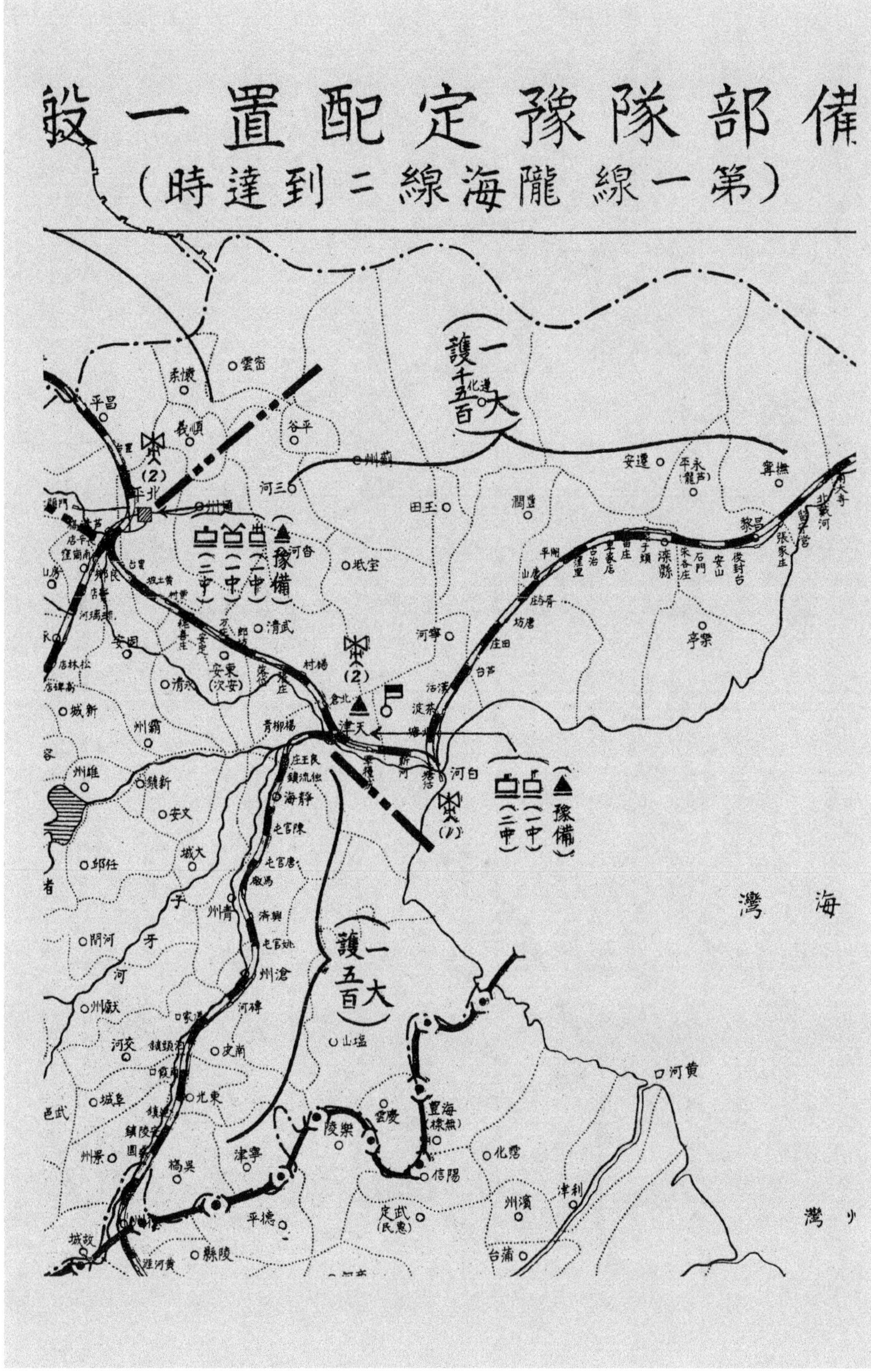
備部隊隊豫定配置一般
(第一線 龍海線ニ到達時)
豫備
豫備
護一大千五百
護一大五百
海
灣
黄河口
北平
天津
渤海灣

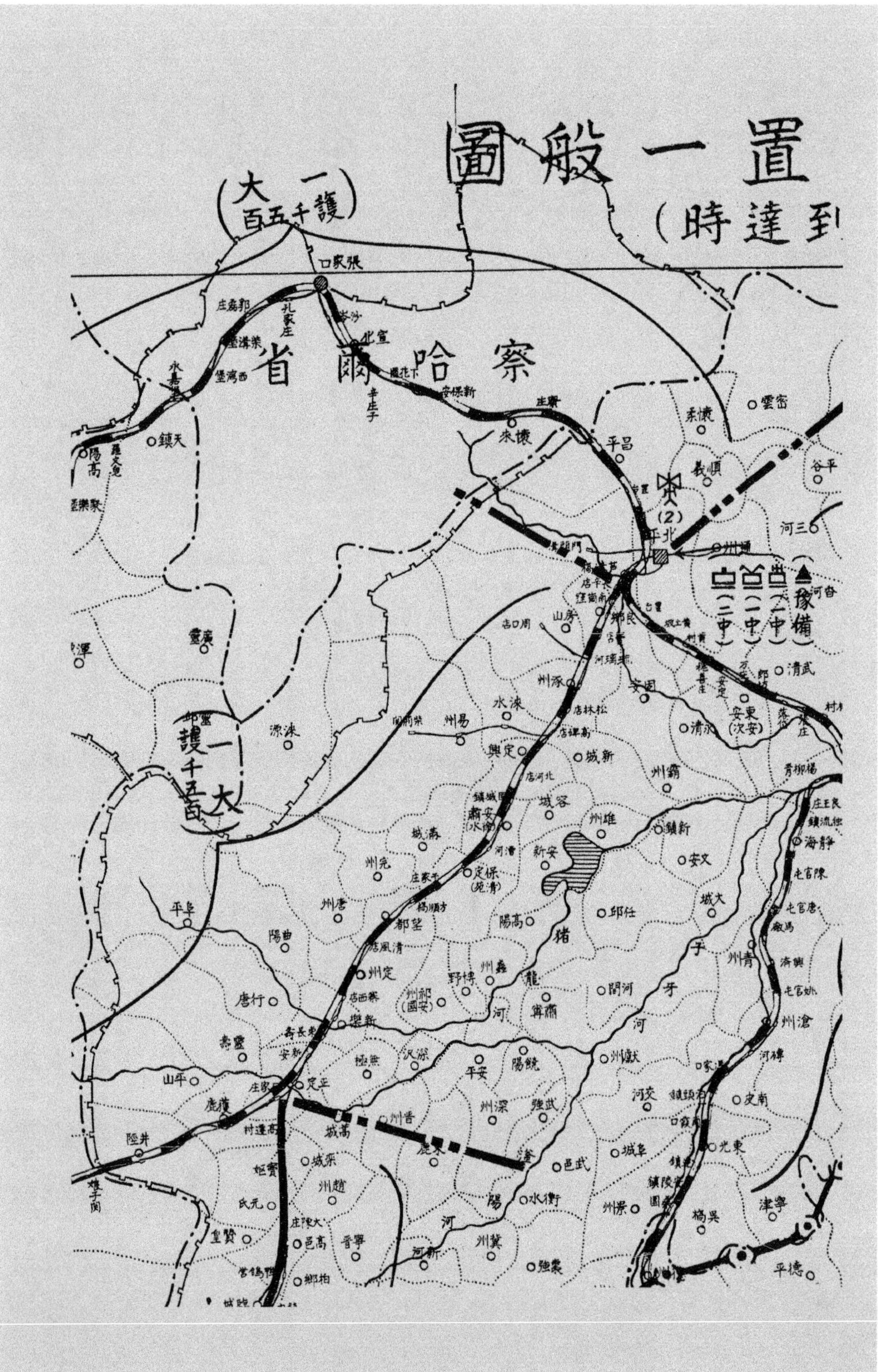
置一般圖
（到達時
察哈爾省
張家口
懷來
昌平
北平
預備

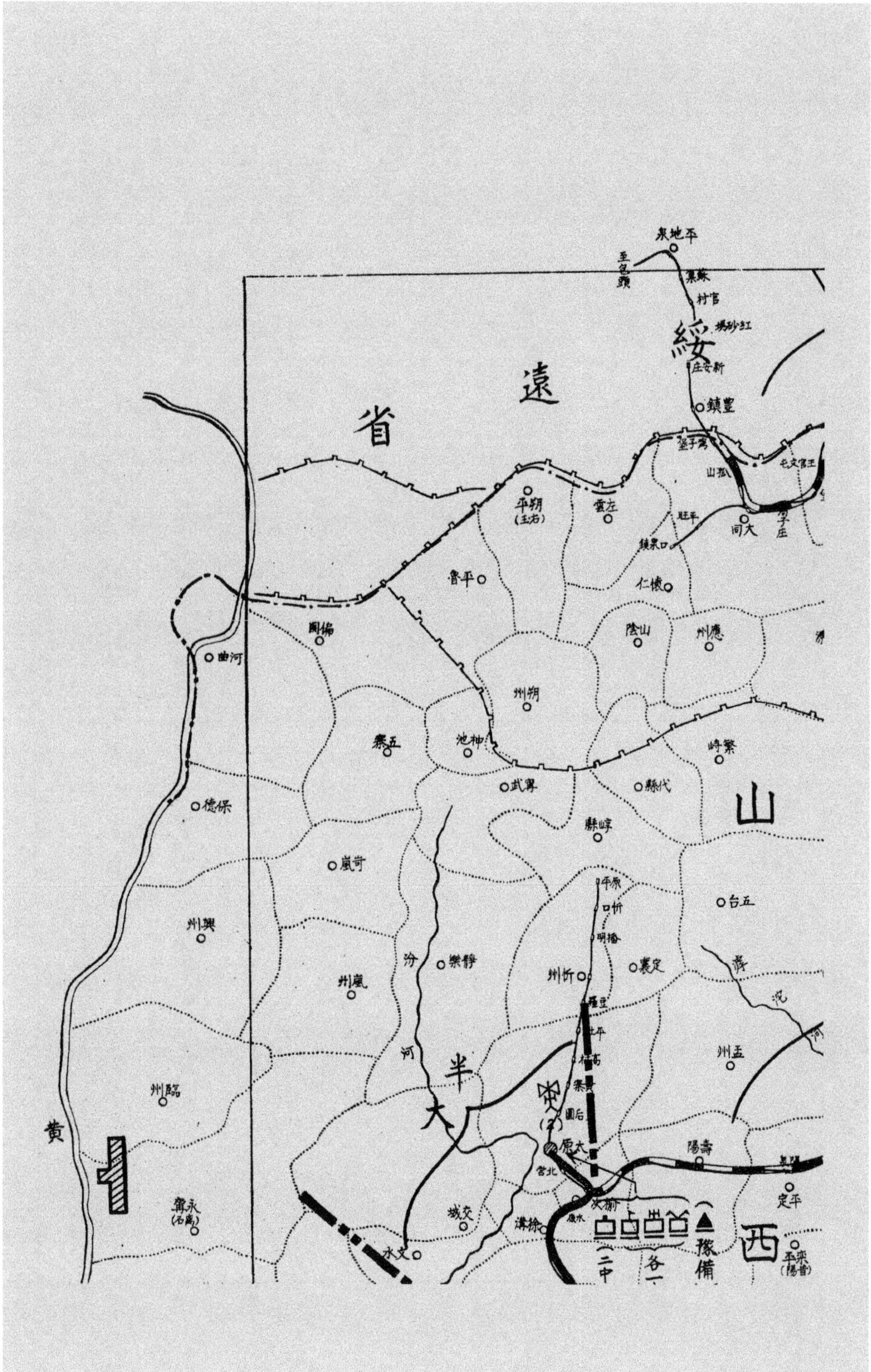
綏
遠
省
山
西
黄
汾
河
泉地平
鎮豐
平朔
州朔
池神
武寧
縣代
縣崞
台五
州忻
原太
陽壽
水文
州興
州臨
德保
河曲
嵐岢
樂靜
州嵐
城交
州五
豫備

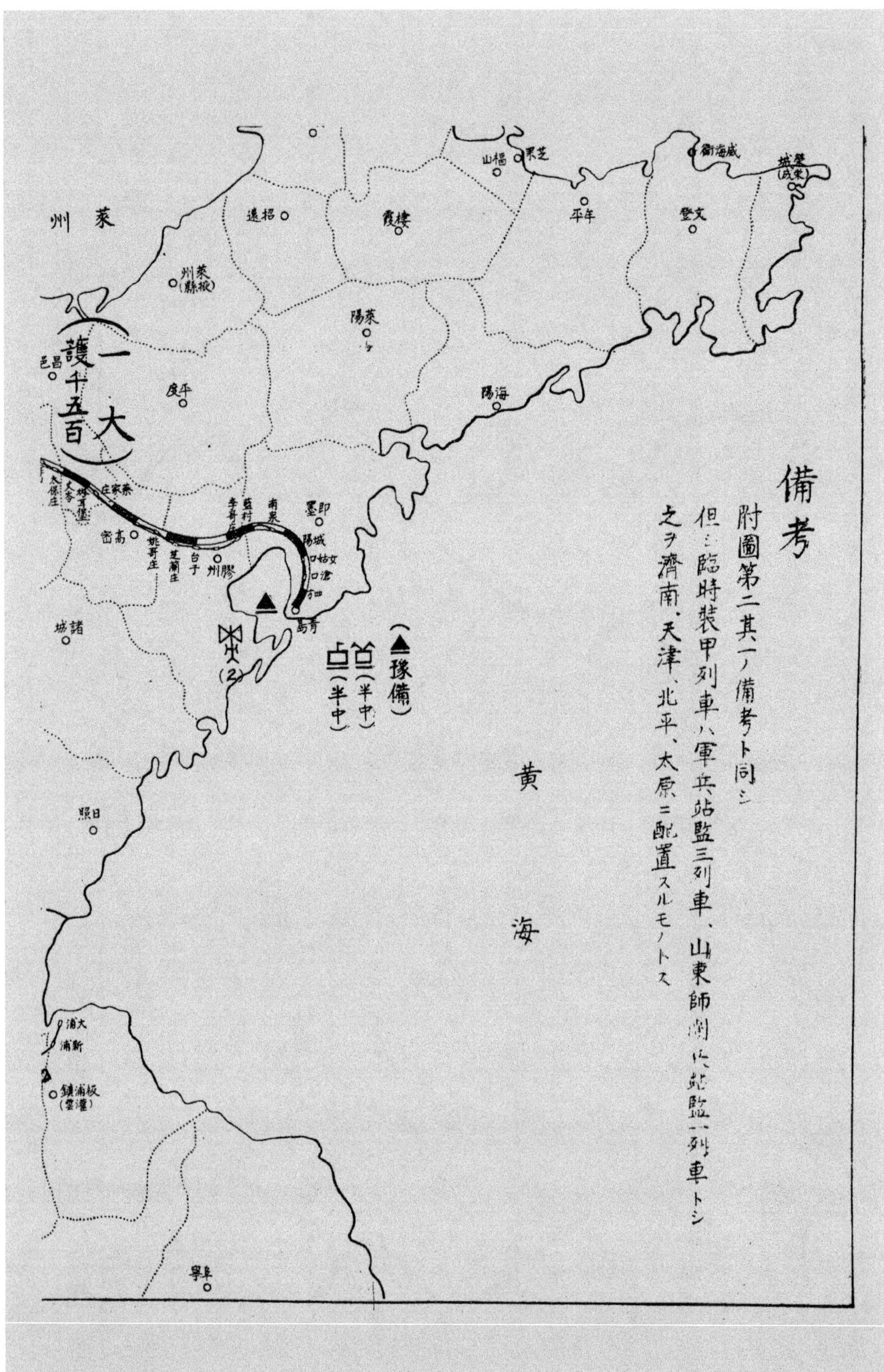
備考
附圖第二其ノ備考ト同シ
但シ臨時裝甲列車ハ軍兵站監三列車、山東師團兵站監一列車トシ
之ヲ濟南、天津、北平、太原ニ配置スルモノトス
黃海
一大護千五百
萊州
青島
即墨
膠州
諸城
日照
海陽
萊陽
文登
威海衛
棲霞
招遠
平度
昌邑
高密

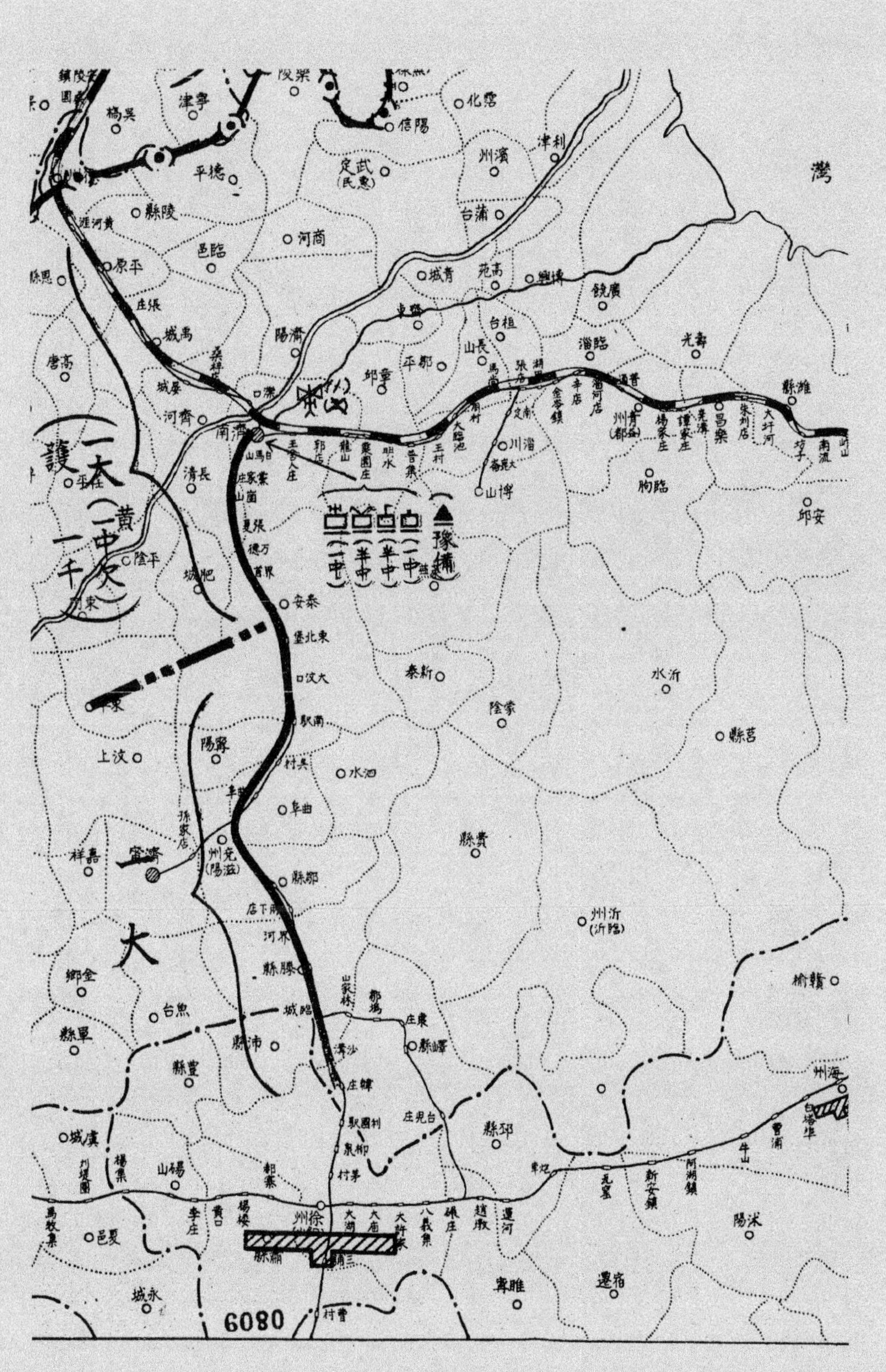
6080

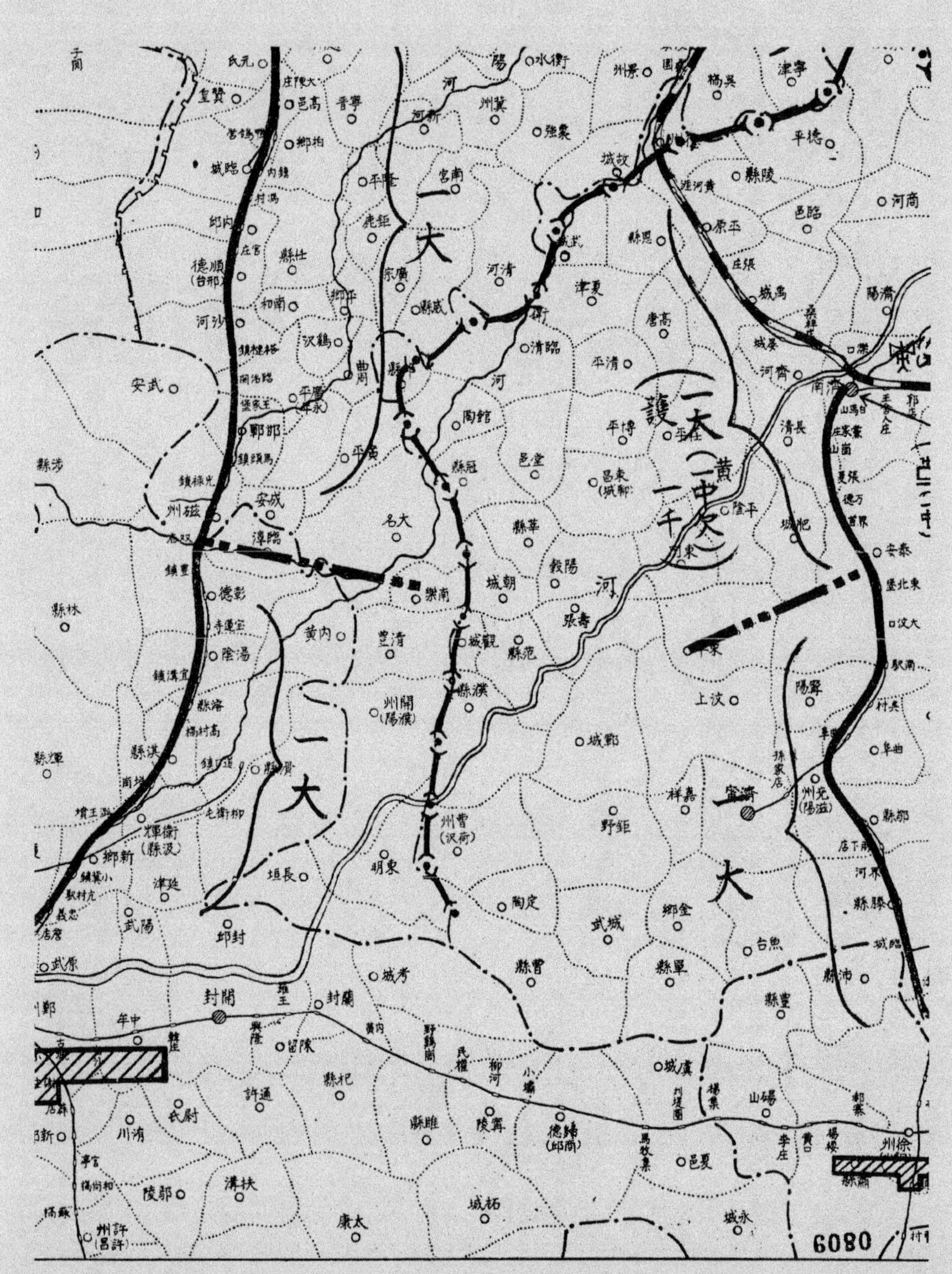

大
河
護
州磁
安武
封開
州徐
州許
6080

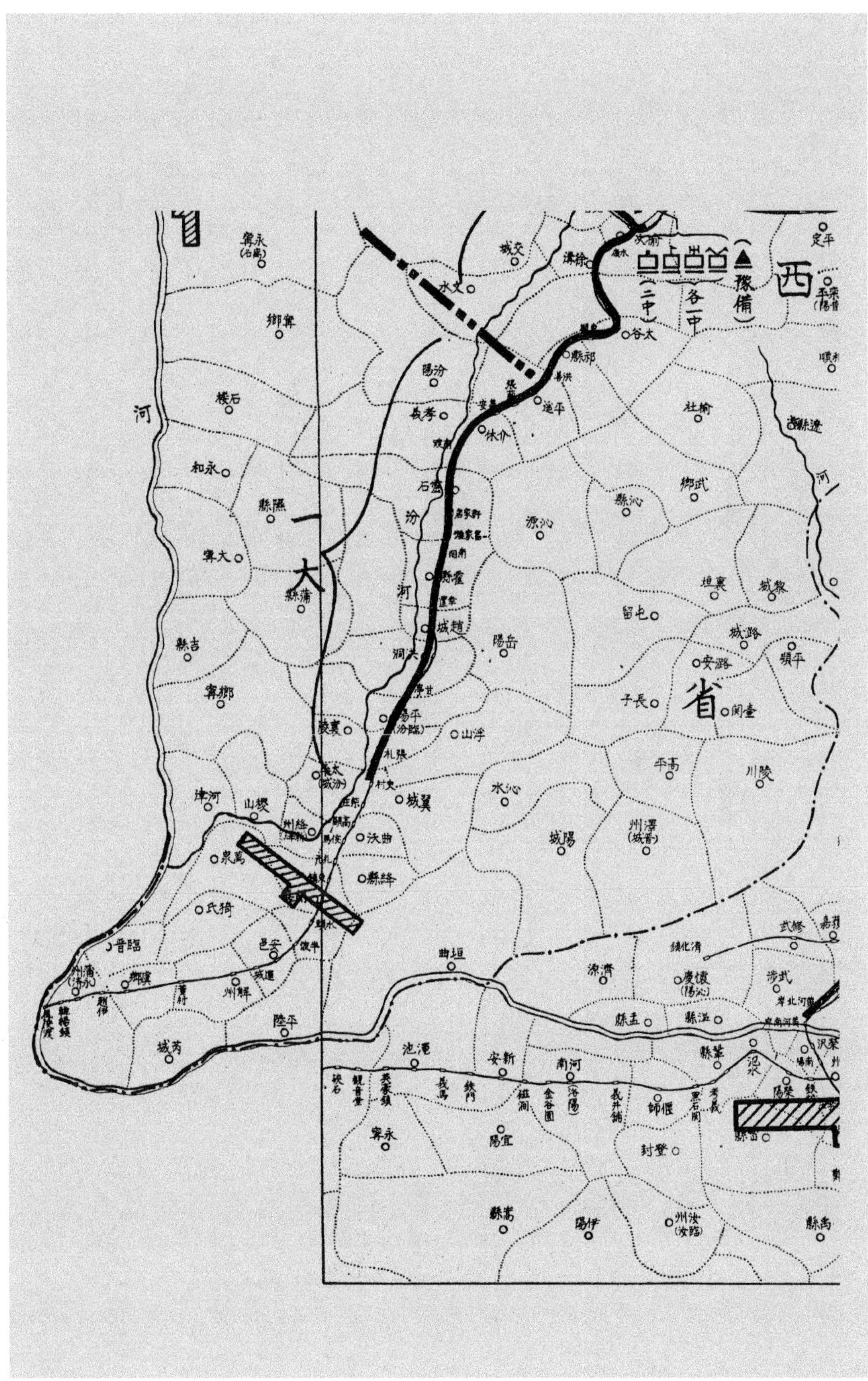

分割撮影ターゲット

分割した部分の撮影順序	5 6 3 4 1 2
分割撮影した理由	A３判以上のため

上記のとおり分割撮影したことを証明する

8 年 12 月 10 日

主務者又は

撮影立会者　坂根嘉和 (編)

附圖第二其四

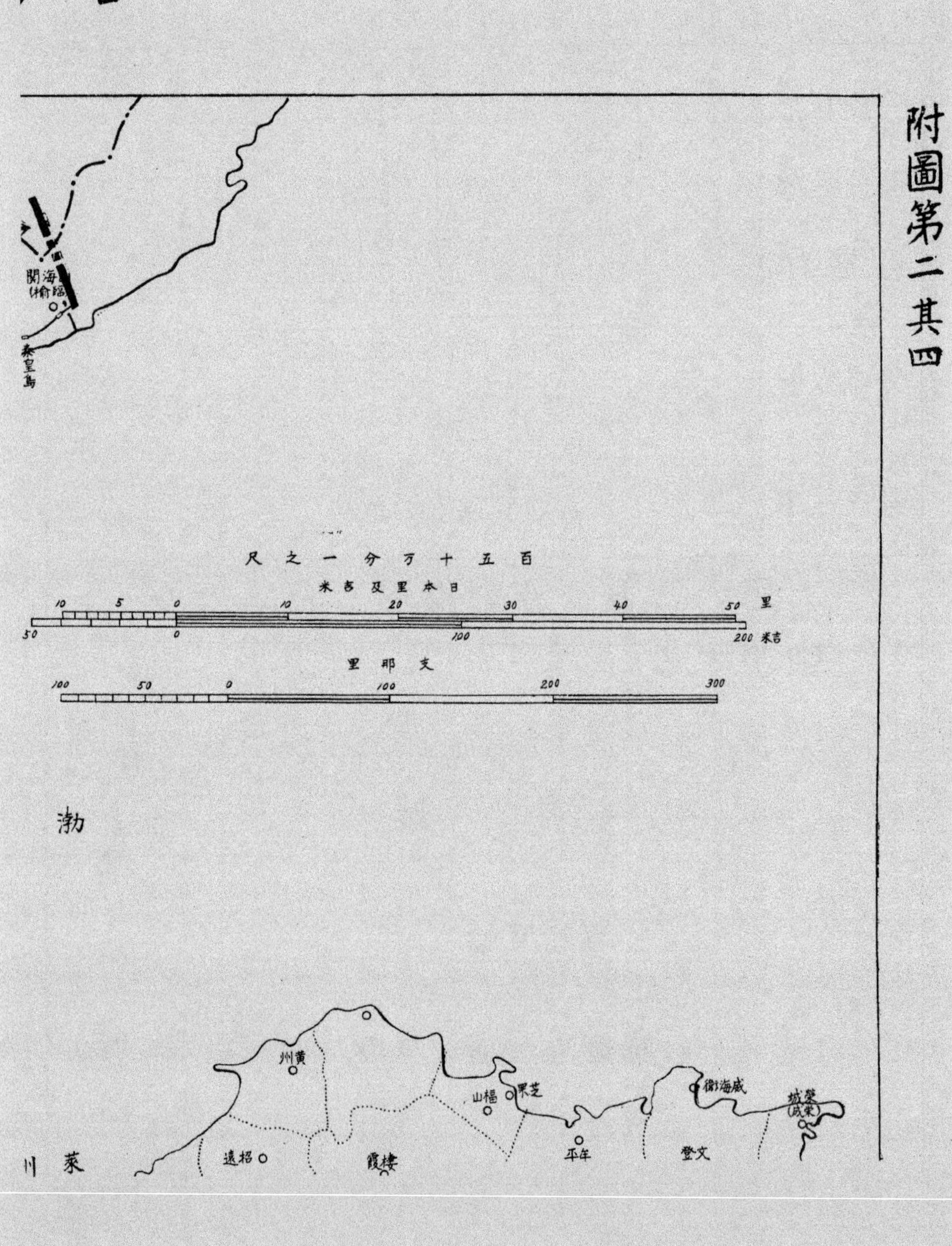
警
關海(榆)
秦皇島
百五十万分之一尺
日本里及吉米
10 5 0 10 20 30 40 50 里
50 0 100 200 吉米
支那里
100 50 0 100 200 300
渤
黄州
福山
芝罘
威海衛
榮城
招遠
棲霞
牟平
文登
萊

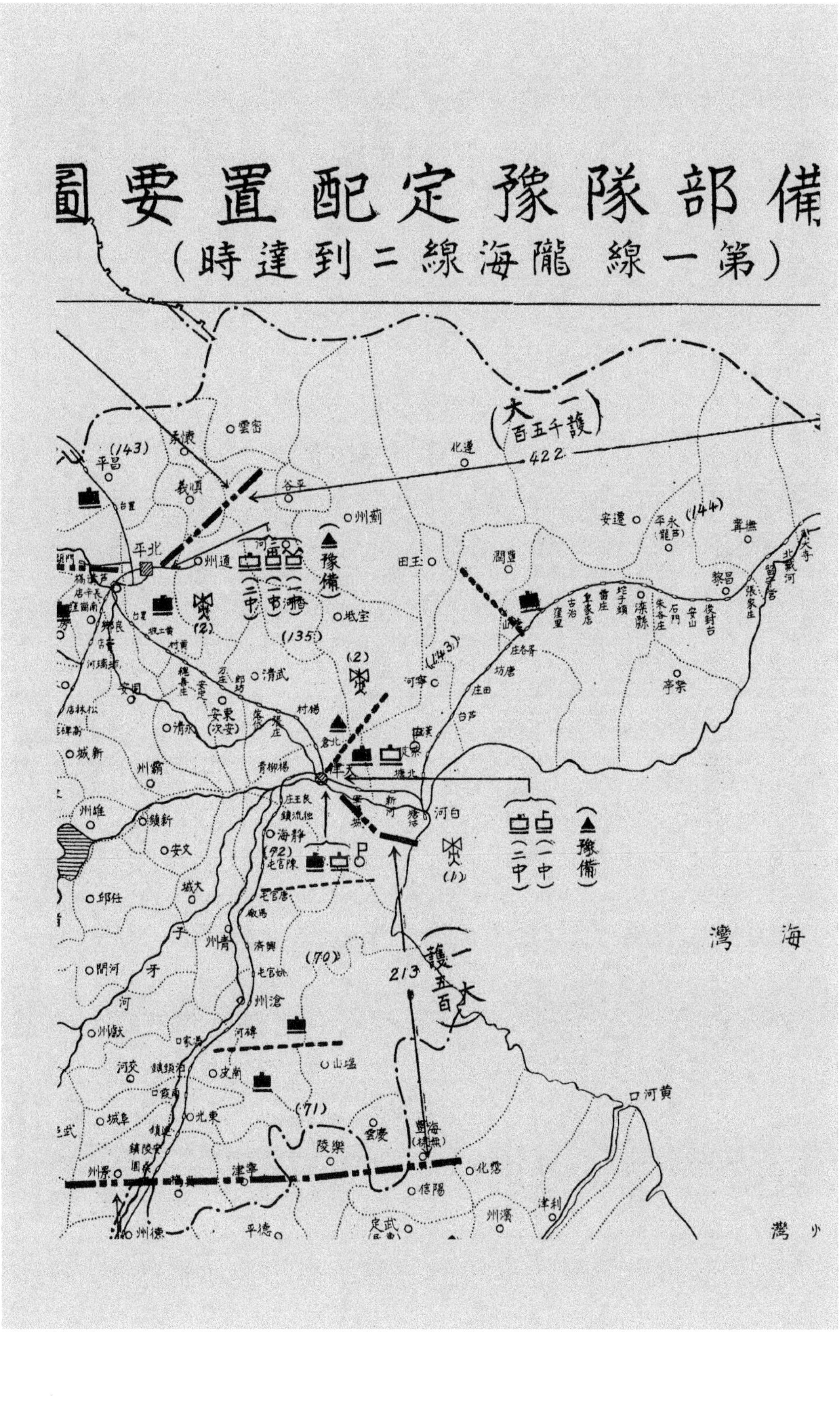

備部隊豫定配置要圖

（第一線　隴海線ニ到達時）

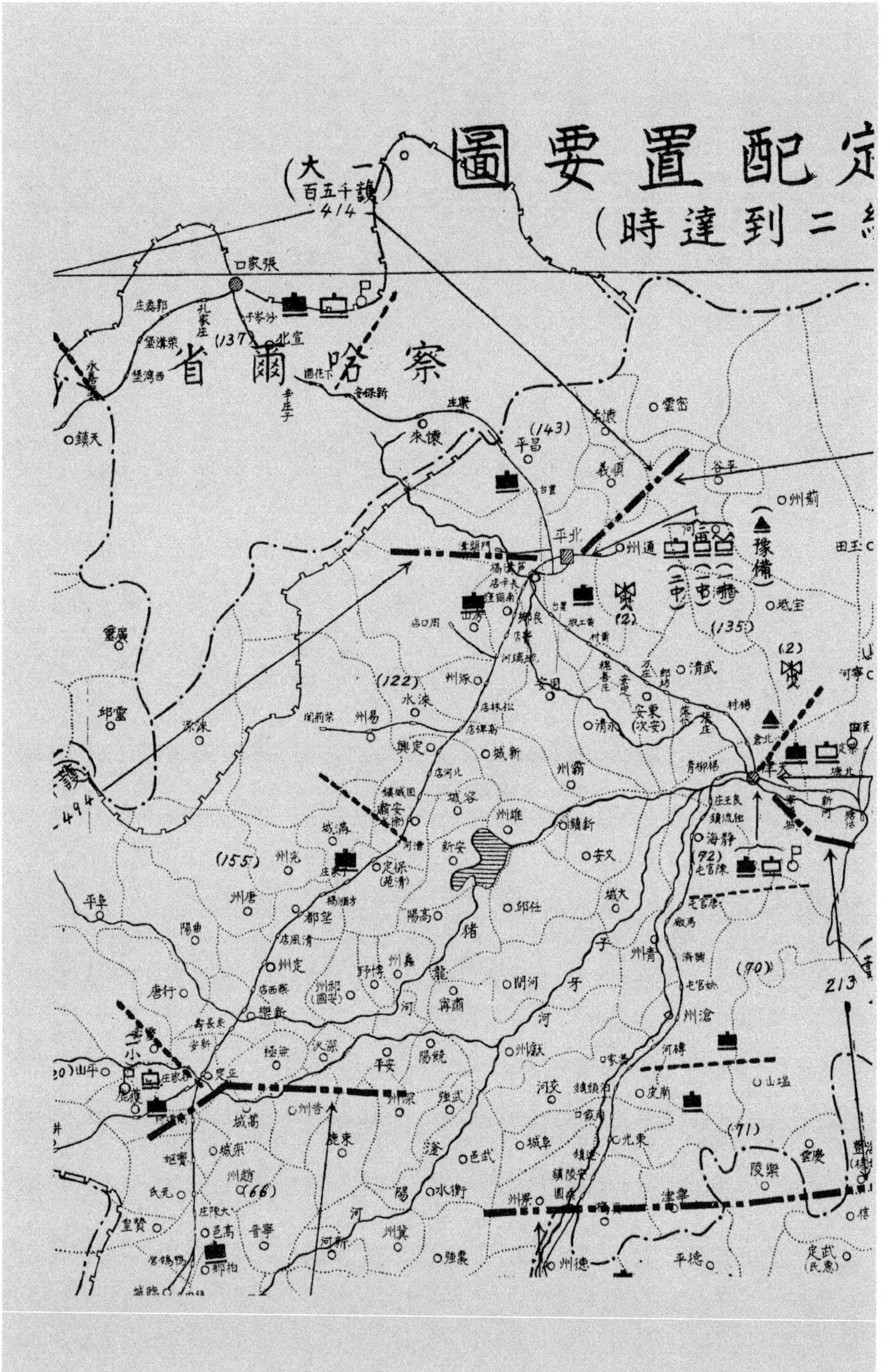圖要置配定
(時達到二
察哈爾省
口家張
北平
天津

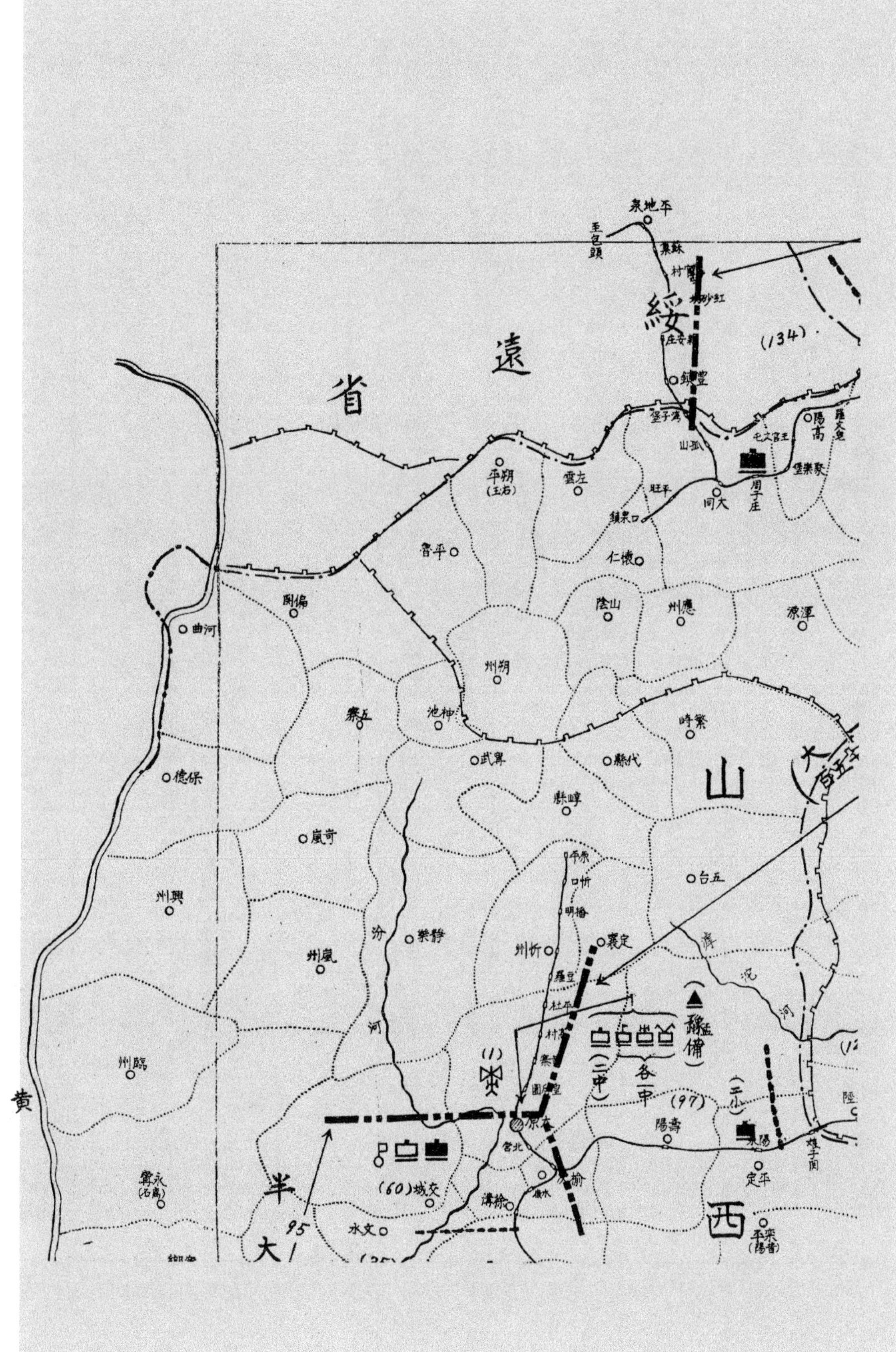

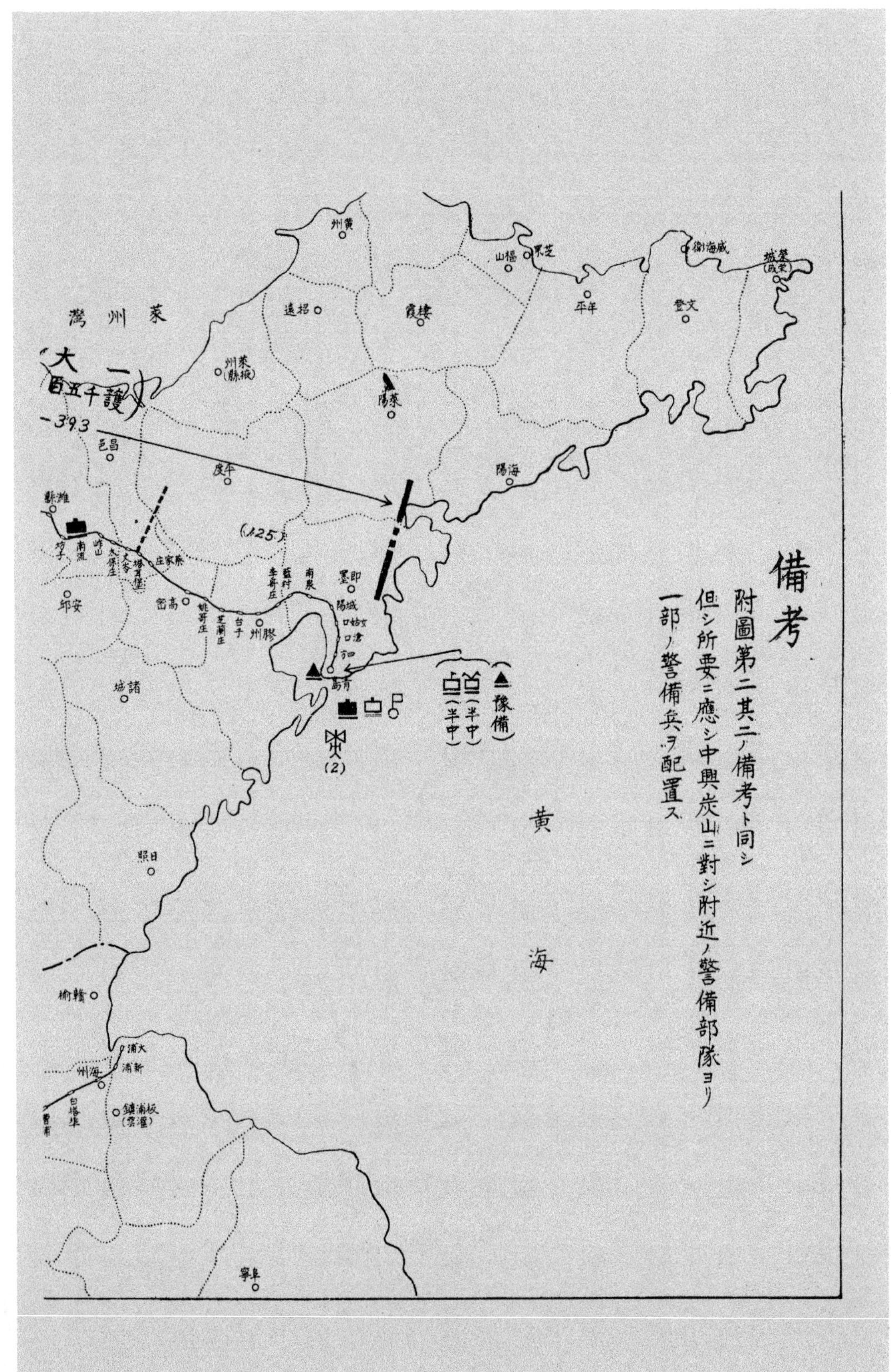
備考
附圖第二其三ノ備考ト同シ
但シ所要ニ應シ中興炭山ニ對シ附近ノ警備部隊ヨリ
一部ノ警備兵ヲ配置ス
萊州灣
黄海
黄州
福山
芝罘
威海衛
榮城
招遠
棲霞
牟平
文登
萊州
萊陽
海陽
昌邑
平度
濰縣
即墨
安邱
高密
膠州
諸城
日照
青島
贛榆
海州
寧阜

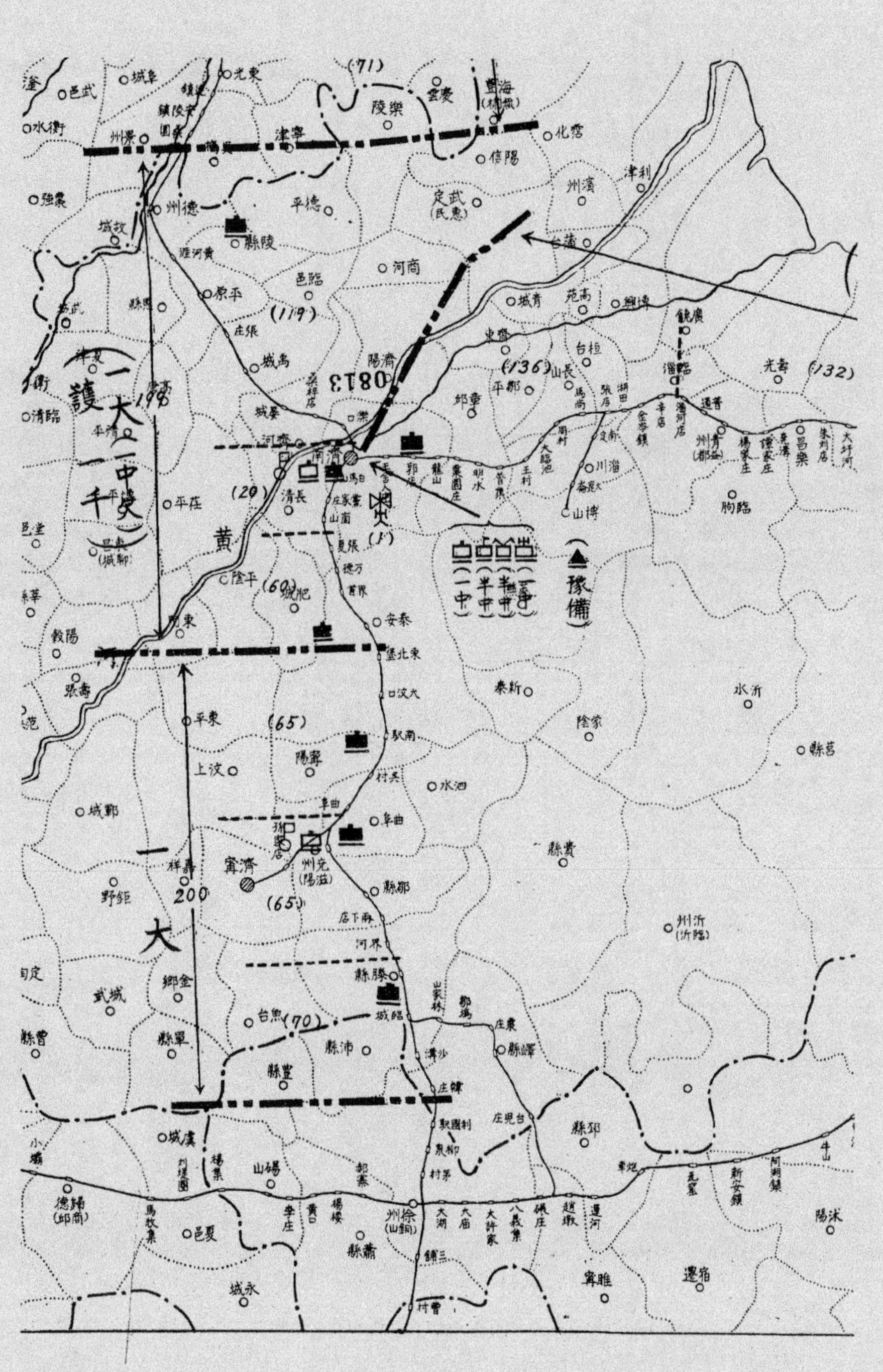

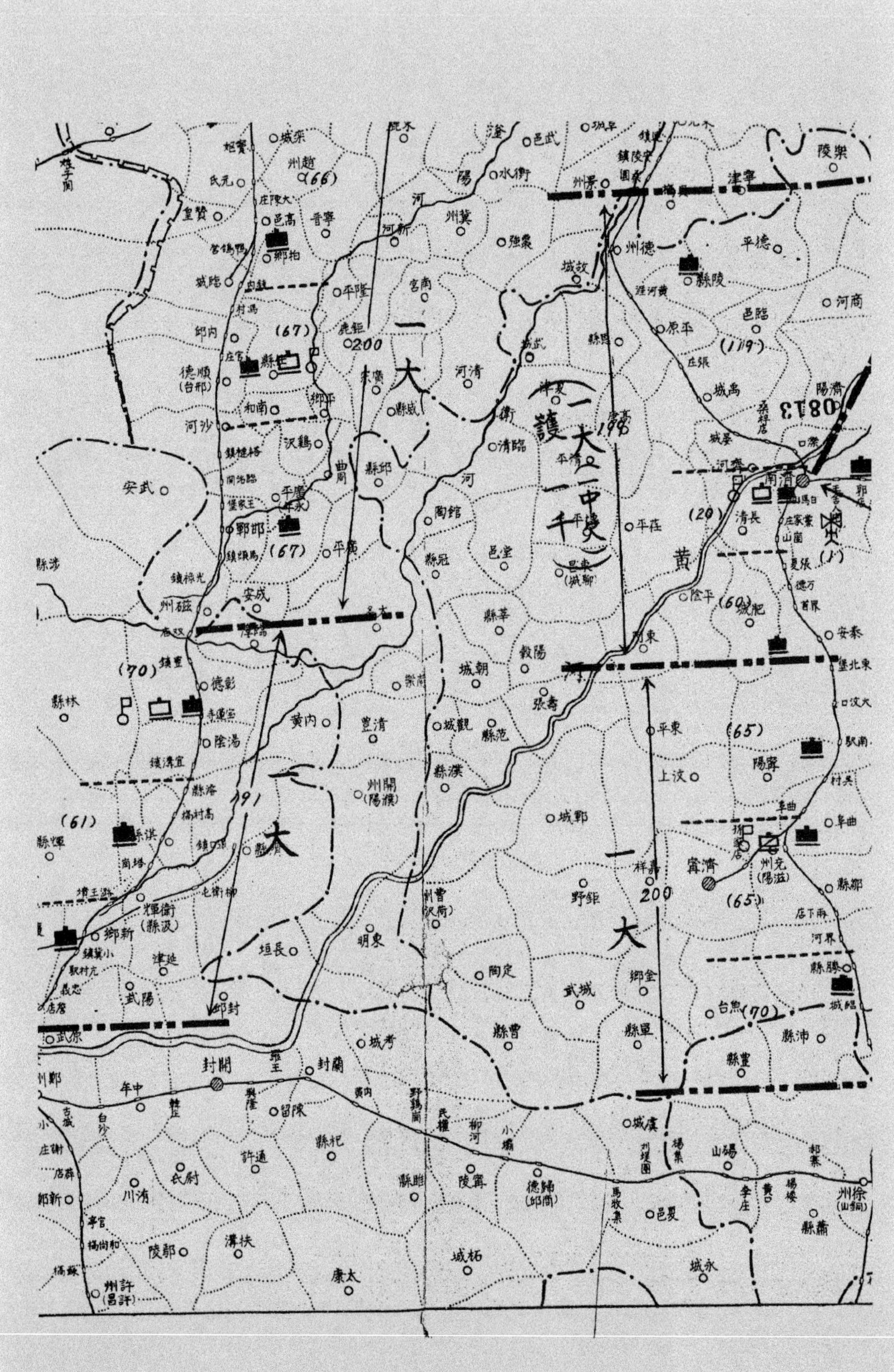

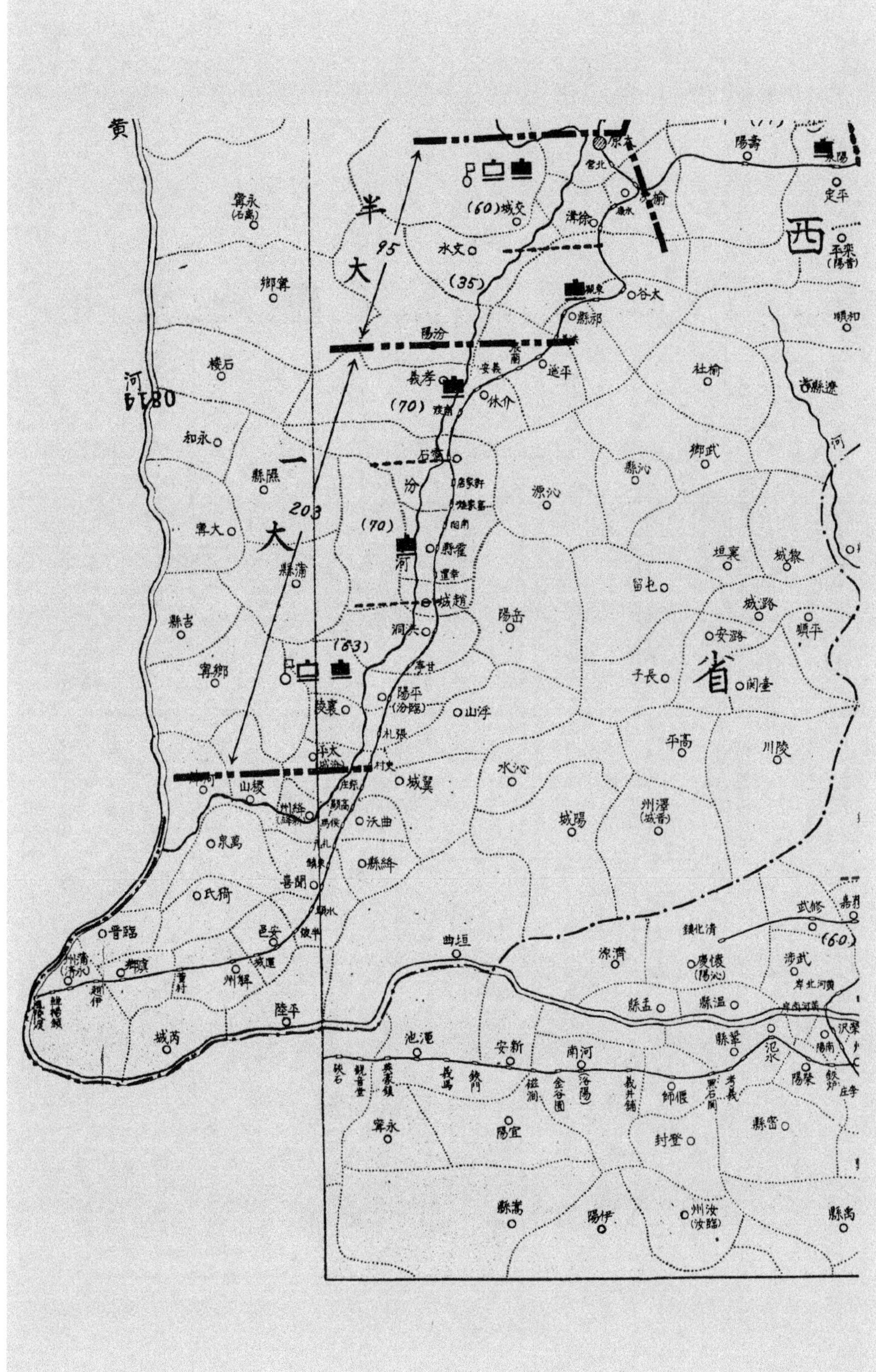

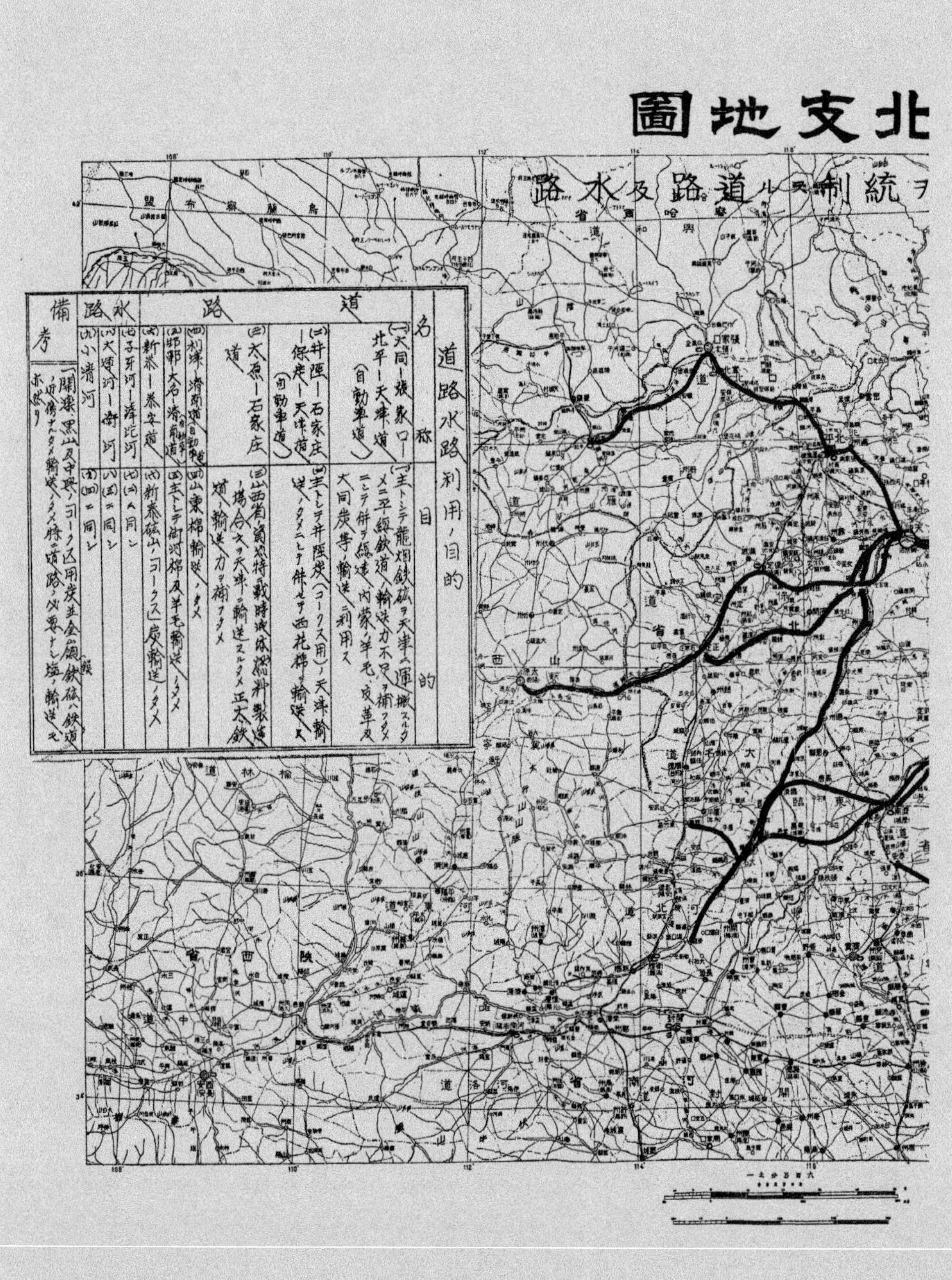

道路水路利用ノ目的

	名称	目的
道路	(一)大同—張家口—北平—天津道（自動車道）	(一)主トシテ龍烟鉄砿ヲ天津ニ運搬スルタメニ平綏鉄道ノ輸送力不足ヲ補フタメニシテ併テ綏遠、内蒙ノ羊毛、皮革及大同炭等輸送ニ利用ス
	(二)井陘—石家庄—保定—天津道（自動車道）	(二)主トシテ井陘炭（コークス用）ノ天津輸送ノタメニシテ併セテ西花棉ヲ輸送ス
	(三)太原—石家庄道	(三)山西省ノ資源特ニ戦時液体燃料製造ノ場合ノ之ヲ天津ニ輸送スルタメ正太鉄道ノ輸送力ヲ補フタメ
	(四)利津—済南道（自動車道）	(四)山東棉輸送ノタメ
	(五)邯鄲—大名—済南道（自動車道）	(五)主トシテ御河棉及羊毛輸送ノタメ
	(六)新泰—泰安道	(六)新泰砿山ノ（コークス）炭輸送ノタメ
水路	(七)子牙河—滹沱河	(七)(二)ニ同シ
	(八)大運河—衛河	(八)(五)ニ同シ
	(九)小清河	(九)(四)ニ同シ
備考	一、開灤、黒山及中興ノ（コークス）用炭並金嶺鎮鉄砿ハ鉄道ノ近傍ナルタメ輸送ノタメ特ニ道路ノ必要ナシ塩ノ輸送モ亦然リ	

附圖第四

分割撮影ターゲット

分割した部分の撮影順序	5　6 3　4 1　2
分割撮影した理由	Ａ３判以上のため

上記のとおり分割撮影したことを証明する

8　年 12 月 10 日

主務者又は

撮影立会者　坂根嘉和

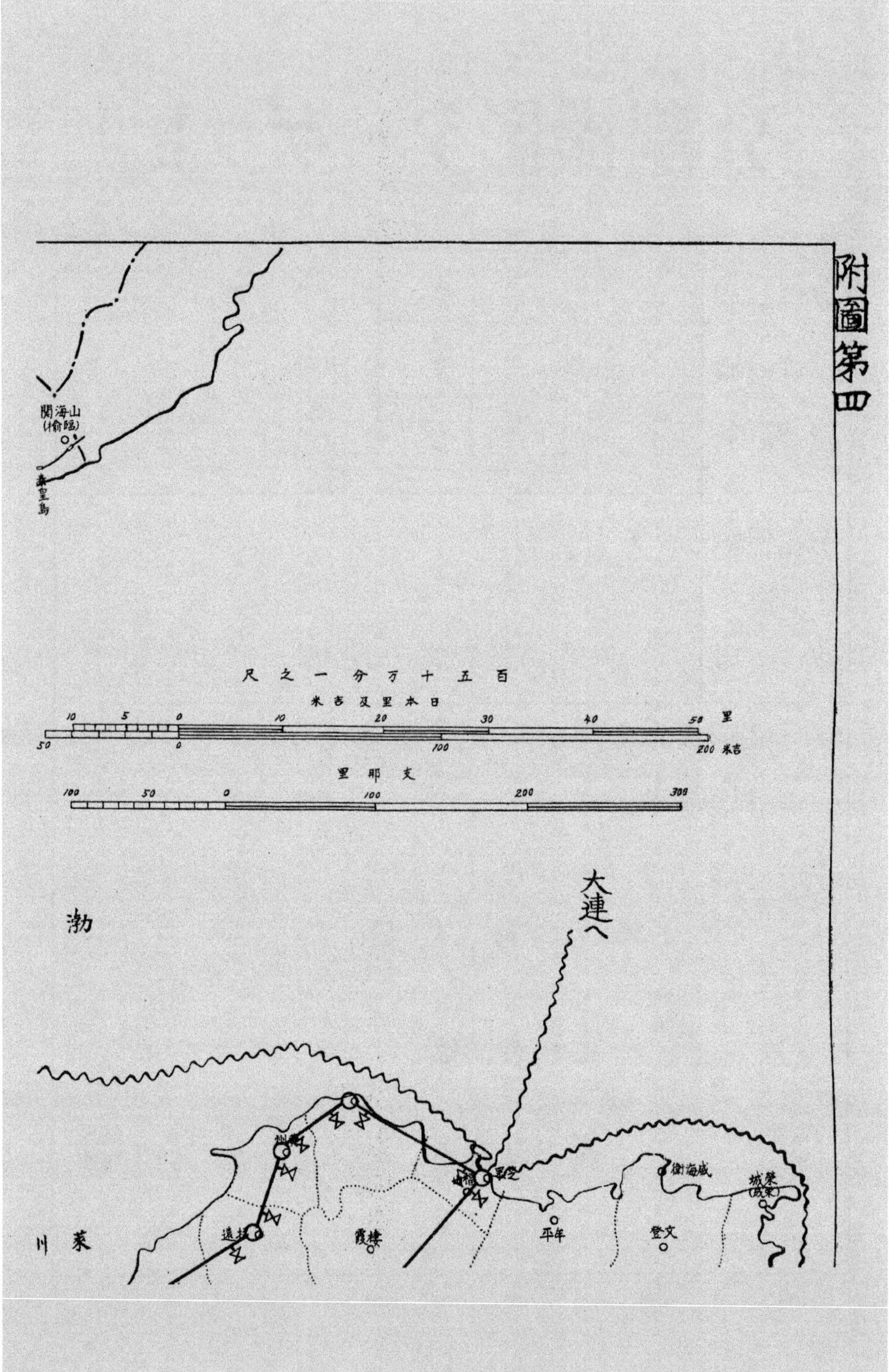
附圖第四
山海關
(臨榆)
秦皇島
百五十万分一之尺
日本里及吉米
10 5 0 10 20 30 40 50 里
50 0 100 200 吉米
支那里
100 50 0 100 200 300
大連へ
渤
萊川
芝罘
威海衛
牟平
文登
棲霞

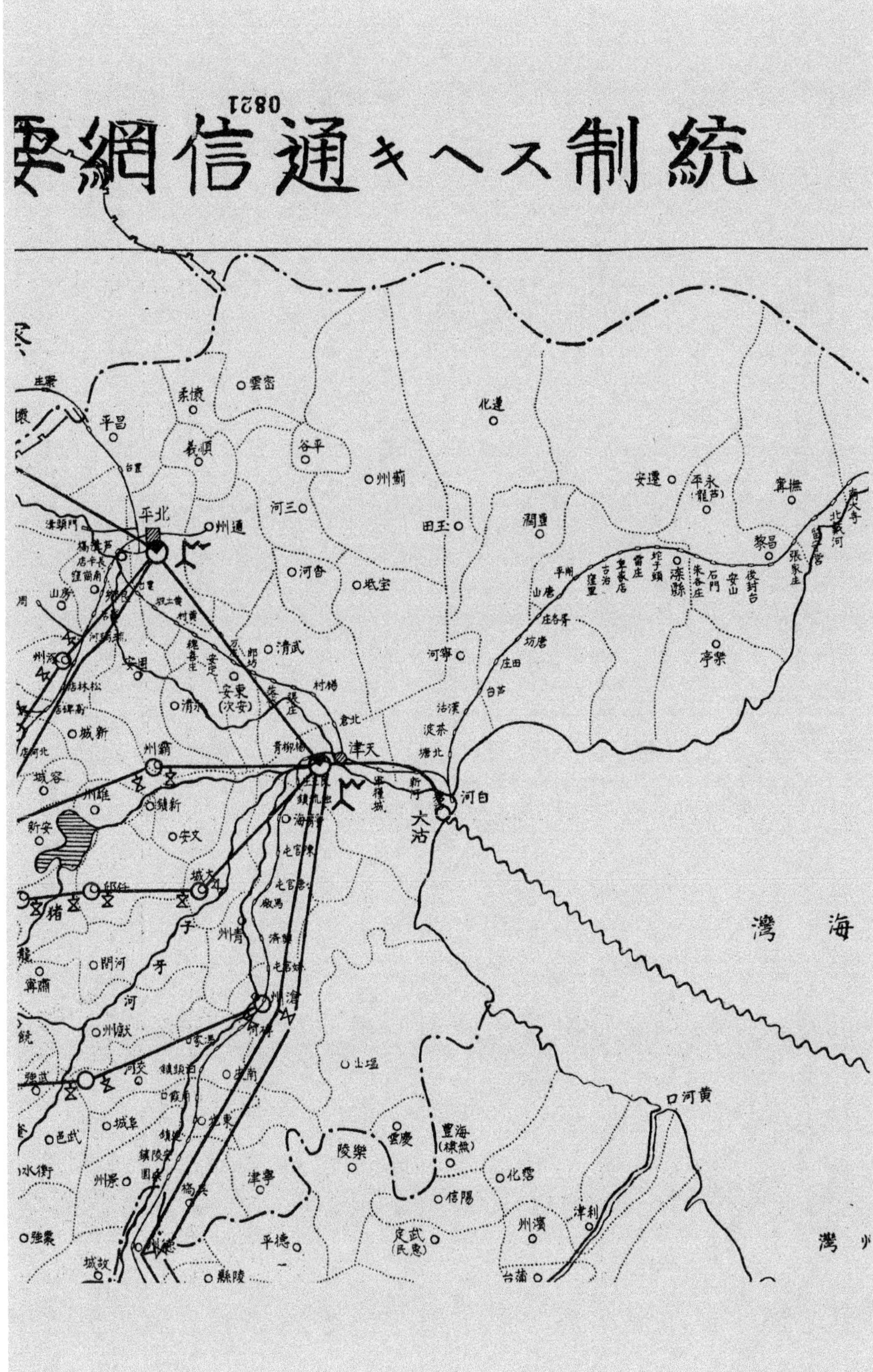
統制スヘキ通信網要
0821
北平
天津
大沽
河白
海灣
口河黄

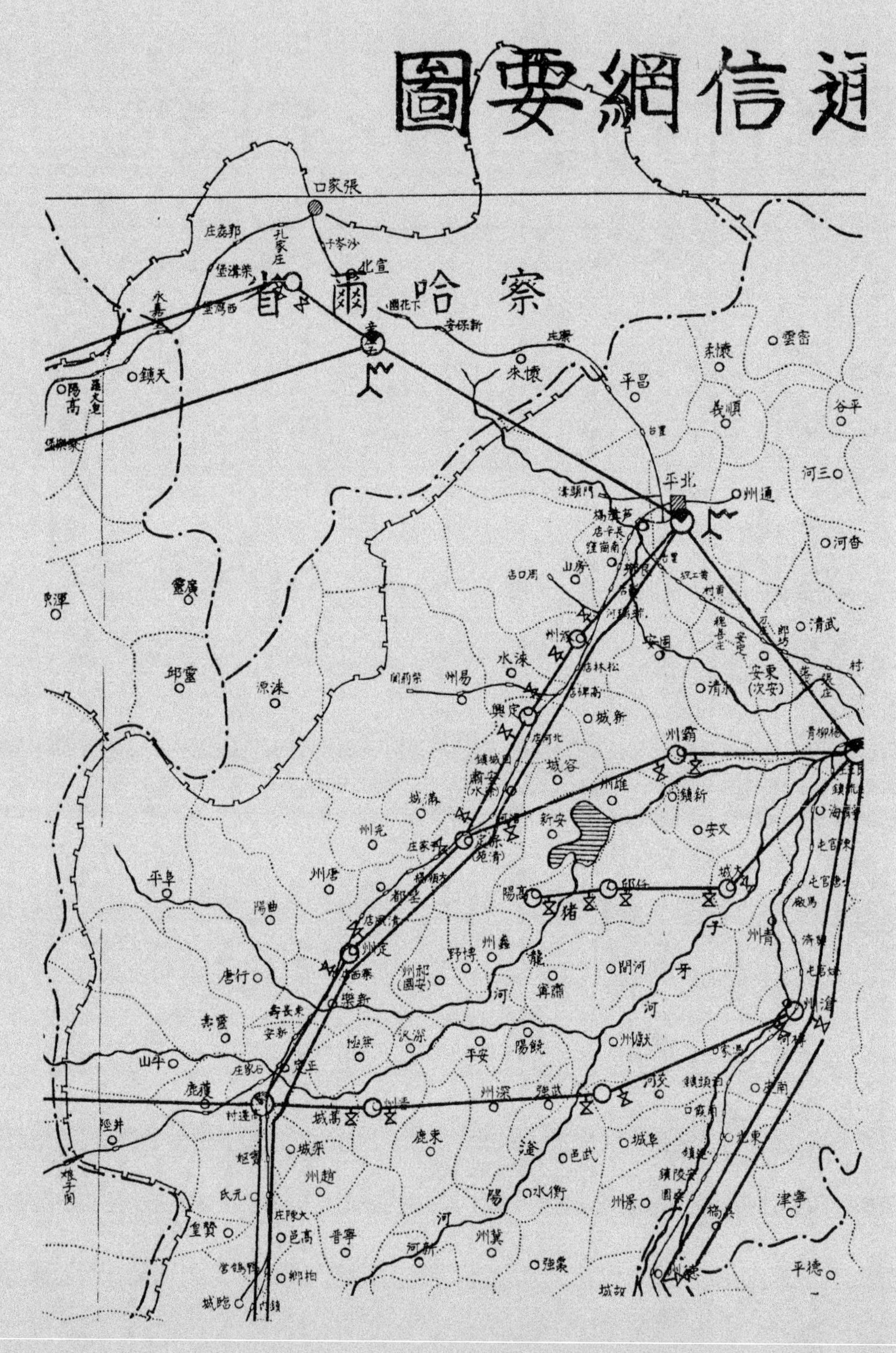

通信網要圖
張家口
察哈爾省
宣化
懷來
昌平
北平
通州
懷柔
密雲
順義
平谷
三河
香河
武清
安次
固安
永清
房山
涿州
易州
淶水
定興
新城
容城
霸州
雄縣
新鎮
文安
安新
大城
任邱
高陽
河間
徐水
滿城
完縣
唐縣
曲陽
阜平
行唐
定州
新樂
靈壽
正定
無極
深澤
安平
饒陽
獻縣
滄州
深州
武強
交河
南皮
東光
阜城
武邑
衡水
冀州
景州
寧津
德平
吳橋
鹿泉
東鹿
束鹿
晉縣
趙州
高邑
寧晉
元氏
贊皇
柏鄉
臨城
新河
南宮
棗強
故城
井陘
平山
靈丘
廣靈
渾源
蔚縣
天鎮
陽高

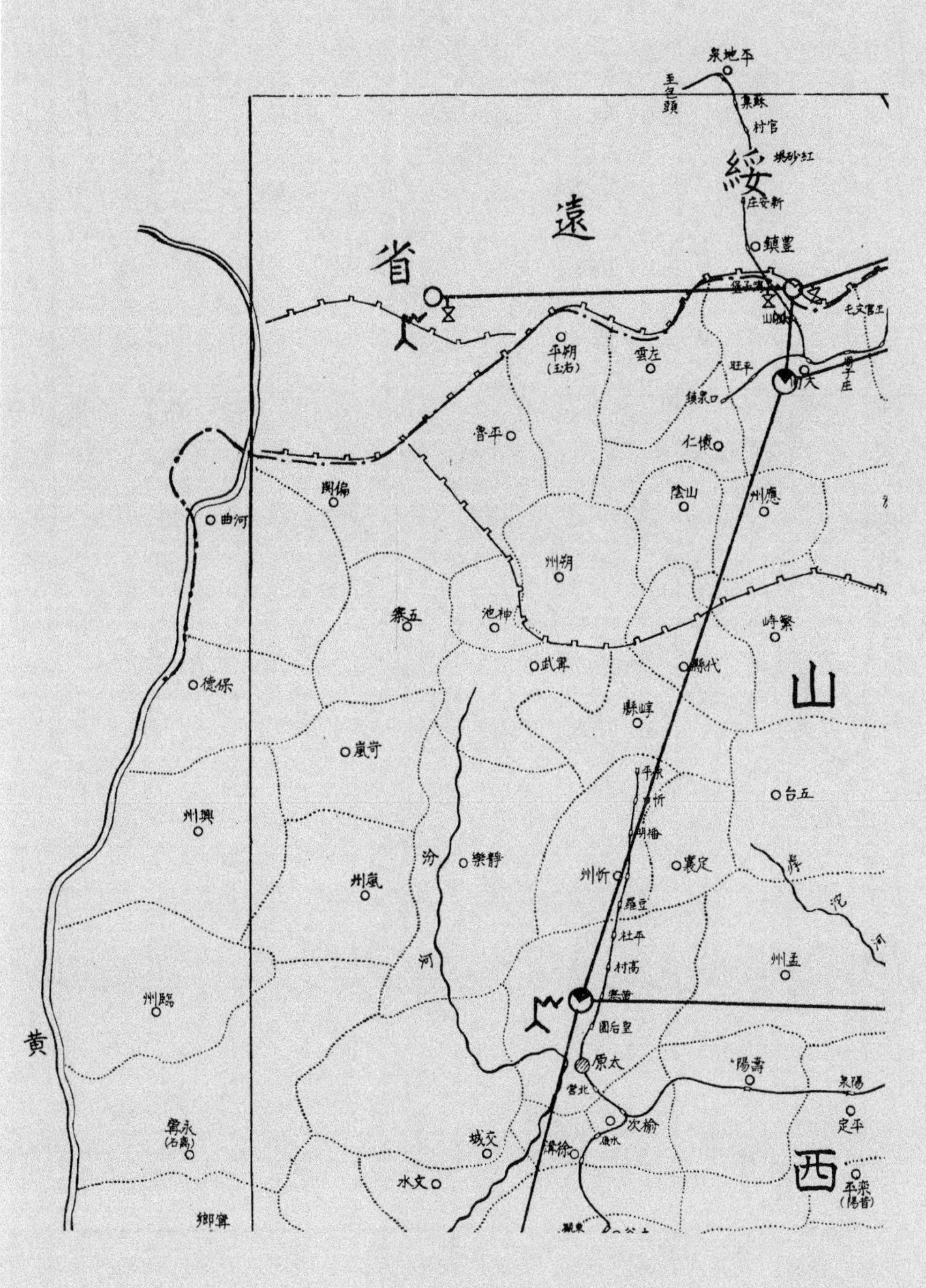
綏
遠
省
山
西
黄
汾
河
曲河
偏關
保德
興州
臨州
永寧
五寨
岢嵐
嵐州
靜樂
神池
寧武
朔州
平魯
平朔
左雲
懷仁
山陰
應州
繁峙
代縣
崞縣
五台
定襄
忻州
盂州
太原
陽壽
平定
交城
文水
徐溝
榆次
豐鎮
平地泉

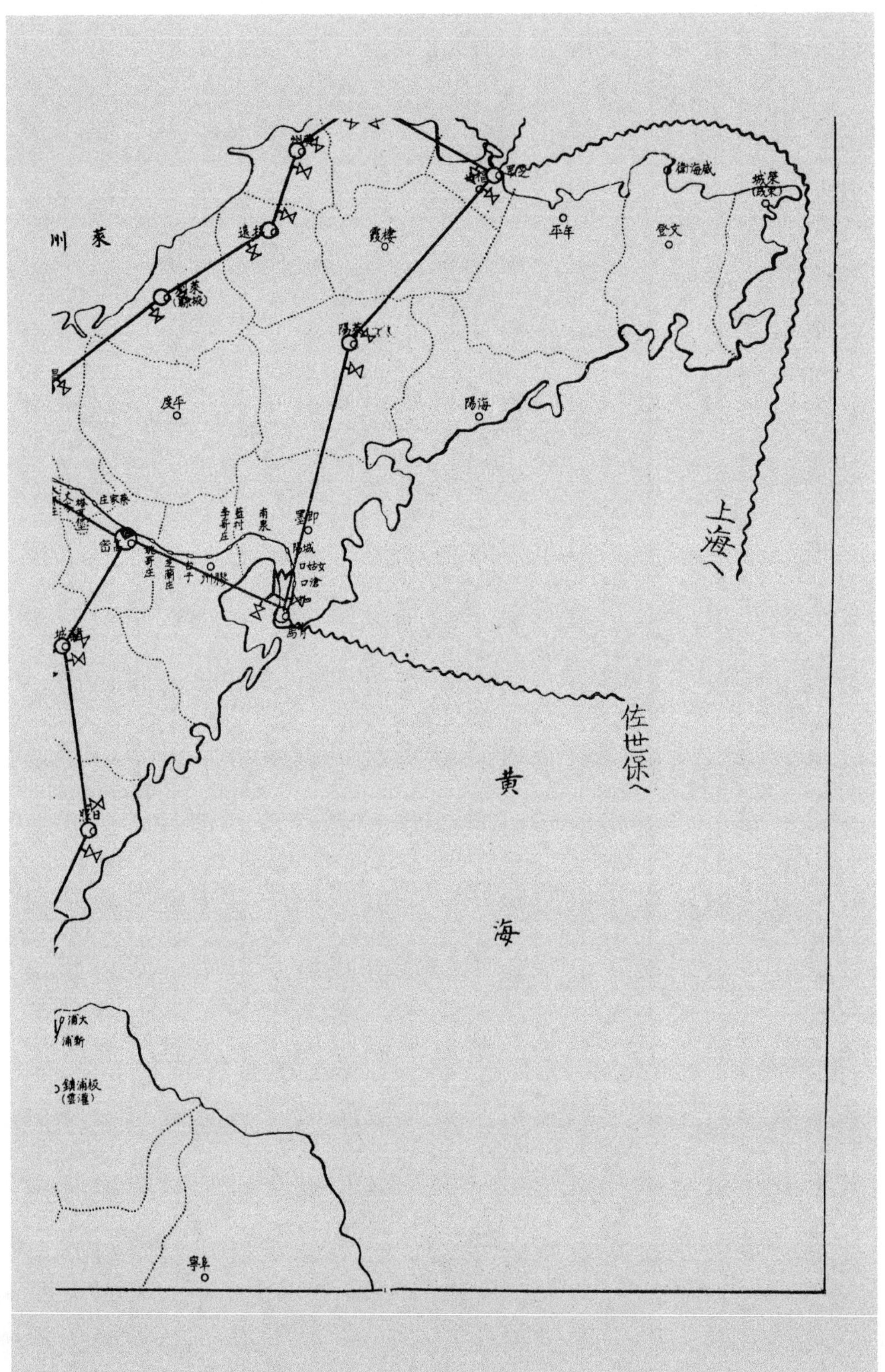
上海へ
佐世保へ
黄
海

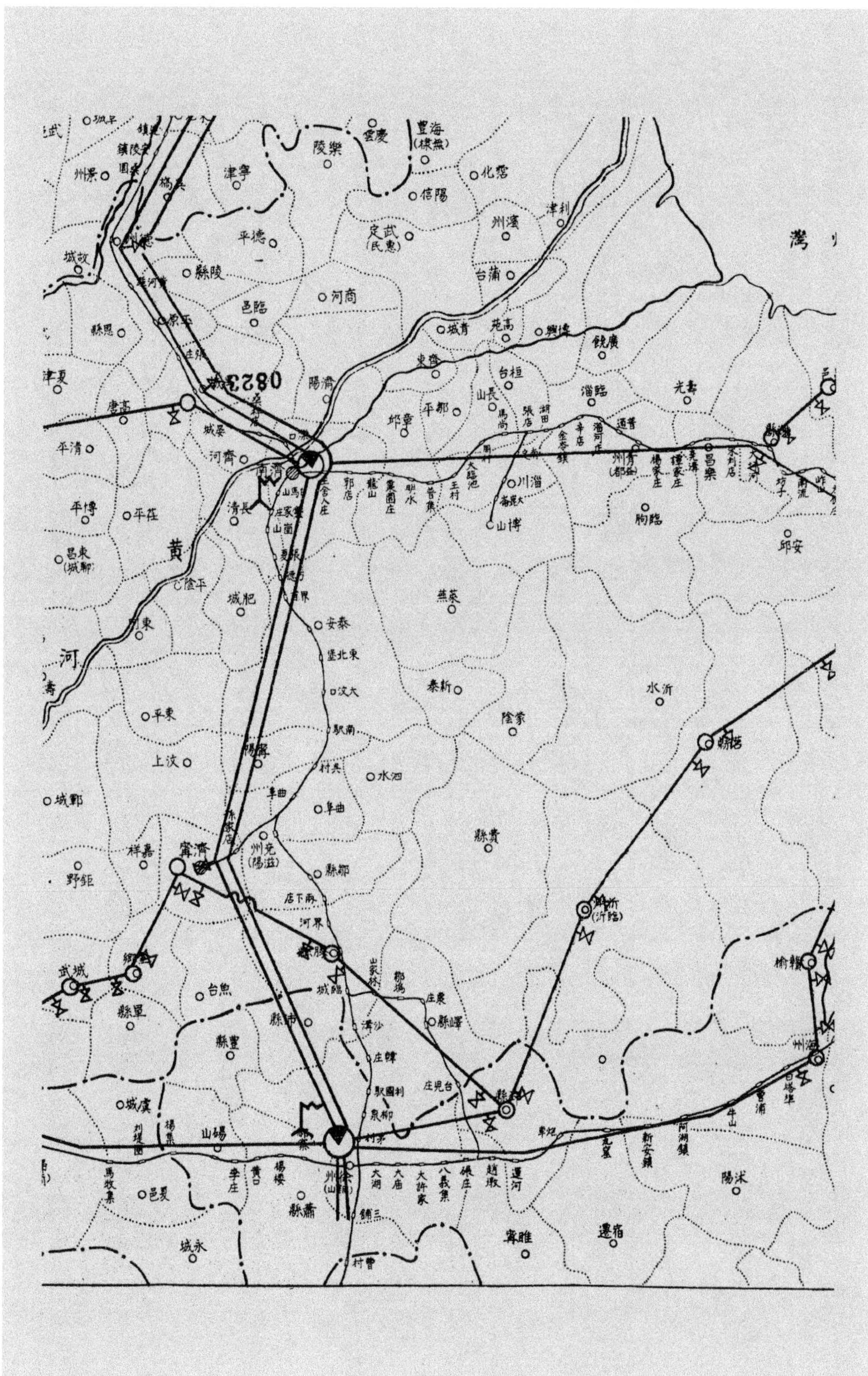

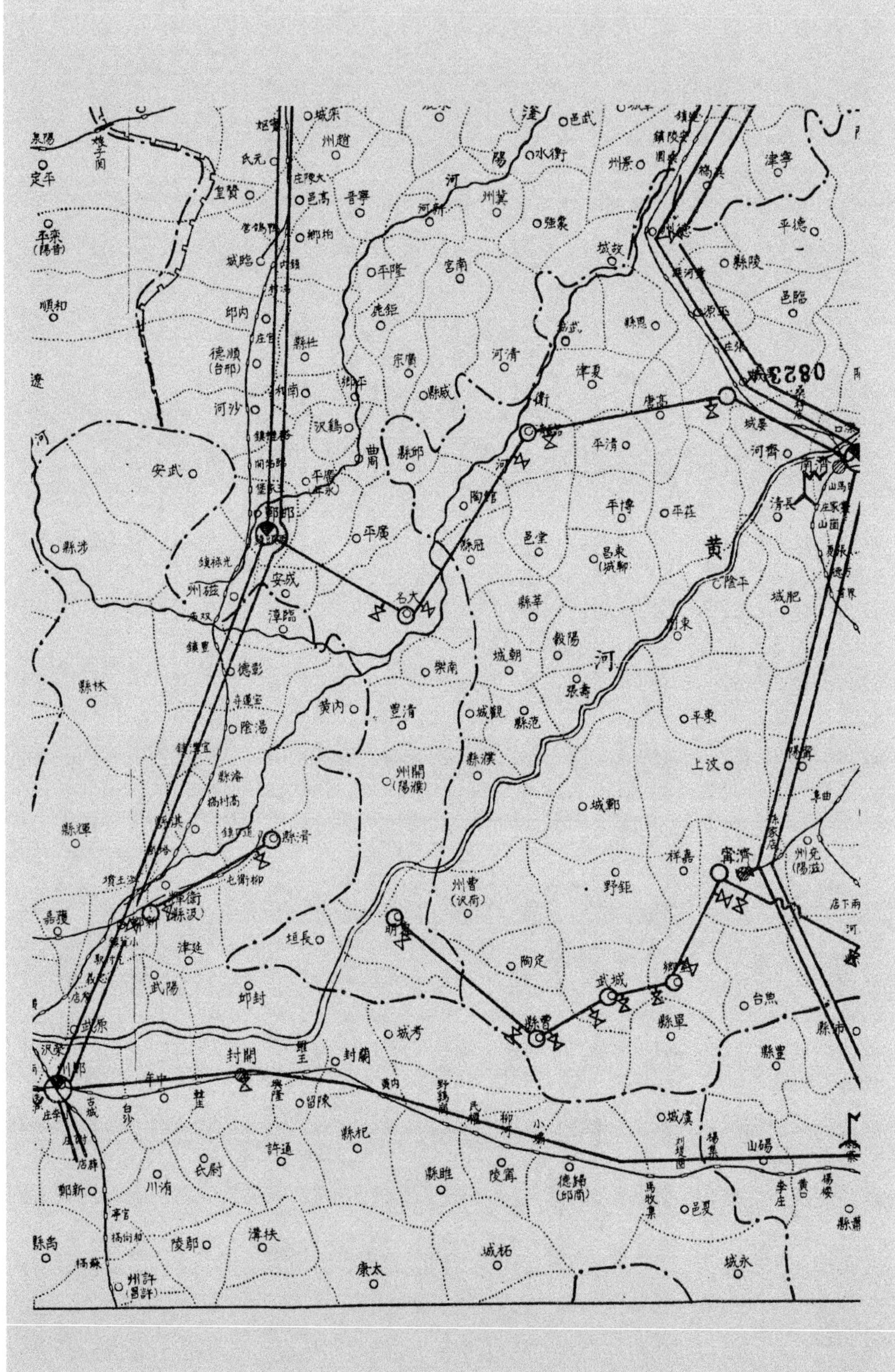

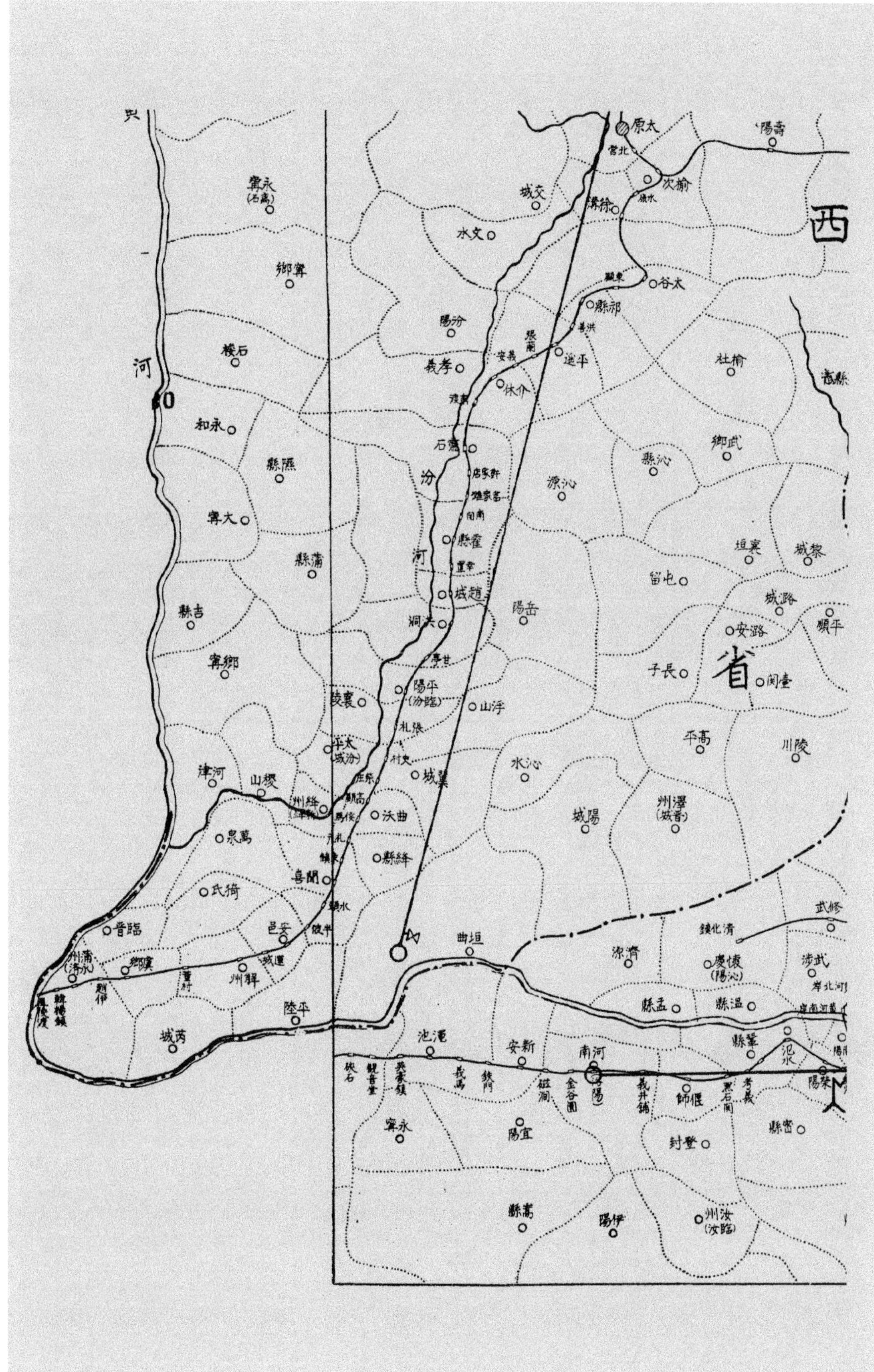